铁道机械化维修技术系列教材

大型养路机械电气控制技术

陈光伟　戴明宏 ◎ 主　编

西南交通大学出版社
·成　都·

内容简介

本书符合高等职业教育铁道机械化维修技术专业培养目标的要求。全书共分为三篇，第一篇主要内容包括：捣固车电气系统组成，常见的大型养路机械电气元件，柴油机控制系统及整车电源组成，捣固车作业系统的组成及工作原理，程序控制系统，常见机械设备电气控制系统分析，同时涵盖了与大机相关的 PLC 控制技术；第二篇主要内容包括：清筛机电气系统组成，清筛机的作业系统控制原理，清筛机的启动控制与辅助电路；第三篇为实验与实训。

本书以实际项目为主，借鉴了很多现场案例，紧密贴合岗位需求，为毕业生胜任岗位职责以及未来的职业发展打下了坚实基础。本书可作为铁道机械化维修技术专业的教学用书，也可作为铁路及城市轨道交通行业技术人员的培训参考用书。

图书在版编目（CIP）数据

大型养路机械电气控制技术 / 陈光伟，戴明宏主编.
—成都：西南交通大学出版社，2017.8（2021.12 重印）
ISBN 978-7-5643-5601-9

Ⅰ. ①大… Ⅱ. ①陈… ②戴… Ⅲ. ①养路机械–电气控制 Ⅳ. ①U418.3

中国版本图书馆 CIP 数据核字（2017）第 170228 号

大型养路机械电气控制技术

陈光伟　戴明宏 / 主　编

责任编辑 / 王　旻
助理编辑 / 张文越
封面设计 / 何东琳设计工作室

西南交通大学出版社出版发行
（四川省成都市二环路北一段 111 号西南交通大学创新大厦 21 楼　610031）
发行部电话：028-87600564
网址：http://www.xnjdcbs.com
印刷：四川煤田地质制图印刷厂

成品尺寸　185 mm×260 mm
印张　22　字数　536 千
版次　2017 年 8 月第 1 版　印次　2021 年 12 月第 3 次
书号　ISBN 978-7-5643-5601-9
定价　48.00 元

课件咨询电话：028-87600533
图书如有印装质量问题　本社负责退换
版权所有　盗版必究　举报电话：028-87600562

本书是根据高等职业技术教育要求编写的，可作为高等职业院校铁道机械化维修技术专业的教学用书，也可作为教师和铁路企业生产技术人员的参考用书。

在本书的编写过程中，以大型养路机械典型机型"捣固车"和"清筛车"为主，贴合铁道机械化维修的典型工作岗位，以电气系统为主线，力求理论与实践相结合。本书着重讲述了大型养路机械电气元件的基本概念及基础知识，捣固车电气系统的基本原理，清筛车电气系统的基本原理，突出理论知识的应用，章节层次清晰，内容简洁，实用性强。在较全面阐述大型养路机械电气控制技术基本内容的基础上，着重分析了捣固车电气系统的基本组成，柴油机控制系统及整车电源组成，捣固车和清筛车的作业系统的组成及工作原理，程序控制系统，常见机械设备电气控制系统，也涉及与大型养路机械控制相关的PLC控制技术。

本教材使用过程中，可根据学时安排，有选择地进行内容讲解：少学时教学可将第一篇的任务七、八、九，第二篇的任务四、五、六简单介绍；第一篇的任务一～任务六，第二篇的任务一～任务三有选择地重点讲解和练习；将理论讲授和实验、实训内容合理搭配，教学效果会更好。

本书由郑州铁路职业技术学院陈光伟、戴明宏任主编，并负责全书的统稿工作。其中戴明宏编写第一篇的任务一和任务二；陈光伟编写第一篇的任务三～任务八；郑州铁路职业技术学院吕蒙编写第一篇的任务九～任务十；郑州铁路职业技术学院张猛编写第一篇的任务十一；郑州铁路职业技术学院王丽平编写第二篇；郑州铁路职业技术学院李春亚编写第三篇；郑州铁路局工务机械段宋卫华担任主审。

在编写此书的过程中，参阅了许多同行专家的论文及专著、相关厂家的资料和设计手册，在此一并表示衷心感谢。

由于编者水平所限，书中疏漏和不妥之处，敬请读者批评指正。

编 者

2017年3月

第一篇　捣固车电气系统

任务一　捣固车电气系统概述 ·· 001
　子任务一　了解捣固车电气系统 ·· 001
　子任务二　捣固车各端子号及元件代号的认知 ·· 003
　子任务三　电缆表的使用 ·· 006
　思考题与习题 ·· 009

任务二　常见大机电气基本元件的认知 ·· 010
　子任务一　大机中常见低压电器的用法 ·· 010
　子任务二　电磁换向阀的用法 ··· 039
　子任务三　传统电气控制线路的基本环节 ·· 042
　子任务四　常见机械设备电气控制系统分析 ··· 077
　思考题与习题 ·· 093

任务三　柴油机控制系统及整车电源 ·· 095
　子任务一　柴油机控制系统中相关元器件的认知 ·· 095
　子任务二　整车电源的控制电路分析 ··· 096
　子任务三　了解柴油机的控制原理 ··· 098
　子任务四　发动机油门电机的控制 ··· 099
　思考题与习题 ·· 106

任务四　捣固装置升降控制系统 ·· 107
　子任务一　捣固装置升降控制系统中相关元器件的认知 ·································· 107
　子任务二　捣固装置升降控制系统的认知 ·· 115
　子任务三　捣固装置升降控制系统分析 ·· 118
　思考题与习题 ·· 120

任务五 拨道控制系统 ·· 121
子任务一 拨道控制系统中相关元器件的认知 ······················· 121
子任务二 拨道控制系统组成及工作原理的学习 ··················· 123
思考题与习题 ·· 138

任务六 起道抄平系统 ·· 139
子任务一 起道抄平系统中相关元器件的认知 ······················· 139
子任务二 起道抄平系统组成及工作原理 ······························ 142
思考题与习题 ·· 149

任务七 程序控制系统 ·· 150
子任务一 程序控制系统的硬件结构 ······································ 150
子任务二 程序逻辑表及其使用方法 ······································ 156
子任务三 作业系统与程控系统信号的关系详析 ··················· 160
思考题与习题 ·· 180

任务八 GVA 系统和 ALC 系统 ··· 181
子任务一 了解 GVA 系统组成及功能 ···································· 181
子任务二 了解 ALC 系统组成及功能 ···································· 183
思考题与习题 ·· 185

任务九 故障报警及多路检测 ·· 186
子任务一 了解故障报警电路信号状态 ·································· 186
子任务二 了解多路信号检测系统的组成及功能 ··················· 187
子任务三 大机常见故障处理原则及方法 ······························ 189
思考题与习题 ·· 191

任务十 PLC 控制技术 ··· 192
子任务一 可编程控制器基础知识 ·· 192
子任务二 S7-200 PLC 的指令及应用 ····································· 215
思考题与习题 ·· 241

任务十一 PLC 功能指令及应用 ·· 242
子任务一 S7-200 PLC 的功能指令 ··· 242
子任务二 S7-200 PLC 的编程及应用 ····································· 258
思考题与习题 ·· 277

第二篇　清筛机电气系统

任务十二　清筛机电气系统及电路基础知识 ·· 279
　　子任务一　了解清筛机电气系统组成 ·· 279
　　子任务二　清筛机电器元件及识图方法的认知 ···································· 280
　　思考题与习题 ·· 282

任务十三　柴油机控制与监控 ··· 283
　　子任务一　了解柴油机控制系统的组成 ·· 283
　　子任务二　柴油机控制电路 ··· 287
　　子任务三　柴油机运转监测 ··· 290
　　思考题与习题 ·· 294

任务十四　气压制动系统的控制 ·· 295
　　子任务一　气压制动控制系统中相关元器件的认知 ······························ 295
　　子任务二　空气制动电路 ·· 296
　　思考题与习题 ·· 301

任务十五　液压作业控制系统 ··· 302
　　子任务一　液压作业控制系统中相关元器件的认知 ······························ 302
　　子任务二　了解液压作业控制系统组成 ·· 303
　　子任务三　起拨道装置电路分析 ·· 304
　　子任务四　起道夹钳装置电路分析 ··· 306
　　子任务五　道砟回填装置电路分析 ··· 308
　　子任务六　回转污土输送带装置电路分析 ··· 310
　　子任务七　振动筛装置电路分析 ·· 311
　　子任务八　辅助装置电路分析 ·· 312
　　思考题与习题 ·· 314

任务十六　照明系统 ·· 315
　　子任务一　照明系统中相关元器件的认知 ··· 315
　　子任务二　了解照明系统的组成 ·· 317
　　子任务三　停车时供电范围及三相发电机供电范围 ······························ 319
　　思考题与习题 ·· 320

任务十七　辅助控制电路分析 …… 321
　　子任务一　辅助电路中的常用元器件 …… 321
　　子任务二　部分辅助电路 …… 322
　　思考题与习题 …… 326

第三篇　实验实训项目

实验项目一　基本指令实验 …… 327
实验项目二　定时器及计数器指令实验 …… 330
实验项目三　抢答器控制 …… 333
实验项目四　天塔之光控制 …… 335
实训项目一　CA6140 型车床电气故障检修 …… 336
实训项目二　X62W 型万能铣床电气故障检修 …… 340
参考文献 …… 344

第一篇　捣固车电气系统

任务一　捣固车电气系统概述

子任务一　了解捣固车电气系统

电气系统是捣固车的重要组成部分，它担负着全车各种作业的控制任务。从电路控制而言，它涉及模拟控制，数字控制，计算机软、硬件控制以及电器控制等技术。各种机型的电气系统大同小异，本书以介绍 08-32 型捣固车电气系统为主，简要介绍 09-32 型捣固车不同之处。

1. 08-32 型捣固车电气系统

根据控制功能的相对独立性，将 08-32 型捣固车的电气系统分成如图 1-1 所示的框图。由框图可见，整车的电气系统分成作业控制系统和辅助控制系统两大部分。

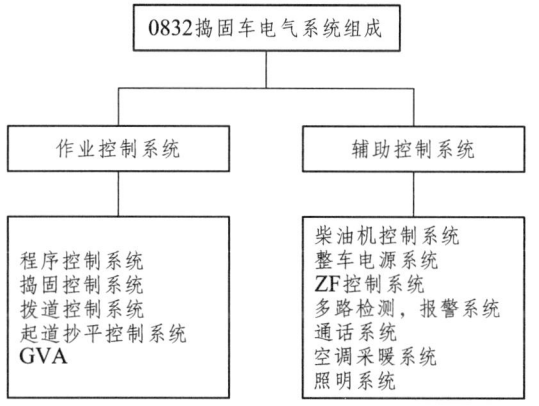

图 1-1　08-32 型捣固车电气系统框图

1）作业控制系统

作业控制系统分为程序控制系统、捣固控制系统、拨道控制系统、起道抄平控制系统和 GVA（轨道参数自动处理系统）等。

程序控制系统担负着全车的逻辑控制和逻辑联锁。机械的各种作业操作，如作业走行、制动、捣固、起道、拨道、夯拍等均是在程序控制系统的统一指挥和协调下进行的。程序控制系统的正常工作是各项作业能够顺利进行的基本条件。一旦程序控制系统出现故障，整车将无法进行任何作业。

捣固系统可以精确地控制捣固装置的下降、提升,并与下降深度、捣固深度传感器构成闭环系统,在程序控制系统的严格控制下进行捣固作业,并将捣固装置的位置信号反馈到程控系统,供程控系统进行逻辑控制和联锁。

轨道的横向移位是由拨道系统来控制的。在程控系统的控制下,液压伺服阀动作,执行机构将轨道拨到要求的位置上。在拨道系统中根据输入的各种参数形成总的拨道信号,再由总的拨道信号与矢距传感器构成闭环控制。

起道抄平系统则是针对轨道的超高和纵平,通过输入的轨道基本起道量和超高值,并与辅助给定信号一起送入相应侧的起道伺服控制电路中,伺服控制电路再在程控系统的协调控制下完成起道作业。

GVA(轨道参数自动处理系统)是一套计算机系统。在 D08-32 捣固车中,它根据输入的线路参数自动计算出在当前作业点进行起拨道所需的 5 个给定量。这 5 个输出量是拨道正矢、基本起道量、起道减小量、作业区理论超高和前端理论超高。使用 GVA 进行作业时,GVA 自动给出上述 5 个参数,准确而又方便,可提高作业质量和作业效率,减小操作人员的劳动强度。在结构上,由距离脉冲传感器、键盘和监视器构成 GVA 的外围设备。GVA 根据输入的距离脉冲计算出当前所在点的公里标,作业线路参数则从键盘输入,监视器用于显示当前作业线路的给定状况。由于 GVA 的输出信号与手动给定信号在电路上是相加的,所以在实际作业时,只能取其一,而另一给定必须为零。

2)辅助控制系统

辅助控制系统是指除作业控制系统以外的其他电控部分。

柴油机控制及整车电源:捣固车作业和自身行走的动力均来自于车上的柴油机,柴油机停机时由两组 +12 V 的蓄电池串联供电;柴油机启动后,由三台直流发电机并联供电,且同时对蓄电池充电,成为整车的总电源,再根据需要形成全车的供电回路。

变矩器控制:变矩器是捣固车高速行走的传动部件,是全车行走的最重要环节。为了保证变矩器的使用安全及行车安全,对其有相应的联锁及控制要求,这些要求是由变矩器控制部分来完成的。

故障报警及多路检测:故障报警电路可检测总风缸压力、柴油机机油压力和柴油机缸体温度、三个直流发电机、制动闸瓦磨耗、两个柴油机滤清器、变矩器的油温、油压和滤油器等共 14 个量。当任意一路故障时,相应的指示灯点亮并产生声音报警以提醒操作者处理。多路检测是一个 40 路输入的信号选择器,通过选择可监测作业系统中的大多数信号,为迅速检查故障提供一个有力手段。

轨道参数记录系统是一数字式记录仪,根据养路机械的正向运行或反向运行实时采集水平信号和正矢信号,将其转换成数字信号,以信号滚动的方式显示在屏幕上,并能够将数字信号存储为电子文件的形式。测量中如出现信号超标,系统会显示报警的文字提示,同时有声音报警。信号超标的标准可以人为设定,测量后的电子文件可以随时调出来进行分析。电子文件中的测量信号可以随时调出进行打印,打印机采用微型热敏打印机。

通话系统提供了前后操作司机室的对话功能,以使前后操作者协调操作。

在 D08-32 捣固车上还装配有空调器和燃油式取暖器。空调器的压缩机是由柴油机驱动的,所以只有当柴油机运转时,才能使用空调器;但燃油式取暖器则可以单独使用。

全车的照明包括作业照明、前后灯和驾驶室照明等,它们均由相应的操作开关进行控制。照明的电源来自主蓄电池和由柴油机带动的三个直流发电机。

以上是从控制结构上对 08-32 捣固车电气系统的一个简单介绍。从硬件而言,电气系统共包括 38 个大小不同的控制箱和布线盒,系统包括 15 种 30 件标准 3U 结构的控制板和 13 种 28 件其他类型的控制板,6 种 11 件矢距、超高和测距等传感器。

2. 09-32 型捣固车电气系统

09-32 型捣固车的电气系统担负着全车各种作业的控制任务,它是整车的大脑,直接指挥各种作业。从电路控制而言,它涉及模拟控制、数字控制、计算机软硬件控制及电器控制等方面,涉及面广,内容较多。09-32 连续式捣固车是 PLASSER 公司九十年代的产品,与 08-32 捣固车相比,09-32 捣固车无论是作业效率,还是作业精度都有很大提高,因此,其电气控制系统方面要复杂得多,有些原来采用机械控制的,改成了电气控制,如油门电机等。电气控制系统主要增加两大功能:① 能测量优化线路;② 作业连续。

根据控制功能的相对独立性,将 09-32 型捣固车的电气系统分成如图 1-2 所示。

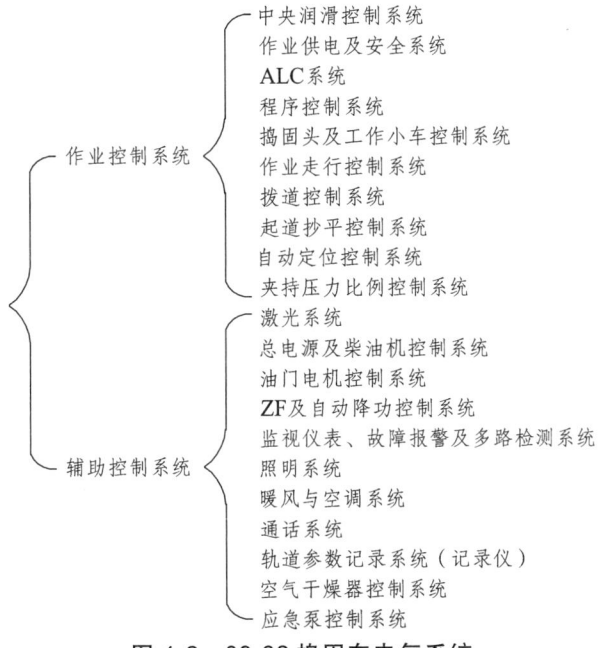

图 1-2 09-32 捣固车电气系统

与 08-32 捣固车相比,09-32 捣固车电气系统还增加了 7 个电气调节系统,它们分别是:① 油门电机控制系统;② 工作小车比例控制系统;③ 夹持压力比例调节系统;④ 大车液压走行控制系统;⑤ 自动踩镐控制系统;⑥ 安全系统;⑦ 中央润滑系统。

子任务二 捣固车各端子号及元件代号的认知

1. 捣固车电路元件代号

捣固车是引进技术生产的,使用的图纸中有些为进口图纸,为使读图方便,我们着重介绍进口图纸中的电路元件代号,以便用户能更快地熟悉和掌握捣固车的电路原理,了解不同元器件在车上的位置,有利于设备的操作、维护保养以及故障部位的准确判断。

由于电路图形符号大部分与我国相同,一些特殊的也大都采用了象形符号,比较简单,这里就不作介绍了,仅介绍电路元件代号。

1)元件代号的组成

元件代号通常由三部分构成:

第一部分:数字,由1位或2位数字组成(在各个控制箱的布线图及各电路板的原理图上这一部分常常省略),表示元件在车上的位置。

第二部分:通常只有1个或2个英文字母,表示元件的类型。

第三部分:通常由1~3位数字组成,代表其序号。

2)各部分字符所代表的意义

第一部分:

1——该元件安装在车体上,而不在各控制箱中。

2——该元件在B2控制箱中。

此外还有 4、5、7、11、13、19、21、28、33、40、42、50,51、52、53、55、77、83 等均表示箱号,分别表示该元件或部件在 B4、B5、B7:Bll、B13、B19、B2i、B28、B33、B40、B42、B50、B5l、B52、B53、B55、B77、B83 等控制箱中。

第二部分:见表1-1所示。

表 1-1 元件的类型

字母	代表种类	说　明
a	开关	主电源开关,如 lal 主蓄电池开关
b	开关	一般开关,按钮开关,钮子开关,点火开关等
D、n	二极管	在印制板上用 D,其他地方用 n
e	安全元件	保险管,自动开关(断路器)等
f	传感器	正矢、超高、深度、抄平、位移、油压、温度等传感器
g	测量仪表	一般仪表、电压表、电流表、计数器、记录仪等
h	信号元件	灯、电笛、蜂鸣器、闪光灯等
IC	集成电路	
LED	发光二极管	
m	电机	发电机、电动机、风扇、洗涤泵、起动马达等
p	电位器	仅指印刷电路板上的电位器
R	电阻	通常指印刷电路板上的电阻
r	电阻	通常指印刷电路板以外的电阻
Re	继电器	通常指用于印刷电路板上的继电器
d	继电器	通常指位于印刷电路板以外的继电器和接触器

续表 1-1

字母	代表种类	说　　明
S	电磁阀	电磁阀线圈，印刷电路板上的开关
T	三极管	
U	PCB组件	印制电路板组件
ZD	齐纳二极管	包括稳压管和过电压抑制二极管
⊥ / 0D	接地点	数字电路地
⊥ / 0A	接地点	模拟电路地
1	接地点	车体接地

说明：捣固车电气系统共有三种接地点，即 0A、0D、1，它们在各个控制箱中互不相连，而在车体的一点上连在一起。

第三部分：

由 1~3 位数字构成，这是由设计者给定的该元件的编号。

例 1：13e2，其中 13 表示 B13 箱，e 表示安全元件（自动开关、保险管、断路器），2 表示设计编号。

例 2：1f01，其中 1 表示在车体上，f 表示传感器，01 表示传感器的设计编号，1f01 是指安装在车体上的正矢传感器。

例 3：元件代号 5u6/D，指的是 B5 箱中，U6 电路板上标注为 D 的元件

2. 捣固车各端子的基本含义

捣固车电气系统包含很多内容，在一张图上无法全面表示，分成了若干分图，为了能快速找到对应的图纸，根据各端子号的基本含义，可以大致找到图纸的位置。08-32 捣固车各端子的基本含义如下：

A××——仪表显示和报警系统

L××——照明及信号灯系统

Al××——工作照明系统

G××——ZF 系统

F××、V××——多路监测系统

H××——空调加热系统

×××、Q××、QL××——程控系统

P×——捣固系统电源

R×——拨道系统电源

N——起道抄平系统电源

E×——前端模拟系统电源

E1×、E4×——起拨道参数

Sp×——通话系统

S——安全系统

OD——数字电路接地

OA——模拟电路接地

1——车体接地

3. 大机电路图的基本构成

（1）电气原理图一般根据电气功能将图划分为若干个分区，在原理图下方标明该区电路的用途和作用。当然有些电路相当复杂，在图区中也仅标出重要元件的说明，在图区对应的正上方标明对应图区的区号。

（2）端号的表示意义：在图纸中我们用两部分来表示，中间用"/"隔开，前部分表示该端号所在图纸的页数，后部分表示该端号对应的分区号。

子任务三 电缆表的使用

电缆表是整车的电气布线的一个体现，它对于电气故障的查找及元件的查找都至关重要。尤其在电气检修中，学会电缆表的使用是非常必要的，也是非常基础的东西。

1. 电缆表的组成及说明

1）电缆表的表示

我们最常见的，接触最多的就是电缆本，它涵盖了整车所有的电气布线，也是我们排除故障的一个基础。它包括电缆线的表示和电缆表两部分，具体的电缆表的组成如表 1-2 所示。

表 1-2 电缆表的组成

电缆号	箱号	电缆型号	端子号	部件说明	终端部件代号	长度
110	B5	DY12×0.5		发动机接线盒	B13	
			1	Wa6		
			2	A26		
			3	A38		
			4	A38a		
			5	A39		
			6	A46		
			7	A47		
			8	200a		
			9	202a		
			10	215		
			11	245		

表 1-2 中的意义是：电缆 110 号从 B5 箱的端子号传到 B13 箱的端子号上。表 1-3 为另外一种常见的电缆表表示形式。

表 1-3　电缆表的表示

电缆号	箱号	电缆型号	端子号	部件说明	终端部件代号	长度
194	B4	DY4*0.5	314 L18	前左报警盒停喇叭	1B24 1B77	
195	B4	DY4*0.5	314 L18	前右报警盒停喇叭	1B25 1B78	
196	B4	DY2*0.5	0D E43	左激光调节指示灯	1H32	
197	B4	DY2*0.5	0D E43	右激光调节指示灯	1H32	

2）电缆线的表示

电缆由不同颜色的内芯线构成，电缆表中的阿拉伯数字对应不同的电缆颜色，由于大机常年在野外工作，一旦出现端子号的标记脱色毁损就很难找到对应的端号。为方便在故障排查时能将电缆表中的端子号与实际的电缆内芯线对应，可用以下关系进行一一对应。

红　黄　蓝　绿　白　棕　双　黑　灰　橙　紫
1　　2　　3　　4　　5　　6　　7　　8　　9　　10　　11

4 芯以上（包括 4 芯）10 芯以下按此表顺序；2 芯线正、负极区分以红优先、黄优先、蓝优先、绿优先为正极。

2. 电缆表的使用

读懂电缆表将在我们排除故障或者电气调试的过程中经常用到。通过下例我们可以明白电缆表使用的过程。08-32 启动电路图具体参考图 1-3 所示。

故障现象：前司机室预热电阻指示灯打开电源后一直亮。

分析：加热电阻一直亮最可能的原因是加热电阻的正极直接或间接地接在了打开电源钥匙电源的正极。

处理方法：

（1）查看仪表指示灯电路图看指示灯电路正极的线号，此图线号是 245。

（2）查看电缆表线号 245 在哪里，经查此线在 B4 箱。

（3）找到 B4 箱中 245 线的接线柱，看指示灯 245 线接线是否一致。此案例用万用表检查后正确。

（4）接着排查 245 线，可知由 53 号电缆线过来。

（5）查电缆表看 53 号电缆由哪个配电箱穿过来的，经查可知由 B5 箱传到 B4 箱。

（6）查 B5 箱上的 245 线是否接错。此案例中接错，改过后工作正常。

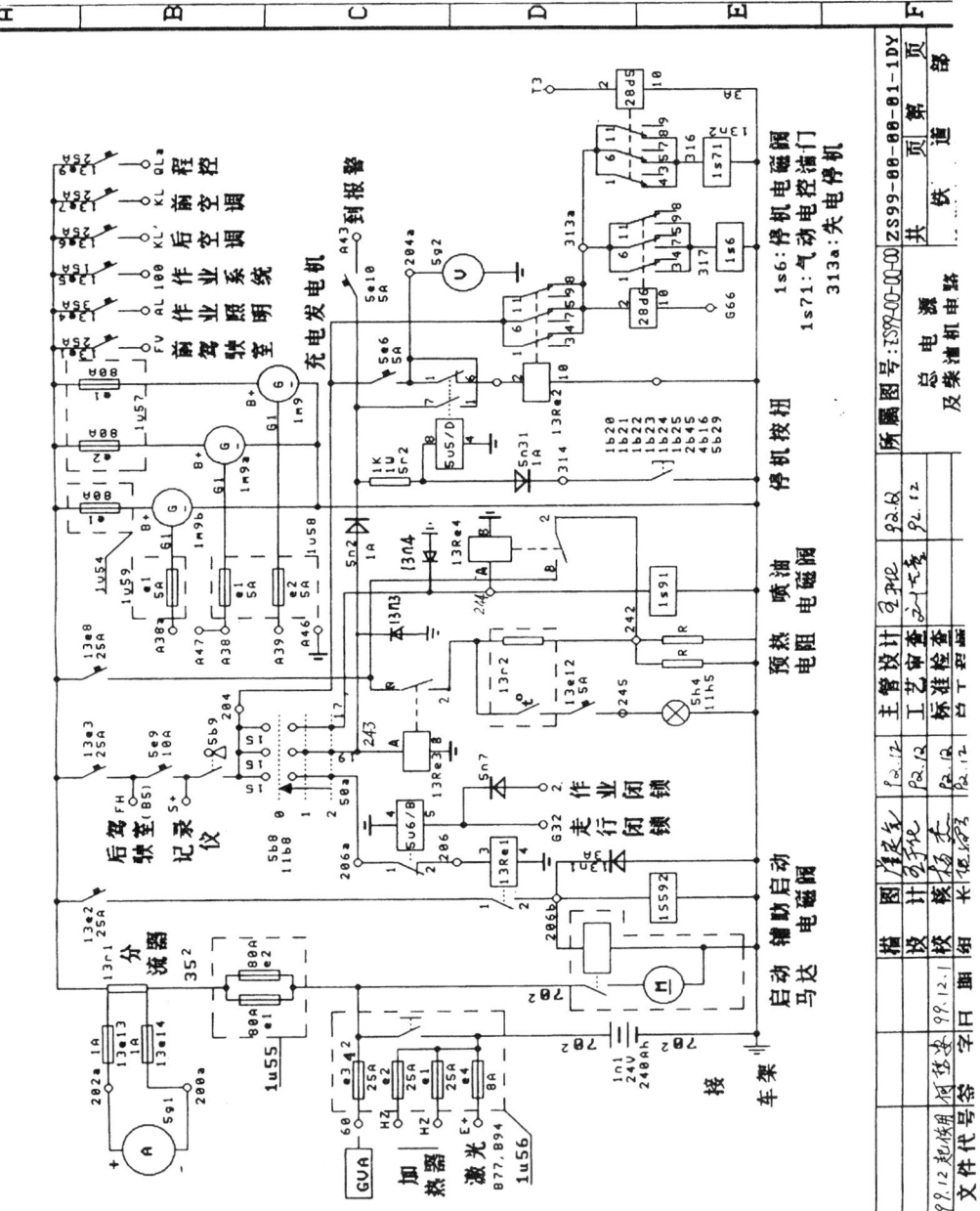

图1-3　0832启动电路图

思考题与习题

1. 简要说明捣固车电气系统的主要组成部分。
2. 举例说明电缆表的使用方法。
3. 元件代号的组成由哪几部分构成,每部分各指什么?
4. 简要说明电缆线的表示方法。

任务二 常见大机电气基本元件的认知

子任务一 大机中常见低压电器的用法

电器分为高压电器和低压电器。低压电器一般是指在交流 50 Hz、额定电压 1 200 V、直流额定电压 1 500 V 及以下的电路中起通断、保护、控制或调节作用的电器产品。由于大多数用电行业即人们的日常生活中一般都使用低压设备,采用低压供电,而低压供电的输送、分配和保护,以及设备的运行和控制是靠低压电器来实现的,因此低压电器的技术含量水平直接影响低压供电系统和控制系统的质量。本部分内容主要介绍用于电力拖动及控制系统领域中的常用低压电器及基本控制线路。

1. 电器的基本知识

低压电器是构成控制系统最常用的器件,了解它的分类、作用和用途,对设计、分析和维护控制系统都是十分必要的。

1) 低压电器的分类

电器的用途广泛,功能多样,种类繁多,结构各异,工作原理也各不相同。按工作电压的等级可分为高压电器和低压电器;按动作原理可分为手动电器(依靠外力直接操作进行切换的电器,如刀开关、按钮等)和自动电器(依靠指令或物理量变化而自动动作的电器,如交流接触器、继电器);按工作原理可分为电磁式电器和非电量控制电器;按执行机理可分为触点电器和无触点电器。

按用途通常分为以下几类:

(1) 配电电器。配电电器主要用于供、配电系统中,进行电能输送和分配。这类电器有刀开关、自动开关、隔离开关、转换开关等。对这类电器的主要技术要求是分段能力强,限流效果好,动稳定及热稳定性能好。

(2) 控制电器。控制电器主要用于各种控制电路和控制系统。这类电器有接触器、继电器、转换开关、电磁阀等。其主要技术要求是要有一定的通断能力,操作频率高,电器和机械寿命要长。

(3) 主令电器。主令电器主要用于发送控制指令。这类电器有按钮、主令开关、行程开关和万能转换开关等。对这类电器的主要技术要求是操作频率要高,抗冲击,电器和机械寿命要长。

(4) 保护电器。保护电器主要用于对电路和电气设备进行安全保护。这类低压电器有熔断器、热继电器、安全继电器、电压继电器、电流继电器和避雷器等。对这类电器的主要技术要求是要有一定的通断能力,反应要灵敏,动作可靠性要高。

(5) 执行电器。执行电器主要用于执行某种动作和传动功能。这类低压电器有电磁铁、电磁离合器等。随着电子技术和计算机技术的进步,近几年又出现了利用集成电路和电子元件构成的电子式电器，利用单片机构成的智能化电器，以及可直接与现场总线连接的具有通信功能的电器。

2）电器的作用

电器是构成控制系统的最基本元件，它的性能将直接影响控制系统能否正常工作。电器能够依据操作信号或外界现场信号的要求，自动或手动改变系统的状态、参数，实现对电路或被控对象的控制、保护、测量、指示、调节。它的工作进程是将一些电量信号或非电量信号转变为非通即断的开关信号或随信号变化的模拟量信号，实现对被控对象的控制。

电器的主要作用如下：

（1）控制作用：如电梯的上下移动、快慢速自动切换与自动停层等。

（2）保护作用：能根据设备的特点，对设备、环境以及人身安全实行自动保护，如电动机的过热保护、电网的短路保护、漏电保护等。

（3）测量作用：利用仪表及与之相适应的电器，对设备、电网或其他非电参数进行测量，如电流、电压、功率、转速、温度、压力等。

（4）调节作用：低压电器可对一些电量和非电量进行调整，以满足用户的要求，如电动机速度的调节、柴油机油门的调整、房间温度和湿度的调节、光照度的自动调节等。

（5）指示作用：利用电器的控制、保护等功能，显示检测出的设备运行状况与电器电路工作情况。

（6）转换作用：在用电设备之间转换或对低压电器、控制电路分时投入运行，以实现功能转换，如被控装置操作的手动与自动的转换、供电系统的市电与自备电源的切换等。

当然，电器的作用远不止这些，随着科学技术的发展，新功能、新设备会不断出现。

常用低压电器的主要种类及用途如表2-1所示。

表2-1 常用低压电器的主要种类及用途表

序号	类别	主要品种	主要用途
1	断路器	框架式断路器	主要用于电路的过载、短路、欠电压、漏电保护，也可用于不频繁地接通和断开电路
		塑料外壳式断路器	
		快速直流断路器	
		限流式断路器	
		漏电保护式断路器	
2	接触器	交流接触器	主要用于远距离频繁控制负载，切断带电负荷电路
		直流接触器	
3	继电器	电磁式继电器	主要用于控制电路中，将被控量转换成控制电路所需电量或开关信号
		时间继电器	
		温度继电器	
		热继电器	
		速度继电器	
		干簧继电器	

续表 2-1

序号	类别	主要品种	主要用途
4	熔断器	瓷插式熔断器 螺旋式熔断器 有填料封闭管式熔断器 无填料封闭管式熔断器 快速熔断器 自复式熔断器	主要用于电路短路保护,也用于电路的严重过载保护
5	主令电器	控制按钮 位置开关 万能转换开关 主令控制器	主要用于发布控制命令,改变控制系统的工作状态
6	刀开关	胶盖闸刀开关 封闭式负荷开关 熔断器式刀开关	主要用于不频繁地接通和分断电路
7	转换开关	组合开关 换向开关	主要用于电源切换,也可用于负荷通断或电路切换
8	控制器	凸轮控制器 平面控制器	主要用于控制回路的切换
9	起动器	电磁起动器 星/三角起动器 自耦减压起动器	主要用于电动机的起动
10	电磁铁	制动电磁铁 起重电磁铁 牵引电磁铁	主要用于起重、牵引、制动等场合

3）低压电器的基本结构特点

低压电器一般都有两个基本部分：一是感测部分,它感测外界的信号做出有规律的反应。在自控电器中感测部分大多由电磁机构组成；在手控电器中,感测部分通常为操作手柄等。另一个是执行部分,如触点根据指令进行电路的接通或切断。

2. 开关电器

开关电器常用来不频繁地接通或分断控制线路或直接控制小容量电动机,这类电器也可以用来隔离电源或自动切断电源而起到保护作用。这类电器包括刀开关、转换开关、自动空气断路器等。

1）刀开关

刀开关俗称闸刀开关,可分为不带熔断器式和带熔断器式两大类。它们用于隔离电源和无负载情况下的电路转换,其中后者还具有短路保护功能。常用的有以下两种：

（1）开启式负荷开关。

开启式负荷开关又称瓷底胶盖闸刀开关，常用的有 HK1、HK2 系列。它由刀开关和熔断器组合而成。瓷底板上装有进线座、静触点、熔丝、出线座和带瓷质手柄的闸刀。其结构图与图形符号如图 2-1 所示。

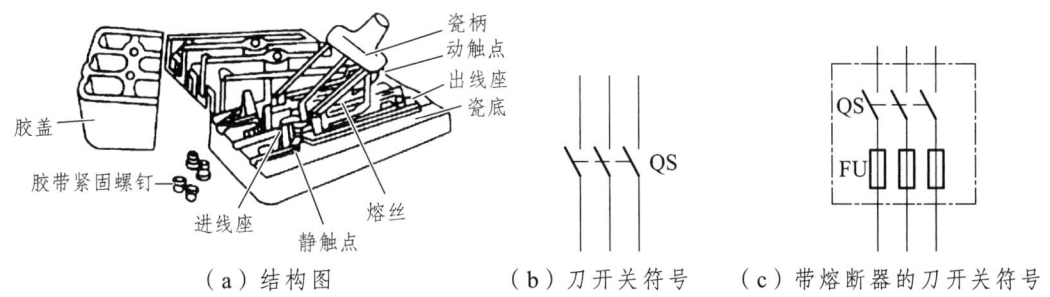

（a）结构图　　（b）刀开关符号　　（c）带熔断器的刀开关符号

图 2-1　HK 系列瓷底胶盖闸刀开关

这种系列的刀开关因其内部设有熔丝，故可对电路进行短路保护，常用作照明电路的电源开关或用于 5.5 kW 以下三相异步电动机不频繁起动和停止的控制开关。

在选用时，额定电压应大于或等于负载额定电压，对于一般的电路，如照明电路，其额定电流应大于或等于最大工作电流；而对于电动机电路，其额定电流应大于或等于电动机额定电流的 3 倍。

开启式负荷开关在安装时应注意：

① 闸刀在合闸状态时，手柄应朝上，不准倒装或平装，以防误操作。

② 电源进线应接在静触点一边的进线端（进线座在上方），而用电设备应接在动触点一边的出线端（出线座在下方），即"上进下出"，不准颠倒，以方便更换熔丝及确保用电安全。

（2）封闭式负荷开关。

封闭式负荷开关又称铁壳开关，图 2-2 所示为常用的 HH 系列封闭式负荷开关的结构与外形。

这种负荷开关由刀开关、熔断器、灭弧装置、操作手柄、操作机构和外壳构成。三把闸刀固定在一根绝缘方轴上，由操作手柄操纵；操作机构设有机械联锁，当盖子打开时，手柄不能合闸，手柄合闸时，盖子不能打开，保证了操作安全。在手柄转轴与底座间还装有速动弹簧，使刀开关的接通与断开速度与手柄动作速度无关，抑制了电弧过大。

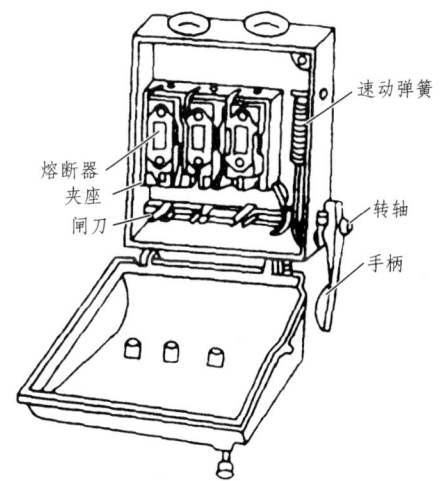

图 2-2　HH 系列封闭式负荷开关

封闭式负荷开关用来控制照明电路时，其额定电流可按电路的额定电流来选择，而用来控制不频繁操作的小功率电动机时，其额定电流可按大于电动机额定电流的 1.5 倍来选择。但不宜用于电流超过 60 A 以上负载的控制，以保证可靠灭弧及用电安全。

封闭式负荷开关在安装时，应保证外壳可靠接地，以防漏电而发生意外。接线时，电源线接在静触座的接线端上，负载则接在熔断器一端，不得接反，以确保操作安全。

2）转换开关

转换开关又称组合开关，是一种可供两路或两路以上电源或负载转换用的开关电器。在结构上是用动触片代替了闸刀，以左右旋转代替了闸刀的上下分合动作，有单极、双极和三极之分。转换开关具有多触点、多位置、体积小、性能可靠、操作方便、安装灵活等优点。图2-3（a）（b）是转换开关的外形及结构，其图形及文字符号如图2-3（c）所示。

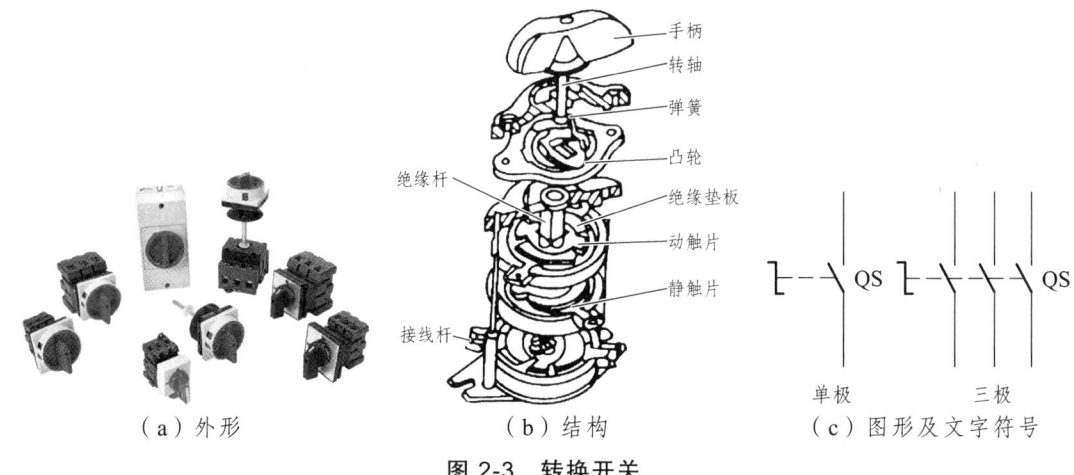

（a）外形　　　　（b）结构　　　　（c）图形及文字符号

图2-3 转换开关

转换开关可作为电路控制开关、测试设备开关、电动机控制开关和主令控制开关，及电焊机用转换开关等。转换开关一般应用于交流50 Hz，电压380 V及以下，直流电压220 V及以下电路中转换电气控制线路和电气测量仪表。作手动不频繁接通或分断电路，换接电源或负载，可承载电流一般较大。

万能转换开关是一种常用的转换开关，它有LW5和LW6系列的。不同型号的万能转换开关的手柄有不同万能转换开关的触点，由于其触点的分合状态与操作手柄的位置有关，所以，我们用触点状态图和触点状态表来手柄处于不同位置时各触点的通断状态。图2-4中的小圆圈表示触点，小黑点在触点状态图中表示触点接通，虚线（点画线）代表手柄位置；在表中，用"＋、·、×"表示触点在相应档位上时闭合状态，—表示触点断开。方式一中当万能转换开关打向左45°时，触点1-2、3-4、5-6闭合，触点7-8打开；打向0°时，只有触点5-6闭合，右45°时，触点7-8闭合，其余打开。

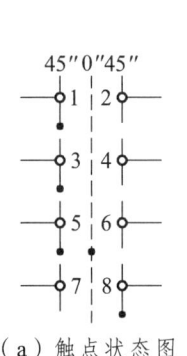

	LW5-15D0403/2			
触头编号		45°	0°	45°
╱—	1~2	×		
╱—	3~4	×		
╱—	5~6	×	×	
╱—	7~8			×

（a）触点状态图　　　　（b）触点状态表

图2-4 触点状态图和触点状态表

3）低压断路器

低压断路器，原名空气开关、自动开关，现与IEC等同，国家统一命名为低压断路器系列产品。低压断路器按其结构和性能可分为框架式、塑料外壳式和漏电保护式三类。它是一种既能作开关用，又具有电路自动保护功能的低压电器，用于电动机或其他用电设备作不频繁通断操作的线路转换。当电路发生过载、短路、欠电压等非正常情况时，能自动切断与它串联的电路，有效地保护故障电路中的用电设备。漏电保护断路器除具备一般断路器的功能外，还可以在电路出现漏电（如人触电）时自动切断电路进行保护。由于低压断路器具有操作安全、动作电流可调整、分断能力较强等优点，因而在各种电气控制系统中得到了广泛的应用。

（1）低压断路器的结构和工作原理。

低压断路器主要由触头系统、灭弧装置、操作机构、保护装置（各种脱扣器）及外壳等几部分组成。图2-5所示为常用的塑壳式DZ5-20型自动空气开关的外形与结构图。该结构图为立体布置，操作机构居中，有红色分闸按钮和绿色合闸按钮伸出壳外；主触头系统在后部，其辅助触头为一对动合触头和一对动断触头。

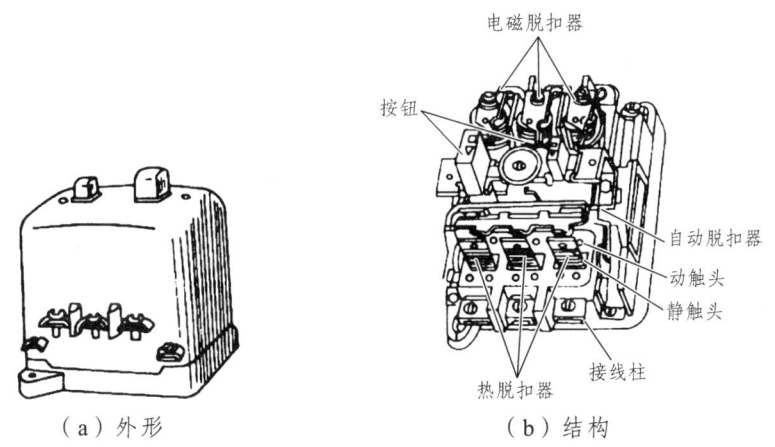

图 2-5　DZ5-20型自动空气开关

图2-6所示为自动空气断路器的工作原理及图形符号。其中，图2-6（a）中的2是自

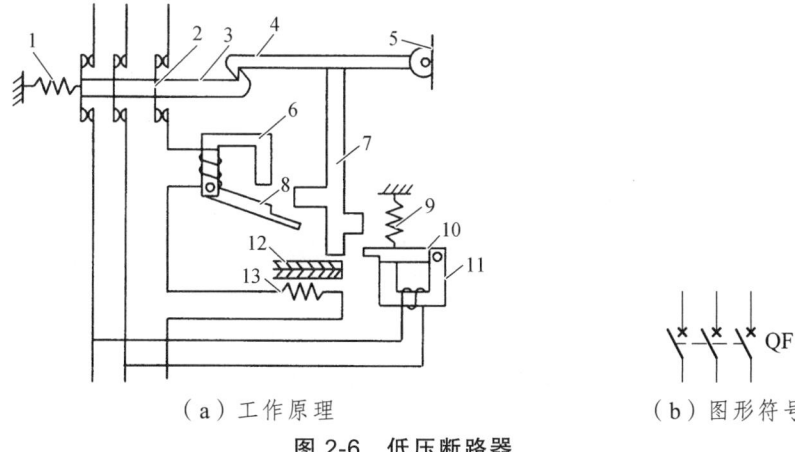

图 2-6　低压断路器

动空气断路器的三对主触头，与被保护的三相主电路相串联，当手动闭合电路后，其主触头由锁链 3 钩住搭钩 4，克服弹簧 1 的拉力，保持闭合状态。搭钩 4 可绕轴 5 转动。当被保护的主电路正常工作时，电磁脱扣器 6 中线圈所产生的电磁吸合力不足以将衔铁 8 吸合；而当被保护的主电路发生短路或产生较大电流时，电磁脱扣器 6 中线圈所产生电磁吸合力随之增大，直至将衔铁 8 吸合，并推动杠杆 7，把搭钩 4 顶离。在弹簧 1 的作用下主触头断开，切断主电路，起到保护作用。又当电路电压严重下降或消失时，欠电压脱扣器 11 中的吸力减少或失去吸力，衔铁 10 被弹簧 9 拉开，推动杠杆 7，将搭钩 4 顶开，断开了主触头。当电路发生过载时，过载电流流过发热元件 13，使双金属片 12 向上弯曲，将杠杆 7 推动，断开主触头，从而起到保护作用。

（2）低压断路器的类型及其主要参数。

低压断路器从 50 年代以来经过全面仿苏、自行设计、更新换代和技术引进以及合资生产等几个阶段，国产制造能力大容量额定电流可以生产到 4 000 A；引进产品可供应到 6 300 A，极限分断能力可达 120～150 kA。国内已形成系列生产低压断路器的行业。

我国"六·五""七·五"开发设计的框架式低压断路器，有 DW15、DW16 系列；"七·五"后对塑壳式低压断路器 DZ20 系列在 Y、J 型基础上又开发了高分断能力的 G 型；"八·五"期间继续开发了经济型 C 型及无飞弧系列 DZ20W 型产品，奇胜电器（惠州）工业公司生产的 D 系列、TM30 系列（16～2 000 A）塑壳式断路器等。

引进技术生产的大容量 DW914 系列、ME 系列、M（Master Pact）系列、F 系列、AE（1 000、1 600、2 500、3 200 A）系列等框架式低压断路器；S 系列、Com Pact 系列等塑壳式低压断路器等。

在中国市场销售的有三菱（MITSUBISHI）AE 系列框架式低压断路器，NF 系列塑壳式低压断路器；西门子的 3WN1（630～6 300 A）、3WN6 系列框架式低压断路器，3VF3～3VF8 系列限流塑壳式低压断路器等。

低压断路器的型号意义如下：

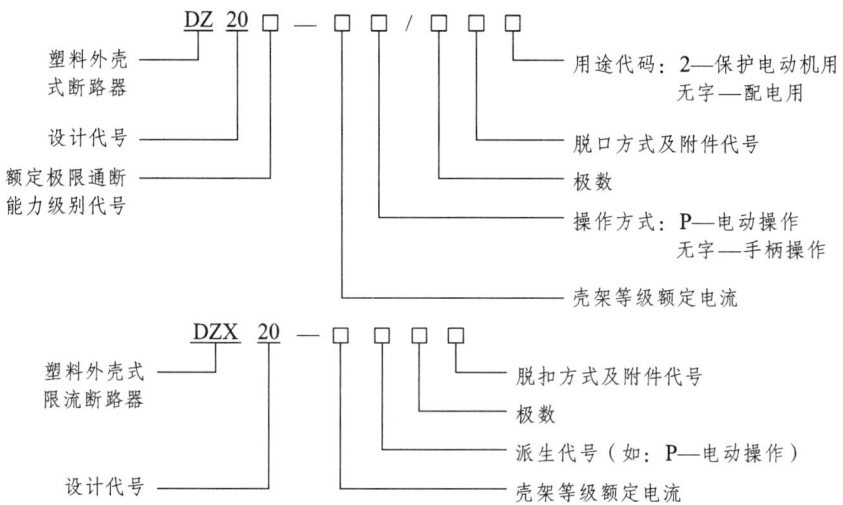

低压断路器的主要参数有额定电压、额定电流、极数、脱扣类型及其额定电流、整定范围、电磁脱扣器整定范围、主触点的分断能力等。

3. 熔断器

熔断器是低压配电网络和电力拖动系统中主要用作短路保护的电器。它使用时串联在被保护的电路中，当电路发生短路故障时，通过熔断器的电流达到或超过某一规定值时，以其自身产生的热量使熔体熔断，从而自动分断电路，以起到保护作用。它具有结构简单、价格便宜、动作可靠、使用维护方便等优点，因此得到了广泛的应用。

熔断器主要由熔体、安装熔体的熔管和熔座三部分组成。熔体的材料通常有两种，一种是由铅、铅锡合金或锌等低熔点材料所制成的，多用于小电流电路；另一种是由银铜等较高熔点的金属制成的，多用于大电流电路。

熔断器按结构形式分为半封闭插入式、无填料封闭管式、有填料封闭管式和快速熔断器。

1）熔断器的结构和类型

以下介绍熔断器的结构和类型，其中半封闭插入式包括 RC1V 系列瓷插式和 RL1 系列螺旋式。

（1）RC1A 系列瓷插式熔断器的结构。

RC1A 系列瓷插式熔断器由动触点、熔丝、瓷盖、静触点和瓷底 5 部分组成。它主要用于交流 50 Hz、额定电压 380 V 及以下、额定电流 220 A 及以下的低压线路的末端或分支电路中，作为电气设备的短路保护及一定程度的过载保护，其外形及结构如图 2-7 所示。

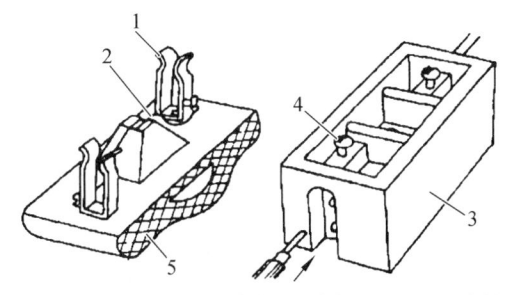

图 2-7 RC1A 系列瓷插式熔断器外形及结构

1—动触点；2—熔丝；3—瓷座；4—静触点；5—瓷盖

（2）RL1 系列螺旋式熔断器的结构。

RL1 系列螺旋式熔断器主要由瓷帽、金属螺管、指示器、熔管、瓷套、下接线端、上接线端及瓷座等几部分组成，它属于有填料封闭管式熔断器，其外形及结构如图 2-8 所示。

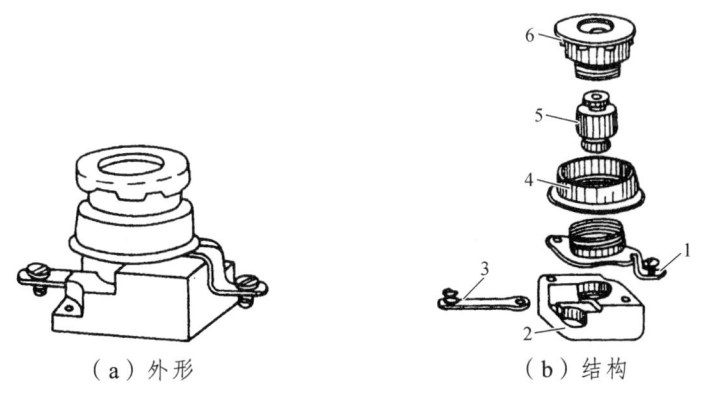

（a）外形　　　（b）结构

图 2-8 螺旋式熔断器的外形和结构

1—上接线端；2—瓷底；3—下接线端；4—瓷套；5—熔断管；6—瓷帽

（3）其他熔断器。

其他常见的熔断器还有 RM10 系列无填料封闭管式熔断器、RT0 系列有填料封闭管式熔断器和快速熔断器。RM10 系列无填料封闭管式熔断器主要由夹座、底座、熔断器、硬质绝缘管、黄铜套管、黄铜帽、插刀、熔体和夹座组成，其结构如图 2-9 所示。RT0 系列有填料封闭管式熔断器主要由熔断指示器、石英砂填料、熔丝、插刀、熔体和熔管组成，其结构如图 2-10 所示。它适用于交流 50 Hz、额定电压 380 V 或直流 440 V 及以下电压等级的动力网络和成套配电设备中，可作为导线、电缆及较大容量电气设备的短路和连续过载保护。

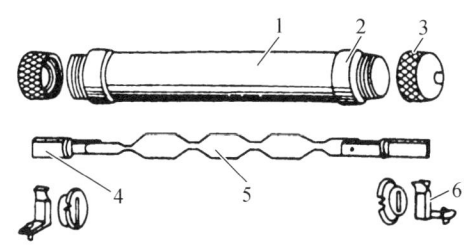

图 2-9 RM10 系列无填料密封管式熔断器

1—钢纸管；2—黄铜管；3—黄铜帽子；4—插刀；5—熔体；6—夹座

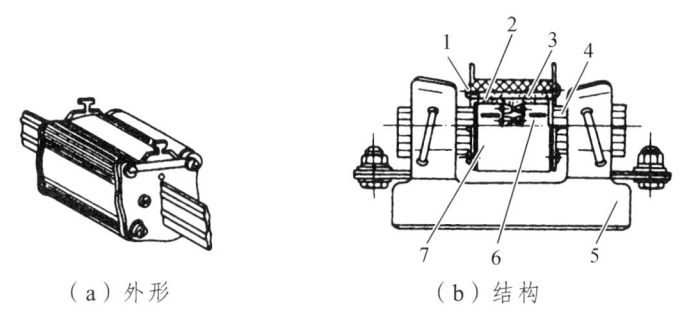

（a）外形　　　　　（b）结构

图 2-10 RT0 系列有填料封闭管式熔断器

1—熔断指示器；2—石英沙填料；3—指示器熔丝；
4—插刀；5—熔体；6—夹座；7—熔管

快速熔断器又称为半导体保护熔断器，主要用于半导体功率元件的过电流保护。它的结构简单，使用方便，动作灵敏可靠。目前常用的快速熔断器有 RS0、RS3、RLS2 等系列。

（4）熔断器型号含义、电器图形和文字符号。

① 熔断器型号含义：熔断器型号含义如下：

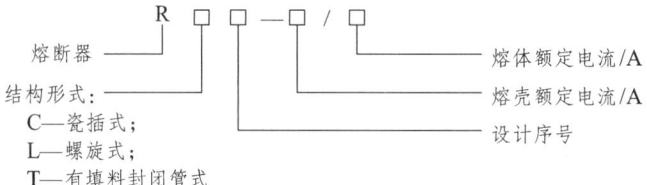

② 电器图形和文字符号：熔断器的电气图形和文字符号如图 2-11 所示。

2）熔断器的保护特性和主要技术参数

（1）熔断器的保护特性。

熔断器的保护特性是指流过熔体的电流与熔体熔断的时间的关系曲线，也称安秒特性。

如图 2-12 所示是一条熔断器的保护特性曲线。图中 I_{min} 为最小熔化电流或临界电流,当流过的熔体电流等于 I_{min} 时,熔体能够达到稳定温度并熔断。I_N 为熔体额定电流,熔体在 I_N 下不会熔断,所以可以得到 $I_{min} > I_N$。而 I_{min} 与 I_N 之比称为最小熔化系数 β,其值对应不同的形式会有不同的值,一般在 1.6 左右,因此说它是表征熔断器保护灵敏度的特性之一。

图 2-11 熔断器的电气图形和文字符号

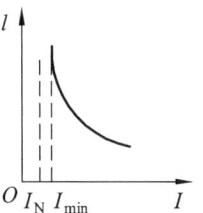

图 2-12 熔断器的保护特性

（2）熔断器的主要技术参数。

在选配熔断器的时候,通常需要考虑以下主要技术参数:

① 额定电压:是指熔断器（熔壳）长期工作时以及分断后能够承受的电压值,其值一般大于或等于电气设备的额定电压。

② 额定电流:指熔断器（熔壳）长期通过的、不超过允许温升的最大工作电流值。

③ 熔体的额定电流:指长期通过熔体而不熔断的最大电流值。

④ 熔体的熔断电流:指通过熔体并使其熔化的最小电流值。

⑤ 极限分断能力:指熔断器在故障条件下,能够可靠地分断电路的最大短路电路电流值。

3）熔断器的技术数据

常用熔断器的技术数据见表 2-2。

表 2-2 常用熔断器的技术数据

型　号	熔管额定电压 /V	熔管额定电流 /A	熔体额定电流等级 /A	短路分断能力 kA	λ
RC1A-5	~380 ~220	5	2、5	0.25	≥0.4
RC1A-10		10	2、4、6、10	0.5	
RC1A-15		15	6、10、15	0.5	
RC1A-30		30	20、25、30	1.5	
RC1A-60		60	40、50、60	3	
RC1A-100		100	80、100	3	
RC1A-200		200	120、150、200	3	
RL1-15	~500 ~380 ~220	15	2、4、6、10、15	2	≥0.3
RL1-60		60	20、25、30、35、40、50、60	3.5	
RL1-100		100	60、80、100	20	
RL1-200		200	100、125、150、200	50	
RL2-25		25	2、4、6、15、20	1	
RL2-60		60	25、35、50、60	2	
RL2-100		100	80、100	3.5	

续表 2-2

型　号	熔管额定电压 /V	熔管额定电流 /A	熔体额定电流等级 /A	短路分断能力 kA	λ
RM10-15	~500 ~380 ~220 ~440 ~220	15	6、10、15	1.2	0.8
RM10-60		60	15、20、25、30、40、50、60	3.5	0.7
RM10-100		100	60、80、100	10	0.35
RM10-200		200	100、125、160、200	10	0.35
RM10-350		350	200、240、260、300、350	10	0.35
RM10-600		600	350、450、500、600	12	0.35
RM10-1000		1 000	600、700、850、1 000	12	0.35
RT0-50	~380	50	5、10、15、20、30、40、50	50	0.1~0.2
RT0-100		100	30、40、50、60、80、100		
RT0-200	~440	200	80、100、120、150、200		
RT0-400		400	150、200、250、300、350、400		
RT0-600		600	350、400、450、500、550、600		
RT0-1000	~380 ~440	1 000	700、800、900、1 000		
RT0-200	~1 140	200	30、60、80、100、120、160、200		
RT12-20	~415	20	2、4、6、10、16、20	80	0.1~0.2
RT12-32		32	20、25、32		
RT12-63		63	32、40、50、63		
RT12-100		100	63、80、100		
RT15-100		100	40、50、63、80、100	100	
RT15-200		200	125、160、200		
RT15-315		315	250、315		
RT15-400		400	350、400		
RT14-20	~380	20	2、4、6、10、16、20	100	0.1~0.2
RT14-32		32	2、4、6、10、16、20、25、32		
RT14-63		63	10、16、20、25、32、40、50		

4）熔断器的使用及维护

（1）应正确选用熔体及熔断器。有分支电路时，分支电路的熔体额定电流应比前一级小 2~3 级；对不同性质的负载，如照明电路、电动机电路的主电路和控制电路等，应尽量分别保护，装设单独的熔断器。

（2）安装螺旋式熔断器时，必须注意将电源线接到瓷底座的下接线端，以保证其安全。

（3）瓷插式熔断器在安装熔丝时，熔丝应顺着螺钉旋紧方向绕过去，同时应注意不要划伤熔丝，也不要把熔丝绷紧以免减小熔丝截面尺寸或插断熔丝。

（4）更换熔体时应切断电源，并应换上相同额定电流的熔体，不能随意加大熔体。

（5）电动机起动瞬间熔体即熔断，其故障的原因一般是熔体安装时受损伤或熔体规格太小以及负载侧短路或接地。

（6）熔丝未熔断但电路不通，其故障的原因一般是熔体两端或接线端接触不良。

4. 主令电器

主令电器是用来发布命令、改变控制系统工作状态的电器,它可以直接作用于控制电路,也可以通过电磁式电器的转换对电路实现控制,其主要类型有控制按钮、行程开关、接近开关、万能转换开关、凸轮控制器等。

1)控制按钮

控制按钮是一种典型的主令电器,其作用通常是用来短时间地接通或断开小电流的控制电路,从而控制电动机或其他电器设备的运行。

(1)控制按钮的结构与符号。

控制按钮的典型结构如图 2-13 所示。它既有常开触头,也有常闭触头。常态时在复位弹簧的作用下,由桥式动触头将静触头 1、2 闭合,静触头 3、4 断开;当按下按钮时,桥式动触头将 1、2 分断,3、4 闭合。1、2 被称为常闭触头或动断触头,3、4 被称为常开触头或动合触头。

控制按钮的图形符号和文字符号如图 2-14 所示。

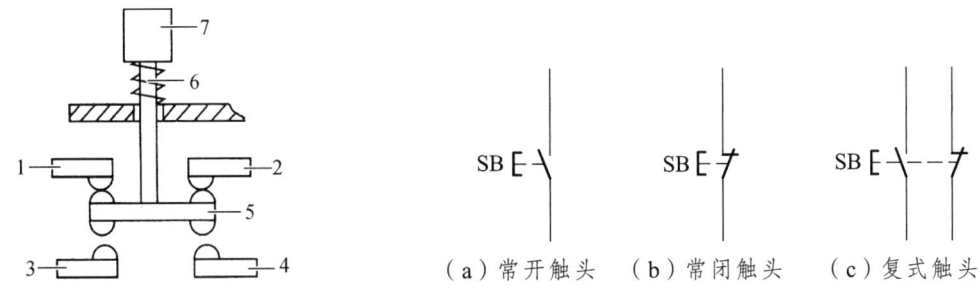

图 2-13 典型控制按钮的结构示意图
1、2—常闭触头;3、4—常开触头;5—桥式触头;
6—复位弹簧;7—按钮帽

图 2-14 控制按钮的图形符号和文字符号
(a)常开触头 (b)常闭触头 (c)复式触头

(2)控制按钮的型号及含义。

常用的按钮型号有 LA2、LA18、LA19、LA20 及新型号 LA25 等系列。引进生产的有瑞士 EAO 系列、德国 LAZ 系列等。其中 LA2 系列有一对常开和一对常闭触头,具有结构简单、动作可靠、坚固耐用的优点。LA18 系列按钮采用积木式结构,触头数量可按需要进行拼装。LA19 系列为按钮开关与信号灯的组合,按钮兼作信号灯灯罩,用透明塑料制成。

LA25 系列按钮的型号意义如下:

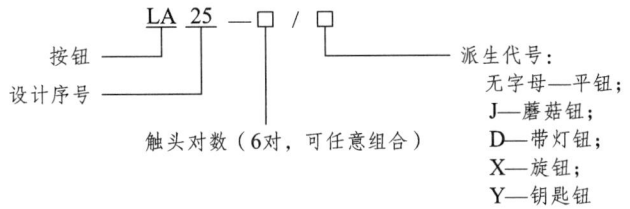

为标明按钮的作用,避免误操作,通常将按钮帽做成红、绿、黑、黄、蓝、白、灰等色。国标 GB 5226—85 对按钮颜色作了如下规定:

① "停止"和"急停"按钮必须是红色。当按下红色按钮时，必须使设备断电，停止工作。

② "起动"按钮的颜色是绿色。

③ "起动"与"停止"交替动作的按钮必须是黑色、白色或灰色，不得用红色和绿色。

④ "点动"按钮必须是黑色。

⑤ "复位"按钮（如保护继电器的复位按钮）必须是蓝色。当复位按钮还有停止的作用时，则必须是红色。

2）行程开关与接近开关

（1）行程开关。

行程开关主要由三部分组成：操作机构、触头系统和外壳。行程开关种类很多，按其结构可分为直动式、滚轮式和微动式三种，如图2-15所示。直动式行程开关的动作原理与按钮相同。但它的缺点是触头分合速度取决于生产机械的移动速度，当移动速度低于0.4 m/min时，触头分断太慢，易受电弧烧损。为此，应采用有弹簧机构瞬时动作的滚轮式行程开关。滚轮式行程开关和微动式行程开关的结构与工作原理这里不再介绍。图2-16所示为直动式行程开关的结构。

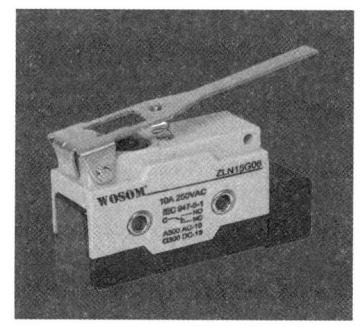

图2-15 行程开关的外形

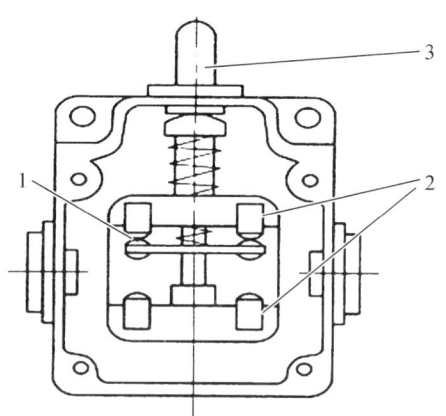

图2-16 直动式行程开关结构

1—动触头；2—静触头；3—推杆

LXK3系列行程开关型号意义如下：

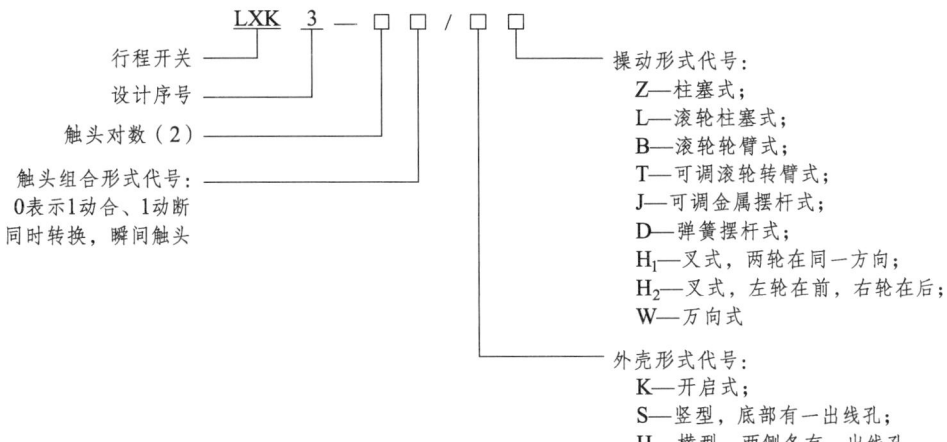

行程开关的图形符号和文字符号如图 2-17 所示。

（2）接近开关。

接近开关又称无触点行程开关，是一种无接触式物体检测装置，当被测物接近其工作面并达到一定距离时，不论检测物体是运动的还是静止的，接近开关都会自动地发出物体接近而"动作"的信号，而不像机械式行程开关那样需要机械碰撞。它能准确反映出运动机构的位置和行程，即

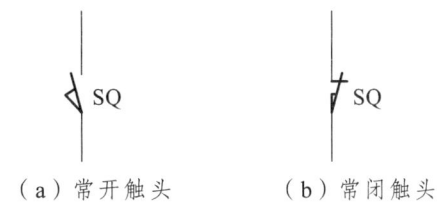

图 2-17 行程开关的图形符号和文字符号

使于一般的行程控制，其定位精度、操作频率、使用寿命、安装调整的方便性和对恶劣环境的适用能力，是一般机械式行程开关所不能相比的。它广泛地应用于机床、冶金、化工、轻纺和印刷等行业。在自动控制系统中可作为限位、计数、定位控制和自动保护环节等。由于可以根据不同的原理和不同的方法做成，而不同的位移传感器对物体的"感知"方法也不同，所以常见的接近开关有以下几种：

① 电感式接近开关。电感式接近开关是利用电涡流效应制造的传感器。电感式接近开关的感应头是一个具有铁氧体磁心的电感线圈，只能用于检测金属体。其原理图及实物图如图 2-18 所示。电涡流效应是指，当金属物体处于一个交变的磁场中，在金属内部会产生交变的电涡流，该涡流又会反作用于产生它的磁场这样一种物理效应。如果这个交变的磁场是由一个电感线圈产生的，则这个电感线圈中的电流就会发生变化，用于平衡涡流产生的磁场。

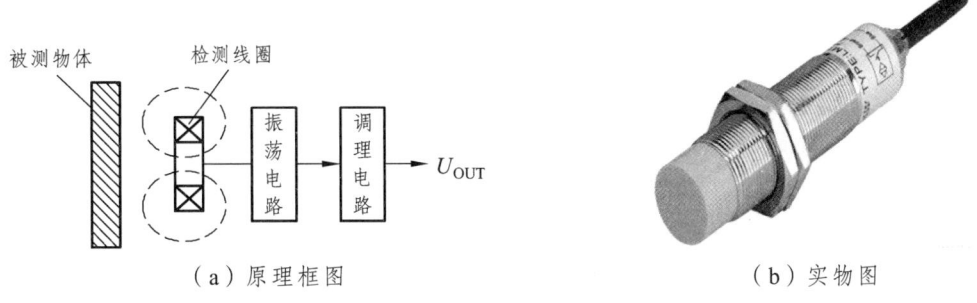

图 2-18 电感式接近开关的原理框图与实物图

利用这一原理,以高频振荡器(LC振荡器)中的电感线圈作为检测元件,当被测金属物体接近电感线圈时产生了涡流效应,引起振荡器振幅或频率的变化,由传感器的信号调理电路(包括检波、放大、整形、输出等电路)将该变化转换成开关量输出,从而达到检测目的。

② 电容式接近开关。电容式接近开关亦属于一种具有开关量输出的位置传感器,其实物图如图 2-19 所示。它的测量头通常是构成电容器的一个极板,而另一个极板是物体的本身,当物体移向接近开关时,物体和接近开关的介电常数发生变化,使得和测量头相连的电路状态也随之发生变化,由此便可控制开关的接通和关断。电容式接近开关对任何介质都可以检测,包括导体、半导体、绝缘体,甚至可以用于检测液体和粉末状物料。因此,在国内外应用得十分广泛,国内也有 LXl15 系列和 TC 系列等产品。对于非金属物体,动作距离决定于材质的介电常数,材料的介电常数越大,可获得的动作距离越大。

电容式接近开关的原理就是当电源接通时,RC 振荡器不震荡,当一目标朝着电容器的电极靠近时,电容器的容量增加,振荡器开始震荡,通过后极电路的处理,将振和震荡两种信号转换成开关信号,电容式接近开关的感应圈由同轴金属电极构成,很像"打开的"电容器电极,这两个电极构成一个电容,串接在 RC 振荡回路中,从而起到检测有无物体存在的目的。

图 2-19 电容式接近开关的实物图

接近开关按输出型式又可分为直流两线制、直流三线制、直流四线制、交流两线制和交流三线制,各型式示意图如图 2-20 所示。

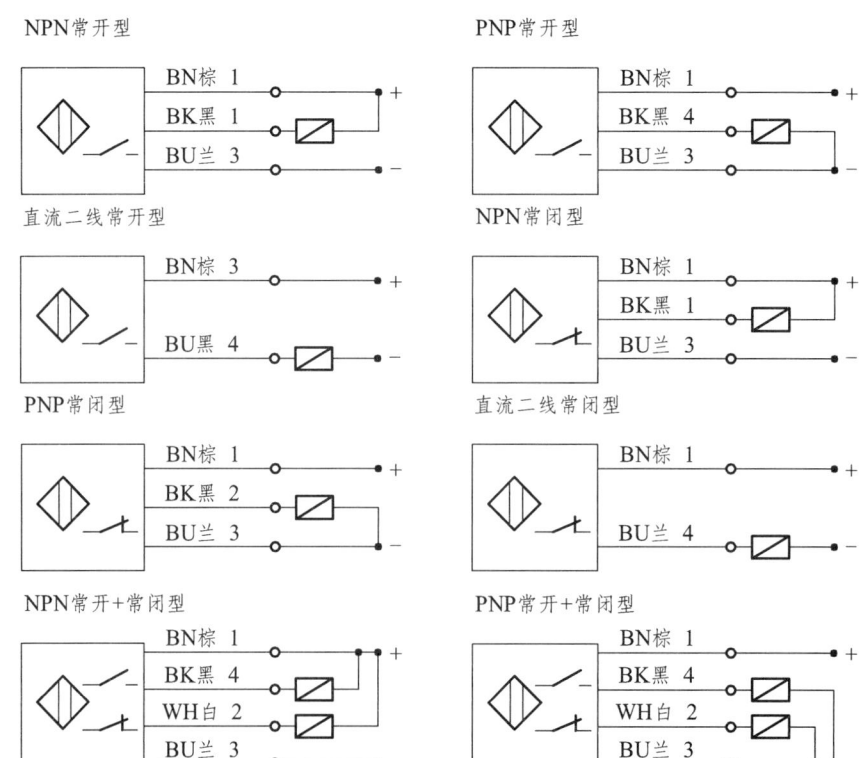

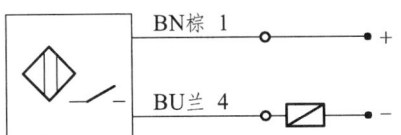

图 2-20　接近开关输出型式

两线制接近开关安装简单，接线方便；应用比较广泛，但却有残余电压和漏电流大的缺点。直流三线式接近开关的输出型有 NPN 和 PNP 两种，20 世纪 70 年代日本产品绝大多数是 NPN 输出，西欧各国 NPN、PNP 两种输出型都有。PNP 输出接近开关一般应用在 PLC 或计算机作为控制指令较多，NPN 输出接近开关用于控制直流继电器较多，在实际应用中要根据控制电路的特性进行选择其输出形式。

（3）使用场景。

如图 2-21 所示，电感式传感器在捣固车上的应用，主要用于油门电机的位置检测。

图 2-21　油门电机的位置检测

1—作业位置；2—降功位置；3—怠速位置

在图中，我们可以看到三个电感式接近开关，分别用来检测油门电机拉杆的三个位置，分别是降功速度、怠速、作业转速时对应的位置。

（4）案例分析。

发动机转速提不到最高速 2 300 r/min，并且转速降到 1 300 r/min 以后再提升油门电机提不上直到熄火？调试时：转速与转速表一致。

分析：最高转速达不到最高速，① 可能是油门电机的机械调速达不到最高速的要求；② 就是发动机的拉油杆太长，油门电机拉出来的太短喷油量达不到；③ 最高速感应传感器位置达不到要求。转速降到 1 300 r/min 以后再提升油门电机提不上直到熄火可能是油门电机将降功感应传感器当成怠速感应传感器所以提不上油门。

处理方法：① 先进行油门电机机械调试使门电机达到最低速和最高速的范围要求；② 调节最高速、降功、怠速感应传感器的位置使其达到要求；③ 看油门拉杆是否达到要求，如果太长就锯割使其达到要求。

5. 接触器

接触器是一种用来频繁地接通或分断交、直流主电路及大容量控制电路的自动切换电器，主要用于控制电动机、电热设备、电焊机和电容器组等。它是电力拖动自动控制系统中使用最广泛的电气元件之一。

接触器按其主触头通过电流的种类不同，可分为交流接触器和直流接触器。由于它们的结构大致相同，因此下面仅以交流接触器为例，分析接触器的组成部分和作用。

1）交流接触器的结构及工作原理

交流接触器的结构示意图如图 2-22 所示，其图形符号和文字符号如图 2-23 所示。

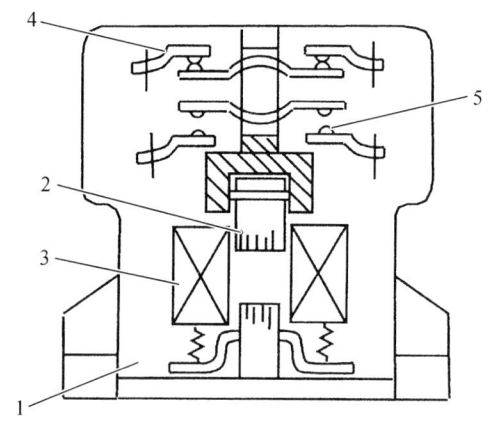

图 2-22 交流接触器的结构示意图

1—铁心；2—衔铁；3—线圈；4—常闭触点；5—常开触点

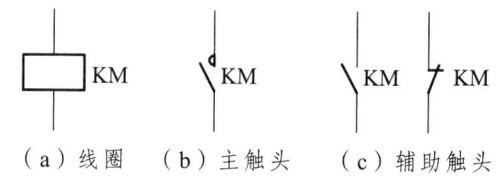

图 2-23 交流接触器的图形符号和文字符号

交流接触器主要由以下四个部分组成：

（1）电磁机构。

电磁机构由线圈、衔铁和铁心等组成。它能产生电磁吸力，驱使触头动作。在铁心头部平面上都装有短路环，如图 2-24 所示。安装短路环的目的是消除交流电磁铁在吸合时可能产生的衔铁振动和噪声。当交变电流过零时，电磁铁的吸力为零，衔铁被释放，当交变电流过了零值后，衔铁又被吸合，这样一放一吸，使衔铁发生振动。当装上短路环后，在其中产生感应电流，能阻止交变电流过零时磁场的消失，使衔铁与铁心之间始终保持一定的吸力，因此消除了振动现象。

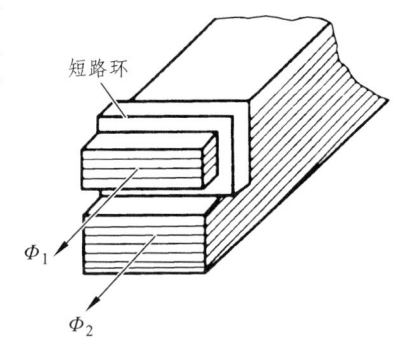

图 2-24 短路环

（2）触头系统。

包括主触头和辅助触头。主触头用于接通和分断主电路，通常为三对常开触头。辅助触头用于控制电路，起电气联锁作用，故又称联锁触头，一般有常开、常闭触头各两对。在线圈未通电时（即平常状态下），处于相互断开状态的触头叫常开触头，又叫动合触头；处于相互接触状态的触头叫常闭触头，又叫动断触头。接触器中的常开和常闭触头是联动的，当线圈通电时，所有的常闭触头先行分断，然后所有的常开触头跟着闭合；当线圈断电时，在反力弹簧的作用下，所有触头都恢复原来的平常状态。

（3）灭弧罩。

额定电流在 20 A 以上的交流接触器，通常都设有陶瓷灭弧罩。它的作用是能迅速切断触头在分断时所产生的电弧，以避免发生触头烧毛或熔焊。

（4）其他部分。

包括反力弹簧、触头压力簧片、缓冲弹簧、短路环、底座和接线柱等。反力弹簧的作用是当线圈断电时使衔铁和触头复位。触头压力簧片的作用是增大触头闭合时的压力，从而增大触头接触面积，避免因接触电阻增大而产生触头烧毛现象。缓冲弹簧可以吸收衔铁被吸合时产生的冲击力，起保护底座的作用。

交流接触器的工作原理：当线圈通电后，线圈中电流产生的磁场，使铁心产生电磁吸力将衔铁吸合。衔铁带动动触头动作，使常闭触头断开，常开触头闭合。当线圈断电时，电磁吸力消失，衔铁在反力弹簧的作用下释放，各触头随之复位。

2）交流接触器的型号与主要技术参数

交流接触器的型号意义如下：

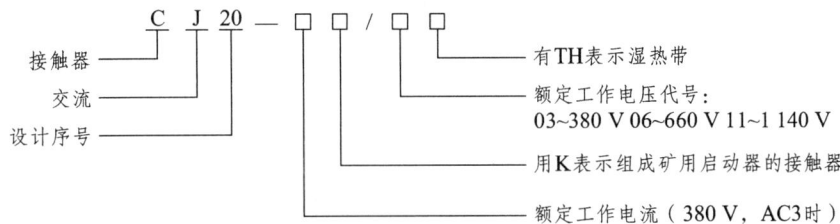

交流接触器的主要技术参数：

（1）额定电压。

接触器铭牌上的额定电压是指主触头的额定电压。交流电压的等级有 127 V、220 V、380 V 和 500 V。

（2）额定电流。

接触器铭牌上的额定电流是指主触头的额定电流。交流电流的等级有 5 A、10 A、20 A、40 A、60 A、100 A、150 A、250 A、400 A 和 600 A。

（3）吸引线圈的额定电压。

交流电压的等级有 36 V、110 V、127 V、220 V 和 380 V。

CJ20 系列交流接触器的技术参数如表 2-3 所示。

表 2-3　CJ20 系列交流接触器的技术参数

型　号	频率/Hz	辅助触头额定电流/A	吸引线圈电压/V	主触头额定电流/A	额定电压/V	可控制电动机最大功率/kW
CJ20-10	50	5	~36、~127、~220、~380	10	380/220	4/2.2
CJ20-16				16	380/220	7.5/4.5
CJ20-25				25	380/220	11/5.5
CJ20-40				40	380/220	22/11
CJ20-63				63	380/220	30/18
CJ20-100				100	380/220	50/28
CJ20-160				160	380/220	85/48
CJ20-250				250	380/220	132/80
CJ20-400				400	380/220	220/115

3）直流接触器

直流接触器主要用于额定电压至 440 V、额定电流至 1 600 A 的直流电力线路中，作为远距离接通和分断电路，控制直流电动机的频繁起动、停止和反向。

直流电磁机构通以直流电，铁心中无磁滞和涡流损耗，因而铁心不发热。而吸引线圈的匝数多，电阻大、铜耗大，线圈本身发热，因此吸引线圈做成长而薄的圆筒状，且不设线圈骨架，使线圈与铁心直接接触，以便散热。

触头系统也有主触头与辅助触头。主触头一般做成单极或双极，单极直流接触器用于一般的直流回路中，双极直流接触器用于分断后电路完全隔断的电路以及控制电动机的正、反转电路中。由于通断电流大，通电次数多，因此采用滚滑接触的指形触头。辅助触头由于通断电流小，常采用点接触的桥式触头。直流接触器一般采用磁吹灭弧装置。

国内常用的直流接触器有 CZl8、CZ21、CZ22 等系列。直流接触器的图形符号和文字符号同交流接触器。

6. 继电器

1）定　义

继电器是一种根据外界输入的一定信号（电的或非电的）来控制电路中电流通断的自动切换电器。它具有输入电路（又称感应元件）和输出电路（又称执行元件）。当感应元件中的输入量（如电流、电压、温度、压力等）变化到某一定值时继电器动作，执行元件便接通或断开控制电路。其触点通常接在控制电路中。在大型养路机械的控制电路中通常用于接通和断开电路，实质上它是用小电流去控制大电流运作的一种"自动开关"。故在电路中起着自动调节、安全保护、转换电路等作用。

2）组成及图形符号表示

电磁式继电器的结构和工作原理与接触器相似，结构上也是由电磁机构和触头系统组成。但是，继电器控制的是小功率信号系统，流过触头的电流很弱，所以不需要灭弧装置。

继电器的符号表示如图 2-25 所示。我们在大型养路机械电气图上常见到有的继电器线圈用图 2-25（a）表示，代号如 28K01，二极管在这起续流作用，防止电流消失时，其感应电动势会对电路中的元件产生反向电压。当反向电压过高时，会把线路中的其他元件损坏。有了这个二极管就可以在线圈断电时构成回路做功而消耗掉，从而保护电路。继电器线圈也有用图 2-25（b）表示，代号如 13Re10。

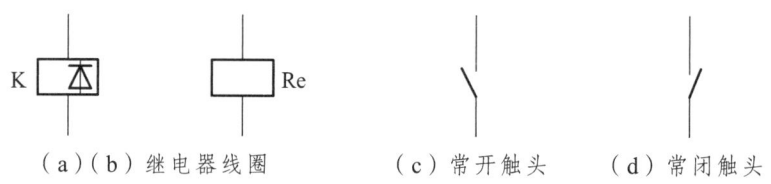

（a）(b）继电器线圈　　（c）常开触头　　（d）常闭触头

图 2-25　继电器图形及文字符号

3）工作原理

当在继电器线圈两端加上一定的电压，就会流过一定的电流，产生电磁效应，衔铁就会在电磁力的吸引作用下克服弹簧拉力吸合铁心，带动衔铁的动触点与静触点吸合。当线圈断电以后，电磁力也随之消失，衔铁会在弹簧的反作用力下返回原位置，使动触点与原来的静触点释放。通过吸合和释放，从而达到导通和断开电路的目的。

对于继电器的"常开、常闭"触点，我们这样规定：线圈未通电时，处于断开状态的静触点，称为"常开触点"或称为"动合触点"；线圈未通电时，处于接通状态的静触点称为"常闭触点"或称为"动断触点"。

4）继电器的分类

继电器种类繁多，常用的有电流继电器、电压继电器、中间继电器、时间继电器、热继电器以及温度、压力、计数、频率继电器等。

电子元器件的发展应用，推动了各种电子式的小型继电器的出现，这类继电器比传统的继电器灵敏度更高，寿命更长，动作更快，体积更小，一般都采用密封式或封闭式结构，用插座与外电路连接，便于迅速替换，能与电子线路配合使用。下面对几种经常使用的继电器作简单介绍。

（1）电流、电压继电器。

根据输入电流大小而动作的继电器称为电流继电器。电流继电器的线圈串接在被测量的电路中，以反映电流的变化，其触点接在控制电路中，用于控制接触器线圈或信号指示灯的通/断。为了不影响被测电路的正常工作，电流继电器线圈阻抗应比被测电路的等效阻抗小得多。因此，电流继电器的线圈匝数少、导线粗。电流继电器按用途还可分为过电流继电器和欠电流继电器。过电流继电器的任务是当电路发生短路及过电流时立即将电路切断，继电器线圈电流小于整定电流时继电器不动作，只有超过整定电流时才动作。过电流继电器的动作电流整定范围，交流过电流继电器为（110%~350%）I_N，直流过电流继电器为（70%~300%）I_N。欠电流继电器的任务是当电路电流过低时立即将电路切断，继电器线圈通过的电流大于或等于整定电流时，继电器吸合，只有电流低于整定电流时，继电器才释放。欠电流继电器动作电流整定范围，吸合电流为（30%~50%）I_N，释放电流为（10%~20%）I_N，欠电流继电器一般是自动复位的。

与此类似，电压继电器是根据输入电压大小而动作的继电器，其结构与电流继电器相似，不同的是电压继电器的线圈与被测电路并联，以反映电压的变化，因此，它的吸引线圈匝数多、导线细、电阻大。电压继电器按用途也可分为过电压继电器和欠电压继电器。过电压继电器动作电压整定范围为（105%~120%）U_N；欠电压继电器吸合电压调整范围为（30%~50%）U_N，释放电压调整范围为（7%~20%）U_N。

下面以JL18系列电流继电器为例，介绍其规格表示方法，并在表2-4中列出了其主要技术参数。

电流继电器的型号意义如下：

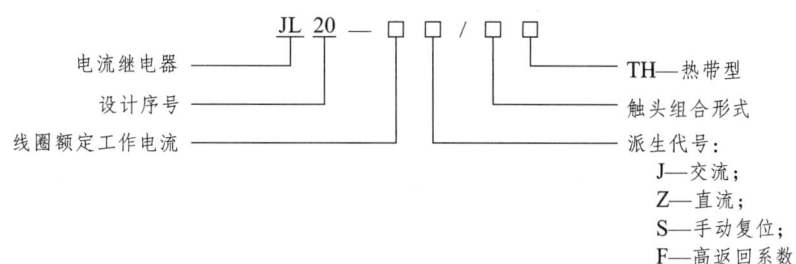

整定电流调节范围：交流吸合为（110%～350%）I_N；直流吸合为（70%～300%）I_N。电流、电压继电器的图形符号和文字符号如图2-26所示。

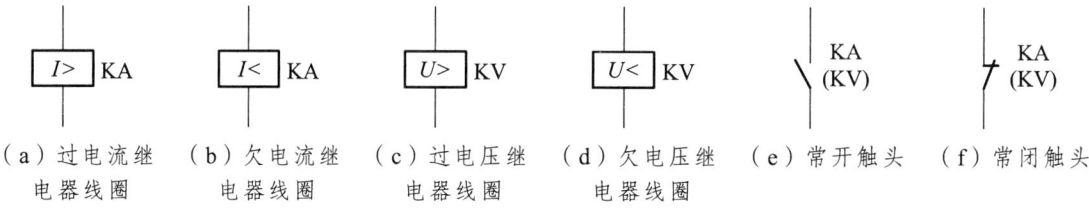

（a）过电流继电器线圈　（b）欠电流继电器线圈　（c）过电压继电器线圈　（d）欠电压继电器线圈　（e）常开触头　（f）常闭触头

图 2-26　电流、电压继电器的图形符号和文字符号

表 2-4　JL18 系列电流继电器技术参数

型号	线圈额定值		结构特征
	工作电压 / V	工作电流 / A	
JL18-1.0	～380 ～220	1.0	触头工作电压 AC 380 V DC 220 V 发热电流 10 A 可自动及手动复位
JL18-1.6		1.6	
JL18-2.5		2.5	
JL18-4.0		4.0	
JL18-6.3		6.3	
JL18-10		10	
JL18-16		16	
JL18-25		25	
JL18-40		40	
JL18-63		63	
JL18-100		100	
JL18-160		160	
JL18-250		250	
JL18-400		400	
JL18-630		630	

（2）中间继电器。

中间继电器的作用是将一个输入信号变成多个输出信号或将信号放大（即增大触头容量）的继电器。其实质为电压继电器，但它的触头数量较多（可达8对），触头容量较大（5～10 A），动作灵敏。

中间继电器按电压分为两类：一类是用于交直流电路中的JZ系列，另一类是只用于直流操作的各种继电保护线路中的DZ系列。

常用的中间继电器有JZ7系列，以JZ7-62为例，JZ为中间继电器的代号，7为设计序号，有6对常开触头，2对常闭触头。表2-5为JZ7系列的主要技术数据。

表 2-5　JZ7 系列中间继电器技术数据

型　号	触点额定电压/V	触点额定电流/A	触点对数 常开	触点对数 常闭	吸引线圈电压/V	额定操作频率/(次/h)
JZ7-44	500	5	4	4	交流 50 Hz 时 12、36、127、220、380	1 200
JZ7-62			6	2		
JZ7-80			8	0		

新型中间继电器触头闭合过程中动、静触头间有一段滑擦、滚压过程，可以有效地清除触头表面的各种生成膜及尘埃，减小了接触电阻，提高了接触可靠性，有的还装了防尘罩或采用密封结构，也是提高可靠性的措施。有些中间继电器安装在插座上，插座有多种型式可供选择，有些中间继电器可直接安装在导轨上，安装和拆卸均很方便。常用的有 JZl8、MA、K、HH5、RT11 等系列。中间继电器的图形符号和文字符号如图 2-27 所示。

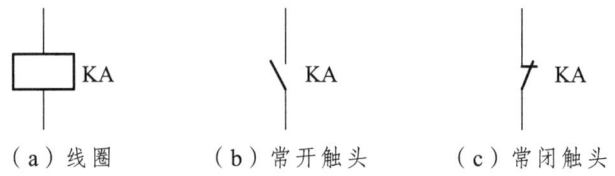

（a）线圈　　（b）常开触头　　（c）常闭触头

图 2-27　中间继电器的图形符号和文字符号

（3）时间继电器。

感受部分在感受外界信号后，经过一段时间才能使执行部分动作的继电器，叫作时间继电器。即当吸引线圈通电或断电以后，其触头经过一定延时才动作，以控制电路的接通或分断；时间继电器的种类很多，主要有直流电磁式、空气阻尼式、电动式、电子式等几大类。

① 直流电磁式时间继电器。该类继电器用阻尼的方法来延缓磁通变化的速度，以达到延时的目的。其结构简单，运行可靠，寿命长，允许通电次数多，但仅适用于直流电路，延时时间较短。一般通电延时仅为 0.1~0.5 s，而断电延时可达 0.2~10 s。因此，直流电磁式时间继电器主要用于断电延时。

② 空气式时间继电器。该类继电器由电磁机构、工作触头及气室三部分组成，它的延时是靠空气的阻尼作用来实现的。常见的型号有 JS7-A 系列，按其控制原理有通电延时和断电延时两种类型。

图 2-28 所示为 JS7-A 空气阻尼式时间继电器的工作原理图。

当通电延时型时间继电器电磁铁线圈 1 通电后，将衔铁 4 吸下，于是顶杆 6 与衔铁间出现一个空隙，当与顶杆相连的活塞 12 在弹簧 7 作用下由上向下移动时，在橡皮膜 9 上面形成空气稀薄的空间（气室），空气由进气孔 11 逐渐进入气室，活塞因受到空气的阻力，不能迅速下降，在降到一定位置时，杠杆 15 使触头 14 动作（常开触点闭合，常闭触点断开）。线圈断电时，弹簧使衔铁和活塞等复位，空气经橡皮膜与顶杆之间推开的气隙迅速排出，触点瞬时复位。

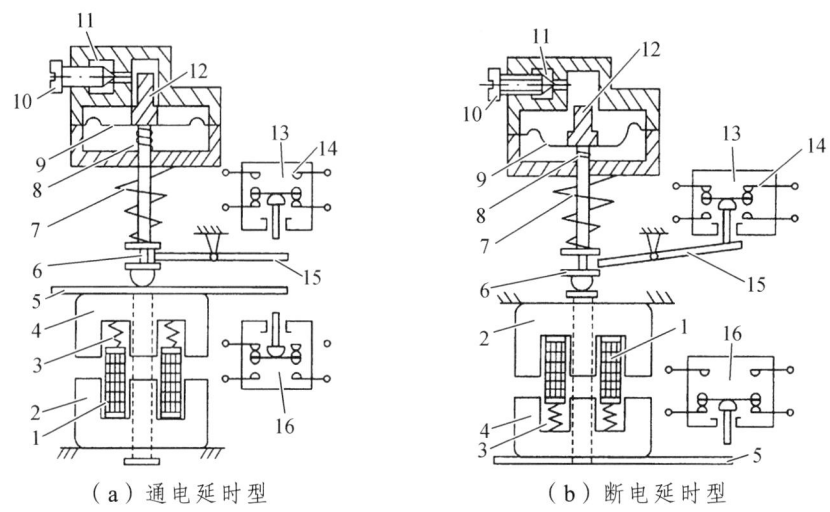

图 2-28 JS7-A 系列时间继电器工作原理图

1—线圈；2—静铁心；3、7、8—弹簧；4—衔铁；5—推板；6—顶杆；9—橡皮膜；10—螺钉；
11—进气孔；12—活塞；13、16—微动开关；14—延时触头；15—杠杆

断电延时型时间继电器与通电延时型时间继电器的原理和结构相同，只是将其电磁机构翻转 180°后再安装。

空气阻尼式时间继电器延时时间有 0.4～180 s 和 0.4～60 s 两种规格，具有延时范围较宽、结构简单、工作可靠、价格低廉、寿命长等优点，是机床交流控制线路中常用的时间继电器。它的缺点是延时精度较低。

表 2-6 列出了 JS7-A 型空气阻尼式时间继电器技术数据，其中 JS7-2A 型和 JS7-4A 型既带有延时动作触头，又带有瞬时动作触头。

表 2-6 JS7-A 型空气阻尼式时间继电器技术数据

型号	触点额定容量		延时触点对数				瞬时动作触点数量		线圈电压/V	延时范围/s
	电压/V	电流/A	线圈通电延时		线圈断电延时					
			常开	常闭	常开	常闭	常开	常闭		
JS7-1A	380	5	1	1					～36、127、220、380	0.4～60 及 0.4～180
JS7-2A			1	1			1	1		
JS7-3A					1	1				
JS7-4A					1	1	1	1		

国内生产的新产品 JS23 系列，可取代 JS7-A、B 及 JS16 等老产品。JS23 系列时间继电器的型号意义如下：

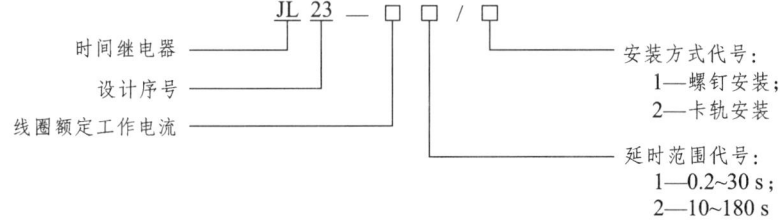

③ 电动机式时间继电器。该类继电器由同步电动机、减速齿轮机构、电磁离合系统及执行机构组成，电动机式时间继电器延时时间长（可达数十小时），延时精度高，但结构复杂，体积较大，常用的有 JS10、JS11 系列和 7PR 系列。

④ 电子式时间继电器。该类继电器的早期产品多是阻容式，近期开发的产品多为数字式，又称计数式，它是由脉冲发生器、计数器、数字显示器、放大器及执行机构组成的，具有延时时间长、调节方便、精度高的优点，有的还带有数字显示，应用很广，可取代阻容式、空气式、电动机式等时间继电器。该类时间继电器只有通电延时型，延时触头均为 2NO、2NC，无瞬时动作触头。国内生产的产品有 JSS1 系列，其型号意义如下：

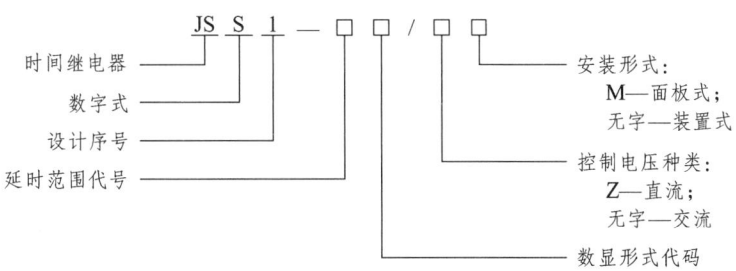

JSS1 系列电子式时间继电器型号中数显形式代码的含义如表 2-7 所列。

表 2-7 JSS1 系列数显形式代码含义

代码	无	A	B	C	D	E	F
意义	不带数显	2位数显递增	2位数显递减	3位数显递增	3位数显递减	4位数显递增	4位数显递减

在大机的电气控制应用当中时间继电器十分常见，它主要用于电路的延时控制。

时间继电器根据其线圈类型可以分为通电延时型和断电延时型两种。时间继电器有瞬动触头和延时触头，在电路分析时要十分注意。时间继电器的图形符号如图 2-29 所示，文字符号用 KT 来表示：

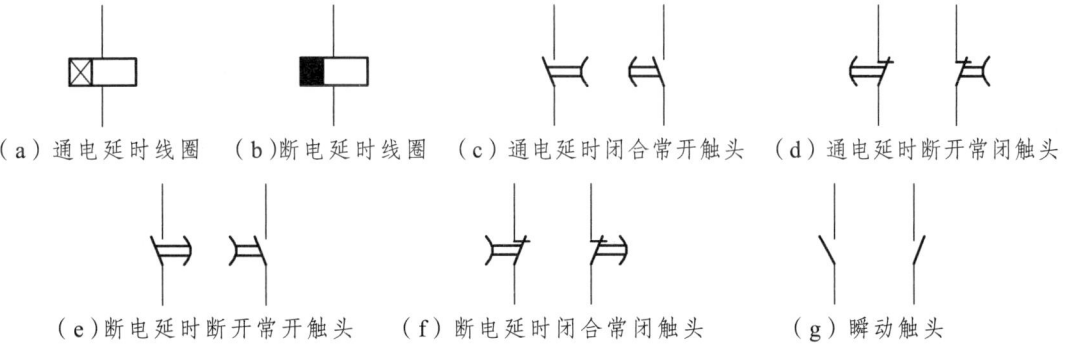

图 2-29 时间继电器的图形符号和文字符号

通电延时继电器是当时间继电器线圈通电，达到所设延时后，其延时常开触头闭合，延时常闭触头断开；当线圈断电时，各延时触头瞬时动作恢复为初始状态。

断电延时继电器是当时间继电器线圈通电时，各延时触头瞬时动作，而线圈断电以后触头呈延时置位工作状态，当所设延时到达后，延时触头又恢复为初始状态。

如图 2-30 所示，时间继电器在大机 WD320 照明电路中的应用。

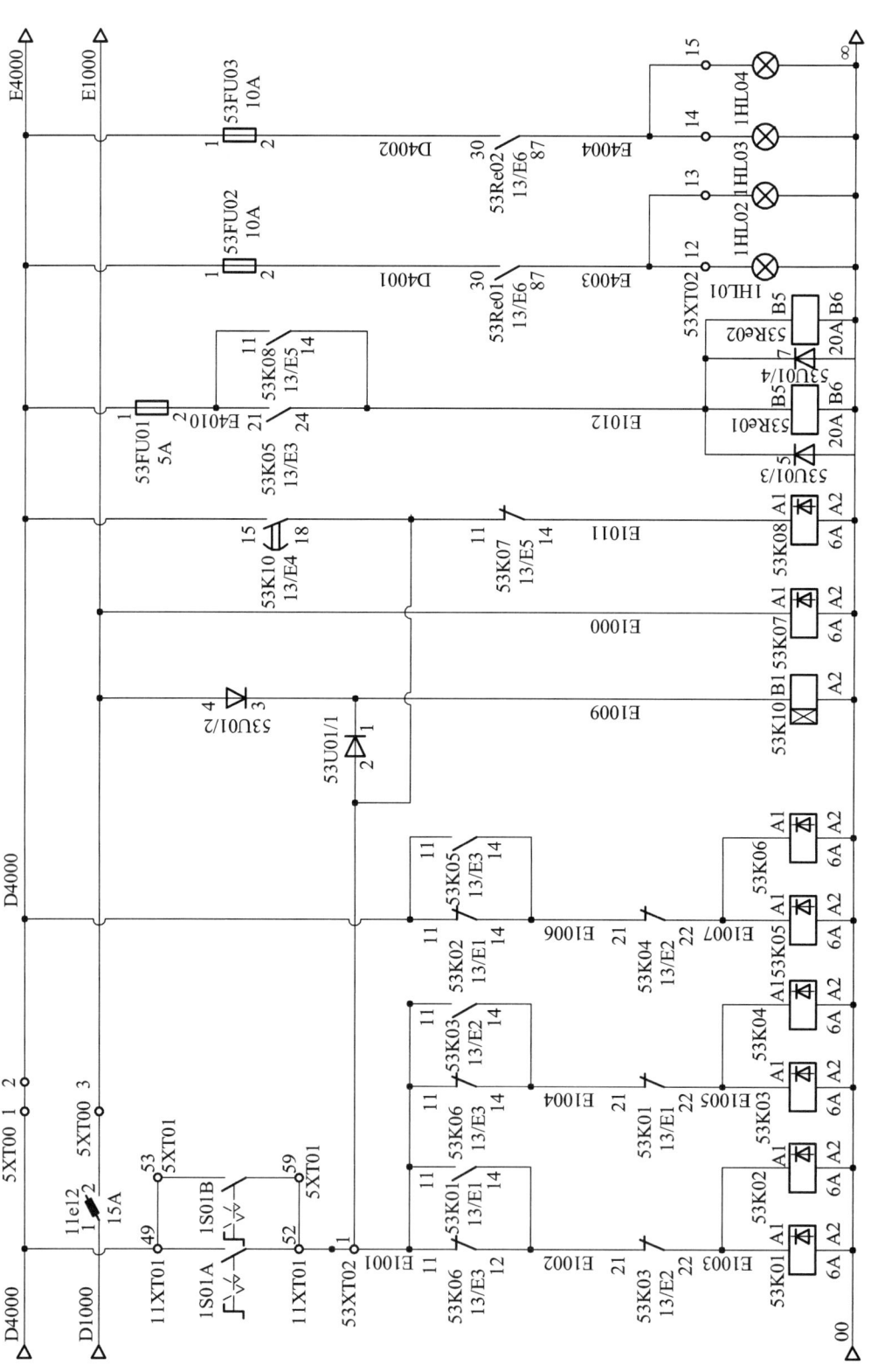

图 2-30 WD320 照明电路图

正常状态：打开主电以后，照明灯不亮，关掉主电之后照明灯亮，30 s 之后熄灭，用于夜间作业后，操作人员离开的照明。

蓄电池接通后，照明灯亮，30 s 后复位开关自动复位，断开电路，照明灯不亮。

在图中 D4000 连接电瓶，D1000 连接主电源：

a. 仅主电打开时，照明灯不亮。

b. 主电打开，按下 1S01A 或 1S01B 使电瓶接入，此时，53K05 起作用，53K08 不起作用，照明灯亮。

c. 主电不打开，只有电瓶供电，按下 1S01A 或 1S01B，53K08 得电，照明灯亮。

d. 主电打开时，灯不亮，关断主电以后，灯亮，延时时间到后灯灭。

（4）热继电器。

电动机在实际运行中常遇到过载情况，若电动机过载不大，时间较短，只要电动机绕组不超过允许温升，这种过载是允许的。但是长时间过载，绕组超过允许温升时，将会加剧绕组绝缘的老化，缩短电动机的使用年限，严重时会将电动机烧毁。因此，应采用热继电器作电动机的过载保护。

① 热继电器的结构及工作原理。

热继电器是利用电流通过元件所产生的热效应原理而反时限动作的继电器，专门用来对连续运行的电动机进行过载及断相保护，以防止电动机过热而烧毁。它主要由加热元件、双金属片和触头组成。双金属片是它的测量元件，由两种具有不同线膨胀系数的金属通过机械辗压而制成，线膨胀系数大的称为主动层，小的称为被动层。加热双金属片的方式有四种：直接加热、热元件间接加热、复合式加热和电流互感器加热。

图 2-31 所示是热继电器的结构原理图。热元件 3 串接在电动机定子绕组中，电动机绕组电流即为流过热元件的电流。当电动机正常运行时，热元件产生的热量虽能使双金属片 2 弯曲，但还不足以使继电器动作；当电动机过载时，热元件产生的热量增大，使双金属片弯曲位移增大，经过一定时间后，双金属片弯曲到推动导板 4，并通过补偿双金属片 5 与推杆 14 将触头 9 和 6 分开。触头 9 和 6 为热继电器串于接触器线圈回路的常闭触头，断开后使接触器失电，接触器的常开触头断开电动机的电源以保护电动机。调节旋钮 11 是一个偏心轮，它与支撑件 12 构成一个杠杆，转

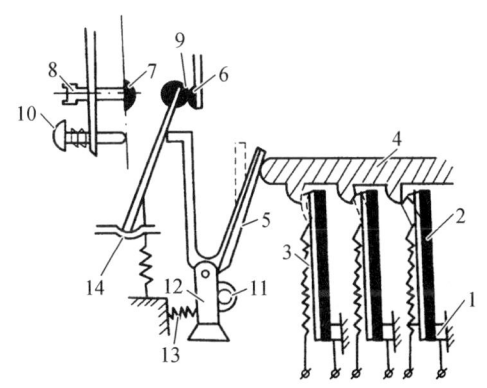

图 2-31　热继电器的结构原理图

动偏心轮，改变它的半径，即可改变补偿双金属片 5 与导板 4 接触的距离，因而达到调节整定动作电流的目的。此外，靠调节复位螺钉 8 来改变常开触头 7 的位置，使热继电器能工作在手动复位和自动复位两种工作状态。手动复位时，在故障排除后要按下按钮 10 才能使触头恢复与静触头 6 相接触的位置。

② 带断相保护的热继电器。

三相电动机的一根接线松开或一相熔丝熔断，是造成三相异步电动机烧坏的主要原因之一。如果热继电器所保护的电动机是星形接法，那么当线路发生一相断电时，另外两相

电流增大很多,由于线电流等于相电流,流过电动机绕组的电流和流过热继电器的电流增加比例相同,因此普通的两相或三相热继电器可以对此做出保护。如果电动机是三角形接法,则发生断相时,由于电动机的相电流与线电流不等,流过电动机绕组的电流和流过热继电器的电流增加比例不相同,而热元件又串接在电动机的电源进线中,按电动机的额定电流即线电流来整定,整定值较大,因而当故障线电流达到额定电流时,在电动机绕组内部,电流较大的那一相绕组的故障电流将超过额定相电流,便有过热烧毁的危险。所以三角形接法必须采用带断相保护的热继电器。带有断相保护的热继电器是在普通热继电器的基础上增加一个差动机构,对三个电流进行比较。带断相保护的热继电器结构如图2-32所示。

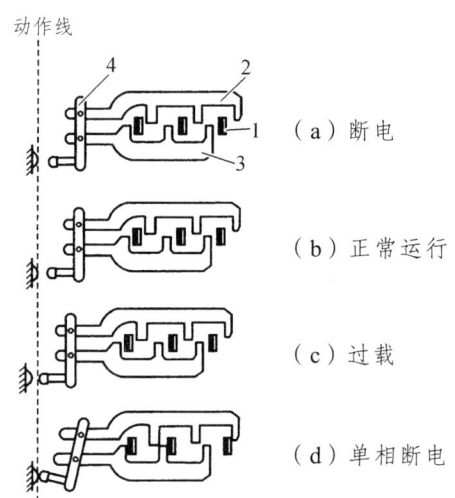

图 2-32 带断相保护的热继电器结构
1—双金属片剖面;2—上导板;3—下导板;4—杠杆

当一相(设 A 相)断路时,A 相(右侧)热元件温度由原正常热状态下降,双金属片由弯曲状态伸直,推动导板右移;同时由于 B、C 相电流较大,推动导板向左移,使杠杆扭转,继电器动作,起到断相保护作用。

热继电器采用发热元件,其反时限动作特性能比较准确地模拟电动机的发热过程与电动机温升,确保了电动机的安全。值得一提的是,由于热继电器具有热惯性,不能瞬时动作,故不能用作短路保护。

③ 热继电器主要参数及常用型号。

热继电器主要参数有:热继电器额定电流、相数,热元件额定电流,整定电流及调节范围等。

热继电器的额定电流是指热继电器中,可以安装的热元件的最大整定电流值。

热元件的额定电流是指热元件的最大整定电流值。

热继电器的整定电流是指能够长期通过热元件而不致引起热继电器动作的最大电流值。通常热继电器的整定电流是按电动机的额定电流整定的。对于某一热元件的热继电器,可手动调节整定电流旋钮,通过偏心轮机构,调整双金属片与导板的距离,能在一定范围内调节其电流的整定值,使热继电器更好地保护电动机。

JR16、JR20 系列是目前广泛应用的热继电器,其型号意义如下:

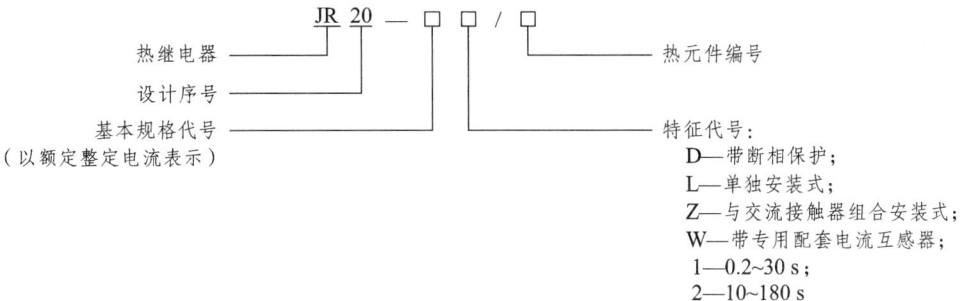

表 2-8 列出了 JR16 系列热继电器的主要参数。

表 2-8 JR16 系列热继电器的主要规格参数

型 号	额定电流/A	热元件规格	
		额定电流/A	电流调节范围/A
JR16-20/3 JR16-20/3D	20	0.35	0.25～0.35
		0.5	0.32～0.5
		0.72	0.45～0.72
		1.1	0.68～1.1
		1.6	1.0～1.6
		2.4	1.5～2.4
		3.5	2.2～3.5
		5.0	3.2～5.0
		7.2	4.5～7.2
		11.0	6.8～11
		16.0	10.0～16
		22	14～22
JR16-60/3 JR16-60/3D	60	22	14～22
		32	20～32
		45	28～45
		63	45～63
JR16—150/3 JR16—150/3D	150	63	40～63
		85	53～85
		120	75～120
		160	100～160

热继电器的图形符号和文字符号如图 2-33 所示。

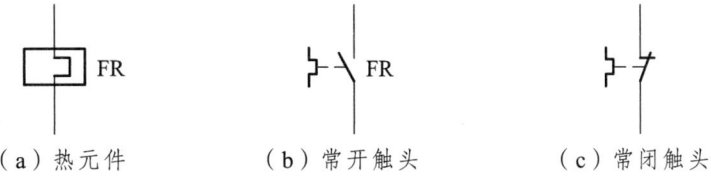

(a) 热元件　　(b) 常开触头　　(c) 常闭触头

图 2-33 热继电器的图形符号和文字符号

目前，新型热继电器也在不断推广使用。3UA5、3UA6 系列热继电器是引进德国西门子公司技术生产的，适用于交流电压至 660 V、电流 0.1~630 A 的电路中，而且热元件的整定电流各型号之间重复交叉，便于选用。其中 3UA5 系列热继电器可安装在 3TB 系列接触器上组成电磁起动器。

LR1-D 系列热继电器是引进法国专有技术生产的，具有体积小、寿命长等特点，适用于交流 50 Hz 或 60 Hz、电压至 660 V、电流至 80 A 的电路中，可与 LC 系列接触器插接组合在一起使用。引进德国 BBC 公司技术生产的 T 系列热继电器，适用于交流 50~60 Hz、电压 660 V 以下、电流至 500 A 的电力线路中。

④ 热继电器的正确使用及维护。

a. 热继电器的额定电流等级不多，但其发热元件编号很多，每一种编号都有一定的电流整定范围。在使用时应使发热元件的电流整定范围中间值与保护电动机的额定电流值相等，再根据电动机运行情况通过调节旋钮去调节整定值。

b. 对于重要设备，一旦热继电器动作后，必须待故障排除后方可重新起动电动机，应采用手动复位方式；若电气控制柜距离操作地点较远，且从工艺上又易于看清过载情况，则可采用自动复位方式。

c. 热继电器和被保护电动机的周围介质温度尽量相同，否则会破坏已调整好的配合情况。

d. 热继电器必须按照产品说明书中规定的方式安装。当与其他电器装在一起时，应将热继电器置于其他电器下方，以免其动作特性受其他电器发热的影响。

e. 使用中应定期去除尘埃和污垢并定期通电校验其动作特性。

⑤ 速度继电器。

速度继电器又称为反接制动继电器。它的主要作用是与接触器配合，实现对电动机的制动。也就是说，在三相交流异步电动机反接制动转速过零时，自动切除反相序电源。图 2-34 所示为其结构原理图。

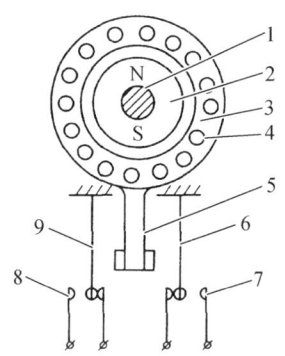

图 2-34　速度继电器结构原理图

1—转轴；2—转子；3—定子；4—绕组；5—摆锤；6、9—簧片；7、8—静触点

速度继电器主要由转子、圆环（笼型空心绕组）和触点三部分组成。

转子由一块永久磁铁制成，与电动机同轴相连，用以接收转动信号。当转子（磁铁）旋转时，笼型绕组切割转子磁场产生感应电动势，形成环内电流。转子转速越高，这一电流就越大。此电流与磁铁磁场相作用，产生电磁转矩，圆环在此力矩的作用下带动摆杆，克服弹簧力而顺着转子转动的方向摆动，并拨动触点改变其通断状态（在摆杆左右各设一组切换触点，分别在速度继电器正转和反转时发生作用）。当调节弹簧弹性力时，可使速度继电器在不同转速时切换触点，改变通/断状态。

速度继电器的动作速度一般不低于 120 r/min，复位转速约在 100 r/min 以下，该数值可以调整。工作时，允许的转速高达 1 000 ~ 3 600 r/min。由速度继电器的正转和反转切换触点的动作，来反映电动机转向和速度的变化，常用的型号有 JY1 和 JFZ0。

速度继电器的图形符号和文字符号如图 2-35 所示。

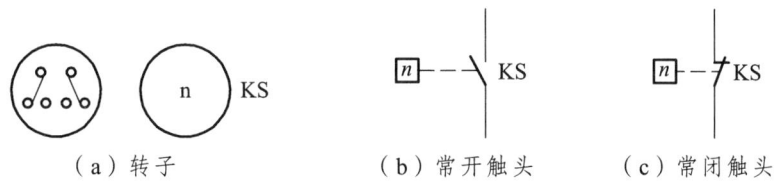

（a）转子　　　　　（b）常开触头　　　（c）常闭触头

图 2-35　速度继电器的图形符号和文字符号

子任务二　电磁换向阀的用法

1. 电磁换向阀

1）工作原理

电磁换向阀是依靠电磁铁吸力推动阀芯在阀体内作相对运动来变换液流方向或实现液流的通与断的。它是通过一个电磁线圈来控制阀芯位置，切断或接通气源以达到改变流体流动方向的目的，从而达到对阀门开关的控制。在大型养路机械中，机械装置一般都由液压缸控制，所以会用到电磁换向阀来控制液压流动方向。

当有电流通过线圈时，静铁心吸合动铁心，改变滑阀芯的位置，发生励磁作用，动铁心带动滑阀芯并压缩弹簧，从而改变流体的方向。当线圈失电时，依靠弹簧的反作用力推动滑阀芯，顶回动铁心，使流体按原来的方向流动，如图 2-36 所示。

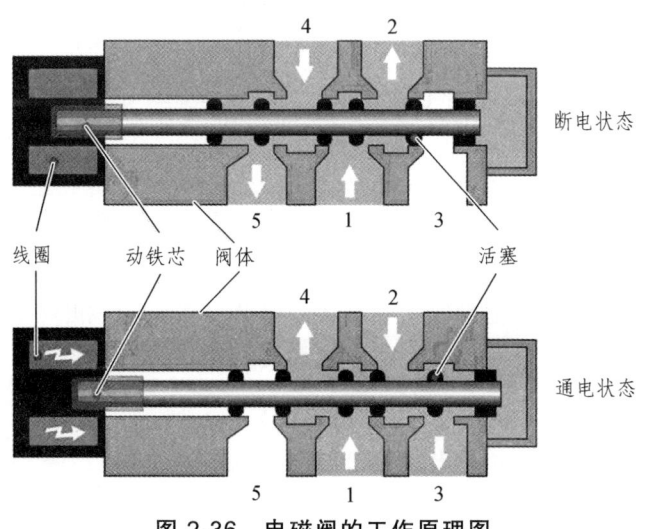

图 2-36　电磁阀的工作原理图

电磁换向阀按使用电源的不同，有交流和直流两种；按衔铁工作腔是否有油，又可分成干式型和湿式型两种。交流电磁铁启动力大，吸合、释放快，换向时间约为 0.01~0.03 s，但换向冲击大、噪声大、易发热，因而换向频率不能太高（不能超过 30 次/min）；若阀芯被卡住或电压降较大时，电磁吸力明显减小，若阀芯未动作，其线圈很容易烧坏。故常用于换向平稳性要求不高、换向频率不高的液压系统中。直流电磁铁工作可靠，噪声小、发热小、换向冲击小，换向频率可达 120 次/min，若衔铁因某种原因未正常吸合时，线圈一般不会被烧坏，但它起动力小，换向时间较长（为 0.05~0.08 s），还需配直流电源。故常用于换向性能较高的液压系统中。电磁换向阀的工作位置，一般为二位和三位，油口通道数多为二通、三通、四通、五通。二位阀有一个电磁铁，靠弹簧复位，三位阀有两个电磁阀。

图 2-37（a）所示为两位三通电磁换向阀的结构原理和图形符号。当电磁铁不通电时（常态位），其油口 P 与 A 相通、油口 B 断开；当电磁铁通电时，衔铁 1 右移，通过推杆 2 使阀芯 3 推压弹簧 4 右移置右端部，油口 P 与 B 相通，同时 P 与 A 断开。当电磁铁断电释放时，弹簧 4 推动阀芯复位。图 2-37（b）为三位四通电磁换向阀的结构原理和图形符号。

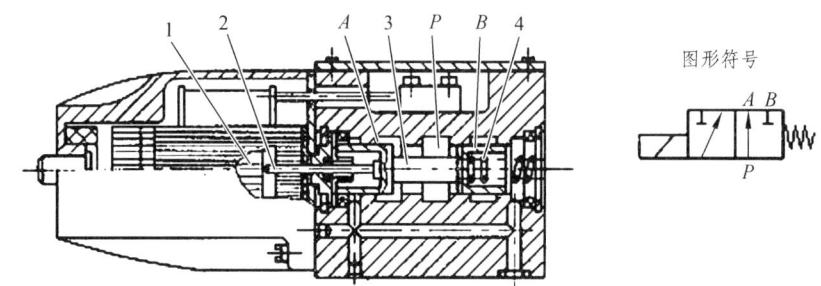

（a）两位三通电磁换向阀的结构原理和图形符号

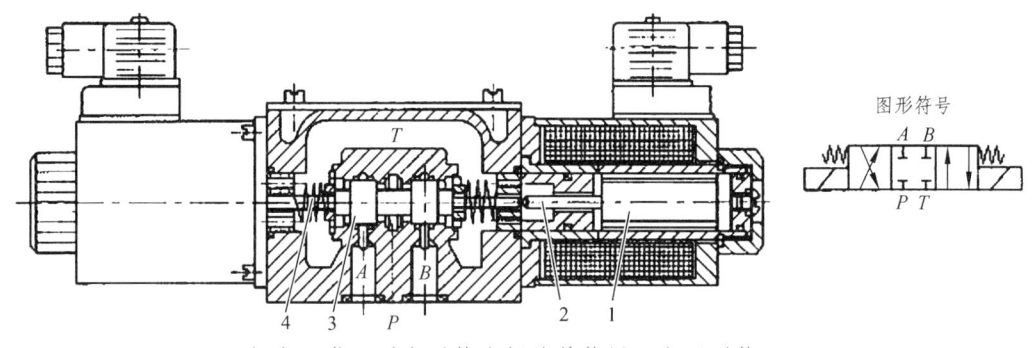

（b）三位四通电磁换向阀的结构原理和图形符号

图 2-37 电磁换向阀

1—衔铁；2—推杆；3—阀芯；4—弹簧

电磁换向阀操纵方便，常借助于按钮开关、行程开关、限位开关、压力继电器、电接点压力表等所发出的电信号进行控制，易于实现自动化。

2）分 类

根据电磁阀带线圈可分为：单电控电磁阀与双电控电磁阀。

（1）单电控电磁阀。

单电控电磁阀只有一个电磁铁控制。当线圈通电后带动阀芯使滑阀换向，当失电后靠弹簧反作用力将滑阀复位，滑阀位置与"通电""断电"相对应。

（2）双电控电磁阀。

双电控电磁阀用两个电磁铁控制，每个方向的控制都必须给定电信号才能够实现。对于两个位置的，双电控具有掉电保持的作用，当两边线圈都掉电时，滑阀位置取决于最后某个电磁铁线圈得到过的电信号；对于三个位置的，一般是三位五通阀，带中位机构的多，靠线圈得电后将阀体移位后，失电后弹簧复位到中位。

3）电磁阀图形符号

电磁阀中的"位"指的是为了改变气体方向，阀芯相对于阀体所具有的不同的工作位置，图形中有几个方格就是几位。"通"的含义则指换向阀与系统相连的通口，与方框相连的接口数有几个即为几通。方格中的"⊤"和"⊥"符号表示各接口互不相通。

2. 单电控与双电控电磁阀的区别

如图2-38和图2-39为部分常见单电控电磁阀与双电控电磁阀的图形符号。

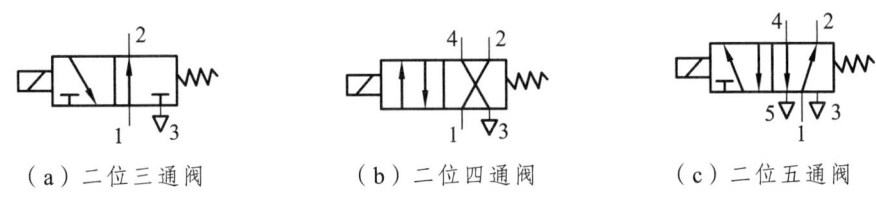

（a）二位三通阀　　　（b）二位四通阀　　　（c）二位五通阀

图2-38　单电控电磁阀的图形符号

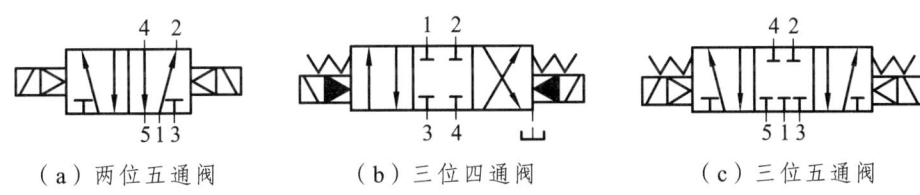

（a）两位五通阀　　　（b）三位四通阀　　　（c）三位五通阀

图2-39　部分双电控电磁阀的表示

在气路（或液路）上来说，两位三通电磁阀具有1个进气孔、1个出气孔、1个排气孔。

在电气上来说，二位三通电磁阀一般为单电控，两位三通电磁阀分为常闭型和常开型两种，常闭型指线圈没通电时气路是断的，常开型指线圈没通电时气路是通的。常闭型两位三通电磁阀动作原理：给线圈通电，气路接通，线圈一旦断电，气路就会断开，这相当于"点动"。

在气路（液路）上来说，两位五通电磁阀具有1个进气孔（接进气气源）、1个正动作出气孔和1个反动作出气孔（分别提供给目标设备的一正一反动作的气源）、1个正动作排气孔和1个反动作排气孔。

在电气上来说，两位五通双电控电磁阀动作原理：给正动作线圈通电，则正动作气路接通（正动作出气孔有气），即使给正动作线圈断电后正动作气路仍然是接通的，将会一直维持到给反动作线圈通电为止。给反动作线圈通电，则反动作气路接通（反动作出气孔有气），即使给反动作线圈断电后反动作气路仍然是接通的，将会一直维持到给正动作线圈通电为止，这相当于"自锁"。

子任务三　传统电气控制线路的基本环节

1. 电气图识图及制图标准

电气控制线路是由许多电气元器件按具体要求而组成的一个系统。为了表达生产机械电气控制系统的原理、结构等设计意图，同时也为了方便电气元器件的安装、调整、使用和维修，必须将电气控制系统中各电气元器件的连接用一定的图形表示出来，这种图就是电气控制系统图。为了便于设计、阅读分析、安装和使用控制线路，电气控制系统图必须采用统一规定的符号、文字和标准的画法。

电气控制系统图包括电气原理图、电气安装图、电器布置图、互连图和框图等。各种图的图纸尺寸一般选用 297 mm×210 mm、297 mm×420 mm、用 420 mm×594 mm、594 mm×841 mm 四种幅面，特殊需要可按《机械制图》国家标准选用其他尺寸。

1）常用电气控制系统的图示符号

目前我国已经加入 WTO，电气工程技术要与国际接轨，要与 WTO 中的各国交流电气工程技术，必须具备通用的电气工程语言，因此，国家标准局参照国际电工委员会（IEC）颁布的有关文件，制定了我国电气设备的有关国家标准，如 GB/T 4728.1~13-1996—2000《电气简图用图形符号》等。

（1）图形符号。图形符号通常用于图样或其他文件，以表示一个设备或概念，包括符号要素、一般符号和限定符号。

① 符号要素是一种具有确定意义的简单图形，必须同其他图形组合才能构成一个设备或概念的完整符号。如接触器常开主触点的符号就由接触器触点功能符号和常开触点符号组合而成。

② 一般符号用以表示一类产品或此类产品特征的一种简单的符号。如电动机的一般符号为"⊛""*"号用 M 代替可以表示电动机，用 G 代替可以表示发电机。

③ 限定符号用于提供附加信息的一种加在其他符号上的符号。限定符号一般不能单独使用，但它可以使图形符号更具多样性。例如，在电阻器一般符号的基础上分别加上不同的限定符号，就可以得到可变电阻器、压敏电阻器、热敏电阻器等。

（2）文字符号。

文字符号适用于电气技术领域中技术文件的编制，用以标明电气设备、装置和元器件的名称及电路的功能、状态和特征。文字符号分为基本文字符号和辅助文字符号。

① 基本文字符号有单字母符号和双字母符号两种。单字母符号是按拉丁字母顺序将各种电气设备、装置和元器件划分为 23 个大类，每一类用一个专用单字母符号表示，如"C"表示电容器类，"R"表示电阻器类。

双字母符号是由一个表示种类的单字母符号与另一字母组成，组合形式是单字母符号在前，另一个字母在后的次序列出。如"F"表示保护器件类，"FU"则表示熔断器。

② 辅助文字符号是用以表示电气设备、装置和元器件以及电路的功能、状态和特征的，如"L"表示限制，"RD"表示红色等。辅助文字符号也可以放在表示种类的单字母符号后边组成双字母符号，如"SP"表示压力传感器，"YB"表示电磁制动器等。为简化文字符号，若辅助文字符号由两个以上字母组成时，允许只采用其第一位字母进行组合，如

"MS"表示同步电动机。辅助文字符号还可以单独使用,如"ON"表示接通,"M"表示中间线等。

③ 补充文字符号的原则:如基本文字符号和辅助文字符号不能满足使用要求时,可按国家标准中文字符号组成原则予以补充。

a. 在不违背国家标准文字符号编制原则的条件下,可采用国际标准中规定的电气技术文字符号。

b. 在优先采用基本文字符号和辅助文字符号的前提下,可补充国家标准中未列出的双字母符号和辅助文字符号。

c. 使用文字符号时,应按有关电气名词术语国家标准或专业技术标准中规定的英文术语缩写而成。基本文字符号不得超过两个字母,辅助文字符号一般不能超过三个字母。例如,表示"起动",采用"START"的前两位字母"ST"作为辅助文字符号;而表示"停止(STOP)"的辅助文字符号必须再加一个字母,为"STP"。因拉丁字母"I"和"O"容易同阿拉伯数字"1"和"0"混淆,所以不允许单独作为文字符号使用。

常用的电气图形、文字符号见表2-9所列。

表2-9 常用电气图形、文字符号新旧对照表

名称	新标准		旧标准		名称		新标准		旧标准	
	图形符号	文字符号	图形符号	文字符号			图形符号	文字符号	图形符号	文字符号
一般三相电源开关		QS		K	按钮	复合		SB		AN
低压断路器		QF		UZ		线圈				
位置开关	常开触点		SQ		XK	接触器	主触点		KM		C
	常闭触点						常开辅助触点				
	复合触点						常闭辅助触点				

续表 2-9

名称		新标准		旧标准		名称		新标准		旧标准	
		图形符号	文字符号	图形符号	文字符号			图形符号	文字符号	图形符号	文字符号
熔断器			FU		RD	速度继电器	常开触点		KS		SDJ
按钮	起动		SB		QA		常闭触点				
	停止				TA	制动电磁铁			YB		DT
时间继电器	线圈		KT		SJ	继电器	欠电压继电器线圈	$U<$	KA		QYJ
	常开延时闭合触点						过电流继电器线圈	$I>$			GLJ
	常闭延时打开触点						欠电流继电器线圈	$I<$		$I<$	QLJ
	常闭延时闭合触点						常开触点		相应继电器符号		相应继电器符号
	常开延时打开触点						常闭触点				
热继电器	热元件		FR		RJ	转换开关			SA		HK
	常闭触点					电磁离合器			YC		CH
继电器	中间继电器线圈		KA		ZJ	电位器			RP		W

续表 2-9

名称	新标准 图形符号	新标准 文字符号	旧标准 图形符号	旧标准 文字符号	名称	新标准 图形符号	新标准 文字符号	旧标准 图形符号	旧标准 文字符号
桥式整流装置	◇	VC	◆	ZL	并励直流电动机		M		ZD
照明灯	⊗	EL	⊗	ZD	他励直流电动机				
信号灯	⊗	HL	⊗	XD	复励直流电动机				
电阻器	▭ 或 ⌇	R	▭	R	直流发电机	G	G	F	ZF
接插器	→←←	XS	←←	CZ	三相笼型异步电动机	M 3~	M	○	D
电磁铁	▭	YA	▭	DT	三相绕线式异步电动机	M 3~		○	
电磁吸盘	▭	YH	▭	DX	三相自耦变压器		T		ZOB
串励直流电动机	M	M		ZD	半导体二极管	▶|	VD	▶|	D
单相变压器				B					
整流变压器	T	T		ZLB	PNP型三级管		VT		T
照明变压器				ZB					
控制电路电源用变压器		TC		B	NPN型三级管				

（3）接线端子标记。

三相交流电源引入线采用 L_1、L_2、L_3 标记，中性线为 N。

电源开关之后的三相交流电源主电路分别按 U、V、W 顺序进行标记，接地端为 PE。

电动机分支电路各接点标记采用三相文字代号后面加数字来表示，数字中的个位数表示电动机代号，十位数表示该支路接点的代号，从上到下按数值的大小顺序标记。如 U_{11} 表示 M_1 电动机的第一相的第一个接点代号，U_{21} 为第一相的第二个接点代号，以此类推。

电动机绕组首端分别用 U_1、V_1、W_1 标记，尾端分别用 U_2、V_2、W_2 标记，双绕组的中点则用 U_3、V_3、W_3 标记。也可以用 U、V、W 标记电动机绕组首端，用 U′、V′、W′ 记绕组尾端，用 U″、V″、W″ 标记双绕组的中点。

分级三相交流电源主电路采用三相文字 U、V、W 的前面加上阿拉伯数字 1、2、3 等来标记，如 1U、1V、1W、2U、2V、2W 等。控制电路采用阿拉伯数字编号，一般由三位或三位以下的数字组成。标注方法按"等电位"原则进行，在垂直绘制的电路中，标号顺序一般由上而下编号，凡是线圈、绕组、触点或电阻、电容等元件所间隔的线段，都应标以不同的电路标号。

（4）项目代号。

在电路图上，通常用一个图形符号表示的基本件、部件、组件、功能单元、设备、系统等，称为项目。项目代号是用以识别图、图表、表格中和设备上的项目种类，并提供项目的层次关系、种类、实际位置等信息的一种特定的代码。通过项目代号可以将图、图表、表格、技术文件中的项目与实际设备中的该项目一一对应和联系起来。

一个完整的项目代号由 4 个相关信息的代号段（高层代号、位置代号、种类代号、端子代号）组成。一个项目代号可以由一个代号段组成，也可以由几个代号段组成。通常，种类代号可单独表示一个项目，而其余大多应与种类代号组合起来，才能较完整地表示一个项目。

种类代号是用于识别项目种类的代号，是项目代号中的核心部分。种类代号一般由字母代码和数字组成，其中的字母代码必须是规定的文字符号。例如 KM_2 表示第二个接触器。

在集中表示法和半集中表示法的图中，项目代号只在图形符号旁标注一次，并用机械连接线连接起来。在分开表示法的图中，项目代号应在项目每一部分旁都要标注出来。

2）电气原理图

用图形符号和项目代号表示电路各个电气元件连接关系和电气工作原理的图称为电气原理图。由于电气原理图结构简单、层次分明、适于分析、研究线路工作原理等特点，因而广泛应用于设计和生产实际中，图 2-40 所示即为 CW6132 型普通车床电气原理电路图。

在绘制电气原理图时，一般应遵循以下原则：

（1）电气原理图应采用规定的标准图形符号，按主电路与辅助电路分开，并依据各电气元件的动作顺序等原则而绘制。其中主电路就是从电源到电动机大电流通过的路径。辅助电路包括控制电路、照明电路、信号电路及保护电路等，由继电器和接触器的线圈、继电器的触点、接触器的辅助触点、按钮、照明灯、信号灯、控制变压器等电气元件组成。

（2）电器应是未通电时的状态；二进制逻辑元件应是置零时的状态；机械开关应是循环开始前的状态。

（3）控制系统内的全部电机、电器和其他器械的带电部件，都应在原理图中表示出来。

（4）在原理图上方将图分成若干图区，并标明该区电路的用途与作用；在继电器、接触器线圈下方列有触点表，以说明线圈和触点的从属关系。

（5）原理图上应标出各个电源电路的电压值、极性、频率及相数；某些元器件的特性（如电阻、电容、变压器的数值等）；不常用电器（如位置传感器、手动触点等）的操作方式、状态和功能。

（6）动力电路的电源电路绘成水平线，受电部分的主电路和控制保护支路，分别垂直绘制在动力电路下面的左侧和右侧。

（7）原理图中，各个电气元件在控制线路中的位置，不按实际位置画出，应根据便于阅读的原则安排，但为了表示是同一元件，电器的不同部件要用同一文字符号来表示。

（8）电气元件应按功能布置，并尽可能按工作顺序排列，其布局顺序应该是从上到下，从左到右。

（9）电气原理图中，有直接联系的交叉导线连接点，要用黑圆点表示；无直接联系的交叉导线连接点不画黑圆点。

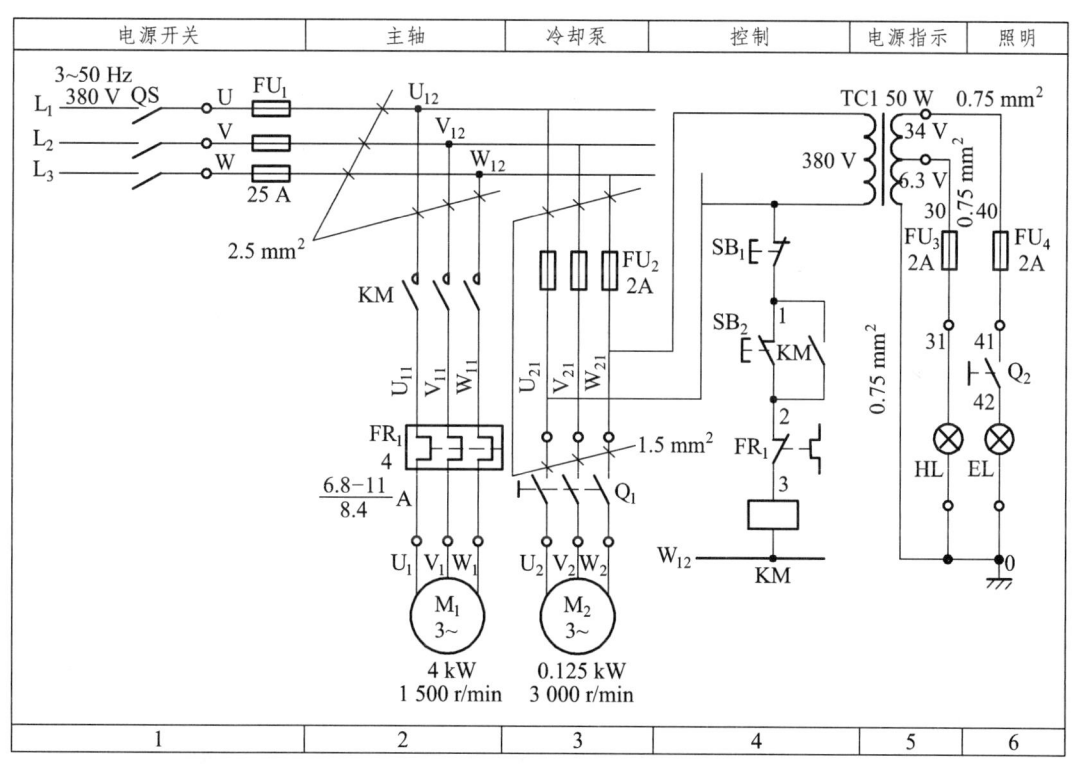

图 2-40　CW6132型普通车床电气原理电路图

3）电气元件布置图

电气元件布置图所绘内容为原理图中各元器件的实际安装位置，可按实际情况分别绘制，如电气控制箱中的电器板、控制面板等。电气元件布置图是控制设备生产及维护的技术文件，电气元件的布置应注意以下几个方面。

（1）体积大和较重的电气元件应安装在电器安装板的下面，而发热元件应安装在电器板的上面。

（2）强电弱电应分开。弱电应屏蔽，防止外界干扰。

（3）需要经常维护、检修、调整的电气元件安装位置不宜过高或过低。

（4）电气元件的布置应考虑整齐、美观、对称。外形尺寸与结构类似的电器安装在一起，以利于加工、安装和配线。

（5）电气元件布置不宜过密，要留有一定间距，如有走线槽，应加大各排电器间距，以利于布线和维护。

布置图根据电气元件的外形绘制，并标出各元件间距尺寸。每个电气元件的安装尺寸及其公差范围，应严格按产品手册标准标注，作为底板加工依据，以保证各电器顺利安装。在电器布置图中，还要选用适当的接线端子板或接插件，按一定顺序标上进出线的接线号。图 2-41 为与图 2-40 对应的电器箱内的电气元件布置图。图中 $FU_1 \sim FU_4$ 为熔断器、KM 为接触器、FR 为热继电器、TC 为照明变压器、XT 为接线端子板。

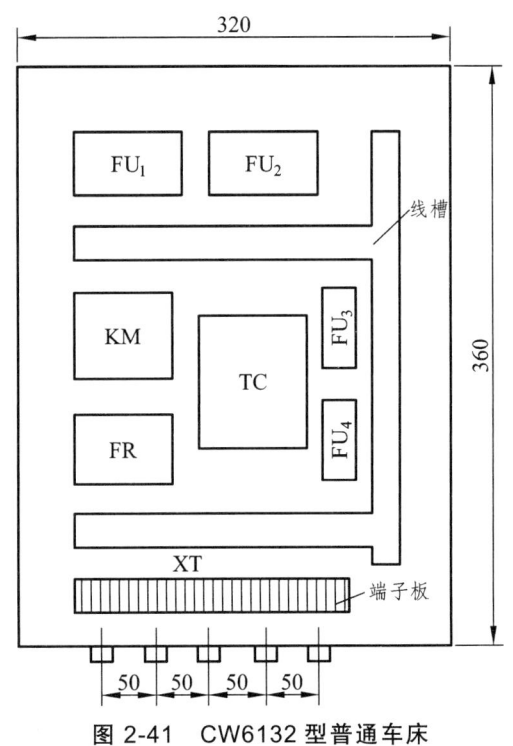

图 2-41 CW6132 型普通车床电气元件布置图

4）电气安装接线图

安装接线图是电气原理图的具体实现形式，它是用规定的图形符号按各电气元件相对位置而绘制的实际接线图，因而可以直接用于安装配线。由于电气安装图在具体的施工、维修中能够起到电气原理图无法起到的作用，所以它在生产现场得到了普遍应用。电气安装接线图是根据电器位置布置最合理、连接导线最经济等原则来安排的。一般来说，绘制电气安装接线图应按照下列原则进行：

（1）接线图中的各电气元件的图形符号、文字符号及接线端子的编号应与电气原理图一致，并按电气原理图连接。

（2）各电气元件均按其在安装底板中的实际安装位置绘出，元件所占图面按实际尺寸以统一比例绘制。

（3）一个元件的所有部件绘在一起，并且用点画线框起来，即采用集中表示法。有时将多个电气元件用点画线框起来，表示它们是安装在同一安装底板上的。

（4）安装底板内外的电气元件之间的连线通过接线端子板进行连接，安装底板上有几个接至外电路的引线，端子板上就应绘出几个线的接点。

（5）绘制安装接线图时，走向相同的相邻导线可以绘成一股线。

图 2-42 是某生产机械电气安装接线图。

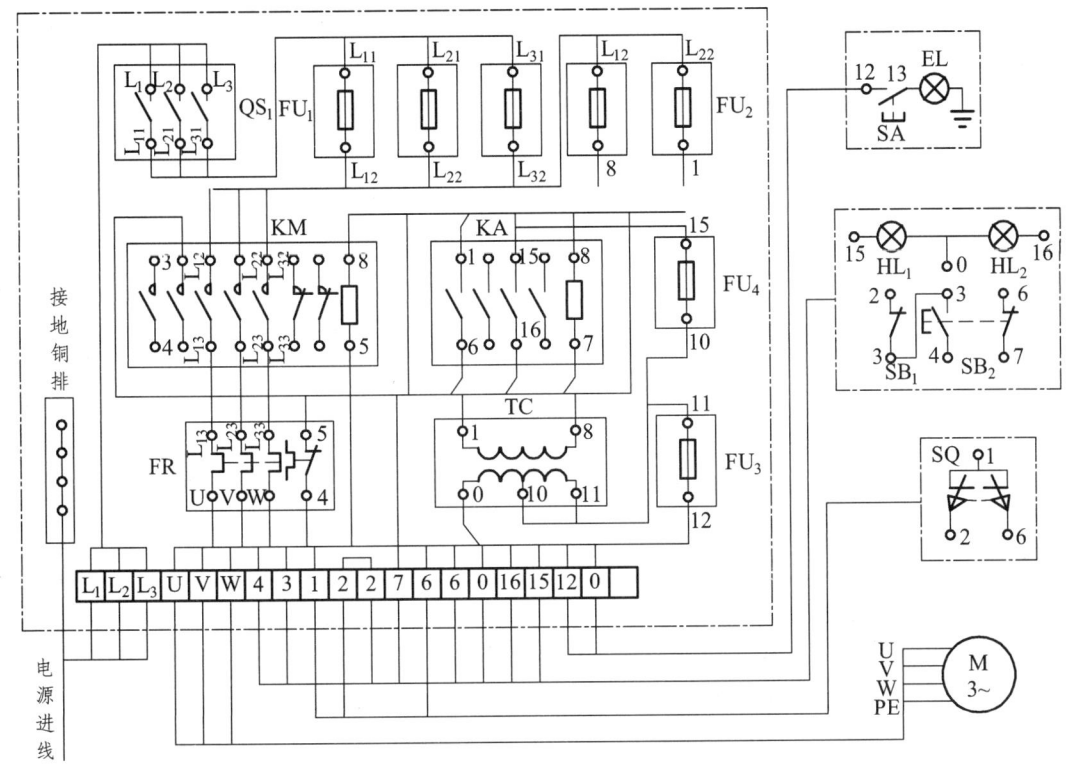

图 2-42 某生产机械电气安装接线图

5)阅读和分析电气控制线路图的方法

(1)识图的基本方法。

电气控制线路图识图的基本方法是"先机后电、先主后辅、化整为零、集零为整、统观全局、总结特点"。

① 先机后电。首先了解生产机械的基本结构、运行情况、工艺要求、操作方法,以期对生产机械的结构及其运行有个总体的了解,进而明确对电力拖动的要求,为分析电路做好前期准备。

② 先主后辅。先阅读主电路,看设备由几台电动机拖动,各台电动机的作用,结合加工工艺分析电动机的起动方法,有无正反转控制,采用何种制动方式,采用哪些电动机保护措施,然后再分析辅助电路。从主电路入手,根据每台电动机、电磁阀等执行电器的控制要求去分析它们的控制内容(包括起动、方向控制、调速和制动等)。

③ 化整为零。在分析控制电路时,根据主电路中各电动机、电磁阀等执行电器的控制要求,逐一找出控制电路中的控制环节,将电动机控制电路,按功能不同划分为若干个局部控制电路来进行分析。其步骤为:(a)从执行电器(电动机、电磁阀等)着手,看主电路上有哪些控制电器的触点,根据其组合规律看控制方式;(b)根据主电路的控制电器主触点文字符号,在控制电路中找到有关的控制环节及环节间的相互联系,对各台电动机的控制电路划分成若干个局部电路,每一台电动机的控制电路,又按起动环节、制动环节、调速环节、反向运行环节来分析电路;(c)设想按动了某操作按钮(应记住各信号元件、控制元件或执行元件的原始状态),查对电路,观察电气元件的触点是如何控制其他电气元

件动作的，再查看这些被带动的控制电气元件的触点又是如何控制执行电器或其他电气元件动作的，并随时注意控制电气元件的触点使执行电器有何运动，进而驱动被控机械有何运动，还要继续追查执行元件带动机械运动时，会使哪些信号元件状态发生变化。

④ 集零为整、统观全局、总结特点。在逐个分析完局部电路后，还应统观全部电路，看各局部电路之间的联锁关系，机电液之间的配合情况，电路中设有哪些保护环节。以期对整个电路有清晰的了解，对电路中的每个电路、电器中的每个触点的作用都应了解清楚。最后总体检查，经过化整为零，初步分析了每一个局部电路的工作原理以及各部分之间的控制关系后，还必须用"集零为整"的方法，检查整个控制电路，看是否有遗漏。特别要从整体角度去进一步检查和理解各控制环节之间的联系，理解电路中每个电气元件的作用。在读图过程中，特别要注意相互间的联系和制约关系。

（2）识图的查线读图法。

阅读和分析电气控制线路图的基本方法是查线读图法（直接读图法或跟踪追击法）。

① 识读主电路的步骤。

第一步：分清主电路中用电设备。用电设备系指消耗电能的用电器具或电气设备，如电动机、电弧炉、电阻炉等。识图时，首先要看清楚有几个用电器以及它们的类别、用途、接线方式、特殊要求等。以电动机为例，从类别上讲，有交流电动机和直流电动机之分；而交流电动机又有感应电动机和同步电动机；感应电动机又分笼型和绕线式。

第二步：要弄清楚用电设备是用什么电气元件控制的。控制电气设备的方法很多，有的直接用开关控制，有的用各种起动器控制，有的用接触器或继电器控制。

第三步：了解主电路中其他元器件的作用。通常主电路中除了用电器和控制用的电器（如接触器、继电器）外，还常接有电源开关、熔断器以及保护电器。

第四步：看电源。主电路电源是三相 380 V 还是单相 220 V，主电路电源是由母线汇流排供电或配电屏供电的（一般为交流电），还是从发电机供电的（一般为直流电）。

② 识读辅助电路的步骤。由于有各种不同类型的生产机械设备，它们对电力拖动也提出了各不相同的要求，表现在电路图上有种种不相同的辅助电路。辅助电路包含控制电路、信号电路和照明电路。

分析控制电路可根据主电路中各电动机和执行电器的控制要求，逐一找出控制电路中的控制环节，将控制电路"化整为零"，按功能不同划分成若干个局部控制电路来进行分析。如果控制电路较复杂，则可先排除照明、显示等与控制关系不密切的电路，以便集中精力进行分析。控制电路一定要分析透彻。分析控制电路的最基本的方法是"查线读图"法。

第一步：看电源。看清电源的种类，是交流的还是直流的。电源是从什么地方接来的，及其电压等级。电源一般是从主电路的两条相线上接来，其电压为 380 V；也有从主电路的一条相线和零线上接来，电压为 220 V；此外，也可以从专用隔离电源变压器接来，常用电压有 127 V、36 V 等。当辅助电路为直流时，其电压一般为 24 V、12 V、6 V 等。

第二步：看辅助电路是如何控制主电路的。对复杂的辅助电路，在电路图中，整个辅助电路构成一条大回路。在这个大回路中又分成几条独立的小回路，每条小回路控制一个用电器或一个动作。当某条小回路形成闭合回路有电流流过时，在回路中的电气元件（接触器或继电器）则动作，把用电设备（如电动机）接入电源或从电源切除。

第三步：研究电气元件之间的联系。电路中一切电气元件都不是孤立的，而是互相联系的，互相制约的。在电路中有用电气元件 A 控制电气元件 B，甚至又用电气元件 B 去控制电气元件 C。这种互相制约的关系有时表现在同一个回路，有时表现在不同的几个回路中，这就是控制电路中的电气联锁。

第四步：研究其他电气设备和电气元件。如整流设备、照明灯等。要了解他们的线路走向和作用。

上面所介绍的读图方法和步骤，只是一般的通用方法，需通过对具体电路的分析逐步掌握，不断总结，才能提高识图能力。

2. 三相异步电动机起动控制线路

三相异步电动机的结构简单，价格便宜，坚固耐用，运行可靠，维修方便。与同容量的直流电动机比较，异步电动机具有体积小、质量轻、转动惯量小的特点。因此，在各类企业中异步电动机得到了广泛的应用。三相异步电动机的控制线路大多采用接触器、继电器、闸刀开关、按钮等有触点电器组合而成。由于三相异步电动机的结构不同，分为笼型异步电动机和绕线式异步电动机。二者的构造不同，起动方法也不同，它们的起动控制线路差别更大。下面，对它们的起动控制线路，分别加以介绍。

1）笼型异步电动机直接起动控制

所谓直接起动，就是利用刀开关或接触器将电动机定子绕组直接接到额定电压的电源上，故又称全压起动。直接起动的优点是起动设备与操作都比较简单，其缺点就是起动电流大、起动转矩不大。对于小容量鼠笼型异步电动机，因电动机起动电流小，且体积小、惯性小、起动快，一般来说，对电网、电动机本身都不会造成影响。因此，可以直接起动，但必须根据电源的容量来限制直接起动电动机容量。

在工程实践中，直接起动可按下列经验公式核定

$$\frac{I_Q}{I_N} \leqslant \frac{3}{4} + \frac{P_H}{4P_N} \tag{2-1}$$

式中，I_Q 是电动机的起动电流（A）；I_N 是电动机的额定电流（A）；P_N 是电动机的额定功率（kW）；P_H 是电源的总容量（kV·A）。

（1）采用刀开关直接起动控制。

用瓷底胶盖闸刀开关、转换开关或铁壳开关控制电动机的起动和停止，是最简单的手动控制线路。

图 2-43 是采用刀开关直接起动电动机的控制线路，其原理是：M 为被控三相异步电动机，QS 是开关，FU 是熔断器。合上开关 QS，电动机将通电并旋转。断开 QS，电动机将断电并停转。开关是电动机的控制电器，熔断器是电动机的保护电器。冷却泵、小型台钻、砂轮机的电动机一般采用这种起动控制方式。

（2）采用接触器直接起动控制。

图 2-44 所示为接触器控制电动机向旋转的电路。从图可见，主电路由刀开关 QS、熔断器 FU_1、接触器 KM 的主触点、热继电器 FR 的发热元件和电动机 M 组成。控制电路由熔断器 FU_2、热继电器 FR 的动断触点 FR、停止按钮 SB_1、起动按钮 SB_2、接触器 KM 的线圈及其辅助动合触点 KM 组成。

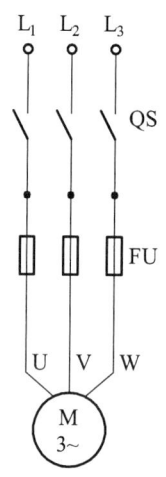 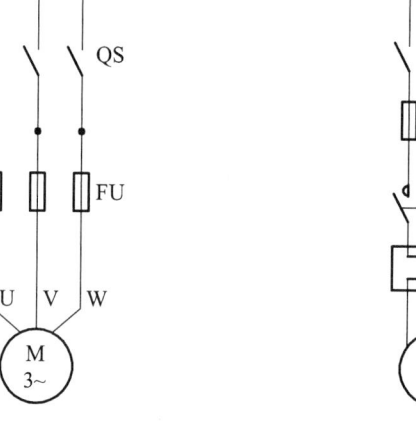 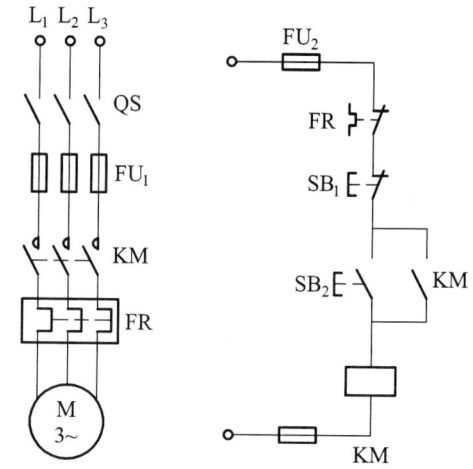

图 2-43 刀开关控制线路图　　图 2-44 接触器控制电动机直接起动线路图

在主电路中，串接热继电器 FR 的三相热元件；在控制电路中，串接热继电器 FR 的动断触点。一旦过载，FR 的热元件动作，其动断触点断开，切断控制电路，电动机失电停转。

在起动按钮两端并联有接触器 KM 的辅助动合触点 KM，使该电路具有自锁功能。

线路的工作过程如下：

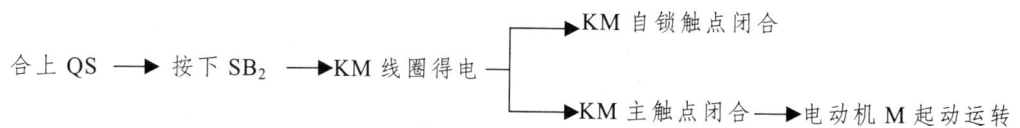

线路具有以下保护功能：

短路保护：由熔断器 FU 实现主电路、控制电路的短路保护。短路时，FU 的熔体熔断，切断电路。熔断器可作为电路的短路保护，但达不到过载保护的目的。

过载保护：由热继电器 FR 实现。由于热继电器的热惯性比较大，即使热元件流过几倍电动机额定电流，热继电器也不会立即动作。因此，在电动机起动时间不太长的情况下，热继电器是经得起电动机起动电流冲击而不动作的。只有在电动机长时间过载情况下，串联在主电路中的热继电器 FR 的热元件（双金属片）因受热产生变形，能使串联在控制电路中的热继电器 FR 的动断触点断开，断开控制电路，使接触器 KM 线圈失电，其主触点释放，切断主电路使电动机断电停转，实现对电动机的过载保护。

欠压和失压保护：依靠接触器本身的电磁机构来实现。当电源电压由于某种原因而严重下降（欠压）或消失（失压）时，接触器的衔铁自行释放，电动机失电停止运转。控制电路具有欠压和失压保护，具有三个优点：① 防止电源电压严重下降时，电动机欠压运行；② 防止电源电压恢复时，电动机突然自行起动运转造成设备和人身事故；③ 避免多台电动机同时起动造成电网电压的严重下降。

2）笼型异步电动机减压起动控制

鼠笼型异步电动机直接起动控制线路简单、经济、操作方便。但对于容量大的电动机来说，由于起动电流大，电网电压波动大，必须采用减压起动的方法，限制起动电流。

减压起动是指起动时降低加在电动机定子绕组上的电压，待电动机转速接近额定转速后再将电压恢复到额定电压下运行。由于定子绕组电流与定子绕组电压成正比,因此减压起动可以减小起动电流,从而减小电路电压降,也就减小了对电网的影响。但由于电动机的电磁转矩与电动机定子电压的平方成正比,将使电动机的起动转矩相应减小,因此减压起动仅适用于空载或轻载下起动。

常用的减压起动方法有定子电路串电阻(或电抗)减压起动、星-三角(Y-△)减压起动、自耦变压器减压起动等。对减压起动控制的要求:不能长时间减压运行;不能出现全压起动;在正常运行时应尽量减少工作电器的数量。

(1)定子电路串电阻(或电抗)减压起动。

电动机起动时,在三相定子电路上串接电阻 R,使定子绕组上的电压降低,起动后再将电阻 R 短路,电动机即可在额定电压下运行。

图 2-45 是时间继电器控制的定子电路串电阻减压起动控制线路。该线路是根据起动过程中时间的变化,利用时间继电器延时动作来控制各电气元件的先后顺序动作,时间继电器的延时时间按起动过程所需时间整定。其工作原理如下:当合上刀开关 QS,按下起动按钮 SB_2 时,KM_1 立即通电吸合,使电动机在串接定子电阻 R 的情况下起动,与此同时,时间继电器 KT 通电开始计时,当达到时间继电器的整定值时,其延时闭合的动合触点闭合,使 KM_2 通电吸合,KM_2 的主触点闭合,将起动电阻 R 短接,电动机在额定电压下进入稳定正常运转。

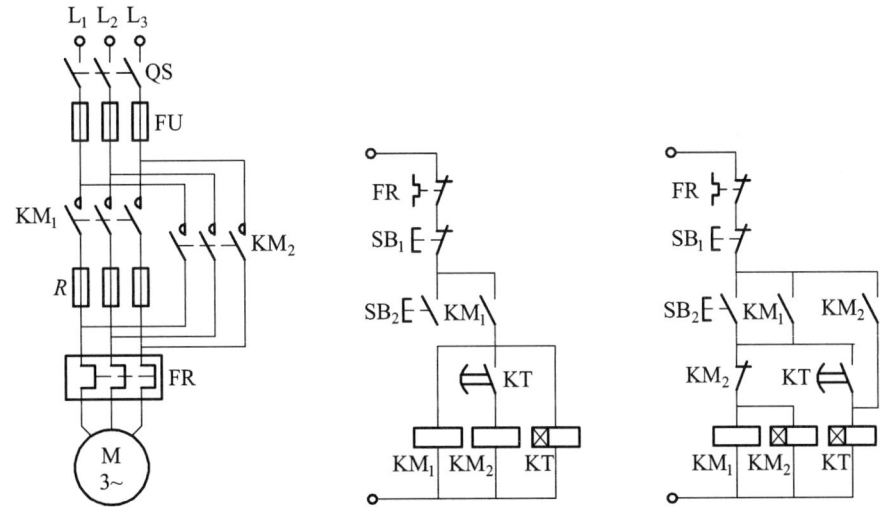

图 2-45 时间继电器控制的定子电路串电阻减压起动控制线路图

分析图 2-45(a)可知,在起动结束后,接触器 KM_1 和 KM_2、时间继电器 KT 线圈均处于长时间通电状态。其实只要电动机全压运行一开始,KM_1 和 KT 线圈的通电就是多余的了。因为这不仅使能耗增加,同时也会缩短接触器、继电器的使用寿命。其解决方法为:在接触器 KM_1 和时间继电器 KT 的线圈电路中串入 KM_2 的动断触点,KM_2 要有自锁,如图 2-45(b)中线路所示。这样当 KM_2 线圈通电时,其动断触点断开使 KM_1、KT 线圈断电。

线路的工作过程如下:

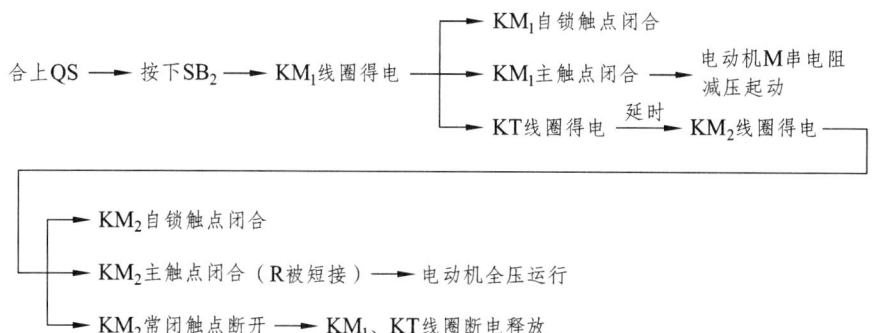

定子所串电阻一般采用 ZX_1、ZX_2 系列的铸铁电阻。铸铁电阻功率大，允许通过的电流较大，注意三相所串电阻应相等。每相串接的减压电阻可用下述经验公式进行估算：

$$R = 190 \frac{I_Q - I'_Q}{I_Q I'_Q} \tag{2-2}$$

式中，I_Q 是未串接电阻前的起动电流（A），可取 $I_Q = 4 \sim 7 I_N$；I'_Q 是串接电阻后的起动电流（A），可取 $I'_Q = 2 \sim 3 I_N$；I_N 是电动机的额定电流（A）。

电阻功率可用 $P = I_N^2 R$ 公式计算。由于起动电阻 R 仅在起动过程中接入，并且起动时间又很短，所以实际选用的电阻功率可减少到计算值的 $1/3 \sim 1/4$。若电动机定子回路只串接两相起动电阻，则电阻值按式（2-2）计算值的 1.5 倍计算。

定子串电阻减压起动的方法不受定子绕组接线形式的限制，起动过程平滑，设备简单，但起动转矩按电压下降比例的平方倍下降，能量损耗大。故此种方法适用于起动要求平稳、电动机轻载或空载及起动不频繁的场合。

（2）星-三角（Y-△）减压起动。

三相鼠笼型异步电动机额定电压通常为 380/220 V，相应的绕组接法为三角形/星形，这种电动机每相绕组额定电压为 380 V。我国采用的电网供电电压为 380 V。所以，当电动机起动时，将定子绕组接成星形，加在每相定子绕组上的起动电压只有三角形接法的 $1/\sqrt{3}$，起动电流为三角形接法的 1/3，起动力矩也只有三角形接法的 1/3。起动完毕后，再将定子绕组换接成三角形。星-三角（Y-△）减压起动控制线路如图 2-46 所示。

线路的工作过程如下：

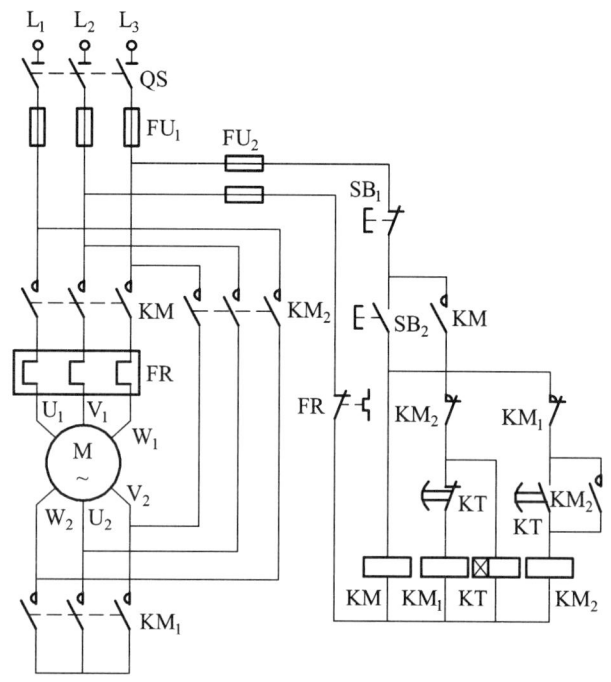

图 2-46　星-三角（Y-△）减压起动控制线路图

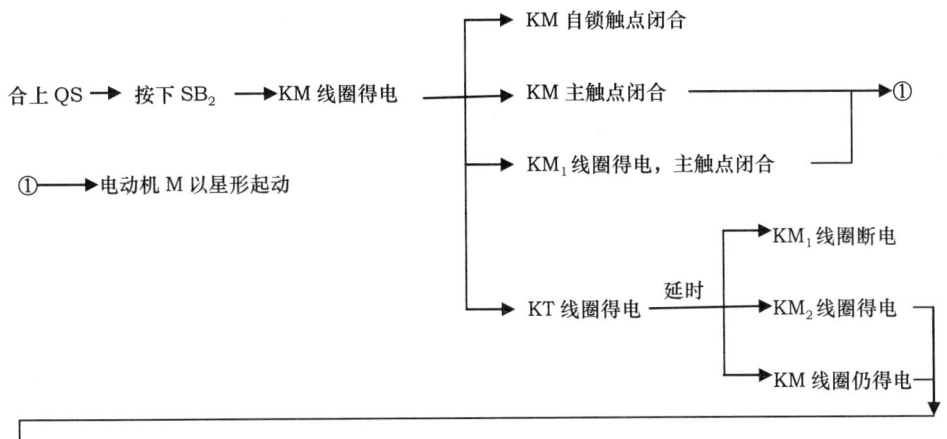

星-三角（Y-△）减压起动方式，设备简单经济，起动过程中没有电能损耗，起动转矩较小只能空载或轻载起动，只适用于正常运转时为三角形连接的电动机。我国设计的 Y 系列电动机，4 kW 以上的电动机的额定电压都用三角形接 380 V，就是为了适用星-三角（Y-△）减压起动而设计的。

（3）自耦变压器减压起动。

这种减压起动方式是利用自耦变压器来降低加在电动机定子绕组上起动电压的。起动时，变压器的绕组连接成星形，其一次侧接电网，二次侧接电动机定子绕组。改变自耦变压器抽头的位置可以获得不同的起动电压，实际应用中，自耦变压器一般有 65%、85% 等抽头。起动完毕，将自耦变压器切除，电动机直接接电源，进入全压运行。控制线路如图 2-47 所示。

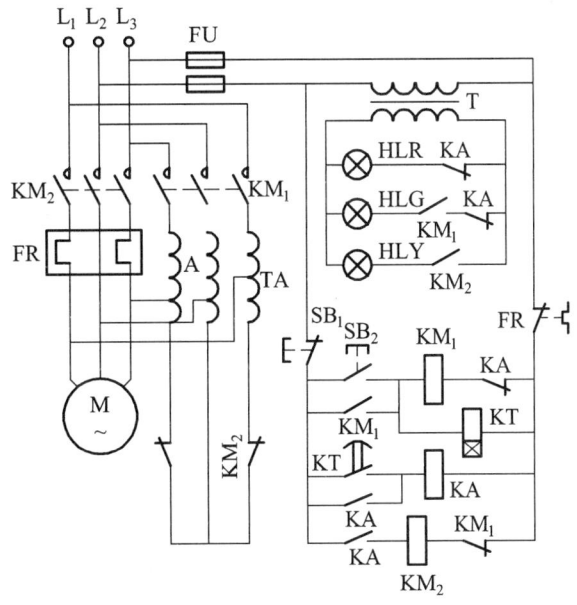

图 2-47 自耦变压器减压起动控制线路图

线路的工作过程如下：

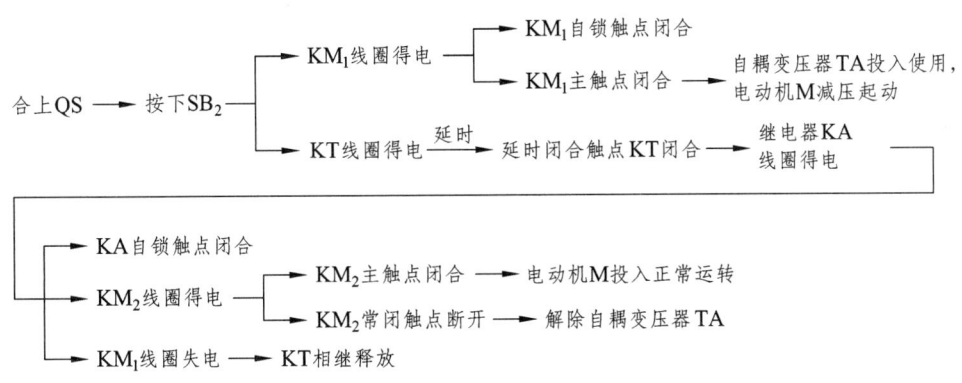

在本线路中,设有信号指示灯,由电源变压器 T 提供工作电压。电路通电后,红灯 HLR 亮;起动后,由于 KM_1 常开辅助触点的闭合,绿灯 HLG 亮;运转后,由于 KA 吸合,KA 的常闭触点断开,HLR、HLG 均熄灭,黄色指示灯 HLY 亮。按下停止按钮 SB_1,电动机 M 停机,由于 KA 恢复常闭状态,HLR 亮。

自耦变压器减压起动适用于电动机容量较大、正常工作时接成星形或三角形的电动机。通常自耦变压器可用调节抽头变比的方法改变起动电流和起动转矩的大小,以适应不同的需要。它比串接电阻减压起动效果要好,但自耦变压器设备庞大,成本较高,而且不允许频繁起动。

3)绕线式异步电动机的起动控制

在实际生产中,对起动转矩值要求较大且能平滑调速的场合,常常采用三相绕线式异步电动机。三相绕线式异步电动机可以通过滑环在转子绕组中串接外加电阻,来减小起动电流,提高转子电路的功率因数,增加起动转矩,并且还可通过改变所串电阻的大小进行调速。

三相绕线式异步电动机的起动有在转子绕组中串接起动电阻和接入频敏变阻器等方法。

(1)转子绕组串接电阻起动控制电路。

根据转子电流变化及起动时间两方面,可以采用按电流原则和按时间原则两种控制线路。

① 按电流原则控制绕线式电动机转子串电阻起动控制线路如图 2-48 所示。起动电阻接成星形,串接于三相转子电路中。起动时,起动电阻全部接入电路。起动过程中,电流继电器根据电动机转子电流大小的变化控制电阻的逐级切除。图中,$KA_1 \sim KA_3$ 为欠电流继电器,这 3 个继电器的吸合电流值相同,但释放电流不一样。KA_1 的释放电流最大,KA_2 次之,KA_3 的释放电流最小。刚起动时,起动电流较大,$KA_1 \sim KA_3$ 同时吸合动作,使全部电阻接入。随着转速升高,电流减小,$KA_1 \sim KA_3$ 依次释放,分别短接电阻,直到转子串接的电阻全部短接。

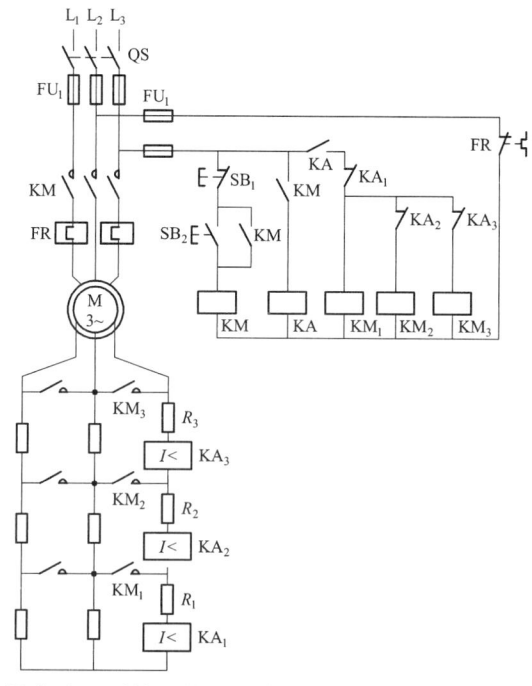

图 2-48 按电流原则控制绕线式电动机转子串电阻起动控制线路图

线路的工作过程如下：

合上QS → 按下SB₂ → KM线圈得电 → ┬ KM自锁触点闭合
　　　　　　　　　　　　　　　　　　├ KM主触点闭合 → 电动机M串接全部电阻起动
　　　　　　　　　　　　　　　　　　└ KM常开触点闭合 → 中间继电器KA线圈得电，为KM₁~KM₃通电作准备 →

随着转速升高，转子电流逐渐减小 → KA₁最先释放，其常闭触点闭合 → KM1线圈得电，主触点闭合，短接第一级电阻R₁ → 电动机M转速升高，转子电流又减小 → KA₂释放，其常闭触点闭合 → KM₂线圈得电，主触点闭合，短接第二级电阻R₂ → 电动机M转速再升高，转子电流再减小 → KA₃最后释放，其常闭触点闭合 → KM₃线圈得电，主触点闭合，短接最后电阻R₃ → 电动机M起动过程结束

按下SB₁ → KM、KA、KM₁~KM₃线圈均断电释放 → 电动机M断电停止运转

线路中中间继电器 KA 的作用，是保证起动刚开始时接入全部起动电阻，以免电动机直接起动。由于电动机刚开始起动时，起动电流由零增大到最大值需一定的时间。如果线路中没有 KA，则可能出现 KA₁~KA₃ 还没有动作，而 KM₁~KM₃ 的吸合将把转子电阻全部短接，则电动机相当于直接起动。加入中间继电器 KA 以后，只有 KM 线圈通电动作以后，KA 线圈才通电，KA 的常开触点闭合。在这之前，起动电流已达到电流继电器吸合值并已动作，其常闭触点已将 KM₁~KM₃ 电路断开，确保转子电路的电阻被串接，这样电动机就不会出现直接起动的现象了。

② 按时间原则控制绕线式电动机转子串电阻起动控制线路。图 2-49 所示线路是利用三个时间继电器 KT₁~KT₃ 和三个接触器 KM₁~KM₃ 的相互配合来依次自动切除转子绕组中的三级电阻的。

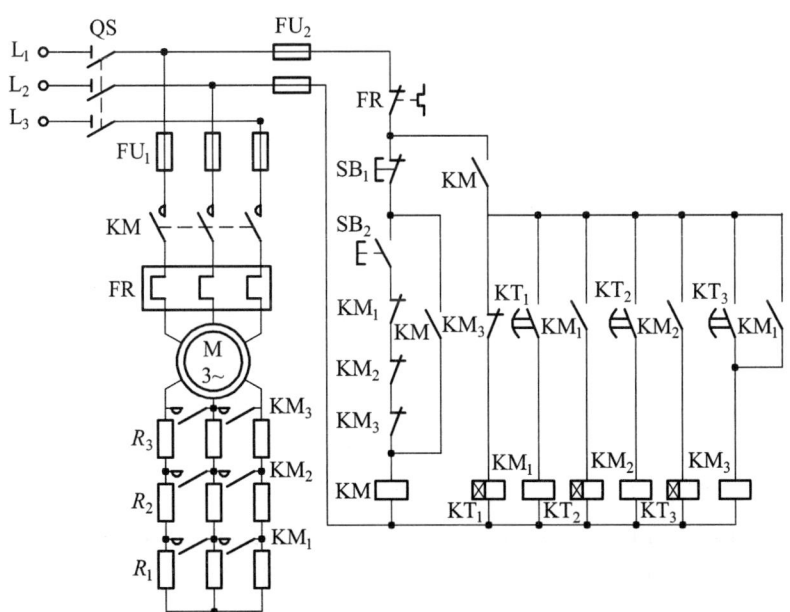

图 2-49　按时间原则控制绕线式电动机转子串电阻起动控制线路图

与起动按钮 SB₂ 串接的接触器 KM₁~KM₃ 常闭辅助触点的作用是保证电动机在转子绕组中接入全部外加电阻的条件下才能起动。如果接触器 KM₁~KM₃ 中任何一个触头因熔焊

或机械故障而没有释放时,起动电阻就没有被全部接入转子绕组中,从而使起动电流超过规定的值。把 $KM_1 \sim KM_3$ 的常闭触点与起动按钮 SB_2 串接在一起,就可避免这种现象的发生,因三个接触器中只要有一个触头没有恢复闭合,电动机就不可能接通电源直接起动。

线路的工作过程如下:

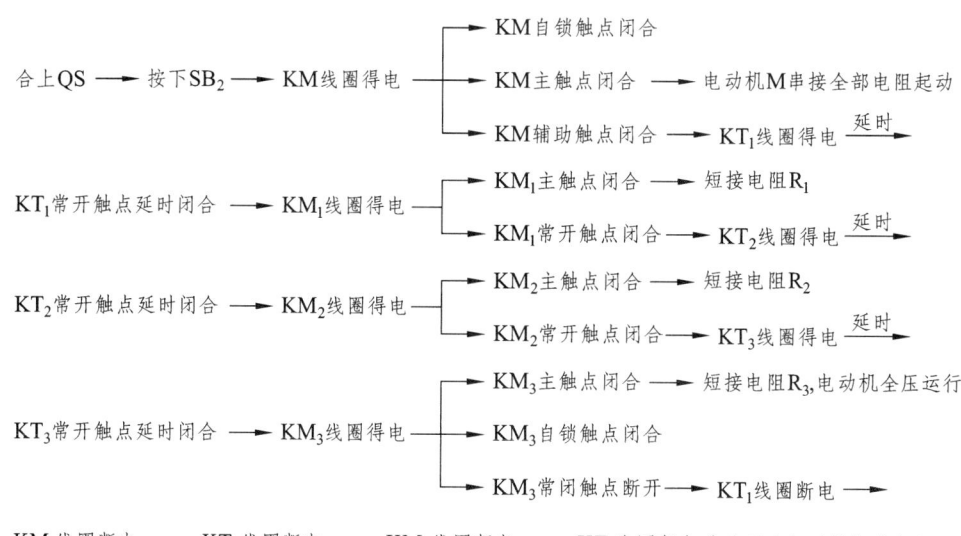

（2）转子绕组串接频敏变阻器起动控制线路。

绕线式异步电动机转子串电阻的起动方法,由于在起动过程中逐渐切除转子电阻,在切除的瞬间电流及转矩会突然增大,产生一定的机械冲击力。如果想减小电流的冲击,必须增加电阻的级数,这将使控制线路复杂,工作不可靠,而且起动电阻体积较大。

频敏变阻器的阻抗能够随着电动机转速的上升、转子电流频率的下降而自动减小,所以它是绕线式异步电动机较为理想的一种起动装置,常用于较大容量的绕线式异步电动机的起动控制。

① 频敏变阻器简介。频敏变阻器是一种静止的、无触点的电磁元件,其电阻值随频率变化而变化。它是由几块 30～50 mm 厚的铸铁板或钢板叠成的三柱式铁心,在铁心上分别装有线圈,三个线圈连接成 Y 连接,并与电动机转子绕组相接。

电动机起动时,频敏变阻器通过转子电路获得交变电动势,绕组中的交变电流在铁心中产生交变磁通,呈现出电抗 X。由于变阻器铁心是用较厚钢板制成,交变磁通在铁心中产生很大的涡流损耗和少量的磁滞损耗（涡流损耗占总损耗的 80% 以上）。涡流损耗在变阻器电路中相当于一个等值电阻 R。由于电抗 X 与电阻 R 都是由交变磁通产生的,其大小又都随着转子电流频率的变化而变化。因此,在电动机起动过程中,随着转子频率的改变,涡流集肤效应的强弱也在改变。转速低时频率高,涡流截面小,电阻就大。随着电动机转速升高频率降低,涡流截面自动增大,电阻减小。同时频率的变化又引起电抗的变化。所以,绕线式异步电动机串接频敏变阻器起动开始时,频敏变阻器的等效阻抗很大,限制了电动机的起动电流,随着电动机转速的升高,转子电流频率降低,等效阻抗自动减小,从而达到了自动改变电动机转子阻抗的目的,实现了平滑无级起动。

图 2-50 所示为频敏变阻器等效电路及其与电动机的连接。

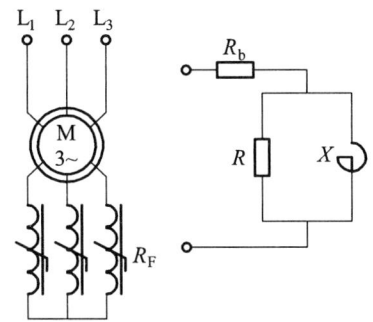

图 2-50　频敏变阻器等效电路及其与电动机的连接

② 转子绕组串接频敏变阻器的起动控制线路。按电动机的不同工作方式,频敏变阻器有两种使用方式。当电动机是重复短时工作制时,只需将频敏变阻器直接串在电动机转子回路中,不需用接触器控制;当电动机是长时运转工作制时,可采用如图 2-51 所示的线路进行控制。该线路可利用转换开关 SA 实现自动控制和手动控制。

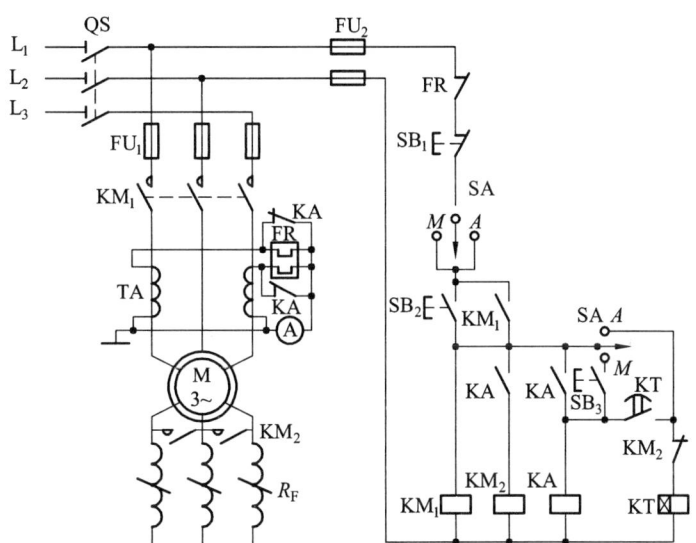

图 2-51　转子绕组串接频敏变阻器的起动控制线路图

自动控制线路的工作过程如下:

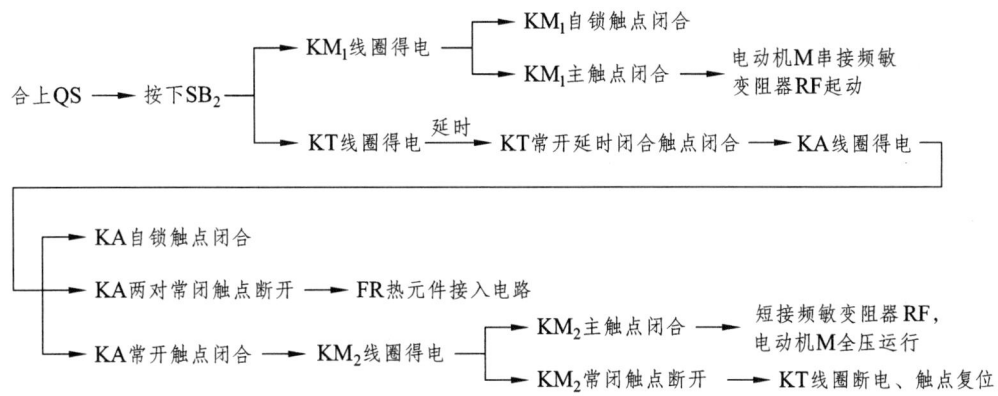

（a）自动控制。将转换开关 SA 扳到自动位置（即 A 位置），时间继电器 KT 将起作用。

（b）手动控制。将转换开关 SA 扳到手动位置（即 M 位置），时间继电器 KT 不起作用。利用按钮开关 SB_3 手动控制，使中间继电器 KA 和接触器 KM_2 动作，从而控制电动机的起动和正常运转过程。其工作过程读者可自行分析。

此线路适用于电动机的起动电流大、起动时间长的场合。主电路中电流互感器 TA 的作用是将主电路中的大电流变换成小电流进行测量。为避免因起动时间较长而使热继电器 FR 误动作，在起动过程中，用 KA 的常闭触点将 FR 的加热元件短接，待起动结束，电动机正常运行时才将 FR 的加热元件接入电路，从而起到过载保护的作用。

3. 三相异步电动机正反转控制线路

在生产实际中，常常要求生产机械实现正反两个方向的运动。如工作台的前进、后退，起重机吊钩的上升、下降等，这就要求电动机能够实现正反转。由电动机原理可知，改变电动机三相电源的相序，就能改变电动机的转向。

1）按钮控制的电动机正反转控制线路

图 2-52 所示为两个按钮分别控制两个接触器来改变电动机相序，实现电动机正反转的控制线路。KM_1 为正向接触器，KM_2 为反向接触器。

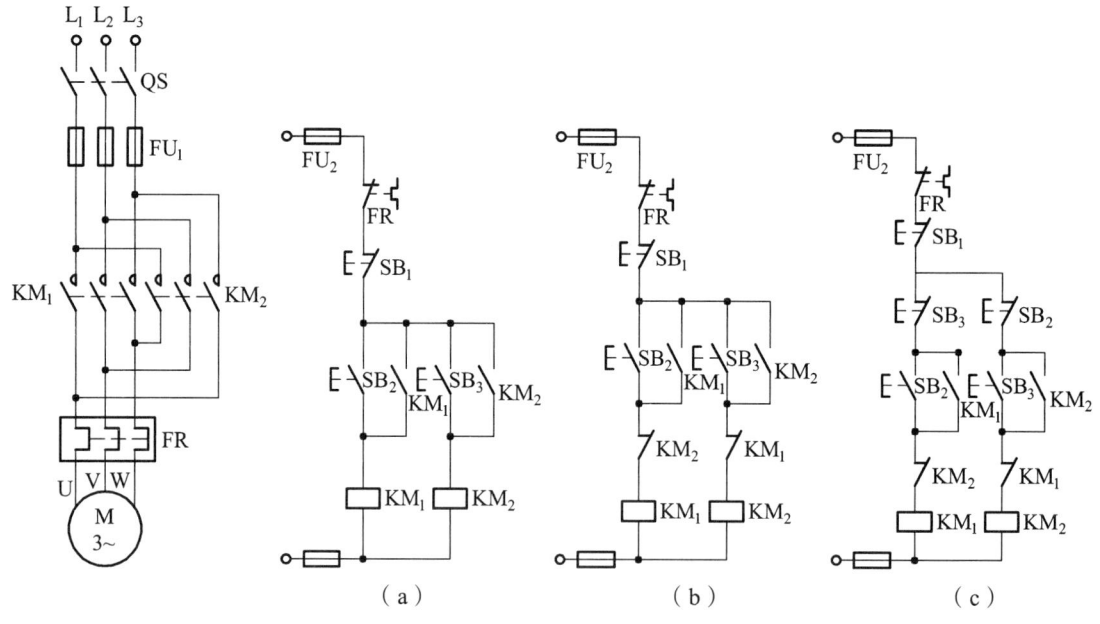

图 2-52 按钮控制的电动机正反转控制线路图

图 2-52（a）所示线路的工作过程如下：

① 正转。

合上 QS → 按下正转按钮 SB_2 → KM_1 线圈得电 → KM_1 自锁触点闭合
→ KM_1 主触点闭合 → 电动机 M 正转

② 反转。

合上QS → 按下正转按钮SB₃ → KM₂线圈得电 ┬→ KM₂自锁触点闭合
　　　　　　　　　　　　　　　　　　　　└→ KM₂主触点闭合 → 电动机M反转

③ 停止。

按下SB₁ → KM₁（KM₂）线圈断电，主触点释放 → 电动机M断电停止

不难看出，如果同时按下 SB₂ 和 SB₃，KM₁ 和 KM₂ 线圈就会同时通电，其主触点闭合造成电源两相短路，因此，这种电路不能采用。图 2-52（b）是在图 2-52（a）基础上扩展而成，将 KM₁、KM₂ 常闭辅触点串接在对方线圈电路中，形成相互制约的控制，称为互锁或联锁控制。这种利用接触器（或继电器）常闭触点的互锁又称为电气互锁。该电路欲使电动机由正转到反转，或由反转到正转必须先按下停止按钮，而后再反向起动。

图 2-52（b）的线路只能实现"正-停-反"或者"反-停-正"控制，这对需要频繁改变电动机运转方向的机械设备来说，是很不方便的。对于要求频繁实现正反转的电动机，可用图 2-52（c）控制电路控制，它是在图 2-52（b）电路基础上将正转起动按钮 SB₂ 与反转起动按钮 SB₃ 的常闭触点串接在对方常开触点电路中，利用按钮的常开、常闭触点的机械连接，在电路中互相制约的接法，称为机械互锁。这种具有电气、机械双重互锁的控制电路是常用的、可靠的电动机正反转控制电路，它既可实现"正-停-反-停"控制，又可实现"正-反-停"控制。

2）行程开关控制的电动机正反转控制线路

机械设备中如龙门刨工作台、高炉的加料设备等均需自动往返运行，而自动往返的可逆运行通常是利用行程开关来检测往返运动的相对位置，进而控制电动机的正反转来实现生产机械的往复运动。

图 2-53 为机床工作台往复运动的示意图。行程开关 SQ₁、SQ₂ 分别固定安装在床身上，反映加工终点与原位。撞块 A、B 固定在工作台上，随着运动部件的移动分别压下行程开关 SQ₁、SQ₂，往返运动。

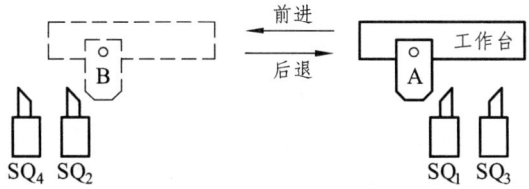

图 2-53　工作台往复运动示意图

图 2-54 为往复自动循环的控制电路。图中 SQ₁、SQ₂ 为工作台后退与前进限位开关，SQ₃、SQ₄ 为正反向极限保护用行程开关，防止 SQ₁、SQ₂ 失灵时造成工作台从床身上冲出去的事故。这种利用行程开关，根据机械运动位置变化所进行的控制，称为行程控制。

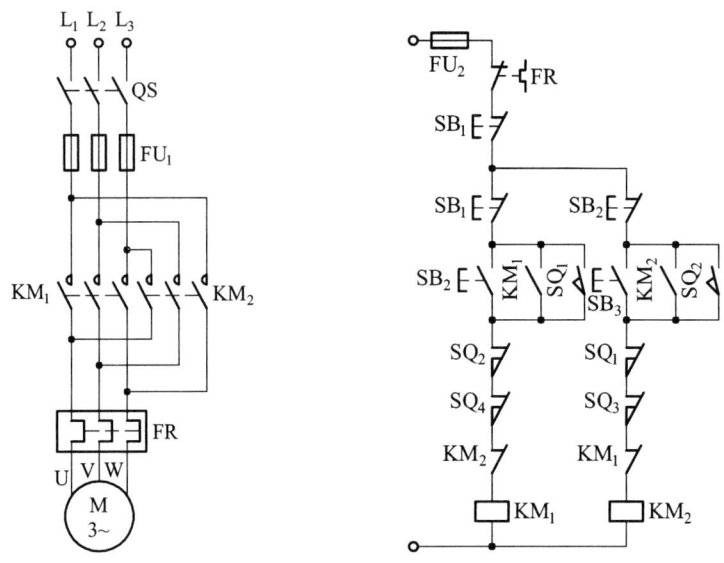

图 2-54 往复自动循环控制电路图

线路的工作过程如下：

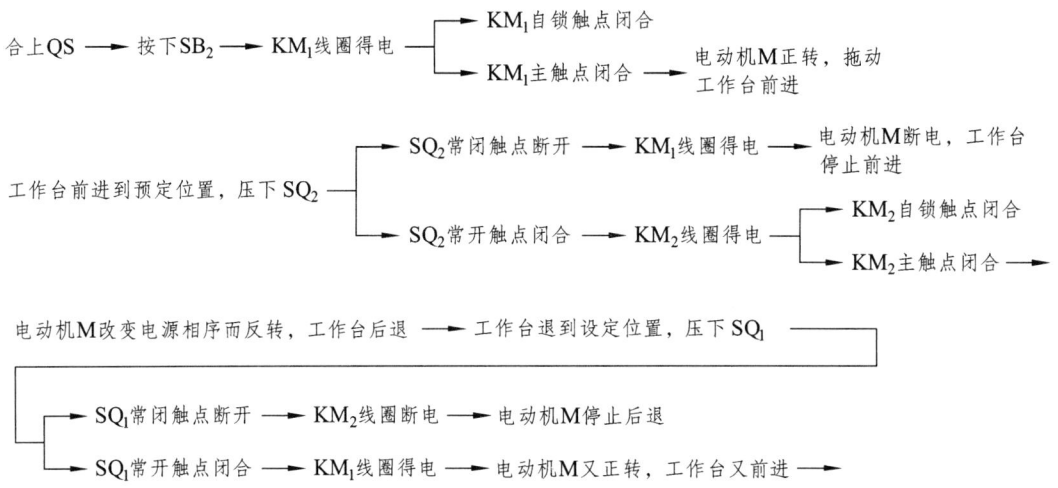

4. 三相异步电动机制动控制线路

三相异步电动机切断电源后，由于惯性，总要经过一段时间才能完全停止。有些生产机械要求迅速停车，有些生产机械要求准确停车。所以常常需要采用一些使电动机在切断电源后就迅速停车的措施，这种措施称为电动机的制动。制动方式有电气机械结合的方法和电气的方法。前者如电磁机械制动，后者有能耗制动和反接制动等，本节主要介绍能耗制动和反接制动。

1）能耗制动控制线路

能耗制动是在电动机脱离三相交流电源后，给定子绕组加一直流电源，产生静止磁场，从而产生一个与电动机原转矩方向相反的电磁转矩以实现制动。

图 2-55 所示为按速度原则控制的可逆运行能耗制动控制线路。用速度继电器取代了时间继电器。当电动机脱离交流电源后，其惯性转速仍很高，速度继电器的常开触头仍闭合，使 KM_3 得电通入直流电进行能耗制动。速度继电器 KS 与电动机用虚线相连表示同轴。

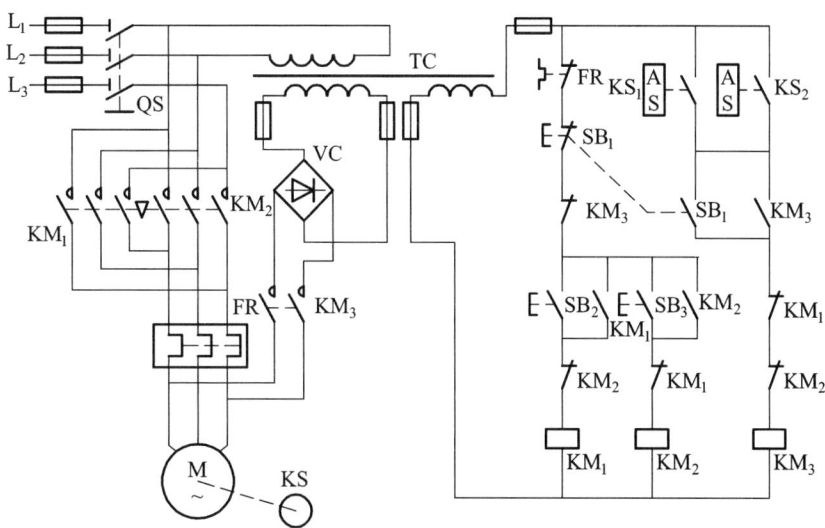

图 2-55　按速度原则控制的可逆运行能耗制动控制线路图

线路的工作过程如下：

（1）起动。

合上QS ⟶ 按下SB_2（正）或SB_3（反） ⟶ KM_1（正）或KM_2（反）通电并自锁 ⟶ 电动机M正（反）向运行，此时速度

继电器相应触点KS_1或KS_2闭合，为停车时接通KM_3、实现能耗制动作准备

（2）制动停车。

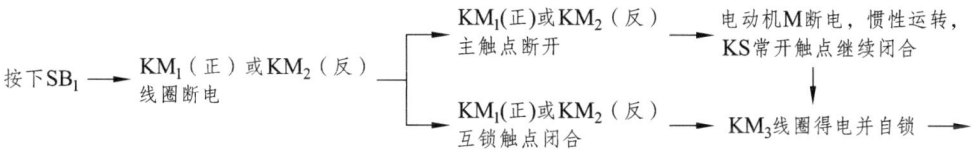

直流电通入电动机M定子绕组，进行能耗制动

当电动机M转速$n≈0$时，KS常开触点复位 ⟶ KM_3断电释放 ⟶ 切断电动机M直流电源，制动结束

能耗制动的优点是制动准确、平稳，且能量损耗小，但需附加直流电源装置，设备费用较高，制动力较小，特别是到低速阶段，制动力更小。因此，能耗制动一般只适用于制动要求平稳准确的场合，如磨床、立式铣床等设备的控制线路中。

2）反接制动控制线路

反接制动是将运动中的电动机电源反接（即将任意两根相线接法交换）以改变电动机定子绕组中的电源相序，从而使定子绕组的旋转磁场反向，转子受到与原旋转方向相反的制动力矩而迅速停止转动。

反接制动过程中,当制动到转子转速接近零值时,如不及时切断电源,则电动机将会反向旋转。为此,必须在反接制动中,采取一定的措施,保证当电动机的转速被制动到接近零值时迅速切断电源,防止反向旋转。在一般的反接制动控制线路中常利用速度继电器进行自动控制。

反接制动控制线路如图 2-56 所示。它的主电路和正反转控制的主电路基本相同,只是增加了 3 个限流电阻 R。图中 KM_1 为正转运行接触器,KM_2 为反接制动接触器。

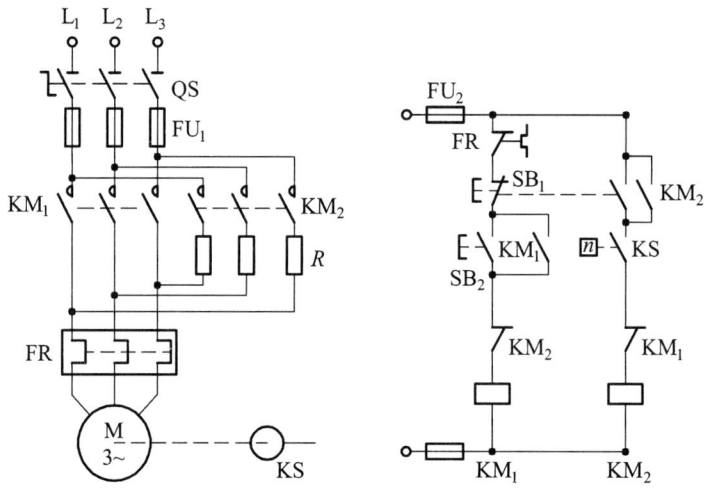

图 2-56 单向运行反接制动控制线路图

线路的工作过程如下:

(1)起动。

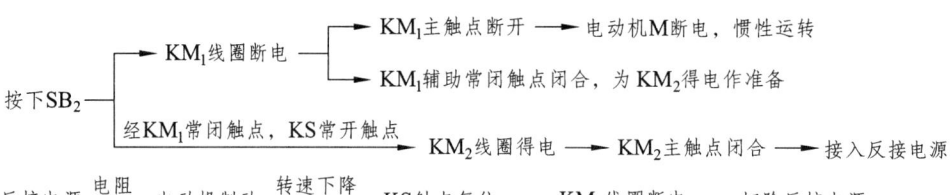

(2)制动停车。

按下SB_2 → KM_1线圈断电 → KM_1主触点断开 → 电动机M断电,惯性运转
　　　　　　　　　　　　　　→ KM_1辅助常闭触点闭合,为KM_2得电作准备
　　　　经KM_1常闭触点,KS常开触点 → KM_2线圈得电 → KM_2主触点闭合 → 接入反接电源

反接电源 —电阻→ 电动机制动 —转速下降→ KS触点复位 → KM_2线圈断电 → 切除反接电源

由于反接制动时,旋转磁场与转子的相对速度很高,感应电动势很大,所以转子电流比直接起动的电流还大。反接制动电流一般为电动机额定电流的 10 倍左右,故在主电路中串接电阻 R 以限制反接制动电流。

反接制动的优点是制动力矩大、制动快,缺点是制动准确性差、制动过程中冲击强烈、易损坏传动零件。此外,在反接制动时,电动机既吸取机械能又吸取电能,并将这两部分能量消耗于电枢绕组上,因此,能量消耗大。所以,反接制动一般只适用于系统惯性较大、制动要求迅速且不频繁的场合。

5. 三相笼型异步电动机调速控制线路

根据异步电动机的基本原理可知，交流电动机转速公式如下：

$$n = (60f_1/p)(1-s) \tag{2-3}$$

式中，p 是电动机极对数；f 是供电电源频率；s 是转差率。

由式（2-3）分析，通过改变定子电压频率 f、极对数 p 以及转差率 s 都可以实现交流异步电动机的速度调节，具体可以归纳为变极调速、变转差率调速和变频调速三大类。下面主要介绍变极调速和变频调速两种。

1）电动机磁极对数的产生与变化

当电网频率固定以后，三相异步电动机的同步转速与它的磁极对数成反比。因此，只要改变电动机定子绕组磁极对数，就能改变它的同步转速，从而改变转子转速。在改变定子极数时，转子极数也必须同时改变。为了避免在转子方面进行变极改接，变极电动机常用笼型转子，因为笼型转子本身没有固定的极数，它的极数由定子磁场极数确定，不用改接。

磁极对数的改变可用两种方法：一种是在定子上装置两个独立的绕组，各自具有不同的极数；第二种方法是在一个绕组上，通过改变绕组的连接来改变极数，或者说改变定子绕组每相的电流方向，由于构造的复杂，通常速度改变的比值为 2∶1。如果希望获得更多的速度等级，例如四速电动机，可同时采用上述两种方法，即在定子上装置两个绕组，每一个都能改变极数。

图 2-57 所示为 4/2 极的双速电动机定子绕组接线示意图。电动机定子绕组有六个接线端，分别为 U_1、V_1、W_1、U_2、V_2、W_2。图 2-57（a）是将电动机定子绕组的 U_1、V_1、W_1 三个接线端接三相交流电源，而将电动机定子绕组的 U_2、V_2、W_2 三个接线端悬空，三相定子绕组按三角形接线，此时每个绕组中的①、②线圈相互串联，电流方向如箭头所示，电动机的极数为 4 极；如果将电动机定子绕组的 U_2、V_2、W_2 三个接线端子接到三相电源上，而将 U_1、V_1、W_1 三个接线端子短接，则原来三相定子绕组的三角形联结变成双星形联结，此时每相绕组中的①、②线圈相互并联，电流方向如图 2-57（b）中箭头所示，于是电动机的极数变为 2 极。注意观察两种情况下各绕组的电流方向。

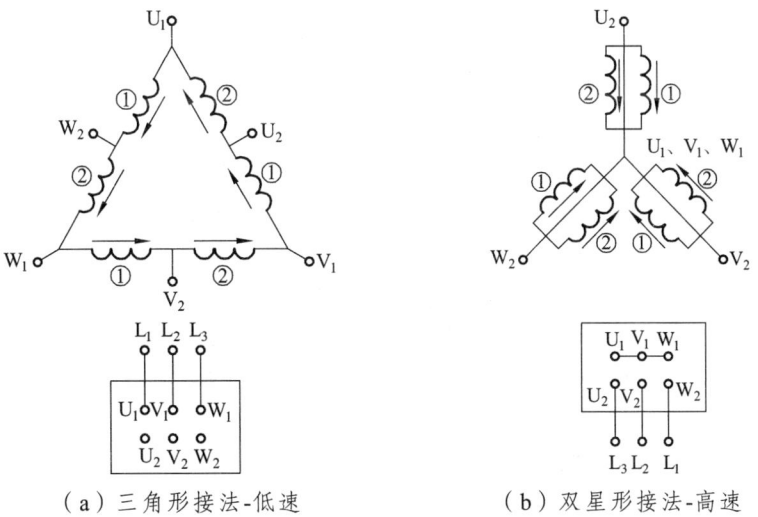

（a）三角形接法-低速　　　　（b）双星形接法-高速

图 2-57 双速电动机定子绕组接线图

必须注意，绕组改极后，其相序方向和原来相序相反。所以，在变极时，必须把电动机任意两个出线端对调，以保持高速和低速时的转向相同。例如，在图 2-57 中，当电动机绕组为三角形联结时，将 U_1、V_1、W_1 分别接到三相电源 L_1、L_2、L_3 上；当电动机的定子绕组为双星形联结，即由 4 极变到 2 极时，为了保持电动机转向不变，应将 W_2、V_2、U_2 分别接到三相电源 L_1、L_2、L_3 上。当然，也可以将其他任意两相对调。

2）双速电动机控制电路

图 2-58 所示为 4/2 极双速异步电动机的控制线路。图中用了三个接触器控制电动机定子绕组的联结方式。当接触器 KM_1 的主触点闭合，KM_2、KM_3 的主触点断开时，电动机定子绕组为三角形接法，对应"低速"挡；当接触器 KM_1 主触点断开，KM_2、KM_3 主触点闭合时，电动机定子绕组为双星形接法，对应"高速"挡。为了避免"高速"挡起动电流对电网的冲击，本线路在"高速"挡时，先以"低速"起动，待起动电流过去后，再自动切换到"高速"运行。

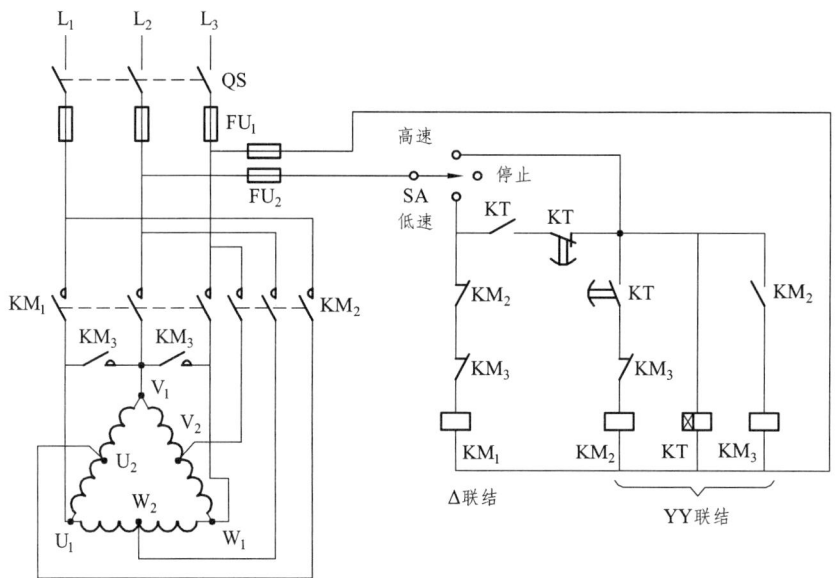

图 2-58　4/2 极双速异步电动机的控制线路图

SA 是一个具有三个挡位的转换开关。当扳到中间位置时，为"停止"位，电动机不工作；当扳到"低速"挡位时，接触器 KM_1 线圈得电动作，其主触点闭合，电动机定子绕组的三个出线端 U_1、V_1、W_1 与电源相接，定子绕组接成三角形，低速运转；当扳到"高速"挡位时，时间继电器 KT 线圈首先得电动作，其瞬动常开触点闭合，接触器 KM_1 线圈得电动作，电动机定子绕组接成三角形低速起动。经过延时，KT 延时断开的常闭触点断开，KM_1 线圈断电释放，KT 延时闭合的常开触点闭合，接触器 KM_2 线圈得电动作。紧接着 KM_3 线圈也得电动作，电动机定子绕组被 KM_2、KM_3 的主触点换接成双星形，以高速运行。

线路的工作过程如下：

（1）转换开关 SA 位于"低速"位置。

合上QS ⟶ SA扳到"低速" ⟶ KM_1线圈得电 ⟶ KM_1主触点闭合 ⟶ 电动机定子绕组三角形联结，电动机低速运转

（2）转换开关 SA 位于"高速"位置。

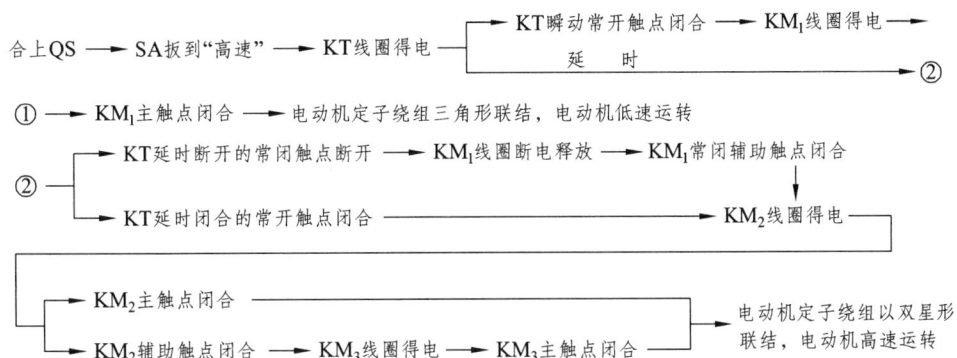

（3）转换开关 SA 位于"停止"位置　KM_1、KM_2、KM_3、KT 线圈全部失电，电动机断电，停止运转。

3）变频调速控制线路

由公式（2-3）可见，改变异步电动机的供电频率，即可平滑地调节同步转速，实现调速运行。即变频调速是利用电动机的同步转速随频率变化的特性，通过改变电动机的供电频率进行调速的方法。在交流异步电动机的诸多调速方法中，变频调速的性能最好，调速范围大，稳定性好，运行效率高。采用通用变频器对笼型异步电动机进行调速控制，由于使用方便、可靠性高并且经济效益显著，所以逐步得到推广应用。通用变频器的特点是其通用性，是指可以应用于普通的异步电动机调速控制的变频器。除此之外还有高性能专用变频器、高频变频器、单相变频器等。

（1）变频器的基本结构原理。

变频器的基本结构由主电路、内部控制电路板、外部接口及显示操作面板组成，软件丰富，各种功能主要靠软件来完成。变频器主电路分为交-交和交-直-交两种形式。交-交变频器可将工频交流直接变换成频率、电压均可控制的交流，又称直接式变频器。而交-直-交变频器则是先把工频交流通过整流器变成直流，然后再把直流变换成频率、电压均可控制的交流，又称间接式变频器。目前常用的通用变频器即属于交-直-交变频器，以下简称变频器。变频器的基本结构原理如图 2-59 所示。

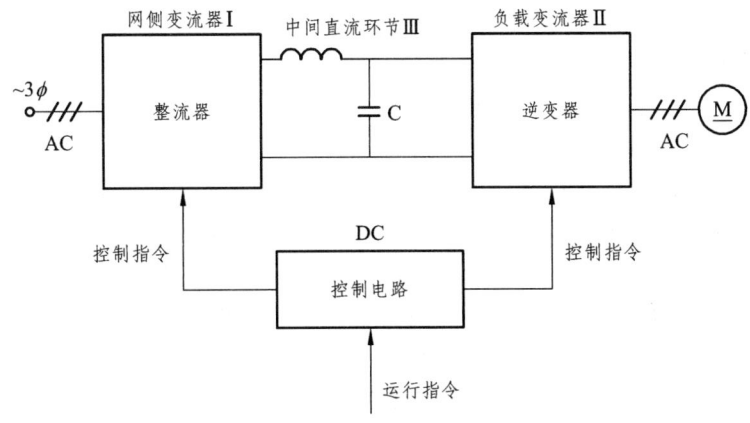

图 2-59　变频器的基本结构

由图 2-59 可见，变频器主要由主回路，包括整流器、中间直流环节、逆变器和控制回路组成，分述如下：

① 整流器。一般的三相变频器的整流电路由三相全波整流桥组成。它的主要作用是对工频的外部电源进行整流，并给逆变电路和控制电路提供所需要的直流电源。整流电路按其控制方式可以是直流电压源也可以是直流电流源。

② 中间直流环节。直流中间电路的作用是对整流电路的输出进行平滑，以保证逆变电路和控制电源能够得到质量较高的直流电源。当整流电路是电压源时，直流中间电路的主要元器件是大容量的电解电容，而当整流电路是电流源时，平滑电路则主要由大容量电感组成。此外，由于电动机制动的需要，在直流中间电路中有时还包括制动电阻以及其他辅助电路。

③ 逆变器。逆变电路是变频器最主要的部分之一。它的主要作用是在控制电路的控制下将平滑电路输出的直流电源转换为频率和电压都任意可调的交流电源。逆变电路的输出就是变频器的输出，它被用来实现对异步电动机的调速控制。

④ 控制电路。变频器的控制电路包括主控制电路、信号检测电路、门极（基极）驱动电路、外部接口电路以及保护电路等几个部分，也是变频器的核心部分。控制电路的优劣决定了变频器性能的优劣。控制电路的主要作用是将检测电路得到的各种信号送至运算电路，使运算电路能够根据要求为变频器主电路提供必要的门极（基极）驱动信号，并对变频器以及异步电动机提供必要的保护。此外，控制电路还通过 A-D、D-A 等外部接口电路接收/发送多种形式的外部信号和给出系统内部工作状态，以便使变频器能够和外部设备配合进行各种高性能的控制。

（2）变频器的外部接口电路。

随着变频器的发展，其外部接口电路的功能也越来越丰富。外部接口电路的主要作用就是为了使用户能够根据系统的不同需要对变频器进行各种操作，并和其他电路一起构成高性能的自动控制系统。变频器的外部接口电路通常包括以下的硬件电路，逻辑控制指令输入电路、频率指令输入/输出电路、过程参数监测信号输入/输出电路和数字信号输入/输出电路等。而变频器和外部信号的连接则需要通过相应的接口进行的，如图 2-60 所示。

由图可见，外部信号接口主要有以下内容：

① 多功能输入端子和输出接点。在变频器中设置了一些输入端子和输出接点，用户可以根据需要设定并改变这些端子和接点的功能，以满足使用需要。如逻辑控制指令输入端子，频率控制信号输入/输出端子等。

② 多功能模拟输入/输出信号接点。变频器的模拟输入信号主要包括过程参数，如温度压力等指令及其参数的设置、直流制动的电流指令、过电流检测值；模拟输出信号主要包括输出电流检测、输出频率检测。多功能模拟输入/输出信号接点的作用就是使操作者可以将上述模拟输入信号输入变频器，并利用模拟输出信号检测变频器的工作状态。

③ 数字输入/输出接口。变频器的数字输入/输出接口主要用于和数控设备以及 PLC 的配合使用。其中，数字输入接口的作用是使变频器可以根据数控设备或 PLC 输出的数字信号指令运行，而数字输出接口的作用则主要是通过脉冲计数器给出变频器的输出频率。

④ 通信接口。变频器还具有 RS-232 或 RS-485 的通信接口。这些接口的主要作用是和计算机或 PLC 进行通信，并按照计算机或 PLC 的指令完成所需的动作。

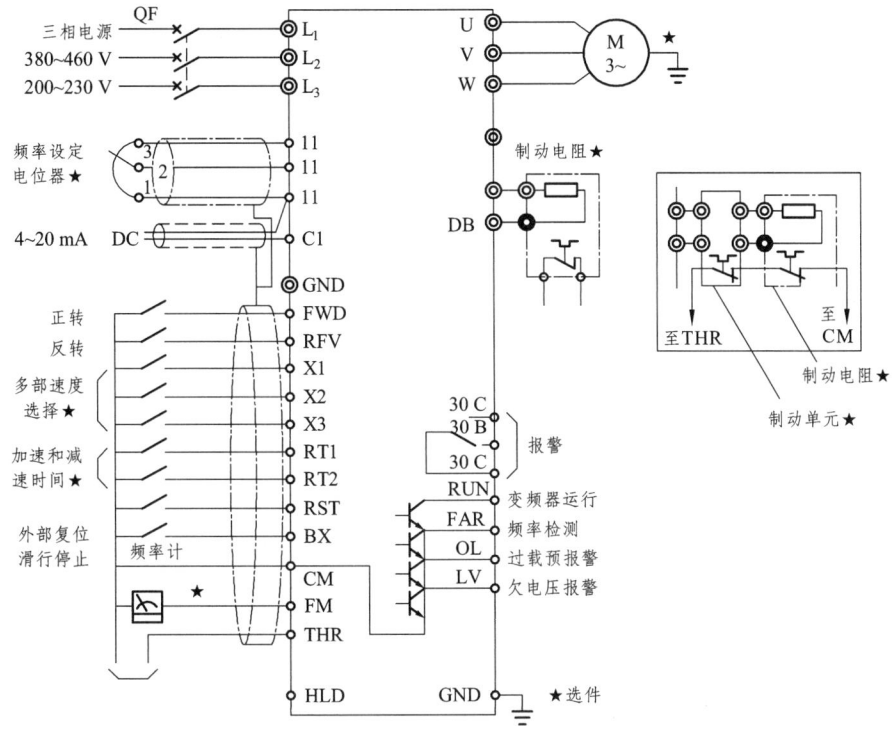

图 2-60 通用变频器的外部接口示意图

（3）应用举例。

如图 2-61 所示为使用变频器举例。此线路实现电动机正、反向运行并调速和点动功能。根据功能要求，首先要对变频器编程并修改参数来选择控制端子的功能，将变频器 DIN_1、DIN_2、DIN_3 和 DIN_4 端子分别设置为正转运行、反转运行、正向点动和反向点动功能。图中 KA_1 为变频器的输出继电器，定义为正常工作时，KA_1 触点闭合，当变频器出现故障时或者电动机过载时触点打开。

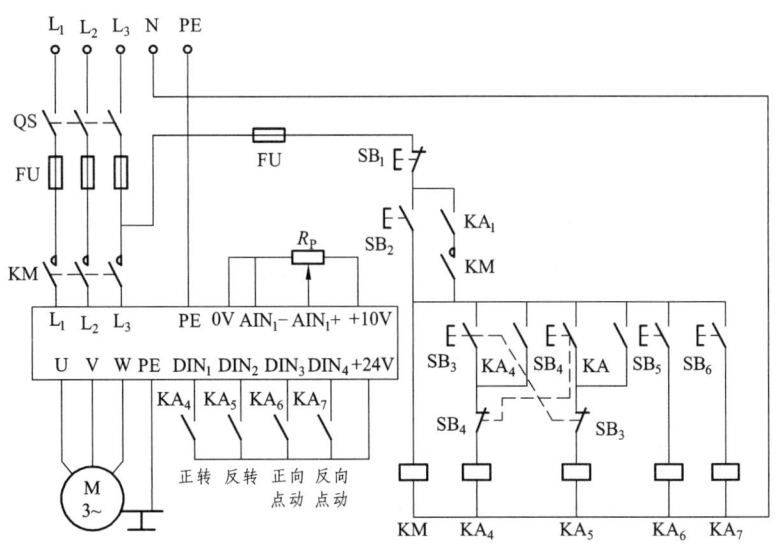

图 2-61 使用变频器的异步电动机可逆调速控制线路图

按起动按钮 SB_2，接触器触点 KM 通电并自锁，若变频器有故障则不能自锁。变频器通过接触器触点 KM 接通电源上电。SB_3、SB_4 为正、反向运行控制按钮，运行频率由电位器 RP 给定。SB_5、SB_6 为正、反向点动运行控制按钮，点动运行频率可由变频器内部设置。按钮 SB_1 为总停止控制。

6. 异步电动机的其他基本控制线路

实际工作中，电动机除了有起动、正反转、制动等控制要求外，还有其他一些控制要求，如机床调整时的点动，多电动机的先后顺序控制，多地点多条件控制，联锁控制，步进控制以及自动循环控制等。在控制电路中，为满足机械设备的正常工作要求，需要采用多种基本控制电路组合起来完成所要求的控制功能。

1）点动与长动控制

生产机械长时间工作，即电动机连续运转，称为长动控制。点动控制就是当按下按钮时，电动机转动，松开按钮后，电动机停转。点动起停时间的长短由操作者手动控制。在生产实际中，有的生产机械需要点动控制，有的既需要长动（连续运行）控制，又需要点动控制。点动与连续运行的主要区别在于是否接入自锁触点，点动控制加入自锁后就可以连续运行。如需要在连续状态和点动状态两者之间进行选择时，须选择联锁控制线路。具有点动与长动功能的控制线路如图 2-62 所示。

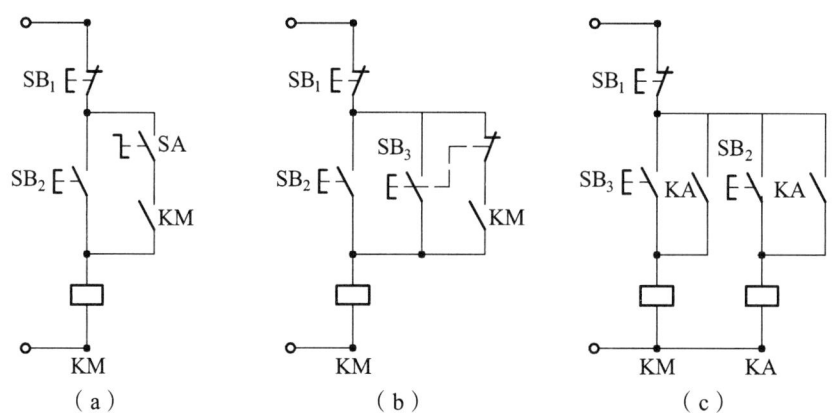

图 2-62 实现点动与长动功能的控制线路图

图 2-62（a）是用选择开关 SA 来选择点动控制或长动控制。打开 SA，按下 SB2 就是点动控制；合上 SA，按下 SB2 就是长动控制。

图 2-62（b）是复合按钮 SB3 来实现点动控制或长动控制。按下 SB2 就是长动控制；按下 SB3 则实现点动控制。

图 2-62（c）是采用中间继电器来实现点动控制或长动控制，其工作情况如下。

点动工作时：

按下SB_3 ⟶ KM线圈得电 ⟶ KM主触点闭合 ⟶ 电动机通电运转

松开SB_3 ⟶ KM线圈失电 ⟶ KM主触点断开 ⟶ 电动机断电停止

长动工作时：

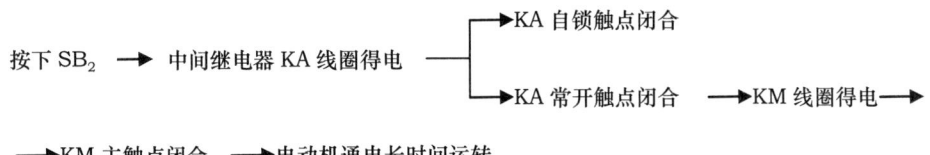

→KM 主触点闭合 →电动机通电长时间运转

2）多地点与多条件控制

在一些大型机械设备中，为了操作方便，常要求在多个地点进行控制；在某些设备上，为了保证操作安全，需要多个条件满足，设备才能开始工作，这样的要求可通过在控制线路中串联或并联电器的动断触点和动合触点来实现。

图 2-63 为多地点控制线路。接触器 KM 线圈的得电条件为按钮 SB_2、SB_4、SB_6 中的任一动合触点闭合，KM 辅助动合触点构成自锁，这里的动合触点并联构成逻辑或的关系，任一条件满足，就能接通电路；KM 线圈失电条件为按钮 SB_1、SB_3、SB_5 中任一动断触点打开，动断触点串联构成逻辑与的关系，其中任一条件满足，即可切断电路。

图 2-64 为多条件控制线路。接触器 KM 线圈得电条件为按钮 SB_4、SB_5、SB_6 的动合触点全部闭合，KM 的辅助动合触点构成自锁，即动合触点串联成逻辑与的关系，全部条件满足，才能接通电路；KM 线圈失电条件是按钮 SB_1、SB_2、SB_3 的动断触点全部打开，即动断触点并联构成逻辑或的关系，全部条件满足，切断电路。

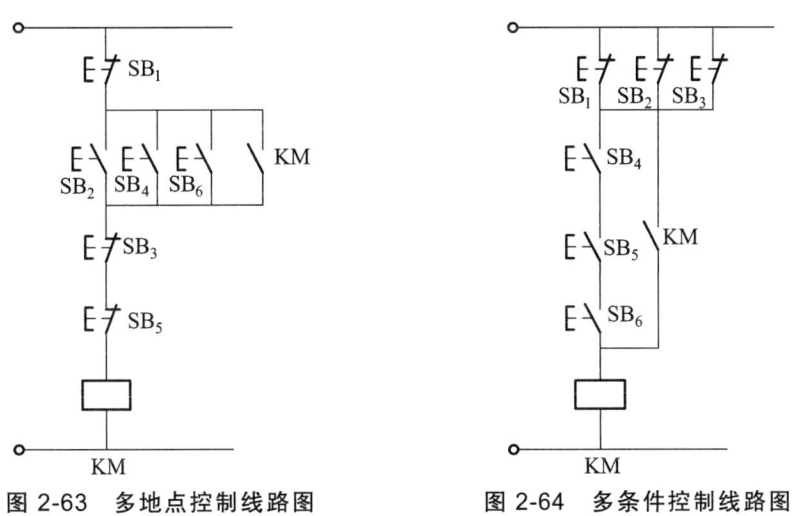

图 2-63　多地点控制线路图　　　　图 2-64　多条件控制线路图

3）顺序控制

在机床的控制线路中，常常要求电动机的起停有一定的顺序。例如磨床要求先起动润滑油泵，然后再起动主轴电动机；龙门刨床在工作台移动前，导轨润滑油泵要先起动；铣床的主轴旋转后，工作台方可移动等。顺序工作控制线路有顺序起动、同时停止控制线路，有顺序起动、顺序停止控制线路，还有顺序起动、逆序停止控制线路。图 2-65 为两台电动机的顺序控制线路。

图 2-65（a）是顺序起动、同时停止控制线路。在这个线路中，只有 KM_1 线圈通电后，其串入 KM_2 线圈电路中的常开触点 KM_1 闭合，才使 KM_2 线圈有通电的可能。按下 SB_1 按钮、两台电动机同时停止。

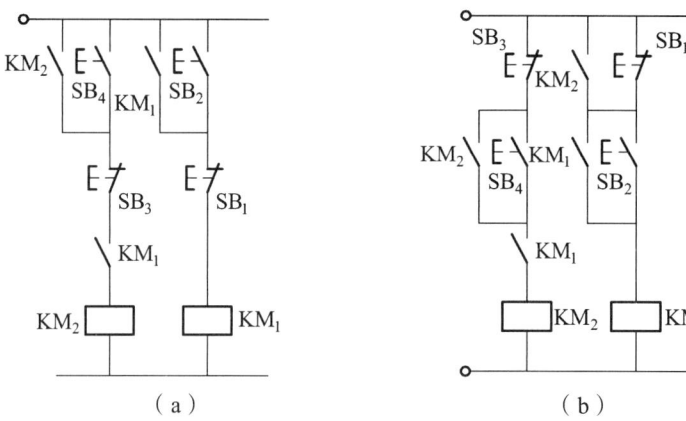

图 2-65　两台电动机的顺序控制线路图

图 2-65（b）是顺序起动、逆序停止控制线路。停车时，必须按 SB_3 按钮，断开 KM_2 线圈电路，使并联在按钮 SB_1 下的常开触点 KM_2 断开后，再按 SB_1 才能使 KM_1 线圈断电。

通过上面的分析可知，要实现顺序动作，可将控制电动机先起动的接触器的常开触点串联在控制后起动电动机的接触器线圈电路中，用若干个停止按钮控制电动机的停止顺序，或者将先停的接触器的常开触点与后停的停止按钮并联即可。

4）联锁控制

联锁控制也称互锁控制，是保证设备正常运行的重要控制环节，常用于制约不能同时出现的电路接通状态。

图 2-66 所示的线路是控制两台电动机不准同时接通工作的控制线路，图中接触器 KM_1 和 KM_2 分别控制电动机 M1 和 M2，其动断触点构成互锁即联锁关系，当 KM_1 动作时，其动断触点打开，使 KM_2 线圈不能得电，同样 KM_2 动作时，KM_1 线圈无法得电工作，从而保证任何时候，只有一台电动机转动工作。

由接触器动断触点构成的联锁控制也常用于具有两种电源接线的电动机控制线路中，如前述电动机正反转控制线路，构成正转接线的接触器与构成反转接线的接触器，其动断触点在控制线路中构成联锁控制，使正转接线与反转接线不能同时接通，防止电源短路。除接触器动断触点构成联锁关系外，在运动复杂的设备上，为防止不同运动之间的干涉，常设置用操作手柄和行程开关组合构成的联锁控制。这里以某机床工作台进给运动控制为例，说明这种联锁关系，其联锁控制线路如图 2-66 所示。

机床工作台由一台电动机驱动，通过机械传动链传动，可完成纵向（左右两方向）和横向（前后方向）的进给移动。工作时，工作台只允许沿一个方向进给移动，因此各方向的进给运动之间必须联锁。工作台由纵向手柄和行程开关 SQ_1、SQ_2 操作纵向进给，横向手柄和行程开关 SQ_3、SQ_4 操作横向进给，实际上两操作手柄各自都只能扳在一种工作位置，存在左右运动之间或前后运动之间的制约，只要两操作手柄不同时扳在工作位置，即可达到联锁的目的。操作手柄有两个工作位和一中间不工作位，正常工作时，只有一个手柄扳在工作位，当由于误动作等意外事故使两手柄都被扳到工作位时，联锁电路将立即切断进给控制电路，进给电动机停转，工作台进给停止，防止运动干涉损坏机床的事故发生。图 2-67 是工作台的联锁控制线路，KM_1、KM_2 为进给电动机正转和反转控制接触器，纵向

控制行程开关 SQ_1、SQ_2 动断触点串联构成的支路与横向控制行程开关 SQ_3、SQ_4 动断触点串联构成的支路并联起来组成联锁控制电路。当纵向操作手柄扳在工作位,将会压动行程开关 SQ_1(或 SQ_2),切断一条支路,另一支路由横向手柄控制的支路因横向手柄不在工作位而仍然正常通电,此时 SQ_1(或 SQ_2)的动合触点闭合,使接触器 KM_1(或 KM_2)线圈得电,电动机 M 转动,工作台在给定的方向进给移动,当工作台纵向移动时,若横向手柄也被扳到工作位,行程开关 SQ_3 或 SQ_4 受压,切断联锁电路,使接触器线圈失电,电动机立即停转,工作台进给运动自动停止,从而实现进给运动的联锁保护。

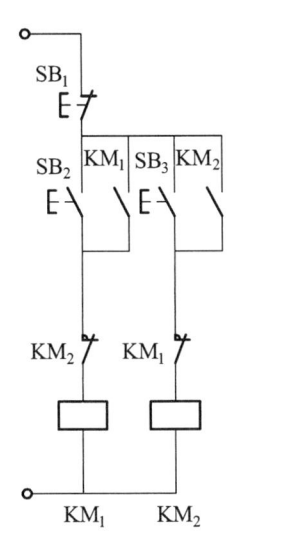

图 2-66 两台电动机联锁控制线路图　　图 2-67 机床工作台进给联锁控制线路图

5) 自动循环控制

实际生产中,很多设备的工作过程包括若干工步,这些工步按一定的动作顺序自动地逐步完成,并且可以不断重复地进行,实现这种工作过程的控制即是自动工作循环控制。根据设备的驱动方式,可将自动循环控制线路分为两类:一类是对由电动机驱动的设备实现工作循环的自动控制,另一类是对由液压系统驱动的设备实现工作的自动循环控制。从电气控制的角度来说,实际上控制线路是对电动机工作的自动循环实现控制和对液压系统工作的自动循环实现控制。

(1) 电动机工作的自动循环控制。

电动机工作的自动循环控制,实质上是通过控制线路按照工作循环图确定的工作顺序要求对电动机进行起动和停止的控制。

设备的工作循环图标明动作的顺序和每个工步的内容,确定各工步应接通的电器,同时还注明控制工步转换的转换主令。自动循环工作中的转换主令,除起动循环的主令由操作者给出外,其他各步转换的主令均来自设备工作过程中出现的信号,如行程开关信号、压力继电器信号、时间继电器信号等,控制线路在转换主令的控制下,自动地切换工步,切换工作电器,实现工作的自动循环。

① 单机自动循环控制线路。常见的单机自动循环控制是在转换主令的作用下,按要求自动切换电动机的转向,如前述由行程开关操作电动机正反转控制,或是电动机按要求自

动反复起停的控制,图 2-68 所示为自动间歇供油的润滑系统控制线路。图中 KM 为控制液压泵电动机起停的接触器,KT_1 控制油泵电动机工作供油的时间,KT_2 控制停止供油间断的时间。合上开关 SA 以后,液压泵电动机起动,间歇供液循环开始。

② 多机自动循环控制线路。实际生产中有些设备是由多个动力部件构成,并且各个动力部件具有自己的工作循环过程,这些设备工作的自动循环过程是由某些单机工作循环组合构成。通过对设备工作循环图的分析,即可看出,控制线路实质上是根据工作循环图的要求,对多个电动机实现有序的起、停和正反转的控制。图 2-69 为有两个动力部件构成的机床运动简图及工作循环图,图中行程开关 SQ_1 为动力头 I 的原位开关,SQ_2 为终点限位开关;SQ_3 为动力头 II 的原位开关,SQ_4 为终点限位开关,M_1 是动力头 I 的驱动电动机,M_2 是动力头 II 的驱动电动机。

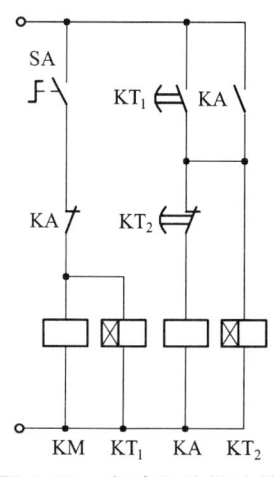

图 2-68 自动间歇供油的润滑系统控制线路图

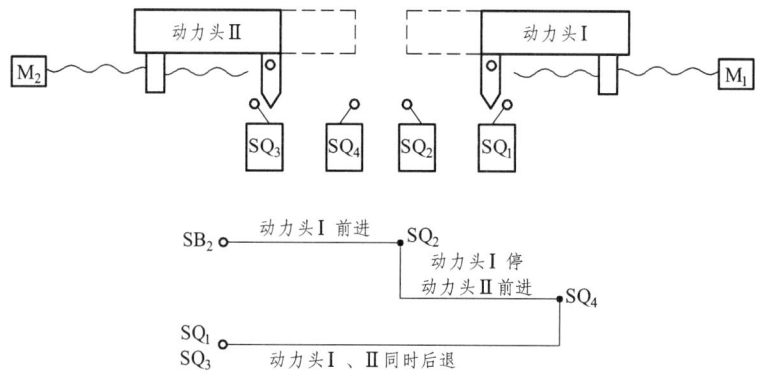

图 2-69 机床运动简图及工作循环图

图 2-70 是机床工作自动循环的控制线路,SB_2 为工作循环开始的起动按钮,KM_1 与 KM_3 分别为 M_1 电动机的正转和反转控制接触器;KM_2 与 KM_4 分别为 M_2 的正转和反转控制接触器。

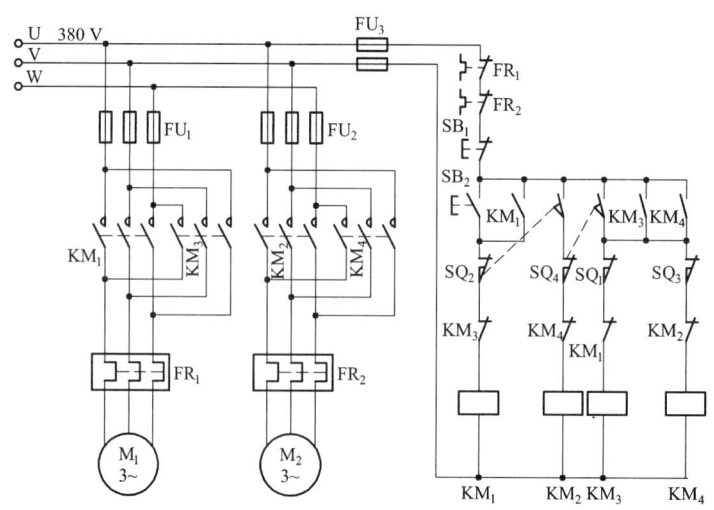

图 2-70 机床工作自动循环的控制线路图

机床工作自动循环过程分为三个工步，起动按钮 SB_2 按下，开始第一个工步，此时电动机 M_1 的正转接触器 KM_1 得电工作，动力头 I 向前移动，到达终点位后，压下终点限位开关 SQ_2，SQ_2 信号作为转换主令，控制工作循环由第一工步切换到第二工步，SQ_2 的动断触点使 KM_1 线圈失电，M_1 电动机停转，动力头 I 停在终点位，同时 SQ_2 的动合触点闭合，接通 KM_2 的线圈电路，使电动机 M_2 正转，动力头 II 开始向前移动，至终点位时，此时 SQ_4 的动断触点切断 M_2 电动机的正转控制接触器 KM_2 的线圈电路，同时其动合触点闭合使电动机 M_1 与 M_2 的反转控制接触器 KM_3 与 KM_4 的线圈同时接通，电动机 M_1 与 M_2 反转，动力头 I 和 II 由各自的终点位向原位返回，并在到达原位后分别压下各自的原位行程开关 SQ_1 和 SQ_3，使 KM_3、KM_4 失电，电动机停转，两动力头停在原位，完成一次工作循环。

电路中反转接触器 KM_2 与 KM_4 的自锁触点并联，分别为各自的线圈提供自锁作用。当动力头 I 与 II 不能同时到达原位时，先到达原位的动力头压下原位开关，切断该动力头控制接触器的线圈电路，相应的接触器自锁触点也复位断开，但另一自锁触点仍然闭合，保证接触器线圈不会失电，直到另一动力头也返回到达原位，并压下原位行程开关，切断接触器线圈电路，结束循环。

（2）液压系统工作的自动循环控制。

液压传动系统能够提供较大的驱动力，并且运动传递平稳、均匀、可靠、控制方便。当液压系统和电气控制系统组合构成电液控制系统时，很容易实现自动化，电液控制被广泛地应用在各种自动化设备上。电液控制是通过电气控制系统控制液压传动系统按给定的工作运动要求完成动作。

液压动力滑台工作自动循环控制是一典型的电液控制，下面将其作为例子，分析液压系统工作自动循环的控制线路。

液压动力滑台是机床加工工件时完成进给运动的动力部件，由液压系统驱动，自动完成加工的自动循环。滑台工作循环的工步顺序与内容，各工步之间的转换主令，同电动机驱动的自动工作循环控制一样，由设备的工作循环图给出。电液控制系统的分析通常分为三步：工作循环图分析，以确定工步顺序及每步的工作内容，明确各工步的转换主令；液压系统分析，分析液压系统的工作原理，确定每工步中应通电的电磁阀线圈，并将分析结果和工作循环图给出的条件通过动作表的形式列出，动作表上列有每个工步的内容、转换主令和电磁阀线圈通电状态；控制线路分析，是根据动作表给出的条件和要求，逐步分析电路如何在转换主令的控制下完成电磁阀线圈通断电的控制。液压动力滑台一次工作进给的控制线路见图2-71。

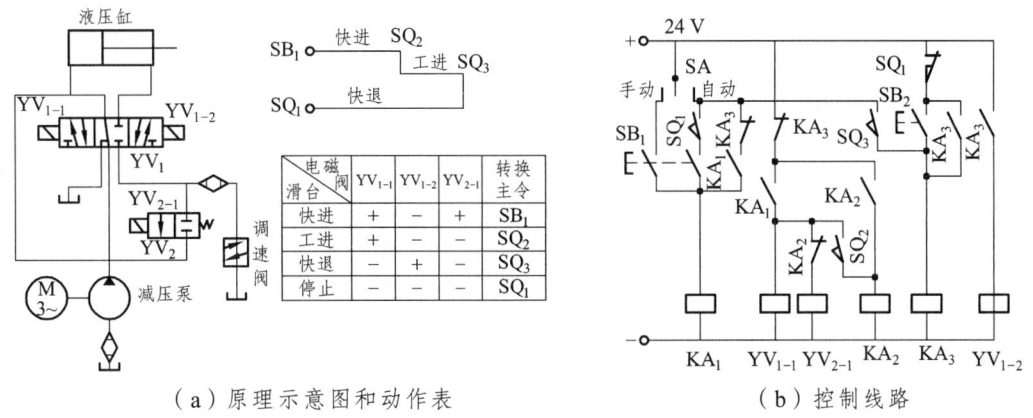

(a) 原理示意图和动作表　　　　(b) 控制线路

图 2-71　液压动力滑台电液控制系统

在图 2-71（a）中可以看到，液压动力滑台的自动工作循环共有 4 个工步：滑台快进、工进、快退及原位停止，分别由行程开关 SQ_2、SQ_3、SQ_1 及按钮 SB_1 控制循环的起动和工步的切换。对应于四个工步，液压系统有四个工作状态，满足活塞的四个不同运动要求。其工作原理如下：

动力滑台快进，要求电磁换向阀 YV_1 在左位，压力油经换向阀进入液压缸左腔，推动活塞右移，此时电磁换向阀 YV_2 也要求位于左位，使得油缸右腔回油经 YV_2 阀返回液压缸左腔，增大液压缸左腔的进油量，活塞快速向前移动，为实现上述油路工作状态，电磁阀线圈 YV_{1-1} 必须通电，使阀 YV_1 切换到左位，YV_{2-1} 通电使 YV_2 切换到左位。动力滑台前移到达工进起点时，压下行程开关 SQ_2，动力滑台进入工进的工步。动力滑台工进时，活塞运动方向不变，但移动速度改变，此时控制活塞运动方向的阀 YV_1 仍在左位，但控制液压缸右腔回油通路的阀 YV_2 切换到右位，切断右腔回油进入左腔的通路，而使液压缸右腔的回油经调速阀流回油箱。调速阀节流控制回油的流量，从而限定活塞以给定的工进速度继续向右移动，YV_{1-1} 保持通电，使阀 YV_1 仍在左位，但是 YV_{2-1} 断电，使阀 YV_2 在弹簧力的复位作用下切换到右位，满足工进油路的工作状态。工进结束后，动力滑台在终点位压动终点限位开关 SQ_3，转入快退工步。滑台快退时，活塞的运动方向与快进、工进时相反，此时液压缸右腔进油，左腔回油，阀 YV_1 必须切换到右位，改变油的通路，阀 YV_1 切换以后，压力油经阀 YV_1 进入液压缸的右腔，左腔回油经 YV_1 直接回油箱，通过切断 YV_{1-1} 的线圈电路使其失电，同时接通 YV_{1-2} 的线圈电路使其通电吸合，阀 YV_1 切换到右位，满足快退时液压系统的油路状态。动力滑台快速退回到原位以后，压动原位行程开关 SQ_1，即进入停止状态。此时要求阀 YV_1 位于中间位的油路状态，YV_2 处于右位，当电磁阀线圈 YV_{1-1}、YV_{1-2}、YV_{2-1} 均失电时，即可满足液压系统使滑台停在原位的工作要求。

图 2-71（b）控制线路中，SA 为选择开关，用于选定滑台的工作方式。开关扳在自动循环工作方式时，按下起动按钮 SB_1，循环工作开始。SA 扳到手动调整工作方式时，电路不能自锁持续供电，按下按钮 SB_1，可接通 YV_{1-1} 与 YV_{2-1} 线圈电路，滑台快速前进，松开 SB_1，YV_{1-1}、YV_{2-1} 线圈失电，滑台立即停止移动，从而实现点动向前调整的动作。SB_2 为滑台快速复位按钮，当由于调整前移或工作过程中突然停电的原因，滑台没有停在原位不能满足自动循环工作的起动条件，即原位行程开关 SQ_1 不处于受压状态时，通过电压下复位按钮 SB_2，接通 YV_{1-2}，滑台即可快速返回至原位，压下 SQ_1 后停机。

在上述控制电路的基础上，加上延时元件，可得到具有进给终点延时停留的自动循环控制线路，其工作循环及控制电路如图 2-72 所示。当滑台工进到终点时，压动终点限位开关 SQ_3，接通时间继电器 KT 的线圈电路，KT 的动断触点使 YV_{1-1} 线圈

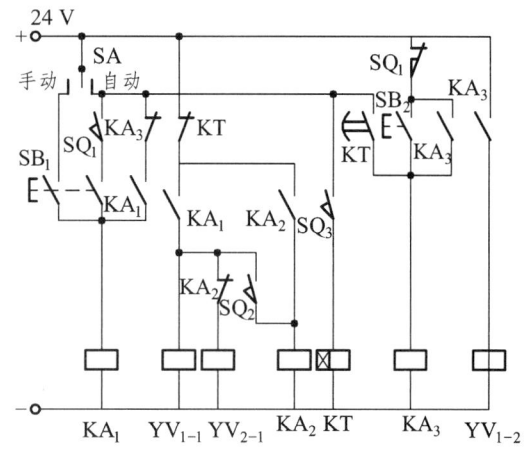

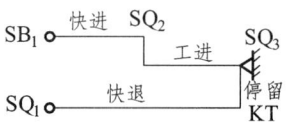

图 2-72 具有终点延时停留功能的滑台控制线路图

失电，阀 YV_1 切换到中间位置，使滑台停在终点位，经一定时间的延时后，KT 的延时动合触点接通滑台快速退回的控制电路，滑台通过进入快退的工步，退回原位后行程开关 SQ_1 被压下，切断电磁阀线圈 YV_{1-2} 的电路，滑台停在原位。其他工步的控制和调整控制方式，带有延时停留的控制电路与无终点延时停留的控制电路相同。

子任务四 常见机械设备电气控制系统分析

本部分通过分析典型机械设备的电气控制系统，一方面进一步学习掌握电气控制线路的组成以及各种基本控制电路在具体的电气控制系统中的应用，同时学习掌握分析电气控制线路的方法，提高阅读电路图的能力，为进行电气控制系统的设计打下基础；另一方面通过了解一些具有代表性的典型机械设备的电气控制系统及其工作原理，为以后实际工作中对机械设备电气控制线路的分析、调试及维护打好基础。

机械设备电气控制系统的分析步骤如下：

（1）设备运动分析，对由液压系统驱动的设备还需进行液压系统工作状态分析。

（2）主电路分析，确定动力电路中用电设备的数目、接线状况及控制要求，控制执行件的设置及动作要求，如交流接触器主触头的位置，各组主触头分、合跳动作要求，限流电阻的接入和短接等。

（3）控制电路分析，分析各种控制功能的实现。

1. 车床电气控制线路

车床是机械加工中应用极为广泛的一种机床，主要用于加工各种回转表面（内外圆柱面、圆锥表面、成型回转表面等），回转体的端面、螺纹等。车床的类型很多，主要有卧式车床、立式车床、转塔车床、仿形车床等。

车床通常由一台主电动机拖动，经由机械传动链，实现切削主运动和刀具进给运动的输出，其运动速度由变速齿轮箱通过手柄操作进行切换。刀具的快速移动、冷却泵和液压泵等，常采用单独电动机驱动。不同型号的车床，其主电动机的工作要求不同，因而由不同的控制电路构成，但是由于卧式车床运动变速是由机械系统完成的，且机床运动形式比较简单，因此相应的控制电路也比较简单。本节以 C650 型卧式车床为例，进行电气控制系统的分析。

1）主要结构和运动形式

C650 型卧式车床属于中型车床，可加工的最大工件回转直径为 1 020 mm，最大工件长度为 3 000 mm，机床的结构示意图如图 2-73 所示。

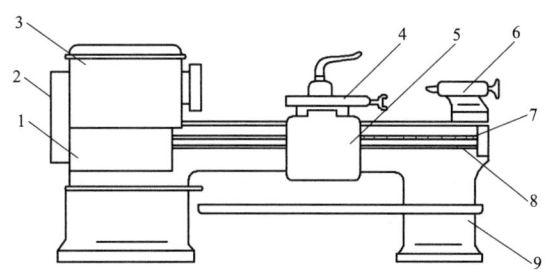

图 2-73 普通车床结构示意图
1—进给箱；2—挂轮箱；3—主轴变速箱；4—溜板与刀架；
5—溜板箱；6—尾架；7—丝杆；8—光杆；9—床身

车床运动形式主要有两种：一种是主运动，是指安装在主轴箱中的主轴带动工件的旋转运动；另一种是进给运动，是指溜板箱带动溜板和刀架直线运动。刀具安装在刀架上，与溜板一起随溜板箱沿主轴轴线方向实现进给移动，主轴的传动和溜板箱的移动均由主电动机驱动。由于加工的工件比较大，加工时其转动惯量也比较大，需停车时不易立即停止转动，必须有停车制动的功能，较好的停车制动是采用电气制动。在加工的过程中，还需提供切削液，并且为了减轻工人的劳动强度和节省辅助工作时间，要求带动刀架移动的溜板箱能够快速移动。

2）电力拖动与控制要求

（1）主电动机 M_1，完成主轴主运动和刀具进给运动的驱动，电动机采用直接起动的方式起动，可正反两个方向旋转，并可进行正反两个旋转方向的电气停车制动。为加工调整方便，还具有点动功能。

（2）电动机 M_2 拖动冷却泵，在加工时提供切削液，采用直接起动停止方式，并且为连续工作状态。

（3）快速移动电动机 M_3，电动机可根据使用需要，随时手动控制启停。

（4）主电动机和冷却泵电动机部分应具有短路和过载保护。

（5）应具有局部安全照明装置。

3）电气控制线路分析

C650 型普通车床的电气控制系统电路如图 2-74 所示，使用的电气元件符号与功能说明见表 2-10。

表 2-10 C650 型普通车床电气元件符号与功能说明

序 号	符 号	名称与用途	序 号	符 号	名称与用途
1	M_1	主轴电动机	15	SB_1	总停止控制按钮
2	M_2	冷却泵电动机	16	SB_2	主电动机正向点动按钮
3	M_3	快速移动电动机	17	SB_3	主电动机正转按钮
4	KM_1	主电动机正转接触器	18	SB_4	主电动机反转按钮
5	KM_2	主电动机反转接触器	19	SB_5	冷却泵电动机停转按钮
6	KM_3	短接限流电阻接触器	20	SB_6	冷却泵电动机起动按钮
7	KM_4	冷却泵电动机起动接触	21	FU_{1-6}	熔断器
8	KM_5	快移电动机起动接触器	22	FR_1	主电动机过载保护热继电器
9	KA	中间继电器	23	FR_2	冷却泵电动机保护热继电器
10	KT	通电延时时间继电器	24	R	限流电阻
11	SQ	快移电动机点动行程开关	25	EL	照明灯
12	SA	照明开关	26	TA	电流互感器
13	KS	速度继电器	27	QS	隔离开关
14	PA	电流表	28	TC	控制变压器

（1）主电路分析。

图 2-74 所示的主电路中有三台电动机的驱动电路，隔离开关 QS 将三相电源引入，电动机 M_1 电路接线分为三部分，第一部分由正转控制交流接触器 KM_1 和反转控制交流接触

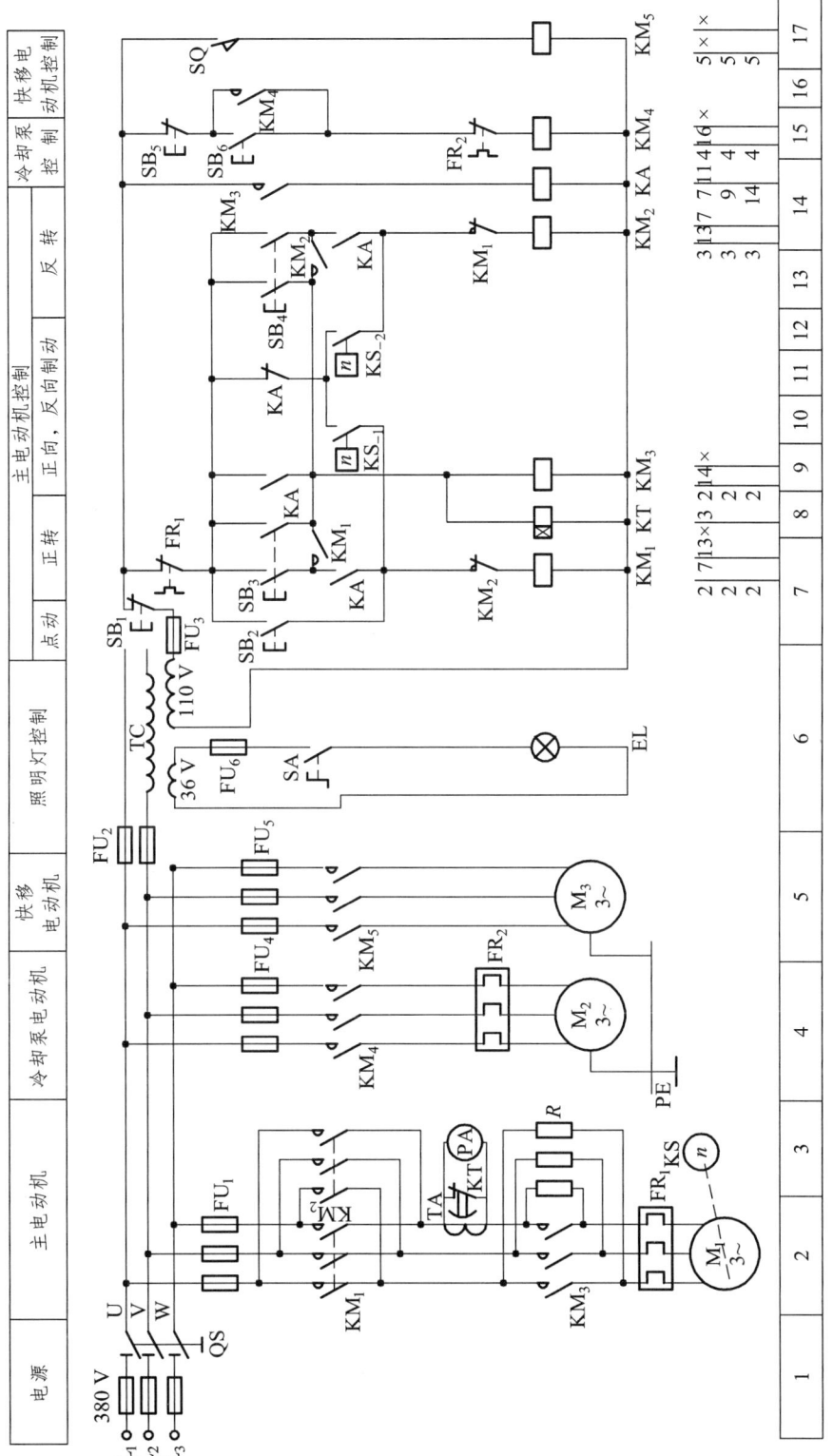

图 2-74 C650 型车床的电气控制原理图

器 KM₂ 的两组主触头构成电动机的正反转接线;第二部分为一电流表 PA 经电流互感器 TA 接在主电动机 M₁ 的动力回路上,以监视电动机绕组工作时的电流变化,为防止电流表被起动电流冲击损坏,利用一时间继电器的动断触头,在起动的短时间内将电流表暂时短接掉;第三部分为一串联电阻限流控制部分,交流接触器 KM₃ 的主触头控制限流电阻 R 的接入和切除,在进行点动调整时,为防止连续的起动电流造成电动机过载,串入限流电阻 R,保证电路设备正常工作。

速度继电器 KS 的速度检测部分与电动机的主轴同轴相连,在停车制动过程中,当主电动机转速近零时,其常开触头可将控制电路中反接制动相应电路切断,完成停车制动。

电动机 M₂ 由交流接触器 KM₄ 的主触点控制其动力电路的接通与断开;电动机 M₃ 由交流接触器 KM₅ 控制。

为保证主电路的正常运行,主电路中还设置了采用熔断器的短路保护环节和采用热继电器的电动机过载保护环节。

(2) 控制电路分析。

控制电路可划分为主电动机 M₁ 的控制电路和电动机 M₂ 与 M₃ 的控制电路两部分。由于主电动机控制电路部分较复杂,因而还可以进一步将主电动机控制电路划分为正反转起动、点动局部控制电路和停车制动局部控制电路,它们的局部控制电路分别如图 2-74 所示。下面对各部分控制电路逐一进行分析。

① 主电动机正反转起动与点动控制。由图 2-75 (a),正转时按下 SB₃,其两常开触点同时动作闭合,一常开触点接通交流接触器 KM₃ 的线圈电路和时间继电器 KT 的线圈电路,时间继电器的常闭触点用在主电路中短接电流表 PA,经延时断开后,电流表接入电路正常工作;KM₃ 的主触点将主电路中限流电阻短接,其辅助动合触点同时将中间继电器 KA 的线圈电路接通,KA 的常闭触点将停车制动的基本电路切除,其动合触点与 SB₃ 的动合触点均在闭合状态,控制主电动机的交流接触器 KM₁ 的线圈电路得电工作,其主触点闭合,电动机 M₁ 正向直接起动。反向直接起动控制过程与其相同,只是起动按钮为 SB₄。

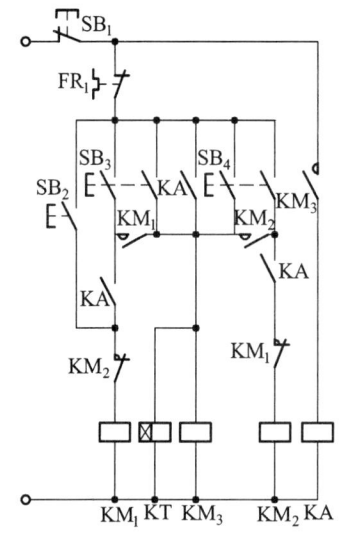 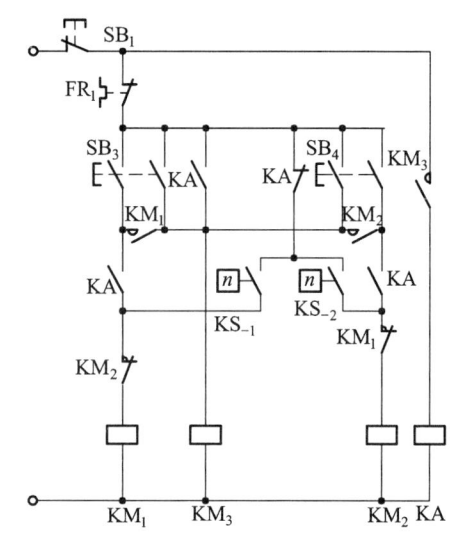

(a) 主电动机正反转及点动控制电路 　　(b) 主电动机反接制动控制电路

图 2-75 主电动机的基本控制电路图

点动时按下 SB$_2$，直接接通 KM$_1$ 的线圈电路，电动机 M$_1$ 正向直接起动，这时 KM$_3$ 线圈电路并没接通，因此其主触点不闭合，限流电阻 R 接入主电路限流，其辅助动合触点不闭合，KA 线圈不能得电工作，从而使 KM$_1$ 线圈不能持续通电，松开按钮，M$_1$ 停转，实现了主电动机串联电阻限流的点动控制。

② 主电动机反接制动控制电路。图 2-75（b）所示为主电动机反接制动控制电路。C650 型卧式车床采用反接制动的方式进行停车制动，停止按钮按下后开始制动过程，当电动机转速接近零时，速度继电器的触点打开，结束制动。

以原工作状态为正转时进行停车制动过程为例，说明电路的工作过程。当电动机正向转动时，速度继电器 KS 的动合触点 KS$_{-2}$ 闭合，制动电路处于准备状态，压下停车按钮 SB$_1$，切断电源，KM$_1$、KM$_3$、KA 线圈均失电，此时控制反接制动电路工作与不工作的 KA 动断触点恢复原状闭合，与 KS$_{-2}$ 触点一起，将反向起动接触器 KM$_2$ 的线圈电路接通，电动机 M$_1$ 反向起动，反向起动转矩将平衡正向惯性转动转矩，强迫电动机迅速停车，当电动机速度趋近于零时，速度继电器触点 KS$_{-2}$ 复位打开，切断 KM$_2$ 的线圈电路，完成正转的反接制动。反转时的反接制动工作过程相似，此时反转状态下，KS$_{-1}$ 触点闭合，制动时，接通接触器 KM$_1$ 的线圈电路，进行反接制动。

③ 刀架的快速移动和冷却泵电动机的控制。刀架快速移动是由转动刀架手柄压动位置开关 SQ，接通快速移动电动机 M$_3$ 的控制接触器 KM$_5$ 的线圈电路，KM$_5$ 的主触点闭合，M$_3$ 电动机起动经传动系统，驱动溜板箱带动刀架快速移动。

冷却泵电动机 M$_2$ 由起动按钮 SB$_6$ 和停止按钮 SB$_5$ 控制接触器 KM$_4$ 线圈电路的通断，以实现电动机 M$_2$ 的控制。

2. 铣床电气控制线路

铣床主要用于加工各种形式的平面、斜面、成形面和沟槽等。安装分度头后，能加工直齿齿轮或螺旋面，使用圆工作台则可以加工凸轮和弧形槽。铣床应用广泛，种类很多，XA6132 型卧式万能铣床是应用最广泛的铣床之一。

1）主要结构与运动形式

XA6132 型卧式万能铣床的结构如图 2-76 所示。有底座、床身、悬梁、刀杆支架、升降台、溜板及工作台等几部分组成。

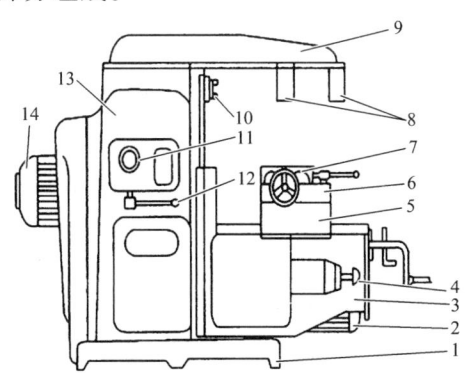

图 2-76 XA6132 型卧式万能铣床结构示意图

1—底座；2—进给电动机；3—升降台；4—进给变速手柄及变速箱；5—溜板；6—转动部分；
7—工作台；8—刀杆支架；9—悬梁；10—主轴；11—主轴变速箱；
12—主轴变速手柄；13—床身；14—主轴电动机

铣床的运动形式有以下几种：
（1）主运动：主轴带动铣刀的旋转运动。
（2）进给运动：加工中工作台带动工件的上、下、左、右、前、后运动。
（3）辅助运动：工件与铣刀相对位置的调整运动，即工作台在上下、前后、左右3个相互垂直方向上的快速直线运动及工作台的回转运动。

2）电力拖动与控制要求

主轴由主电动机 M_1 拖动；工作台的工作进给与快速移动由进给电动机 M_2 拖动，但由电磁离合器来控制。使用圆工作台时，圆工作台的旋转也是由进给电动机拖动。另外，铣削加工时还设有冷却泵电动机 M_3。

（1）主轴拖动对电气控制的要求。

① 主轴要有调速。选用法兰盘式三相笼型异步电动机，经主轴变速箱拖动，使主轴获得18种转速。

② 主轴能正、反转。铣床有顺铣和逆铣两种加工方式，可在加工前进行预选，用转向选择开关来选择电动机的旋转方向。

③ 主电动机停车时需要制动。由于铣刀的多刀多刃不连续切削，使负载波动较大，因此常在主轴传动系统中加入飞轮，以加大转动惯量，但这样对主轴的制动会带来影响。同时为确保安全，主轴在上刀时也应使主轴制动。XA6132型卧式万能铣床采用电磁离合器 YC_1 来控制主轴停车制动和主轴上刀制动。

④ 主电动机在主轴变速时要有主轴变速冲动环节。这样主轴在变速时齿轮能顺利啮合，减小了齿轮端面的冲击。

⑤ 主电动机的起动、停止等控制设有两地操作站，以适应操作者在铣床正面或侧面的操作要求。

（2）进给拖动对电气控制的要求。

① 工作台的运行方式有手动、进给运动和快速移动3种。手动是通过操作者摇动手柄使工作台移动；进给运动与快速移动是由进给电动机 M_2 拖动、通过工作台进给电磁离合器 YC_2 与快速移动电磁离合器 YC_3 的控制完成。

② 采用电气开关、机械挂挡相互联动的手柄操作控制进给电动机，以减少按钮数量，避免误操作。也就是扳动操作手柄的同时压合相应的限位开关，并挂上相应传动机械的挡。此时要求操作手柄扳动方向与运动方向一致，以增强直观性。

③ 工作台的进给有左右的纵向运动、前后的横向运动和上下的垂直运动，它们都是由进给电动机拖动的，故进给电动机要求有正反转。采用的操作手柄有两个：一个是纵向操作手柄；另一个是垂直与横向操作手柄。前者有左、右、中3个位置，后者有上、下、前、后、中5个位置。

④ 进给运动的控制也为两地操作方式。所以，纵向操作手柄与垂直、横向操作手柄各有两套，可在工作台正面与侧面实现两地操作，且这两套操作手柄是联动的，快速移动也是两地操作。

⑤ 具有6个方向的联锁控制环节。为确保安全，工作台左、右、上、下、前、后6个方向的运动，同一时间只允许一个方向的运动。

⑥ 进给运动由进给电动机拖动，经进给变速机构可获得 18 种进给速度。为使变速后齿轮顺利啮合，减小齿轮端面的撞击，进给电动机应在变速后作瞬时点动。

⑦ 为使铣床安全可靠地工作，铣床工作时，要求先起动主电动机（若换向开关扳到中间位置，主电动机不旋转），才能起动进给电动机。停车时，主电动机与进给电动机同时停止，或先停进给电动机，后停主电动机。

⑧ 工作台上、下、左、右、前、后 6 个方向的移动应设有限位保护。

3）电气控制线路分析

XA6132 型铣床控制线路如图 2-77 所示。该电路有两个突出的特点：一个是采用电磁离合器控制；另一个是机械操作与电气开关动作密切配合进行。铣床控制电路所用的电气元件符号与功能说明见表 2-11。

表 2-11　XA6132 型卧式万能铣床电气元件符号与功能说明

序号	符号	名称与用途	序号	符号	名称与用途
1	M_1	主轴电动机	13	SQ_5	主轴变速冲动开关
2	M_2	进给电动机	14	SQ_6	进给变速冲动开关
3	M_3	冷却泵电动机	15	SQ_7	开门断电限位开关
4	SA_1	冷却泵开关	16	SB_1、SB_2	主轴停止按钮
5	SA_2	主轴上刀制动开关	17	SB_3、SB_4	主轴起动按扭
6	SA_3	圆工作台转换开关	18	SB_5、SB_6	工作台快速移动按钮
7	SA_4	主轴换向开关	19	KM_1、KM_2	主轴电动机正、反转接触器
8	SA_4	照明开关	20	KM_3、KM_4	进给电动机正、反转接触器
9	SQ_1	工作台向左进给行程开关	21	QF	电源开关
10	SQ_2	工作台向右进给行程开关	22	YC_1	主轴制动电磁离合器
11	SQ_3	工作台向前及向下进给开关	23	YC_2	工作台进给电磁离合器
12	SQ_4	工作台向后及向上进给开关	24	YC_3	快速移动电磁离合器

（1）主电路。

主电动机 M_1 由接触器 KM_1、KM_2 控制实现正反向旋转，由热继电器 FR_1 作过载保护。进给电动机 M_2 由接触器 KM_3、KM_4 控制实现正反向旋转，由热继电器 FR_2 作过载保护，熔断器 FU₁ 作短路保护。冷却泵电动机 M_3 由中间继电器 KA_3 控制、单向旋转、由热继电器 FR_3 作过载保护。整个电路由断路器 QF 作短路、过载保护。

（2）控制电路。

控制变压器将 380 V 降为 110 V 作为控制电源，降为 24 V 作为机床照明的电源。

① 主轴电动机的控制。

a. 主轴电动机的起动控制。主电动机 M_1 由正、反转接触器 KM_1、KM_2 实现正反转全电压起动，由主轴换向开关 SA_4 预选。KA_1 为主电动机选择继电器，按下 SB_3 或 SB_4 时，KA_1 线圈通电并自锁。

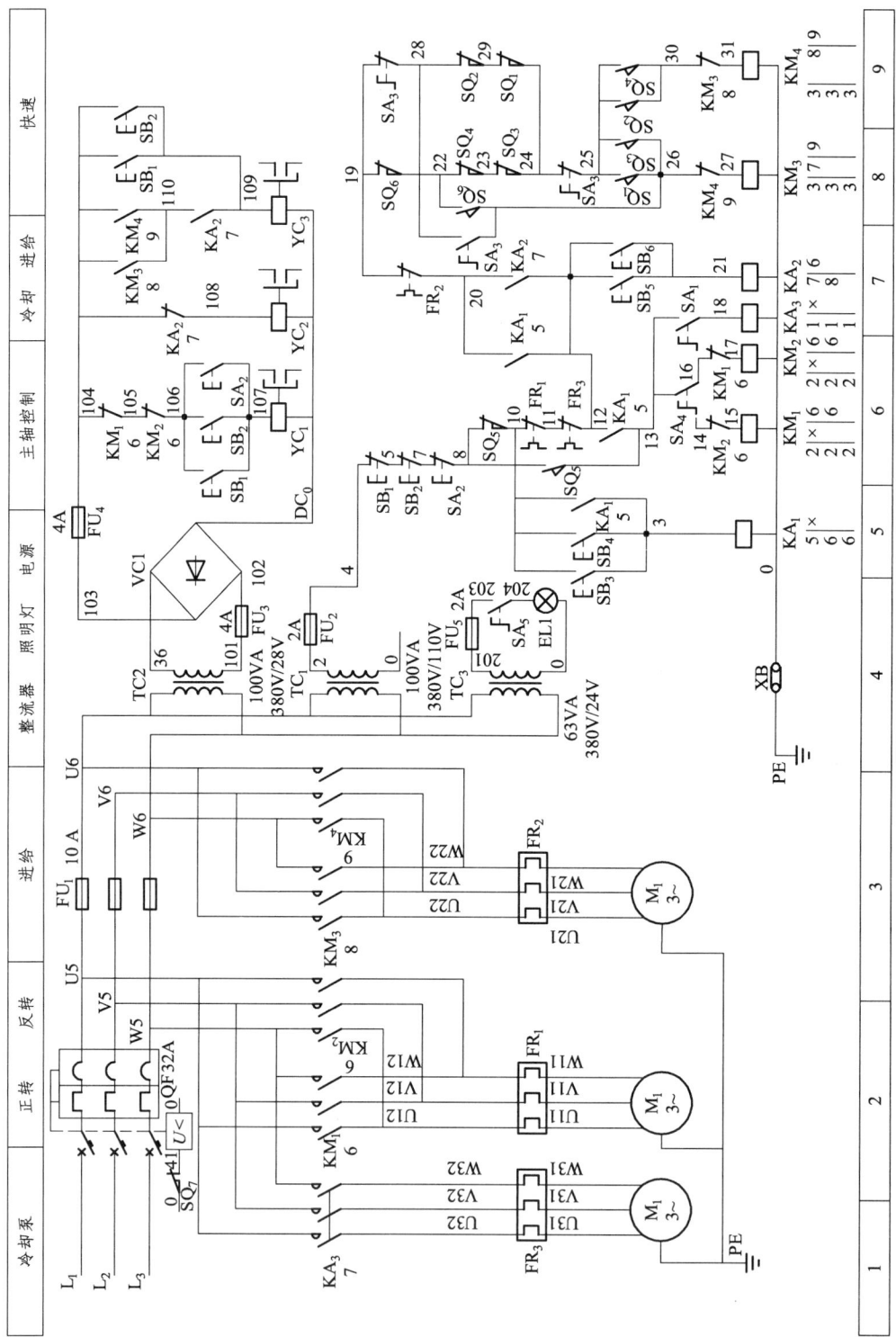

图 2-77 XA6132型万能铣床电气控制原理图

b. 主轴电动机的制动控制。由主轴停止按钮 SB_1 或 SB_2、正转接触器 KM_1 或反转接触器 KM_2 以及主轴制动电磁离合器 YC_1 构成主轴制动停车控制环节。电磁离合器 YC_1 安装在主轴传动链中，装在主电动机相连的第一根传动轴上。

主轴停车时，按下 SB_1 或 SB_2，KM_1 线圈或 KM_2 线圈断电释放，断开主电动机 M_1 的三相交流电源；同时电磁离合器 YC_1 线圈通电，产生磁场，在电磁吸力作用下将摩擦片压紧产生制动，使主轴迅速制动。当松开 SB_1 或 SB_2 时，YC_1 线圈断电，摩擦片松开，制动结束。

c. 主轴上刀换刀时的制动控制。在主轴上刀或更换铣刀时，主电动机不得旋转，否则会发生严重人身事故。主轴上刀制动环节，由主轴上刀制动开关 SA_2 控制。

在主轴上刀换刀前，将 SA_2 扳到"接通"位置，SA_2（7—8）常闭触点断开，断开主轴起动控制电路，主电动机 M_1 不能起动或旋转；而 SA_2（106—107）常开触点闭合，使主轴制动电磁离合器 YC_1 线圈得电吸合，主轴处于制动状态。

上刀换刀结束后，再将 SA_2 扳至"断开"位置，SA_2 常开触点断开，解除主轴制动状态；同时，SA_2 常闭触点闭合，为主电动机起动作准备。

d. 主轴变速冲动控制。限位开关 SQ_5 为主轴变速冲动开关。主轴变速时，首先将主轴变速手柄压下，使手柄的榫块自槽中滑出，然后拉动手柄，使榫块落到第二道槽内为止；再转动变速刻度盘，把所需转速对准指针；最后把手柄推回原来位置，使榫块落进槽内，变速操作才完成。

假设主电动机正在正转运行。在将变速手柄推回原位置时，将瞬间压下主轴变速冲动开关 SQ_5，使 SQ_5 常闭触点断开，KM_1 线圈断电，主电动机 M_1 停止；SQ_5 常开触点闭合，KM_1 线圈又瞬间通电，主电动机 M_1 作瞬时转动，有利于齿轮啮合。当变速手柄榫块落入槽内时，SQ_5 不再受压，其常开触点断开，切断主电动机瞬时点动电路，主轴变速冲动结束。

反转时的情况自行分析。

e. 开门断电保护。在机床左壁龛上安装了限位开关 SQ_7，关门时受压。SQ_7 常闭触点与断路器 QF 失电压线圈串联。当打开控制箱门时，SQ_7 释放，其常闭触点闭合，使断路器 QF 的脱扣线圈得电，QF 跳闸，达到开门断电保护目的。

② 进给电动机的控制。进给电动机 M_2 由 KM_3、KM_4 控制，实现正反转。该进给控制电路的电源经过 KA_1 常开触点引入。KA_1 是主电动机运行继电器，由主电动机起动按钮 SB_3 或 SB_4 控制。这样可以保证，只有主轴旋转后工作台才能进给的联锁要求。

工作台移动方向由各自的操作手柄来选择，共有两个操作手柄。

一个为左右（纵向）操作手柄，有右、中、左三个位置。当扳向右时，通过其联动机构将纵向进给离合器挂上，同时将向右进给的限位开关 SQ_1 压下，则其常开触点 SQ_1（25—26）闭合，常闭触点 SQ_1（29—24）断开；当扳向左时，SQ_2 受压；在中间时，SQ_1 和 SQ_2 都不动作。

另一个为前后（横向）和上下（升降）十字操作手柄。该手柄有五个位置，即上、下、前、后和中间零位。当扳动十字操纵手柄时，通过联动机构，将控制运动方向的机械离合器合上，同时压下相应的限位开关。若向下或向前扳动，则 SQ_3 受压；若向上或向后扳动，则 SQ_4 受压。

SA_3 为圆工作台转换开关。它是一种二位式选择开关，当使用圆工作台时，SA_3（28—26）闭合，当不使用圆工作台而使用普通工作台时，SA_3（19—28）和 SA_3（24—25）均闭合。

a. 工作台左右（纵向）移动。将 SA_3 置于使用普通工作台位置，十字手柄置于中间零位。若要工作台向右进给，则将纵向手柄扳向右，使得 SQ_1 受压，KM_3 通电，M_2 正转。工作台向右进给，KM_3 得电的电流通路为：

线号 19→SQ_6（19—22）→SQ_4（22—23）→SQ_3（23—24）→SA_3（24—25）→SQ_1（25—26）→KM_4 常闭互锁触点（26—27）→KM_3 线圈（27—0）→线号 0

从该电流通路中不难看到，如果操作者同时将十字手柄扳向工作位置，则 SQ_4 和 SQ_3 中必有一个断开，KM_3 线圈（27—0）不能通电。该机床就是通过这种电气方式来实现工作台左右移动同前后、上下移动之间的互锁。

工作台向左移动时电路的工作原理与向右时相似，请自行分析。

b. 工作台前后（横向）和上下（升降）移动。若要工作台向上进给，则将十字手柄扳向上，使得 SQ_4 受压，KM_4 通电，M_2 反转。工作台向上进给，KM_4 得电的电流通路为：

线号 19→SA3（19—28）→SQ2（28—29）→SQ1（29—24）→SA3（24—25）→SQ4（25—30）→KM3 常闭互锁触点（30—31）→KM4 线圈（31—0）→线号 0

上述电流通路中的常闭触点 SQ_2（28—29）和 SQ_1（29—24）用于工作台前后、上下移动同左右移动之间的互锁。

工作台的向下移动控制原理与向上移动控制类似，请自行分析。

若要工作台向前进给，则只需将十字手柄扳向前，使得 SQ_3 受压，KM_3 通电，M_2 正转，工作台向前进给。工作台向后进给，可将十字手柄向后扳动实现。

c. 工作台进给的快速移动。进给方向的快速移动是由电磁离合器 YC_3 改变传动链来获得的。

主轴起动后，将进给操作手柄扳到所需移动方向对应位置，则工作台按操作手柄选择的方向以选定的进给速度进给。此时如按下快速移动按钮 SB_5 或 SB_6（12—21），快速移动继电器 KA_2（21—0）线圈通电，KA_2 常闭触点（104—108）断开，工作进给电磁离合器 YC_2 线圈（108—DC0）断开，KA_2 常开触点（110—109）闭合，快速移动电磁离合器 YC_3 线圈（109—DC0）通电吸合，工作台按原运动方向作快速移动。松开 SB_5（或 SB_6），快速移动停止，工作台仍以原进给速度继续进给。快速移动也是点动控制。

主轴停车时工作台也可以快速移动。

d. 工作台各运动方向的联锁。在同一时间，工作台只允许向一个方向移动，各运动方向之间的联锁是利用机械和电气两种方法来实现的。

工作台的向左、向右控制，是同一手柄操作的。手柄本身起到左右移动的联锁作用。同理，工作台的前后和上下四个方向的联锁，是通过十字手柄本身来实现的。

工作台的左右移动同上下及前后移动之间的联锁是利用电气方法来实现的，电气联锁原理已在工作台移动控制原理中已分析过。

e. 工作台进给变速冲动控制。进给变速冲动只有在主轴起动后，纵向进给操作手柄、垂直与横向操作手柄均置于中间位置时才可进行。与主轴变速类似，为了使变速时齿轮易于啮合，控制电路中也设置了瞬时冲动控制环节。变速应在工作台停止移动时进行。操作过程是：先起动主电动机 M_1，拉出蘑菇形变速手轮，同时转动至所需要的进给速度，再把手轮用力往外一拉，并立即推回原位。

在手轮拉到极限位置时，其连杆机构推动冲动开关 SQ_6，使得 SQ_6 常闭触点（19—22）断开、SQ_6 常开触点（22—26）闭合。由于手轮被很快推回原位，故 SQ_6 短时动作，KM_3 短时通电，M_2 短时冲动。KM_3 得电的电流通路为：

线号 19→SA_3（19—28）→SQ_2（28—29）→SQ_1（29—24）→SQ_3（24—23）→SQ_4（23—22）→SQ_6（22—26）→KM_4 常闭互锁触点（26—27）→KM_3 线圈（27—0）→线号 0

③ 圆工作台控制。圆工作台的回转运动是由进给电动机经传动机构驱动的。在使用圆工作台时，要将圆工作台转换开关 SA_3 置于圆工作台"接通"位置，而且必须将左右操作手柄和十字操作手柄置于中间停止位置。

按主轴起动按钮 SB_1 或 SB_2，主电动机 M_1 起动。此时进给电动机 M_2 也因 KM_3 的通电而旋转，由于圆工作台的机械传动链已接上，故也跟着旋转。这时，KM_3 的得电电流通路为：

线号 19→SQ_6（19—22）→SQ_4（22—23）→SQ_3（23—24）→SQ_1（24—29）→SQ_2（29—28）→SA_3（28—26）→KM_4 常闭互锁触点（26—27）→KM_3 线圈（27—0）→线号 0

通路中的 SQ_1~SQ_4 常闭触点为互锁触点。起着圆工作台转动与工作台三种移动的联锁保护作用。圆工作台也可通过蘑菇形变速手轮变速。

此外，当圆工作台转换开关 SA_3 置于"断开"位置，而左右及十字操作手柄置于中间"零位"时，也可用手动机械方式使它旋转。

④ 冷却泵电动机的控制和照明电路。冷却泵电动机 M_3 由转换开关 SA_1（13—18）控制，当 SA_1 扳到"接通"位置时，继电器 KA_3 线圈（18—0）通电吸合，M_3 起动旋转。热继电器 FR_3 为过载保护。

机床的局部照明由变压器 TC_3 输出 24 V 安全电压，由开关 SA_5 控制照明灯 EL_1。

3．桥式起重机电气控制线路

1）概　述

起重机是一种用来起吊和下放重物，以及在固定范围内装卸、搬运物料的起重机械。它广泛应用于工矿企业、车站、港口、建筑工地、仓库等场所，是现代化生产不可缺少的机械设备。

起重机按其起吊质量可划分为三级：小型为 5~10 t，中型为 10~50 t，重型及特重型为 50 t 以上。

起重机按结构和用途分为臂架式旋转起重机和桥式起重机两种。其中桥式起重机是一种横架在固定跨间上空用来吊运各种物件的设备，又称"天车"或"行车"。桥式起重机按起吊装置不同，又可分为吊钩桥式起重机、电磁盘桥式起重机和抓斗桥式起重机。其中尤以吊钩桥式起重机应用最广。本节以小型桥式起重机为例来分析起重机的电气控制线路的工作原理。

2）桥式起重机的结构简介

桥式起重机主要由桥架、大车运动机构和装有起升、运动机构的小车等几部分组成，如图 2-78 所示。桥架是桥式起重机的基本构件，主要由两正轨箱型主梁、端梁和走台等部分组成。主梁上铺设了供小车运动的钢轨，两主梁的外侧装有走台，装有驾驶室一侧的走台为安装及检修大车运行机构而设,另一侧走台为安装小车导电装置而设。在主梁一端的下方悬挂着全视野的操纵室(驾驶室,又称吊舱)。

大车运行机构由驱动电动机、制动器、减速器和车轮等部件组成。常见的驱动方式有集中驱动和分别驱动两种,目前国内生产的桥式起重机大多采用分别驱动方式。

分别驱动方式指的是用一个控制电路同时对两台驱动电动机、减速装置和制动器实施控制,分别驱动安装在桥架两端的大车车轮。

小车由安装在小车架上的移动机构和提升机构等组成。小车移行机构也由驱动电动机、减速器、制动器和车轮组成,在小车移行机构的驱动下,小车可沿桥架主梁上的轨道移动。小车提升机构用以吊运重物,它由电动机、减速器、卷筒、制动器等组成。起重量超过 10 t 时,设两个提升机构:主钩(主提升机构)和副钩(副提升机构),一般情况下两钩不能同时起吊重物。

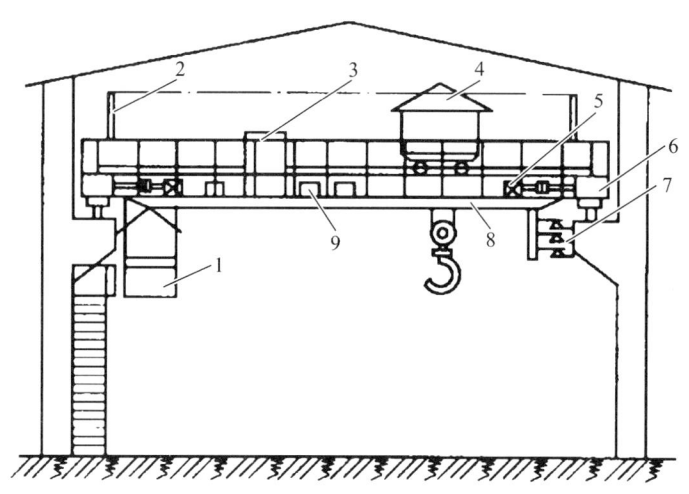

图 2-78 桥式起重机总体结构示意图
1—驾驶室;2—辅助滑线架;3—控制盘;4—小车;5—大车电动机;
6—大车端梁;7—主滑线;8—大车主梁;9—电阻箱

3)桥式起重机的主要技术参数

桥式起重机的主要技术参数有:起重量、跨度、起升高度、运行速度、提升速度、工作类型及通电持续率等。

(1)额定起重量指起重机实际允许的最大起吊重量,如 10/3,分子表示主钩起重量为 10 t,分母表示副钩起重量为 3 t。

(2)跨度指起重机主梁两端车轮中心线间的距离,即大车轨道中心线间的距离。一般常用的跨度有 10.5 m、13.5 m、16.5 m、19.5 m、22.5 m、25.5 m、28.5 m 与 31.5 m 等规格。

(3)起升高度指吊具的上、下极限位置间的距离。一般常见的提升高度有 12 m、16 m、12/14 m、12/18 m、19/21 m、20/22 m、21/23 m、22/24 m、24/26 m 等,其中带分数线的分子为主钩起升高度,分母为副钩起升高度。

(4)运行速度 运行机构在拖动电动机额定转速运行时的速度,以 m/min 为单位。小车运行速度一般为 40~60 m/min,大车运行速度一般为 100~135 m/min。

(5)提升速度指在电动机额定转速时,重物的最大提升速度。该速度的选择应由货物的性质和质量来决定,一般提升速度不超过 30 m/min。

(6) 通电持续率 由于桥式起重机为断续工作,其工作的繁重程度用通电持续率 JC% 表示:

$$JC\% = \frac{通电时间}{周期时间} \times 100\% = \frac{工作时间}{工作时间 + 休息时间} \times 100\%$$

通常一个周期定为 10 min,标准的通电持续率规定为 15%、25%、40%、60%四种,起重用电动机铭牌上标有 JC%为 25%时的额定功率,当电动机工作在 JC%值不为 25%时,该电动机容量按下式近似计算:

$$P_{JC} = P_{25} \sqrt{\frac{25\%}{JC\%}} \tag{3-1}$$

式中,P_{JC} 是任意 JC%下的功率(kW);P_{25} 是 JC%为 25%时的电动机容量(kW)。

(7) 工作类型。起重机按其载荷率和工作繁忙程度可分为轻级、中级、重级和特重级四种工作类型。

　　a. 轻级。工作速度低,使用次数少,满载机会少,通电持续率为 15%。
　　b. 中级。经常在不同载荷下工作,速度中等,工作不太繁重,通电持续率为 25%。
　　c. 重级。工作繁重,经常在重载下工作,通电持续率为 40%。
　　d. 特重级。经常起吊额定负荷,工作特别繁忙,通电持续率为 60%。

4) 提升机构对电力拖动的主要要求

(1) 供电要求。由于起重机的工作是经常移动的,因此起重机与电源之间不能采用固定连接方式,对于小型起重机供电方式采用软电缆供电,随着大车或小车的移动,供电电缆随之伸展和叠卷。对于中小型起重机常用滑线和电刷供电。即将三相交流电源接到沿车间长度方向架设的三根主滑线上,并刷有黄、绿、红三色,再通过电刷引到起重机的电气设备上,首先进入驾驶室中保护盘上的总电源开关,然后再向起重机各电气设备供电。对于小车及其上的提升机构等电气设备,则经位于桥架另一侧的辅助滑线来供电。

(2) 起动要求。提升第一挡的作用是为了消除传动间隙,将钢丝绳张紧,称为预备级。这一挡的电动机要求起动转矩不能过大,以免产生过强的机械冲击,一般在额定转矩的一半以下。

(3) 调速要求。
① 在提升开始或下降重物至预定位置前,需低速运行。一般在 30%额定转速内分几挡。
② 具有一定的调速范围,普通起重机调速范围为 3∶1,也有要求为 (5~10)∶1 的起重机。
③ 轻载时,要求能快速升降,即轻载提升速度应大于额定负载的提升速度。

(4) 下降要求。根据负载的大小,提升电动机可以工作在电动、倒拉制动、回馈制动等工作状态下,以满足对不同下降速度的要求。

(5) 制动要求。为了安全,起重机要采用断电制动方式的机械抱闸制动,以避免因停电造成无制动力矩,导致重物自由下落引发事故,同时也还要具备电气制动方式,以减小机械抱闸的磨损。

（6）控制方式。桥式起重机常用的控制方式有两种：一种是用凸轮控制器直接控制所有的驱动电动机，这种方法普遍用于小型起重设备；另一种是采用主令控制器配合磁力控制屏控制主卷扬电动机，而其他电动机采用凸轮控制器，这种方法主要用于中型以上起重机。

除了上述要求以外，桥式起重机还应有完善的保护和联锁环节。

5）10 t 桥式起重机典型电路分析

10 t 桥式起重机属于小型桥式起重机范畴，仅有主钩提升机构，大车采用分别驱动方式，其他部分与前面所述相同。图 2-79 是采用 KT 系列凸轮控制器直接控制的 10 t 桥式起重机的控制线路原理图。

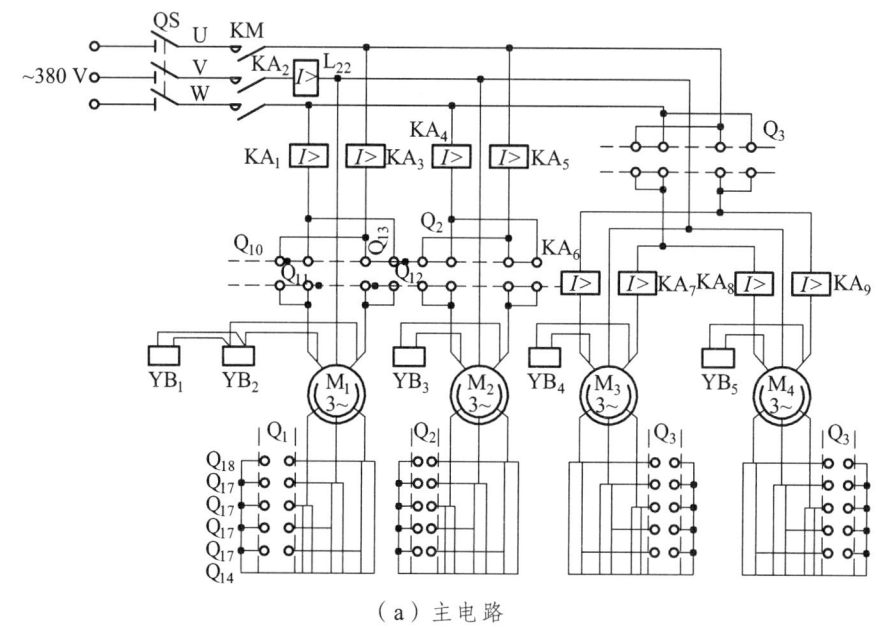

(a) 主电路

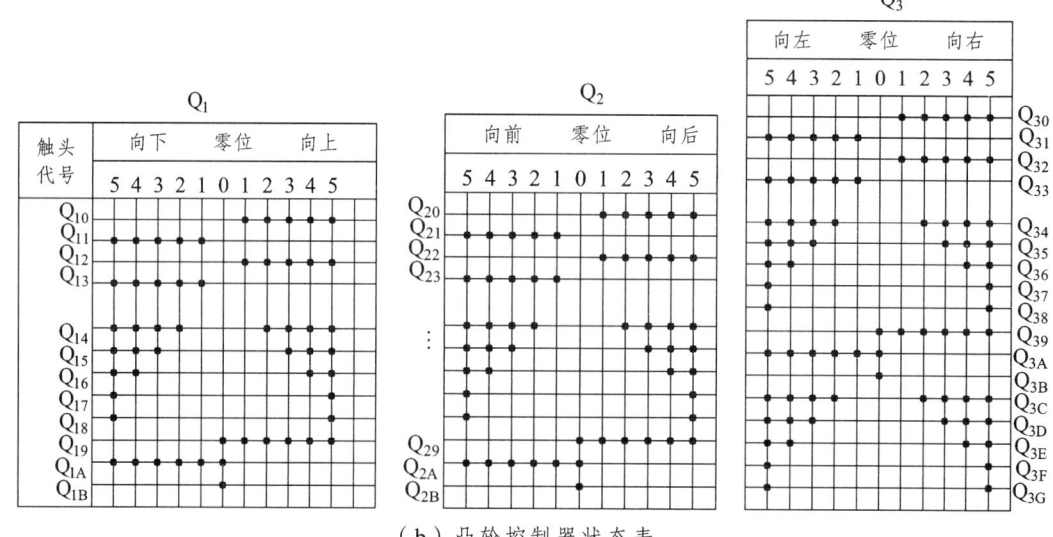

(b) 凸轮控制器状态表

图 2-79　10 t 桥式起重机电气原理图

由图 2-79（b）可知，凸轮控制器挡数为 5-0-5，左、右各有 5 个操作位置，分别控制电动机的正反转；中间为零位停车位置，用以控制电动机的起动及调速。图中 Q_1 为提升机构电动机凸轮控制器，Q_2 为小车运行机构凸轮控制器，Q_3 为大车运行机构凸轮控制器，并显示出其各触点在不同操作位置时的工作状态。

图中 YB 为电力液压驱动式机械抱闸制动器，在起重机接通电源的同时，液压泵电动机通电，通过液压油缸使机械抱闸放松，在电动机（定子）三相绕组失电时，液压泵电动机失电，机械抱闸抱紧，从而可以避免出现重物自由下降造成的事故。

（1）桥式起重机起动过程分析。

在提升机构凸轮控制器 Q_1、小车凸轮控制器 Q_2 和大车凸轮控制器 Q_3 均在原位时，在开关 QS 闭合状态下按动系统起动按钮 SB_1，接触器 KM 线圈通电自锁，电动机供电电路上电。然后可由 Q_1、Q_2、Q_3 分别控制各台电动机工作。

（2）凸轮控制器控制的提升机构电动机控制电路。

① 提升机构电动机的负载为主钩负载，分为空轻载和重载两大类，当空钩（或轻载）升或降时，总的负载为恒转矩性的反抗性负载，在提升或下放重物时，负载为恒转矩的位能性负载。起动与调速方法采用了绕线转子异步电动机的转子串五级不对称电阻进行调速和起动，以满足系统速度可调节和重载起动的要求。

提升机构控制采用可逆对称控制线路，由凸轮控制器 Q_1 实现提升、下降工作状态的转换和起动，以及调速电阻的切除与投入。Q_1 使用了 4 对触点对电动机 M1 进行正、反转控制，5 对触点用于转子电阻切换控制，2 对触点和限位开关（行程开关）相配合用于提升和下降极限位置的保护，另有一对触点用于零位起动控制，详见图 2-79。

② 图 2-80 为提升机构电动机带动主钩负载时的机械特性示意图。

控制器 Q_1 置于上升位置 1，电动机 M_1 定子接入上升相序的电源，转子接入全部电阻，起动力矩较小，可用来张紧钢丝绳，在轻载时也可提升负载，如图 2-80 上第一象限特性曲线 1 所示。控制器 Q_1 操作手柄置于上升位置 2，转子电阻被短接一部分，电动机工作于特性曲 2，随着操作手柄置于位置 3、4、5 时，电动机转子电阻逐渐减小至 0，运行状态随之发生变化，在提升重物时速度逐级提高，如 A_1、A_2、A_3、A_4、A_5 等工作点所示。如需以极低的速度提升重物，可采用点动断续操作，方法是将操作手柄往返扳动在提升与零位之间，使电动机工作在正向起动与机械抱闸制动交替进行的点动状态。

吊钩及重物下降有三种方法：空钩或工件很轻时，提升机构的总负载主要是摩擦转矩（反抗性负载），可将 Q_1 放在下降位置 1~5 挡，电动机工作在第三象限反向电动状态，空钩或工件被强迫下降，如图上 B_1~B_5 等工作点所示。当工件较重时，可将 Q_1 放在上升位置 1，电动机工作在第四象限的倒拉制动

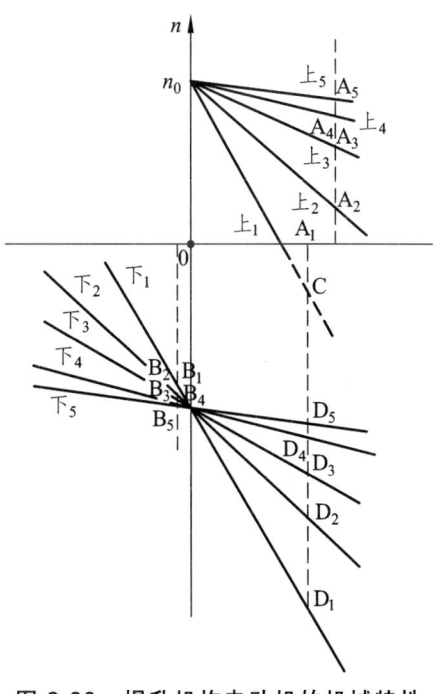

图 2-80 提升机构电动机的机械特性

状态，工件以低速下降，其工作点为 C 点。还可将 Q_1 由零位迅速通过下降位置 1~4 扳至第 5 挡，此时电动机转子外接电阻全部短接，电动机工作在第四象限的回馈制动状态，其转速高于同步转速，工作点如 D_5 所示。如将手柄停留在 1~4 挡，则转子电阻未能全部短接，相应工作点为 D_1~D_4，电动机转速很高，导致重物迅速下降，可能危及电动机和现场操作人员安全。如需低速点动下放重物，亦可采用类同正向低速点动提升重物的操作方法。

③ 小车移行机构要求以 40~60 m/min 的速度在主梁轨道上作往返运行，转子采用串电阻起动和调速，共有 5 挡。为实现准确停车，也采用机械抱闸制动器制动。其凸轮控制器 Q_2 的原理和接线与提升机构的控制器 Q_1 相类似。

④ 大车运行机构要求以 100~135 m/min 的速度沿车间长度方向轨道作往返运行。大车采用两台电动机及减速和制动机构进行分别驱动，凸轮控制器 Q_3 同时采用两组各 5 对触头分别控制电动机 M_3、M_4 转子各 5 级电阻的短接与投入。其他与提升机构的控制器 Q_1 相类似。

（3）控制与保护电路分析。

桥式起重机控制与保护电路如图 2-81 所示。

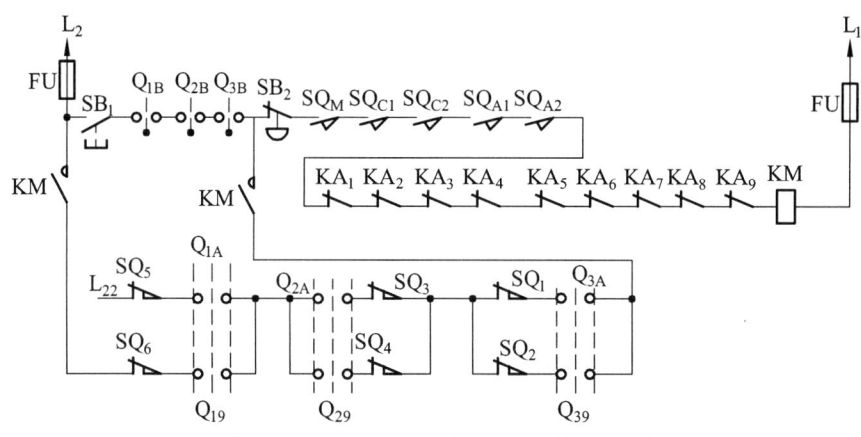

图 2-81 桥式起重机控制与保护电路图

图 2-81 中 SB_2 是手动操作急停按钮，正常时闭合，急停时按动（分断）。SQ_M 为驾驶室门安全开关，SQ_{C1}、SQ_{C2} 为仓门开关，SQ_{A1}、SQ_{A2} 为栏杆门开关，各门在关闭位置时，其常开触点闭合，起重机可以起动运行。KA_1~KA_9 为各电动机的过电流保护用继电器，无过电流现象时，其常闭触点闭合。凸轮控制器 Q_1、Q_2、Q_3 均在零位时，按起动按钮 SB_1，交流接触器 KM 线圈通电且自锁，各电动机主回路上电，起重机可以开始工作。

交流接触器 KM 线圈通电的自锁回路是由大车移行凸轮控制器的触点、大车左右移动极限位置保护开关、提升机构凸轮控制器的触点与主钩下放或上升极限位置保护开关构成的并、串联电路组成。例如大车移行凸轮控制器 Q_3 的触点 Q_{3A} 与左极限行程开关 SQ_1 串联，Q_{39} 与右极限行程开关 SQ_2 串联，然后两条支路并联。大车左行时，过 Q_{3A}、SQ_1 串联支路使 KM 线圈通电自锁，达到左极限位置时，压下 SQ_1，KM 线圈断电，大车停止运行。将 Q_3

转至原位,重按 SB_1,过 Q_{39}、SQ_2 支路使 KM 线圈通电自锁。Q_3 转到右行操作位置,Q_{39} 仍闭合,大车离开左极限位置(SQ_1 复位)向右移动,Q_3 转回零位时,大车停车。同理,可以分析 SQ_2 的右极限保护功能。行程开关 SQ_3、SQ_4 为小车运行前、后极限保护开关,SQ_5、SQ_6 为提升机构下放、提升极限保护开关,原理与大车保护相同。凸轮控制器 Q_1 的触点 Q_{1A} 左侧理论上可接在 KM 自锁触点下方,而实际接线在电动机 M_1 定子端线号 L_{22} 上,既方便,也不影响自锁电路的正常工作。

任何过电流继电器动作、各门未关好或按动急停按钮 SB_2,交流接触器 KM 线圈都会断电,将主回路的电源切断。

思考题与习题

1. 常用的低压刀开关有几种?分别用在什么场合?
2. 刀开关的选用方法及安装注意事项有哪些?
3. 常用熔断器的种类有哪些?
4. 两台电动机不同时起动,一台电动机额定电流为 14.8 A,另一台电动机额定电流为 6.47 A,试选择用作短路保护熔断器的额定电流及熔体的额定电流。
5. 常用主令电器有哪些?在电路中各起什么作用?
6. 写出下列电器的作用、图形符号和文字符号:
熔断器 组合开关 按钮开关 自动空气开关 交流接触器 热继电器 时间继电器
7. 简述交流接触器在电路中的作用、结构和工作原理。
8. 中间继电器与交流接触器有什么差异?在什么条件下中间继电器也可以用来起动电动机?
9. 时间继电器 JS7 的原理是什么?如何调整延时时间?画出图形符号并解释各触点的动作特点。
10. 在电动机的控制线路中,熔断器和热继电器能否相互代替?为什么?
11. 电动机的起动电流大,起动时热继电器应不应该动作?为什么?
12. 熔断器如何选择?
13. 电气控制线路图识图的基本方法是什么?
14. 电气原理图中,QS、FU、KM、KT、KA、SB、SQ 分别是什么电气元件的文字符号?
15. 三相笼型异步电动机减压起动的方法有哪几种?三相绕线式异步电动机减压起动的方法有哪几种?
16. 什么是能耗制动?什么是反接制动?各有什么特点及适用场合?
17. 三相异步电动机是如何实现变极调速的?双速电动机变速时相序有什么要求?
18. 变频器的基本结构原理是什么?
19. 长动与点动的区别是什么?如何实现长动?

20. 多台电动机的顺序控制线路中有哪些规律可循？

21. 试述电液控制线路的分析过程。

22. 设计一个笼型异步电动机的控制线路，要求：① 能实现可逆长动控制；② 能实现可逆点动控制；③ 有过载、短路保护。

23. 设计 2 台笼型异步电动机的起停控制线路，要求：① M_1 起动后，M_2 才能起动；② M_1 如果停止，M_2 一定停止。

24. 设计 3 台笼型异步电动机的起停控制线路，要求：① M_1 起动 10 s 后，M_2 自动起动；② M_2 运行 6 s 后，M_1 停止，同时 M_3 自动起动；③ 再运行 15 s 后，M_2 和 M_3 停止。

任务三　柴油机控制系统及整车电源

子任务一　柴油机控制系统中相关元器件的认知

1. 柴油机控制系统中相关的电磁阀

1）启动电磁阀

启动电磁阀又称作启动加浓电磁阀，其目的是为了改善柴油机的冷启动性能。电磁阀工作时，使其增大启动时的供油量（称为启动加浓），可以提高气缸内混合气的浓度，以使发动机容易启动。发动机启动以后，相应的继电器断电，从而切断加浓电磁阀的电源，这样使发动机启动后使用正常的供油量。如果该阀出现故障，就会导致柴油机不能启动或启动后柴油机的供油量过大，柴油机就很可能会严重冒黑烟或动力不足。

2）停机电磁阀

柴油机的启动和停机主要是通过控制启动电机和停机电磁阀的不同动作来实现的。停机电磁阀可以与发动机的监控系统（如机油压力，机油温度，转速等）结合起来使用，可用于出现故障后自动停车。停机电磁阀安装在发动机上，通过执行机构控制高压油泵齿条。在发动机运转时，电磁阀得电放开齿条自由移动，燃油回路接通；电磁阀断电时，弹簧力使齿条移到供油零电位，燃油回路断开，发动机停机。

3）喷油电磁阀

柴油机预热控制中，在柴油机各进气管的开始端装有两个火焰加热塞对进气管空气进行预热。启动柴油机之前，火焰加热塞先得电预热，加热 30 ~ 40 s 后，火焰加热塞电热管的温度达到 900 ℃ 以上。在启动瞬间，喷油电磁阀得电打开，燃油经进油口喷到加热电阻丝附近的空间中，燃油雾化、蒸发并与空气混合后迅速燃烧，再经滤网与喷孔喷出火焰，以加热流经各进气管的空气，以保证柴油机在外界环境温度 -25 ℃ 内顺利启动。

一般火焰加热塞得电预热时，应不超过 1 min，柴油机启动后，立即将火焰加热塞断电；如启动不成，应间隔 1 min 作第二次启动。否则，火焰加热塞的寿命要降低。

加热电阻丝的作用是根据低温程度不同，显示出火焰加热塞不同的预热时间。加热电阻丝内有一双金属片活动触点，在加热电阻丝通电加热一定时间后，使动触点与静触点接触，预热指示灯发亮，停止预热。注意：预热时间过长，火焰加热塞容易烧坏短路，造成加热电阻丝烧坏、预热继电器烧坏。

2. 启动电机

1）启动电机的工作原理

要是发动机开始自动地运转，必须先用外力转动发动机的曲轴。启动电机（启动马达）就是安装在发动机上，将蓄电池的电能转化为机械能，通过传动机构驱动发动机上的飞轮和曲轴旋转实现发动机的起动。

2）启动电机的结构及组成

启动马达一般由直流串励式电动机、传动机构、电磁开关三部分构成。直流串励式电动机是用来产生转矩，将蓄电池输入的电能转换为机械动能。传动机构，或称啮合机构，在发动机启动时，使启动马达的驱动齿轮，啮合入发动机的飞轮齿圈，将启动马达上的转矩传给发动机曲轴，使活塞作往复运动，气缸内的可燃混和气燃烧膨胀做功，推动活塞向下运动使曲轴旋转，发动机才能自行运转，工作循环才能自动进行。在发动机起动后，使启动马达自动脱开飞轮齿圈。电磁开关可启动马达的控制装置，用来接通和切断启动马达与蓄电池之间的电路。注意启动发动机时不要连续多次打火，这样会引起启动马达发烫。

子任务二　整车电源的控制电路分析

1. 整车电源的系统组成

1）整车电源系统功能组成

整车电源系统主要向前后司机室、作业系统、作业照明、空调、暖风系统、程控系统、激光接收器、GVA（轨道参数自动处理系统）、记录仪供电，以及向主蓄电池和 GVA 的蓄电池充电。

整车电源系统框图如图 3-1 所示。

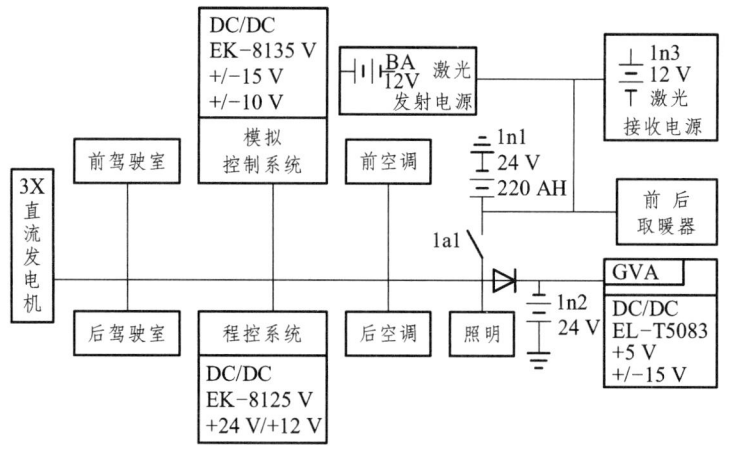

图 3-1　电源系统框图

从图中可以看出，由 3 台直流发电机向 4 组蓄电池充电，其中 1n1 为 24 V，220 Ah 的主蓄电池，1n2 为向 GVA 供电的 24 V 蓄电池，由发电机直接向它充电。1n3 为 12 V 的蓄电池，当未使用激光准直时，由主蓄电池经充电电路限流降压后向它充电；当使用激光准直时，由它向激光接收器供电。BA 为 20 Ah，12 V 的干式蓄电池，它装于激光发射器的电源箱中，未使用时，放于车上由 1n1 经插头、电源箱内的充电控制板向它充电；当投入使用时，由它向激光发射管供电。

在全车的供电中，有三种电源板：EK-8125V、EK-8135V 和 EL-T5083。

EK-8125V：该板用于程控系统，它是一块基于 PWM 控制的开关电源。内含过流和过压保护电路，输入为 19～32V，输出稳定在 12 V，输出电流可达 3～5 A。

EK-8135V：该板用于模拟控制系统中。全车共有 4 块投入使用。输入电源为 24 V，经一开关电源 DC/DC 变换模块后输出 ±15 V 电源，±15 V 经稳压后输出 ±10 V。±15 V 主要用于模拟控制中向集成运放电路提供电源，±10 V 则用作传感器和给定值的电源。±10 V 的负载能力被限制在 40 mA。该板中电位器 P1 用于校正 +10 V，P2 用于校正 −10 V。

EL-T5083：该板用于 GVA 中，用来将 +24 V 电源变换为 GVA 系统中所需的 +5 V 和 ±15 V 电源。该板用 PWM 控制集成电路构成的单端正激式开关电源，输入与输出隔离，输出电压的稳定度较高。它输出的 +5 V 主要用于向计算机电路供电，±15 V 用于运放和 D/A 及采样保持电路等。

2）整车电源电路说明

柴油机自身带有 3 个小发电机 1m9、1m9a、1m9b，通过皮带轮与柴油机连接，柴油机转动发电机发出电压通过保险 1U54、1U57 将电供到母线 202 上，然后通过 B13 箱的自动开关 13ex 向各路供电。其中向主电池充电是经 202 母线、13e1 分流器、保险 1u55、主开关接点充电。同时通过 1u56 的四个保险分别给加热器、激光系统、GVA 系统供电。另有 243 线给启动报警电路供电，通过二极管 5n2 和自动开关 5e10 到报警电路。还有 3 个小发电机的电压通过 1u59 保险 A38、A38a、A29 到报警电路图中 29U1 的端子上，供监测发电机电压用途。此外有一个 w 信号取自 3 个小发电机中之一，供发动机转速显示用。在柴油机没有启动前，由主蓄电池反向给 202 母线供电。在分流器两端接有充放电电流表 5g1，负责监视充放电电流。

2. 电压转换电路的分析

因 D09-32 捣固车电控油门控制系统中要用到 +12 V 及 +5 V 电压，而 D09-32 捣固车能提供的为两组 +12 V 电瓶串联得到的 +24 V 直流电压，故电路系统设计了电压变换电路，如图 3-2 及图 3-3 所示。

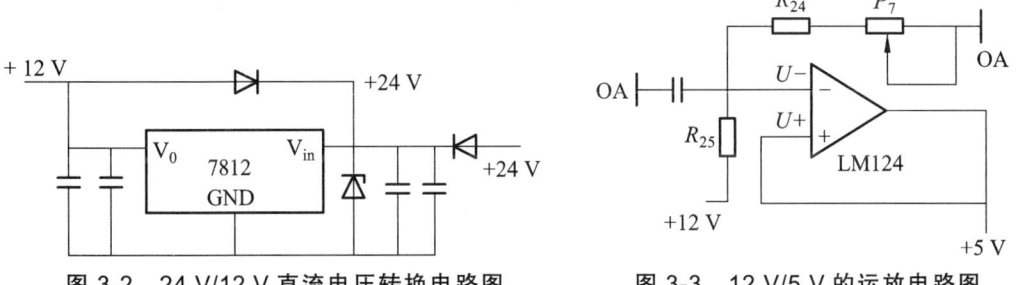

图 3-2　24 V/12 V 直流电压转换电路图　　　图 3-3　12 V/5 V 的运放电路图

图 3-2 是 24 V 到 12 V 转换电路，为提高它的电压的稳定性，采用了三端稳压器 7812 和稳压管来稳定电压。78 表示正压输出，7812 表示 +12 V 的电压输出，主要用来把 +24 V 电压转换为稳定的 +12 V 电压。稳压管及与其并联的二个电容用来保证输入电压稳定在 +24 V 左右不大的范围内，并过滤脉冲信号。

图 3-3 是 12 V 转换 5 V 的运放电路，主要由 LM124 运算放大器中的一级放大器及其外围电阻组成。其电路模型可以近似由理论公式计算得出。设电位器电阻为 P_7，在（0 ~ 1 kΩ）内变化，其他：$R_{24} = 6.49$ kΩ，$R_{25} = 10$ kΩ。根据运放计算理论，可得出：

$$u_- \approx u_+ = 5 \text{ V} \qquad \frac{12-u_-}{R_{25}} = \frac{u_-}{R_{24}+P_7}$$

把已知的值代入上式，可得：

$$P_7 = 0.65 \text{ k}\Omega$$

从上面的计算可知，通过调整 P_7 电位器，在 $P_7 = 0.65$ kΩ时，可在放大器输出端得到 +5 V 电压。$P_7 = 0 \sim 65$ kΩ在电位器阻值范围内，能满足实际要求。

子任务三　了解柴油机的控制原理

1. 柴油机控制系统的组成

08-32型捣固车的柴油机启停控制及整车电源电路图见任务一中的图1-3 D0832启动电路图。

柴油机的控制系统包括柴油机的供电部分，柴油机的预热及启动控制、停机控制。捣固车作业和自走行的动力均来源于车上的柴油机，它的供电电源由两部分构成：柴油机停机时由车上的 24 V 蓄电池（两组 +12 V 的蓄电池串联）提供；柴油机启动后，由自带的三台直流小发电机并联对整车供电，同时向蓄电池充电。通过开关向整车各个部位提供电源。柴油机的启动控制和停机控制主要是通过启动及停机电路对捣固车发动机的启停进行联锁逻辑控制，来实现启动马达和停机电磁阀的不同动作。柴油机的预热控制主要改善柴油机在冬天的启动性能；在柴油机启动之前，对柴油机的各进气管空气进行预热，以保证柴油机顺利进入启动状态。

1）柴油机的启动控制

（1）准备。

在启动之前电源主开关1a1，自动开关5e6、5e9、13e2、13e3、13e8和13e12均应合上以接通启动所需的电路，钥匙开关5b9插入并合上。

（2）预热。

将钥匙开关5b8或11b8拉至第1位，则预热继电器13Re3得电动作，预热电阻开始预热，同时，继电器5u5/D也得电而自保持，13Re2失电不动作，则停机电磁阀1S6、气动电控油门电磁阀1S71得电，燃油回路开通。当预热一定时间后，信号灯5h4和11h4亮，此时预热结束。

（3）启动。

将钥匙开关5b8或11b8拉至第2位。此时，1S91喷油电磁阀得电开始喷油，13Re1得电，辅助启动电磁阀1S592和启动马达得电，且启动离合器合上。于是柴油机起动条件得到满足而启动起来，此时松开5b8或11b8，启动电机失电，启动离合器脱离，但继电器5u5/D自保持而保持油路畅通，柴油机继续运转。

2）柴油机的停机控制

开关1b20~1b25、2b45、4b16和5b29任一被压下闭合时，继电器5u5/D失电，13Re2得电，停机电磁阀1S6、气动电控油门电磁阀1S71失电，从而切断供油回路使柴油机停机。

为了确保在启动柴油机之前不能接通作业系统电源、变矩器不能挂挡，以确保安全运行，将作业闭锁信号和走行闭锁信号引入到继电器 5u6/B 上，因为一旦作业系统得电或变矩器挂挡，则继电器 5u6/B 得电，其常闭触头断开，13Rel 不能得电，导致启动电磁阀，启动电机不能得电，于是柴油机不能启动。

通过对柴油机启停控制电路的分析，我们必须清楚，如果作业过程中，因某种原因导致柴油机停机，此时如要再次启动柴油机，请务必检查以下三个条件，确保同时满足才能再次启动柴油机：

① 确保紧急停机按钮 2b45 未压下；
② 作业电源开关 2b20 未合上；
③ 变矩器前后挡位开关 lu11 和 lu11a 未挂挡。

子任务四 发动机油门电机的控制

1. 油门电机控制系统的功能

D09-32 型连续式捣固车在走行、捣固作业时所需要的动力是由柴油机提供的，而柴油机的转速是通过柴油机的油门电机直接控制。所以，油门电机控制的好坏对于捣固车的正常作业，有着至关重要的作用。

发动机油门电机控制电路（图 3-4）是主要用于对发动机的转速进行调节的控制部件。通过外部开关的选择组合，可实现对高速走行、工作走行、工作怠速以及启动发动机时最低转速的控制。通过在前后司机室的油门控制手柄可任意调节发动机的转速。油门电机控制电路的控制对象是油门电机，通过对油门电机两端施加不同极性的电压，可使电机正反向转动。通过机械结构将电机的旋转转换成执行机构往返的直线运动，拉动钢丝绳使发动机的油门控制阀的开口变大或变小，调节进入发动机的油量，达到控制发动机转速的目的。

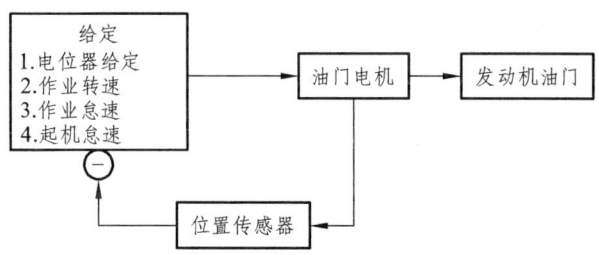

图 3-4 油门电机控制系统框图

1）油门电机

（1）油门电机的内部结构。

油门电机外形是一个长方形的盒子，根据油门电机的工作原理，里面是由一个直流电动机、减速机构和将旋转运动转换成直线运动的机构组成，并带有位置传感器、上下限位开关。电机引出的两根线接到控制板的驱动端，位置传感器引出的三根线接到控制板的反馈端。电机内的上下限位开关串在电机的主电路里，与二极管并联。上下限位开关的位置调整在长方形盒子的顶端有两个调整螺丝 S_1、S_2，用于调节电机伸缩杆伸出和缩回的极限长度，起到保护电机的作用。电机内部示意图如图 3-5 所示。

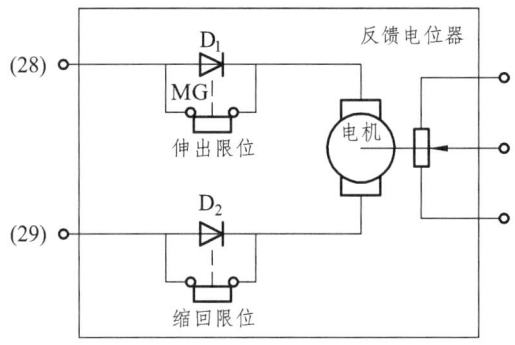

图 3-5 油门电机内部结构示意图

（2）油门电机控制电路的组成。

油门电机控制电路由控制电路板、外部开关、外部油门调节电位器、位置反馈电位器通过外部线路组合而成。外部开关通过逻辑组合可实现前后司机室控制的转换、作业速度给定、怠速的转换。前后司机室各有一个手柄电位器通过 80b1（79b1）的组合决定是前司机室控制还是后司机室控制。作业速度的选择由 79b2（80b2）决定，怠速的选择由 2b54 决定。图 3-6 和图 3-7 为前后司机室油门电机控制盒。

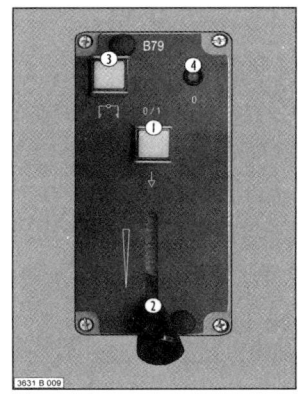 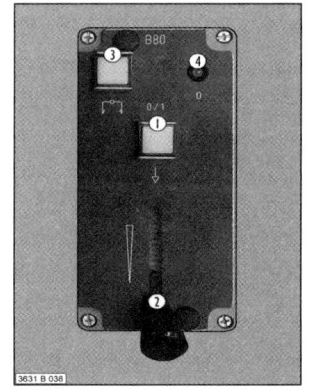

（a）前司机室油门电机控制盒　　　　（b）后司机室油门电机控制盒

图 3-6　司机室油门电机控制盒

1—油门电机接通 79b1/80b1；2—发动机的油门控制手柄 79f1/80f1；3—作业最高转速（接通—断开）79b2/80b2；
4—空转状态指示灯（作业怠速）79h1/80h1

2）油门电机控制电路的分析

油门电机的控制电路如图 3-7 所示。在发动机没有启动前，A43（端子 19）没有电，RE1 的常闭接点是闭合的。启动前，油门电机的初始位置由 P_2 决定，调节 P_2 使发动机的油门处在能够启动点火的位置即可。当发动机启动后，A43 有电，RE1 的常开点闭合，常闭接点断开，将油门电机的控制切换到可控状态。且当 80b1（79b1）、79b2（80b2）、2b54 都不接地时，油门的控制权便掌握在前驾驶室。油门的大小调节由前驾驶室的电位器控制，其通路为：前驾电位器→OP3D（-）→OP3D（OUT）→RE4 常闭→RE3 常闭→RE2 常闭→RE4 常开→OP2D（-）与位置反馈信号（+）比较→OP2D（OUT）→手动开关的常闭→A 放大器（-）→B 放大器（+）与 A（+）B（-）比较。

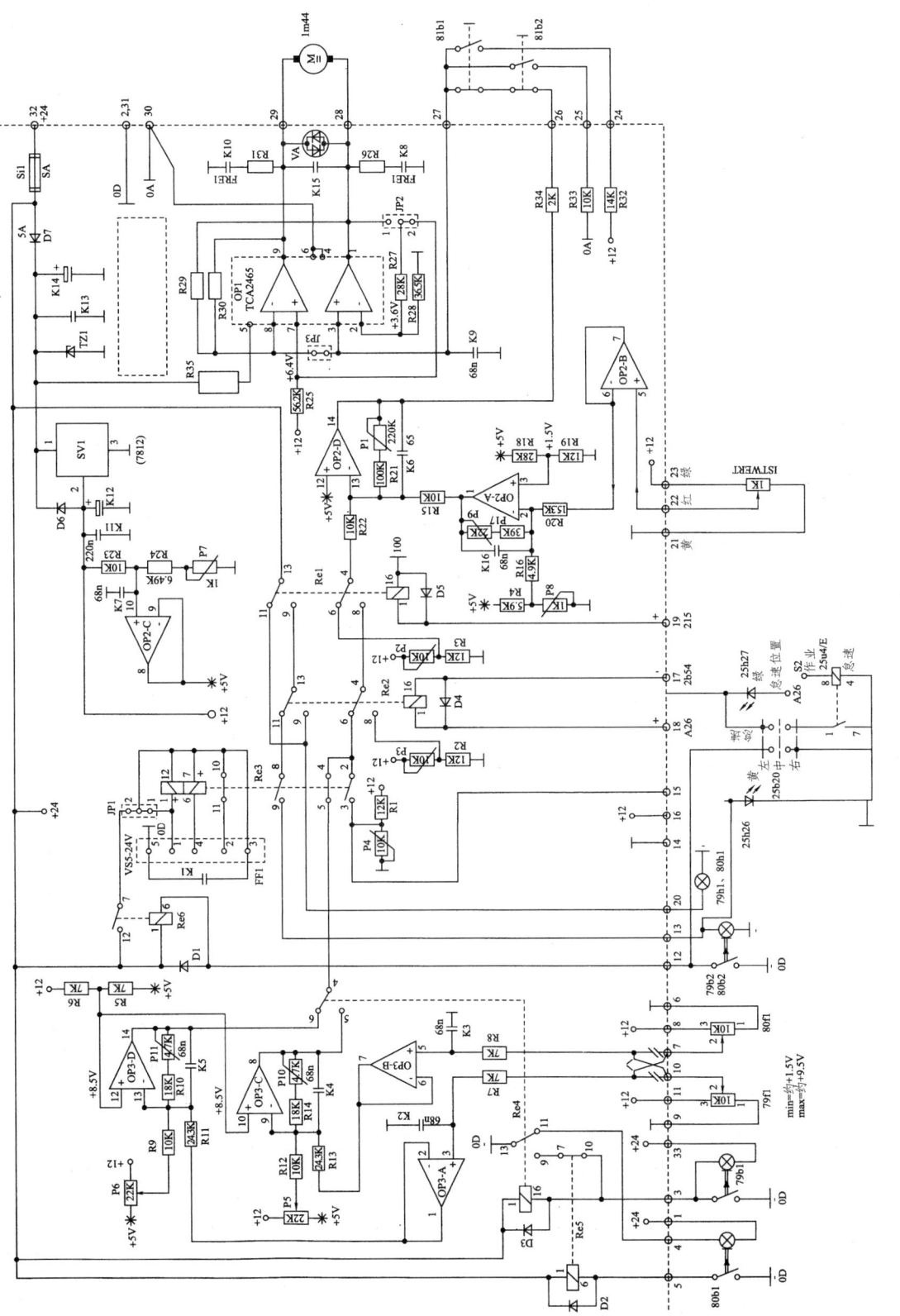

图 3-7 油门电机的控制电路图

当 OP2D 的输出电压小于 3～6 V，电机正转；当 OP2D 的输出电压在 3-6 – 6-4 V 电机不转；当 OP2D 的输出电压大于 6～4 V，电机反转。电机的正转和反转决定油门电机拉杆的伸出和缩回，通过钢丝绳开启油门控制阀的开口大小，使发动机的转速得以控制。此电路是一个位置反馈的闭环控制系统，油门电机转动时带动内部的反馈电位计转动，电位器的中心点输出电压代表油门电机的位置。当给定电压和反馈电压相等时，电机停转，油门的电控阀处在给定的位置，使发动机在给定的转速下工作。当开关 79bl 接地，不管 80bl 动作与否控制权都由后驾驶室控制，其通路为：后驾电位器→OP3C（-）→OP3C（OUT）→RE4 常开→RE3 常闭→RE2 常闭→RE1 常开→OP2D（-）与位置反馈信号（+）比较→OP2D（OUT）→手动开关的常闭→A 放大器（-）B 放大器（+）与 A（+）B（-）比较。当 OP2D 的输出电压小于 3.6 V，电机正转；当 OP2D 的输出电压在 3.6～6.4 V 电机不转；当 OP2D 的输出电压大于 6.4 V，电机反转。要想解除后驾的控制，必须将 79bl 断开，80bl 接地，切断 RE4 的自保回路，才能将后驾控制转到前驾控制。因为在 80bl 断开的情况下，RE5 不得电，常闭接点闭合；79bl 接地后，RE4 常开接点闭合与 RE5 的常闭点串联，相当于将 79bl 的常开点短路，构成 RE4 的自保回路，即便 79bl 断开，RE4 仍然得电。只有将 80bl 接地后，RE5 得电，常闭点断开才能切断 RE4 的得电回路，从而转到前驾控制。79b2（80b2）是作业转速的转换开关，79b2（80b2）接地 2 次，双稳态电磁开关 RE3 转换一次。RE3 常闭点断开，切断前、后驾控制，常开点闭合，接通作业控制，由电位器 P_4 调整转速。P_4 电位器在电路板上，根据作业转速的要求调整即可。2b54 是怠速转换开关，2b54 接地，RE2 得电。RE2 常闭点断开，切断前、后驾和作业转速控制；RE2 常开点闭合，接通怠速控制，由电位器 P_3 调整转速。P_3 电位器在电路板上，根据怠速的要求调整即可。

油门电机内部的位置反馈电位器，根据电机的位置输出不同的电压值，与给定的电压值进行比较，当位置达到给定的位置时，使油门电机停止转动。此电位器不可外部调整。P_5 电位器用于微调电机停止的位置，补偿反馈电位器在合适的位置使电机停止转动。手动调整开关用来配合机械进行调整，确保油门电机最大位置、最小位置和机械匹配。另外，当前驾、后驾控制失灵时可用于应急调速。

3）油门电机控制电路调试

油门电机控制电路调试应抓住给定回路和反馈这两个重点环节。

（1）给定回路整定。前后司机室的转换开关 79bl（80bl）都处于断开位（5，3），此时由前电位器 80fl 调节油门的大小。如果 79bl 开关接通，80bl 断开，此时由电位器 79f1 调节油门的大小。在 80bl 断开的情况下，79bl 开关闭合后再断开，其状态保持不变，仍由电位器 79f1 调节油门的大小。只有当 80bl 接地，才转到电位器 80fl 调节油门的大小。

在未接油门电机前，先对主、副电位器的上、下位控制进行调整，方法如下：

① 80bl 断开，79bl 断开，调整电位器 80fl 至油门最小位置，测量 7 端为 1.5 V。如果不是 1.5 V 左右，将电位器定位螺丝松开，旋转电位器使之达到 1.5 V。同时验证电位器至油门最大位置，测量 7 端为 9.5 V。如果不是 9.5 V 左右对电位器进行校正，正常情况下调整下位后，上位自然可满足，除油门电位器损坏。

② 在上述状态下，先将给定电位器调至 1.5 V，测量 OP3D – 14 应保持在 8.5 V，如不满足，调整板上电位器 P_6 使之达到。然后再将给定电位器调至 9.5 V，测量 OP3D – 14，应

保证在 1.5 V，如不满足，再调节 P_{11} 使 OP3D – 14 达到 1.5 V。

③ 80b1 断开，79b1 闭合，调整电位器与②步骤一样。此时测量 OP3C – 1，应在给定最小时为 8-5 V，不满足应调节 P_5；给定最大时为 1.5 V，不满足应调节 P10。至此给定回路调整完毕。

（2）油门电机（内部极限开关）的调整未接 B81 时，模拟 B81 开关动作，26，27 断开。

① 最小油门极限调整。25 – 27 短接，8lb2 开关接通，使油门电机的拉杆伸出 75 mm（油门电机供油最小）。测量伸出长度，以缺口端与伸出端之间的距离为测量长度 $L_1 =$ 75 mm，如图 3-8 所示。应使油门电机内部开关断开，未断开前测量油门电机电阻 10.3 Ω 左右，断开后测量电阻为 MΩ 以上。如果 $L_1 \neq 75$ mm，可通过调整油门电机的调整螺丝 S_1 使之满足。

② 最大油门极限调整。通过 B81b2 开关接通，26-27 短接，使油门电机的拉杆缩回 18 mm（油门电机供油最大）。测量伸出长度以缺口端与伸出端之间的距离为测量长度 $L_2 = 18$ mm，如图 3-9 所示。应使油门电机内部开关断开，同理可测油门电机电阻进行判断是否断开。如果 $L_2 \neq 18$ mm，可通过调整油门电机的调整螺丝 S_2 使之满足。

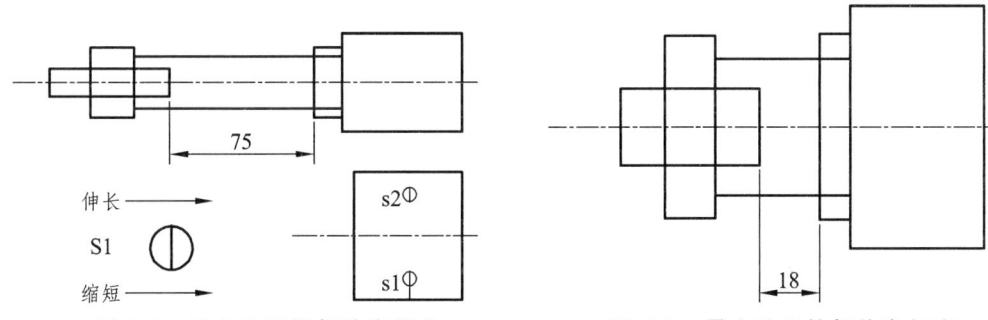

图 3-8 最小油门拉杆伸出长度　　图 3-9 最小油门拉杆伸出长度

③ 反馈电位器的调节。当给定电位器和油门电机的上下极限调整完成后，再将油门电机的电机线和反馈电位器的线接到对应的端子上。端子对应如图 3-10 所示。

反馈电位器的接线非常重要，接错了轻者不停机（一直上或一直下到极限），重者会烧坏电路板的器件。如将电位器的中心点接到 23 端（+12 V），则当中心头滑动到 21 端时，就会将 +12 V 对地短路，造成板上的 7812 烧坏或 SA 保险烧断。严重时会将油门电机内部的反馈电位器烧坏，这种现象是绝对要禁止的。稳妥的办法是用万用表测量三根线，确保中心抽头接线正确。中心抽头接线正确不会造成器件损坏。而白和绿线接的端子不对，或电机线黑和蓝接的不对（即不能接成负反馈），只会造成电机不能在要控制的位置不停机，不会烧坏器件。但油门电机的上、下极限调整不合

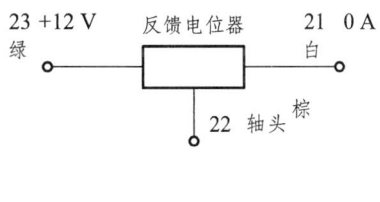

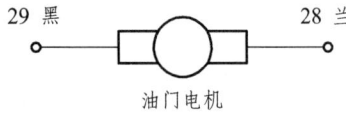

图 3-10 反馈电位器与油门电机对应端子

适，如油门电机到了最大位或最小位，不能把内部极限开关断开，此时又是正反馈，则会造成油门电机两端电压很大，电流长时间存在，就会把板上的输出管 P_{25} 热烧坏。如果这

五根线接的都正确，则油门给定电位器在任何位置都可使油门电机移动并准确停止在给定的位置，此时测量 28、29 端应为 0 V。如果有电压存在，就不正常，有可能是油门电机的钢丝绳调节不合适。若给定电位器给出一个最大油门，即油门电机拉杆往回缩到 20 mm 处，由于钢丝绳的调节长度不够，在油门电机还没有缩回到 20 mm 处时，钢丝绳已经将发动机的油门拉到最大的机械位，油门电机无法继续缩回。也就是说反馈电位器此时反馈值不足以抵消给定值，在驱动管上有较大电压和较大电流，这种状态时间长就会造成驱动管烧坏或将电机烧坏。

4）工作转速的调整

将 79b2 或 80b2 或 2b54 向右接地，油门电机处于工作速度状态，通过调整 P4 满足工作状态时的速度，工作转速 2 000 ~ 2 150 r/min，25h26、79b2、80b2 灯都亮。

5）怠速调整

将 2b54 向左接地或将端子 17 接地，油门电机处于工作速度状态，通过调整 P2 满足第一怠速 850 ~ 900 r/min、79h1/80h1 灯亮；通过调整 P3 调整第二怠速（工作怠速）1 100 ~ 1 300 r/min，25h27/79h1/80h1 灯都亮。

2. WD-320 油门控制电路

1）在前驾驶室控制

（1）控制升油门。

由 A_{26} 来的 + 24 V 电经作业按钮 79b2（此时该按钮没有被按下）的 3 脚和 2 脚，T_4 的 4 脚和 3 脚接触并得电，81u1C 此时在失电状态下，1 脚和 2 脚接通，由上面来的电经 A_1 使 81d2 得电动作，11 脚和 14 脚闭合，由 A_{26} 来的 + 24 V 电经 81r1 使 T_{14} 端子得电，1m44 得电后正转，油门上升，知道 2 300 r 后停止上升（2 300 r 是油门机械位置调整好了的）。

（2）控制降油门。

由 A_{26} 来的 + 24 V 的电经 79b1 的 3 脚和 4 脚到 81u1A 的常闭触头（此时 81u1A 不得电，因为 1b356 没有感应到 1 000 r，感应到 1 000 r 时才输出接地信号，81u1A 才得电动作）再到 81d1，使 81d1 得电动作，11 脚和 14 脚闭合，同样由 A_{26} 来的 + 24 V 电使 T_{13} 端子得电，1m44 得电后反转，油门转速下降，当下降到 1 000 r 时，1b356 感应式接地开关，输出接地信号，81u1A 电磁阀得电动作，1 脚和 2 脚断开，切断了油门电机 1m44 的供电电路而停止转动，此时油门控制在 1 000 r 的怠速。

2）当打开作业电源后

使用作业转速时，（作业电源打开，1b357 得电，因为感应开关通电后才有作用）按下作业转速按钮，79b2 的 3 脚和 4 脚闭合，—T_5 得电—81u1C 的 1 脚和 2 脚—81d2 得电动作，11 脚和 14 脚闭合，1m44 得电正转，油门上升，当转速上升至 2 000 r 时，1b357 产生接地信号，T_{12} 接地，81u1C 得电动作，常闭触头断开，油门电机 1m44 停止转动，此时转速保持在 2 000 r，同时，79b2 信号灯被点亮（也可以用油门手柄来控制作业转速在 2 000 r，79b2 的信号灯也会被点亮）

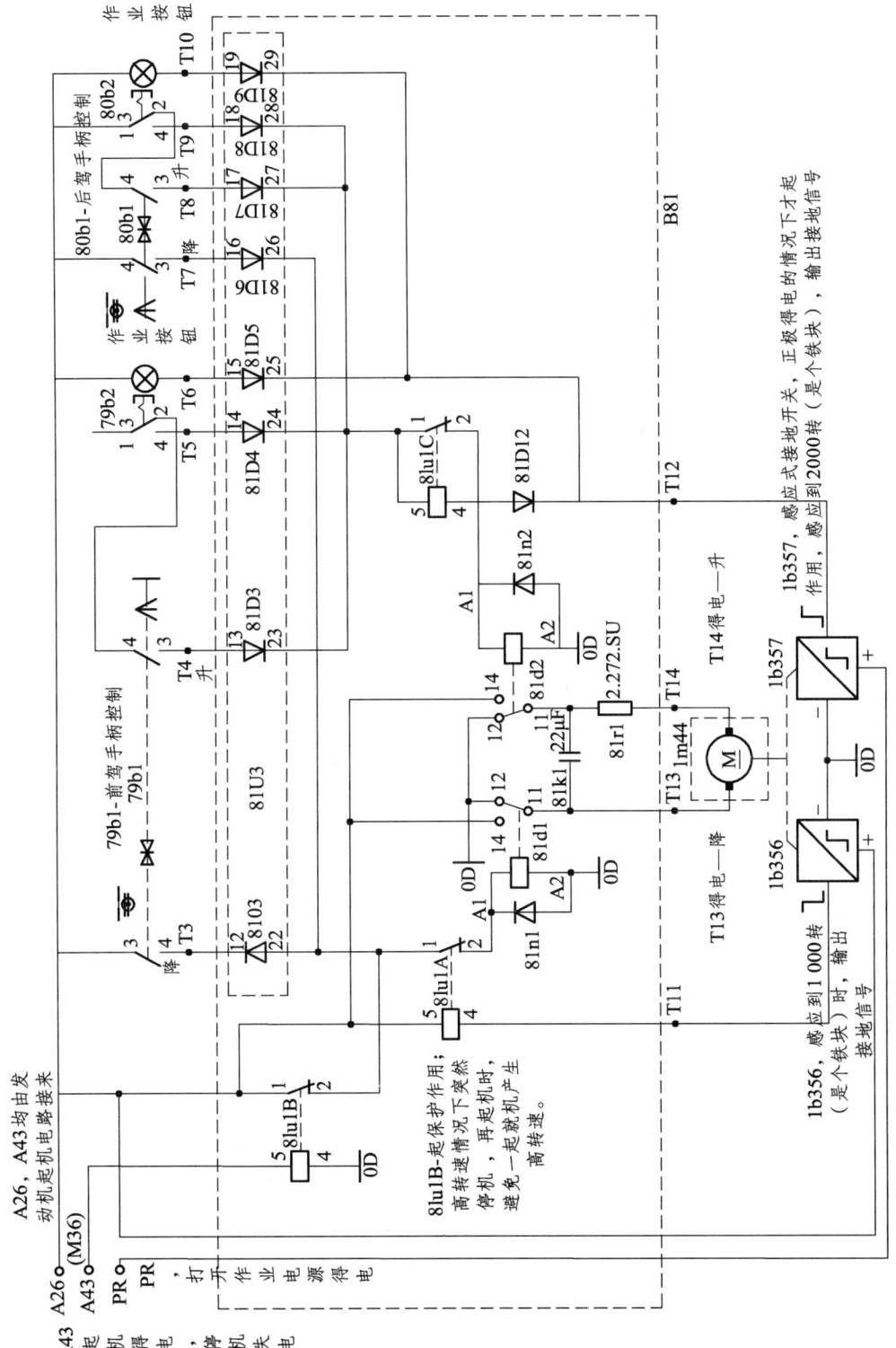

图 3-11 WD320 油门电机控制图

3）81u1B 继电器的作用

避免高转速情况下停机后，再起机时，转速太高。起到保护作用。

A_{43} 是从发动机起机电路中接过来的，停机后失电，当发动机转速在高速情况下突然停机时，A_{43} 失电，81u1B 的 1 脚和 2 脚接通，81u1A 的 1 脚和 2 脚得电，—1m44 得电反转，转速下降至怠速 1 000。

思考题与习题

1. 简述启动电磁阀的作用。
2. 简述停机电磁阀的作用。
3. 简述启动电机的工作原理。
4. 整车电源由哪几部分构成？
5. 根据图 1-3 D0832 启动电路图，分析 D0832 捣固车的启动停机控制过程。
6. 简述发动机油门电机控制系统的组成。

任务四　捣固装置升降控制系统

子任务一　捣固装置升降控制系统中相关元器件的认知

1. 捣固系统相关电气元件

1）拨盘电位器

捣固装置升降控制系统是一个包括电路、液压部件和传感器组成的闭环控制系统。当进行捣固作业时，捣固头的下插深度给定由控制面板上的拨盘电位器决定，拨盘电位器的输出电压值随给定捣固深度而线性变化，当给定深度为 400 mm 时输出电压为 –10 V。捣固深度通过安装在捣固装置左右两侧的深度传感器来检测，深度传感器的输出电压作为反馈信号，与拨盘电位器输出电压的差值构成闭环系统的控制信号。

2）夹持时间调整电位器

在捣固车作业时，捣固夹持方式可选择为当捣固深度达到后，夹持方式选为"自动"，捣镐自动夹持。此时捣固夹持时间是由夹持时间调整电位器来确定的，夹持结束后捣镐自动张开，捣固装置自动提升。

3）深度传感器

深度传感器主要用于测量捣固头的作业深度，其输出电压作为捣固装置升降控制系统的反馈信号。

（1）1330 型深度传感器。

① 传感器特点。

1330 型深度传感器如图 4-1 所示。该传感器采用精密铝合金壳体，坚固耐用；传感器的核心部件是由高精度电位器及精加工齿轮等各种精密结构件组成，工作性能稳定，精度高。该深度传感器的全量程为 815 mm，测量范围为 ±400 mm，外接 ±10 V 电源。1330 型传感器分左型、右型两种，分别安装与捣固装置两侧，适用于 08-32 型捣固车等大型养路机械。

② 功能与原理。

如图 4-2 所示，安装于捣固头上的轴销，插入到深度传感器的拨叉凹槽内，当捣固头上下作业运动时，轴销拖动拨叉沿着滑杆上、下运动，固定在拨叉上的细钢丝绳，经过滑轮，拽动带螺旋槽的绳轮一起转动，与绳轮共轴的是一高精度的小模数齿轮，通过另一与之啮合的齿轮再拖动一高精度电位器，使电位器轴转动而发生偏转，并输出电位差。最终将拨叉的直线运动转换成电位器的电压输出。电位器电压输出与位移量成线性关系，电位差有正负之分，可判断位移方向。

图 4-1　1330 型深度传感器

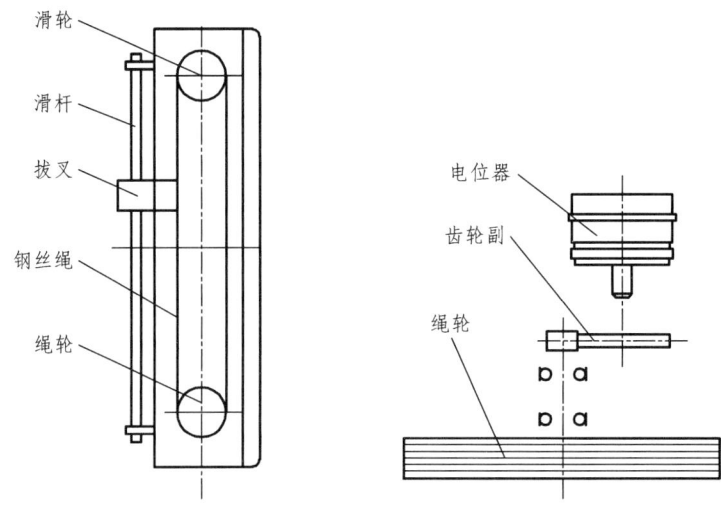

图 4-2　1330 型深度传感器工作原理图

③ 安装与维护。

为了保证传感器的测量精度，要求传感器安装使用时：尽量竖直安装，紧固件连接牢固可靠，并使拨叉的上、下运动灵活。由于该传感器安装于捣固头附近，振动剧烈，加上捣固头作业时尘土飞扬，工作频率较高，从而使防松、耐磨、防尘成为异常突出的问题。为了防止松动，除了工艺上选用合理的配合外，在各易松部位均涂了防松胶，还将齿轮、电位器等安装于一个密封的容器内，以防止尘土侵入。

深度传感器在正常作业时不需要额外的维修工作，只需定期清除表面尘土，但由于捣固车工作环境恶劣，传感器工作频繁，如钢丝绳、张力弹簧、轴承、精密齿轮及电位器损坏时，则会影响传感器作业精度，这时就要及时更换和维护。

a. 钢丝绳：1330 型深度传感器所用的钢丝绳为 EL-T576.1.35，长度为 3.5 m，若发现有一股钢丝绳断裂或折叠时，则必须更换整根钢丝绳，更换时注意调节张紧弹簧的张力，保证钢丝绳张力适中。若张力过小，钢丝绳易脱槽，而张力过大，会使磨损加剧，从而缩短弹簧寿命。

b. 张力弹簧：弹簧所用的材料为不锈钢钢丝，丝径为 $\phi1.85$ mm。如发现钢丝绳松动，拉力不够，则需要更换弹簧，注意弹簧两端与钢丝绳连接必须用 $\phi5$ mm 紫铜管压扁连接。

c. 轴承：轴承是 1330 型深度传感器敏感传动零件，轴承状态好坏直接影响传感器作业精度，所以当传感器出现故障时，则要判别装在 1330 型深度传感器内不同轴承的状态，如轴承损坏时需及时更换。

d. 电位器：1330 型深度传感器所用的电位器为：EL-T500，线性度 ± 0.075%。电位器是传感器心脏，当传感器掉信息时，首先要检查电位器状态，如发现螺丝、焊点松动，导线断裂及电位器输出无阻值等故障时，则需要及时维修和更换。更换时要对导线做上标记，以免极性接错。更换电位器后的传感器必须进行相关技术参数测试，测试合格后才能装车使用。

e. 齿轮副：1330 型深度传感器所用的齿轮为高精度、小模数齿轮。齿轮副由大齿轮和小齿轮组成，齿轮副状态好坏直接影响到传感器线性度及间隙误差等技术参数，所以当传感器线性及间隙误差超标时,则需要检查齿轮副的状态,如发现螺丝、螺母松动,大小齿轮啮合间隙过大等故障时,则需要及时调整和更换。更换齿轮副后的传感器必须进行相关技术参数测试,测试合格后才能装车使用。

(2)750型滚轮式传感器。

① 传感器特点。

750型滚轮式传感器如图4-3所示。传感器结构紧凑,测量钢丝绳收放功能全由卷收弹簧来完成,卷收弹簧安装在绳轮内。为提高传感器测量精度,在大齿轮上面有一消除齿轮间隙装置,同时为防止钢丝绳脱槽,传感器前面有一钢丝绳导向装置。该深度传感器的全量程为780 mm,测量范围

图4-3 750型滚轮式传感器

为±390 mm,外接±10 V电源,操作力:2~10 N。750型传感器体积小、耐振动、性能稳定、精度高,适用于08-475道岔捣固车等大型养路机械。

② 功能与原理。

750型轮式传感器是用来测量捣固头的作业深度及拨道弦横向移动位置信号。滚轮式传感器工作原理如图4-4所示,捣固车工作时带动传感器里面的测量钢丝绳,钢丝绳拽动绳轮,绳轮与小齿轮共轴,小齿轮再与大齿轮啮合,再拖动电位器旋转,输出信号电压。

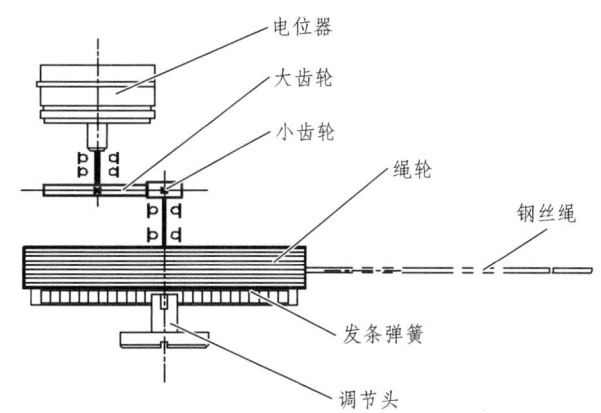

图4-4 750型滚轮式传感器工作原理图

③ 安装与维护。

750HG型轮式传感器在正常作业时不需要额外的维修工作,只需定期清除表面尘土,但由于捣固车工作环境恶劣,加上传感器工作频繁,振动剧烈,如钢丝绳、卷收弹簧、轴承、精密齿轮及电位器等损坏时,则会影响传感器作业精度,这就需要及时更换和维护。

a. 钢丝绳:750HG型轮式传感器所用的钢丝绳为:EL-T576.1.35,长度为2 340 mm,若发现有一股钢丝绳断裂或折叠时,则必须更换整根钢丝绳。更换时注意将钢丝绳拉力调节2~10 N,保证钢丝绳伸缩灵活。

b. 卷收弹簧:卷收弹簧是750HG型轮式传感器关键零件,钢丝绳收放功能全由卷收弹簧来完成,发现钢丝绳拉力不够时就必须调节卷收弹簧工作卷数,保证钢丝绳初始拉力在2~10 N,如卷收弹簧折断就必须更换。

c. 轴承：轴承是 750HG 型轮式传感器敏感传动零件，轴承状态好坏直接影响传感器作业精度，所以当传感器出现故障时，则要判别装在 750HG 型轮式传感器内各种轴承的状态，如轴承生锈、磨损严重、游隙增大等就需及时更换。

d. 电位器：750HG 型轮式传感器所用的电位器为：EL-T500，线性度 ±0.05%。电位器是传感器心脏，当传感器掉信息时，首先要检查电位器状态，如发现螺丝、焊点松动、导线断裂及电位器输出无阻值等故障时，则需要及时维修和更换，更换时要对导线做上标记，以免极性接错。更换电位器后的传感器必须进行相关技术参数测试，测试合格后才能装车使用。

e. 齿轮副：750HG 型轮式传感器所用的齿轮为高精度、小模数齿轮。齿轮副由大齿轮和小齿轮组成，齿轮副状态好坏直接影响到传感器线性度及间隙误差等技术参数，所以当传感器线性度及间隙误差超标时，则需要检查齿轮副的状态，如发现螺丝、螺母松动，大小齿轮啮合间隙过大等故障时，则需要及时调整和更换，更换齿轮副后的传感器必须进行相关技术参数测试，测试合格后才能装车使用。

4）记录仪传感器

① 传感器特点。

如图 4-5 所示为 856 型记录仪传感器，传感器采用精密铝合金壳体，坚固耐用；传感器的全量程为：246 mm，测量范围为 ±120 mm，外接 ±10 V 电源，操作力：≤0.3 N。856 型记录仪传感器线性度好，工作性能稳定，精度高，能承受风沙、雨、雪等恶劣环境的侵袭。适用于 08-32 型捣固车，D09-32 型捣固车，08-475 岔道捣固车等大型养路机械。

图 4-5 856 型记录仪传感器

② 功能与原理。

856 型记录仪传感器是用于测量捣固车作业后线路的矢距值，然后将该值送往记录仪。

在捣固车前后两端装有两个测量小车，靠液压装置紧靠于轨道一侧，两小车之间张紧一根钢丝绳，两小车的距离为 H。当曲率半径 R 值不一样时，矢距值 h 也不一样。因此只要测出 h 值即可知道 R 值的大小。张紧于前后测量小车上的钢丝绳穿过该传感器的拨叉，拖动拨叉左右移动，固定在拨叉上的钢丝绳通过一个滑轮，拽动绳轮转动，然后再通过离合器，带动电位器旋转，从而将拨叉的线位移转换成电位器的角位移输出-电压。记录仪传感器工作原理图如图 4-6 所示。

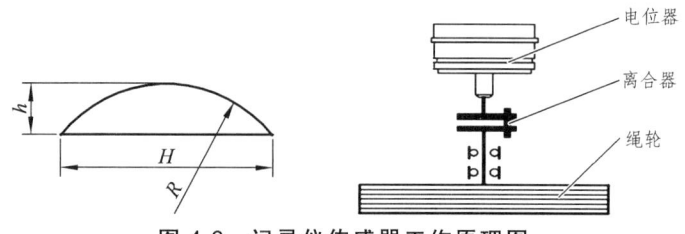

图 4-6 记录仪传感器工作原理图

③ 安装与维护。

该传感器在正常作业时不需要额外的维修工作，只需定期清除表面尘土，但由于捣固车工作环境恶劣，传感器工作频繁，如钢丝绳，张力弹簧，轴承，离合器及电位器等损坏时，则会影响传感器作业精度，这时就要及时更换和维护。

a. 钢丝绳：856型记录仪传感器所用的钢丝绳为长度为1.5 m，若发现有一股钢丝绳断裂或折叠时，则必须更换整根钢丝绳，更换时注意张紧弹簧张力，保证钢丝绳张力适中。

b. 弹簧：弹簧所用的材料为不锈钢钢丝，丝径为ϕ1.2 mm，弹簧伸长量为9~11 mm，如发现弹簧超过这个范围之间，则表明弹簧张力不够，钢丝绳会松动，需要更换弹簧。

c. 轴承：轴承是856型记录仪传感器敏感传动零件，轴承状态好坏直接影响传感器作业精度，所以当传感器出现故障时，则要判别装在856型记录仪传感器上不同轴承的状态，如轴承损坏时需及时更换。

d. 电位器：856型记录仪传感器所用的电位器为：EL-T500，当传感器掉信息时，首先要检查电位器状态，如发现螺丝、焊点松动，导线断裂及电位器输出无阻值等故障时，则需要及时维修和更换，更换时要对导线做上标记，以免极性接错。

e. 离合器：离合器是由上下离合器和离合器轴组成的，离合器轴固定上离合器上。它的好坏直接影响传感器线性度及间隙误差等技术参数，如发现离合器轴与下离合器孔配合松动时则及时更换。更换离合器后的传感器必须进行相关技术参数测试，测试合格后才能装车使用。

5）集成运算放大器的组成和符号

集成运算放大器（简称集成运放）实际上是一个高增益、直接耦合的多级放大器。由于采用直接耦合，所以集成运放既可以放大交流信号，也可以放大变化极为缓慢的信号。

集成运放的类型很多，电路也不尽一致，然而在电路结构上有共同之处，一般由输入级、中间级、输出级和偏置电路几部分组成，如图4-7所示。

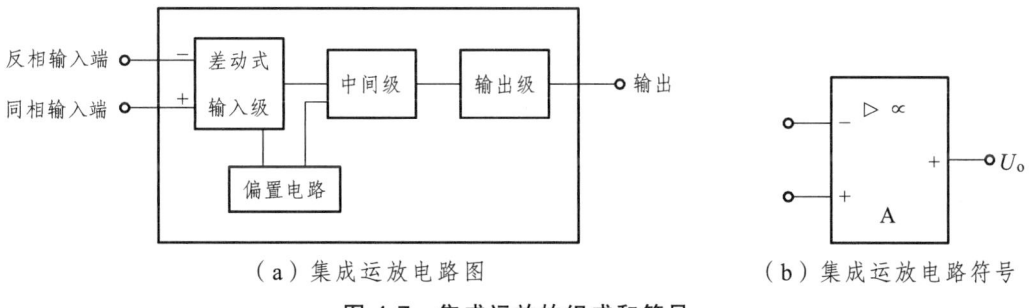

（a）集成运放电路图　　　　（b）集成运放电路符号

图 4-7　集成运放的组成和符号

集成运放的电路符号如图4-7（b）所示，它有两个输入端，一个输出端。一个输入端称为反相输入端，用 - 号标出；一个输入端称为同相输入端，用 + 号标出。当两个输入端对地电位相等时，其输出端电压 U_o = 0，即具有零输入时零输出的特点。当给两个输入端输入大小相等、极性相同的信号电压时，称为输入共模信号。要求集成运放对共模信号不起放大作用，理想的集成运放输入共模信号时其共模输出为零。实际上，电路不可能完全理想，一般希望共模信号的电压放大倍数 A_{uc} 尽量地小。当两个输入端输入大小相等、极性相反的信号电压时，称为输入差模信号。集成运放对差模信号有放大作用，差模信号的电压放大倍数越大越好。当反向输入端电压 U_- 大于同相输入端电压 U_+ 时，输出端 U_o 为负；反之 U_o 为正。

图 4-8 所示是集成运放的典型接线图，图中 2、3 是输入端；6 是输出端；1、5 是调零端，通过外接电位器使电路保证零输入时零输出；8、9 是相位补偿端，外接电容进行相位补偿，以防止电路自激；7 是正电源端；4 是负电源端。

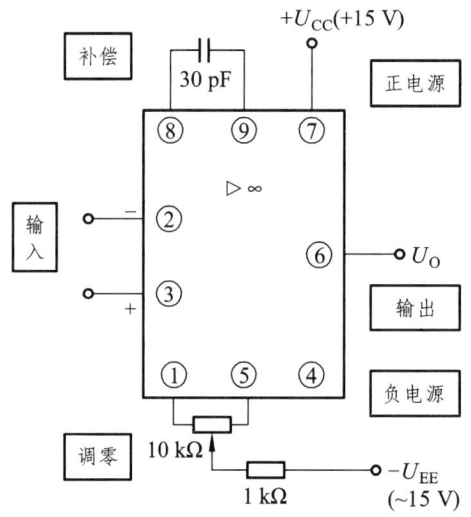

图 4-8 集成运放的典型接线图

（2）分析电路的两个重要根据。

根据集成运放理想化条件，如果集成运放是工作在传输特性的线性区，可以导出简化电路分析的两个重要根据：

① 虚短：集成运放两输入端之间的电压为零，即 $U_- = U_+$。

② 虚断：集成运放两输入端电流为零，即 $I_- = I_+ = 0$。

（3）集成运放的应用。

集成运放在大型养路机械的控制电路中进行信号运算的应用很多，我们重点讲述以下几种。

① 比例运算电路。

a. 反相比例运算电路。

反相比例运算电路如图 4-9 所示。输入信号 U_i 通过 R_1 接到反相输入端，同相输入端通过电阻 R_2 接地。由图可知：因虚断 $i_+ = i_- = 0$，所以 $i_1 \approx i_f$。即 $i_1 = \dfrac{u_i - u_-}{R_1} = i_f = \dfrac{u_- - u_o}{R_F}$。因虚短 $u_- = u_+ = 0$，所以 $u_o = \dfrac{R_F}{R_1} u_i$。

由于 R_1 和 R_f 均为线性元件，所以电路的输出电压 U_o 与输入电压 U_i 成比例（线性）关系，

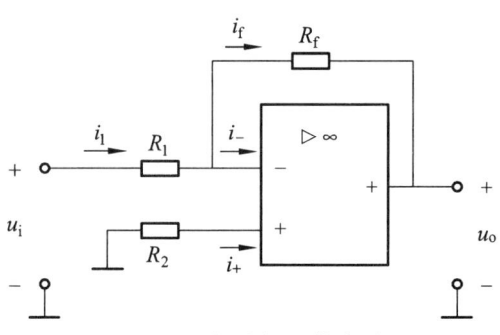

图 4-9 反相比例运算电路图

且输出电压与输入电压反相,故该电路对输入信号实现了反相比例运算。

若取 $R_1 = R_F$,则 $u_o = -u_i$,说明电路的输出与输入电压大小相等,相位相反,实现了反相运算,称为反相器。

b. 同相比例运算电路。

同相比例运算电路如图 4-10(a)所示。电路的输入信号 U_i 从同相输入端输入,反相输入端通过电阻 R_1 接地,输出电压仍通过 R_f 反馈到反相输入端。

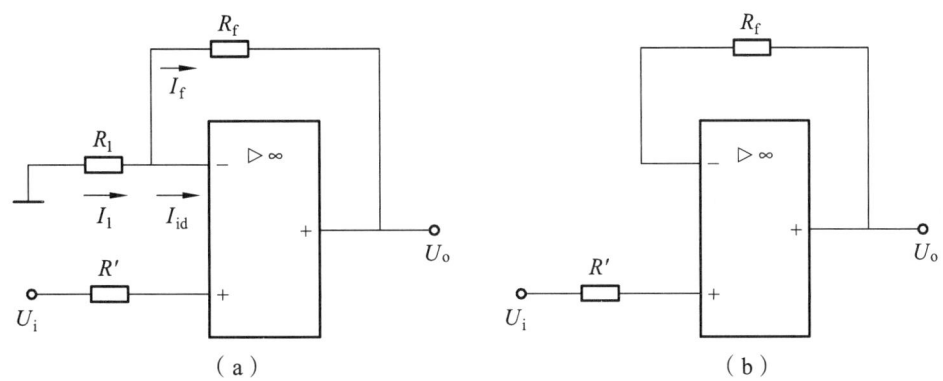

图 4-10 同相比例运算电路图

由虚短可得:$U_+ = U_- = U_i$

由虚断可得:$I_1 = I_f$

由图 4-10(a)可求出

$$I_1 = \frac{0 - U_-}{R_1} = -\frac{U_i}{R_1} = I_f = \frac{U_- - U_o}{R_f} = \frac{U_i - U_o}{R_f} = \frac{U_i}{R_f} - \frac{U_o}{R_f}$$

所以 $U_o = \left(1 + \dfrac{R_f}{R_1}\right) U_i$;可见输出与输入电压同相且成比例关系,即可完成同相比例运算。电路的电压放大倍数为

$$A_{uf} = 1 + \frac{R_f}{R_1}$$

在图 4-10(a)电路中,当 $R_1 \to \infty$(开路)时,变为图 4-10(b)所示电路,这时 $U_o = U_i$ 即输出电压与输入电压的大小相等、相位相同,称为电压跟随器。

【例1】 电路如图 4-10(a)所示。若 $R_1 = 5.1 \text{ k}\Omega$,$R_f = 100 \text{ k}\Omega$,当 $U_o = 1 \text{ V}$ 时,$U_i = ?$ 若 $R_f = 100 \text{ k}\Omega$,$A_{uf} = 20$ 时,$R_1 = ?$

解:由公式 $U_o = \left(1 + \dfrac{R_f}{R_1}\right) U_i$ 可得

$$U_i = \frac{R_1}{R_f + R_1} U_o = \frac{5.1}{100 + 5.1} \times 1 = 0.049 \text{ (V)}$$

$$R_1 = \frac{R_f}{A_{uf} - 1} = \frac{100 \times 10^3}{20 - 1} = 5.26 \text{ (k}\Omega\text{)}$$

c. 加法器。

加法运算电路如图 4-11 所示。输入/输出之间的关系为

$$U_\text{o} = -\left(\frac{R_\text{f}}{R_1}U_\text{i1} + \frac{R_\text{f}}{R_2}U_\text{i2}\right)$$

若 $R_1 = R_2 = R_\text{f}$，则有 $U_\text{o} = -(U_\text{i1} + U_\text{i2})$，该式表明，输出电压 U_o 等于两输入电压之和，即可完成两个信号的加法运算，故称为加法运算电路，负号表示输出与输入电压反相。

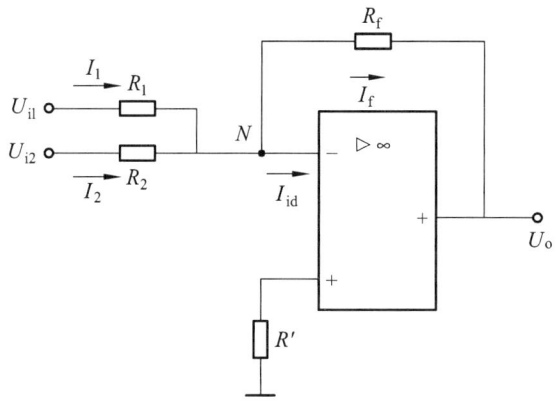

图 4-11 加法运算电路图

【例 2】 在图 4-12 所示加法运算电路中，已知 $U_\text{i1} = 0.2$ V，$U_\text{i2} = -0.3$ V，$U_\text{i3} = 0.4$ V，$R_1 = 20$ kΩ，$R_2 = 10$ kΩ，$R_3 = 5$ kΩ，$R_\text{f} = 20$ kΩ。试求输出电压 U_o 和电阻 R' 之值。

解：由公式 $U_\text{o} = -\left(\dfrac{R_\text{f}}{R_1}U_\text{i1} + \dfrac{R_\text{f}}{R_2}U_\text{i2}\right)$ 可得

$$U_\text{o} = -\left(\frac{R_\text{f}}{R_1}U_\text{i1} + \frac{R_\text{f}}{R_2}U_\text{i2} + \frac{R_\text{f}}{R_3}U_\text{i3}\right) = -\left(\frac{20}{20} \times 0.2 - \frac{20}{10} \times 0.3 + \frac{20}{5} \times 0.4\right)$$
$$= -(0.2 - 0.6 + 1.6) = -1.2 \text{（V）}$$

$$R' = R_1 /\!/ R_2 /\!/ R_3 /\!/ R_\text{f} = \frac{1}{\dfrac{1}{20 \times 10^3} + \dfrac{1}{10 \times 10^3} + \dfrac{1}{5 \times 10^3} + \dfrac{1}{20 \times 10^3}} = 2.5 \text{（kΩ）}$$

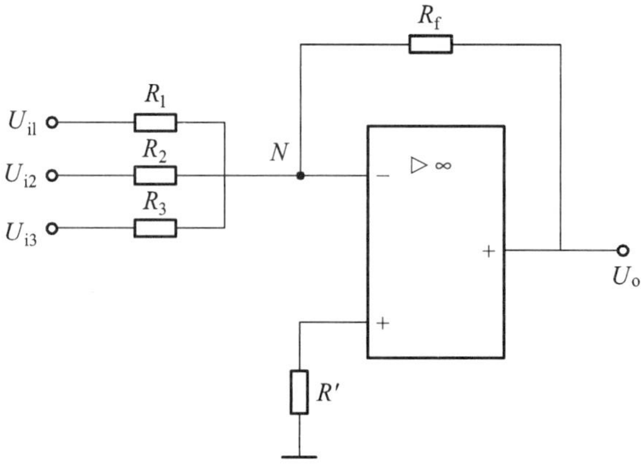

图 4-12 例 2 电路图

d. 减法器。

减法运算电路如图 4-13 所示,输入信号 U_{i1} 和 U_{i2} 分别从反相输入端和同相输入端加入,这种输入方式称为差动输入。

输入/输出之间的关系为

$$U_o = -\frac{R_f}{R_1}U_{i1} + \frac{R_3}{R_2+R_3}\left(1+\frac{R_f}{R_1}\right)U_{i2}$$

若 $R_1 = R_2$,$R_f = R_3$,可得 $U_o = -\frac{R_f}{R_1}(U_{i1} - U_{i2})$,该式说明,输出电压与两个输入电压的差值成比例,即可完成两个信号的减法运算,故称为减法运算电路。

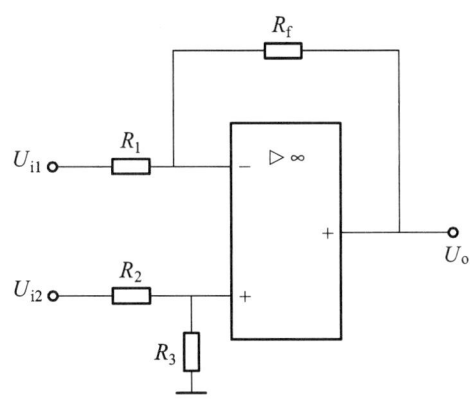

图 4-13 减法运算电路图

【例 3】 电路如图 4-14 所示,已知 $U_{i1} = 0.2$ V,$U_{i2} = -0.3$ V,$U_{i3} = 0.4$ V,$R_1 = 20$ kΩ,$R_2 = 25$ kΩ,$R_3 = 50$ kΩ,$R_4 = 50$ kΩ,$R_5 = 100$ kΩ,$R_{f1} = R_{f2} = 100$ kΩ,$R' = 10$ kΩ,求 U_{o1} 和 U_o。

解:由公式 $U_o = -\left(\frac{R_f}{R_1}U_{i1} + \frac{R_f}{R_2}U_{i2}\right)$ 得

$$U_{o1} = -\left(\frac{R_{f1}}{R_1}U_{i1} + \frac{R_{f1}}{R_2}U_{i2}\right) = -\left(\frac{100}{20}\times 0.2 - \frac{100}{25}\times 0.3\right) = 0.2 \text{(V)}$$

由式 $U_o = -\frac{R_f}{R_1}(U_{i1} - U_{i2})$ 得

$$U_o = -\frac{R_{f2}}{R_3}(U_{o1} - U_{i3}) = -\frac{100}{50}\times(0.2 - 0.4) = 0.4 \text{(V)}$$

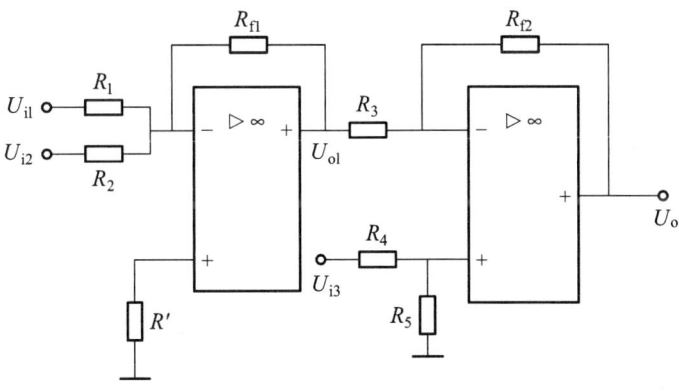

图 4-14 例 3 电路图

子任务二 捣固装置升降控制系统的认知

1. 捣固装置升降控制系统组成

捣固装置的提升与下降控制系统,是由两个独立的闭环自动控制回路组成的,包括捣固深度输入级，捣固头比例控制板，传感器和液压部件。在此只叙述其中的一个电路。此叙述也适用于其他捣固装置。

捣固装置升降控制系统组成如图 4-15 所示。捣固作业时，通过电位器设定好捣固深度，通过深度指示器显示捣固深度设定值，同时输入级又有比例阀的电流显示表来指示比例阀的电流情况，当踩下踏板后，信号经过捣固头比例控制板处理后，使得比例阀工作，驱动捣固装置执行油缸升降带动捣镐动作，并由捣固深度传感器来检测捣固装置是否到位。

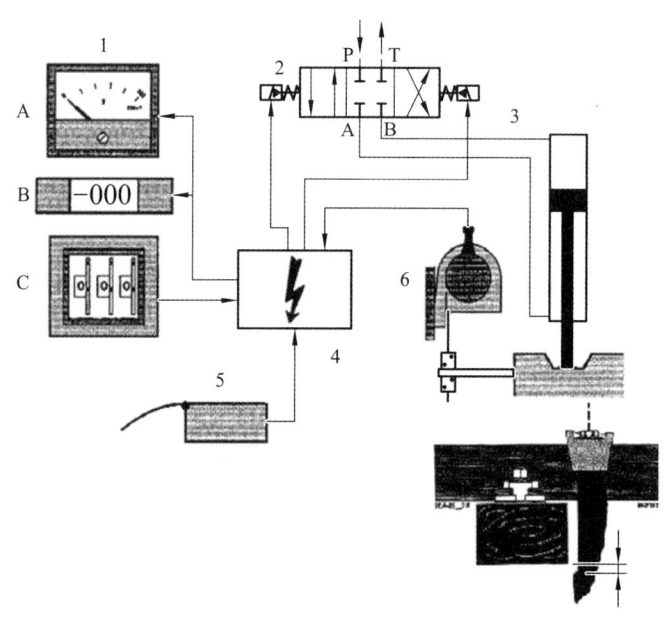

图 4-15 捣固装置升降控制系统组成

1—输入级（A 比例电流显示表、B 捣固深度指示器、C 捣固深度给定电位器）；2—比例阀；
3—捣固装置执行油缸；4—捣固头比例控制板；5—捣固装置踏板；6—捣固深度传感器

2. 捣固装置升降控制工作原理

捣固装置升降控制系统的电路框图如图 4-16 所示。捣固装置有左右两个，分别由装在 B2 箱内的左右两个捣固头比例控制板控制。捣固深度的给定是由装在 B2 箱面板上的拨盘电位器 2f13 设定的，电位器的输出电压随着给定捣固深度线性变化。实际的捣固深度由深度传感器测得（左 1f14，右 1f15），测得的输出电压作为系统的反馈信号，最大输出电压为 ±10 V，零点以上为负，零点以下为正。左右两侧捣固头的上升和下降由比例伺服阀驱动，左侧比例伺服阀（上升伺服阀 1S19，下降伺服阀 1S17）右侧比例伺服阀（上升伺服阀 1S20，下降伺服阀 1S18）。

捣固系统负责捣固作业，当需要捣固装置下降时，来自程控系统的捣固装置下降信号产生（左 Q10，右 Q11），使端子 12d 接地，继电器 RE1、RE2、RE5 常开触头闭合，使电路接通，控制板的深度给定信号（2f13）经过滤波和放大电路处理后驱动控制捣固头左右两侧的下降比例伺服阀（左下降 1S17，右下降 1S18）动作，此时流过比例伺服阀的控制电流为 570 mA 左右，捣固装置开始下降。当捣固装置下降到指定深度时，来自深度传感器（左 1f14，右 1f15）的反馈电压与深度给定信号的差值经过反馈电路处理后，使得比例伺服阀电流减小到 0，捣固装置停止下降。

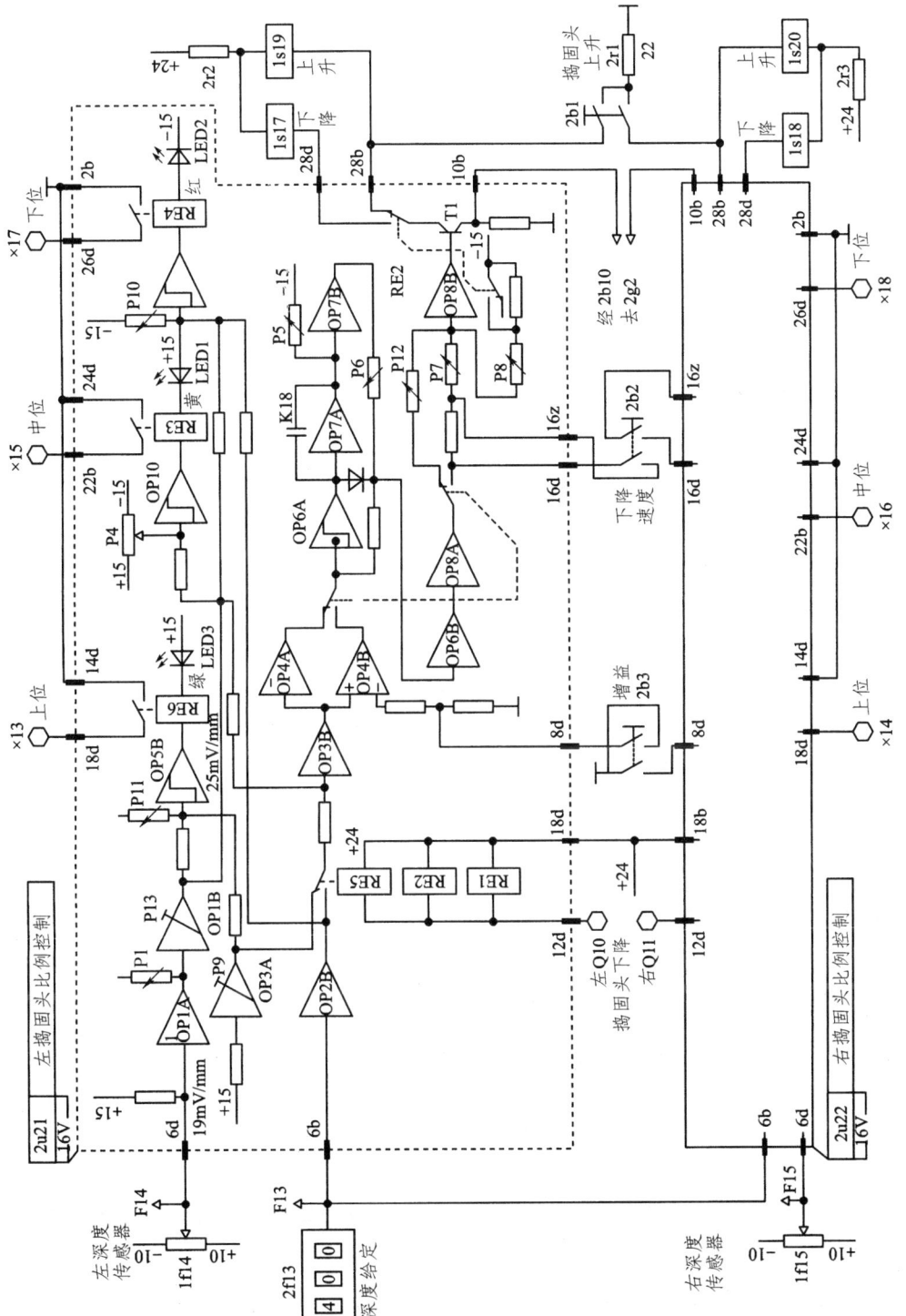

图 4-16 捣固装置升降控制系统的电路图

当完成捣固需要捣固装置提升时，来自程控系统的捣固装置下降信号消失（左 Q10，右 Q11），使端子 12d 不接地，继电器 RE1、RE2、RE5 失电，继电器常闭触头复位，接入运放。捣固装置上升高度的给定电压由运放输出电压决定，该值经过滤波和放大处理后形成捣固头上升伺服电流通路（该电流最大值约 500 mA），驱动控制捣固头的上升比例伺服阀（左上升 1S19，右上升 1S20）动作，捣固装置上升。当捣固装置上升到指定高度时，反馈信号与指定高度的差值经电路处理后，使得上升比例伺服阀电流减小到 0，捣固装置停止上升。

子任务三　捣固装置升降控制系统分析

捣固装置升降控制系统是一个包括电路、液压部件和传感器组成的闭环控制系统。装在 B2 箱面板上的拨盘电位器 2f13 担任捣固深度给定。其输出电压值随给定深度而线性变化。当给定深度为 400 mm 时，2f13 的输出电压为 –10 V。深度传感器（左 1f14，右 1f15）的输出电压作为反馈信号，最大输出电压为 ±10 V，零点以上为负，零点以下为正。捣固深度反馈信号由插件的 6d 端子送入运算放大器 OP1A 的同相端。OP1A 为一电压跟随器，起隔离作用。运放 OP1B 担任捣固装置位置的调零并兼作放大倍数调整，其闭环放大倍数通过电位器 P_{13} 可在 0.78 ~ 1.5 内调整，正常工作时应调在 1.32 倍。由 2f13 来的深度给定负电压信号经插件的 6b 端子送到运放 OP2B 的反相端。OP2B 为一反相器，其输出的正电压经继电器 Re5 的触点送到运放 OP3B 的反相端，在 OP3B 中与来自 OP1B 的反馈信号相比较，OP3B 将给定信号和反馈信号的差值进行倒相，以满足后级运放 OP4B（捣固装置下降时）和 OP4A（捣固装置上升时）的极性要求。OP4B 和 OP4A 为捣固装置下降和上升控制调节器。

1. 捣固装置下降控制电路分析

当需要捣固装置下降时，来自程控电路的捣固装置下降信号产生（左 Q10，右 Q11）。插件的 12d 端子接 OD，18b 端子的 +24 V 电压使继电器 Re1、Re2、Re5 得电吸合。来自 2f13 的深度给定信号经 OP2B、Re5 的得电闭合触点和 OP3B 送到 OP4B。由于 OP4B 的放大倍数较大（约 4.55 倍），当捣固装置尚未来得及下降时，OP4B 输出约 –14 V 的饱和电压。该电压经 OP6B 和 OP8A 两次倒相，再经 P_7 送到 OP8B 的反相端，OP8B 输出的正电压使晶体管 T_1 导通，电流加大，+24 V 电压经 2r2（2r3）→捣固装置下降比例伺服阀（左 1S17，右 1S18）→端子 28d→RE2 得电闭合触点→T_1→R_{76}→OD，此时比例伺服阀流过最大值为 570 mA 左右的控制电流，捣固装置开始下降。

当捣固装置下降到指定深度时，深度传感器（左 1f14，右 1f15）来的正极性反馈电压送到调节器 OP4B，使 OP4B 的输出退出负饱和回 0，并出现数值不大的正电压，再经 OP6B、OP8A、OP8B 的作用使 T_1 截止，比例伺服阀电流减小到 0，捣固装置停止下降。

2. 捣固装置上升控制电路分析

当捣固完成需要捣固装置上升时，来自程控电路的捣固装置下降信号（左 Q_{10}，右 Q_{11}）消失，继电器 Re1、Re2、Re5 断电。捣固装置上升高度的给定电压由 OP3A 的输出电压决定。OP3A 的输入电压为固定 +15 V，其输出电压可在 $-6.95 \sim -1.25$ V 调节，在作业时捣固装置的上升高度可在 $50 \sim 263$ mm 调节。一般规定捣固装置的作业上位在 0 位以上 100 mm 处，因此应调节 P_9 使 OP3A 的输出电压为 25 mV × 100 = 2.5 V。此时由运放 OP4A 担任调节器。和捣固装置下降时一样，OP4A 输出的负电压经 OP6B、OP8A、P_{12}、OP8B 使 T_1 导通，电流增大，此时 +24 V 电压经 2r2、上升比例伺服阀 1S19（1S20）、28b、T_1、R_{76}、到 OD，形成捣固头上升伺服电流通路（该电流最大值约 500 mA），捣固装置上升。当捣固装置上升到指定高度时，OP4A 输出电压回零位，T_1 截止，捣固装置停止上升。电阻 R_{76} 为比例伺服电流取样电阻，阻值为 1 Ω。将 R_{76} 上的电压经开关 2b10 加到 0.75 V 满度的电压表 2g2 上，即可从 2g2 上读出伺服电流值。

不论捣固装置下降或上升，当给定电压刚加入时，即捣固单元下降信号 Q_{10}、Q_{11} 刚到来或消失的瞬间，捣固装置还来不及动作，此时 OP4B 或 OP4A 输出负饱和电压，约 -14 V，该电压除了送到 OP6B，同时还送到 OP6A，使 OP6A 输出 -14 V 左右的负饱和电压。由于 OP6A 对负输入电压处于开环放大状态，放大倍数极大，此负饱和电压将一直保持，该电压送到 OP7A 的反相端。在此以前 OP7A 已经有 -10.6 V 的输出电压，此电压与经 P_5 来的 -15 V 电压相叠加，使 OP7B 输出 +12.2 V 的电压。此电压经 P_6 送到 OP6B 的输入端与来自 OP4B 或 OP4A 的 -14 V 电压恰好相互抵消。此时 OP6B 输出电压为零。OP8A 输出亦为 0，但来自 P_8、R_{78} 的 -15 V 预置电压，已经加到 OP8B 的输入端，使 T_1 导通，比例伺服阀中流过预置电流。由于 OP7A 为一积分器，来自 OP6A 的 -14 V 电压送来后，使 OP7A 的输出电压从 -10.6 V 逐渐变成 $+10.6$ V。这时 OP7B 的输出电压也从 +12.2 V 逐渐变到 0，OP6B 的输出电压从 0 逐渐变到 +14 V。因此比例伺服阀 1S17 ~ 1S20 的电流从预置电流逐渐上升到最大值，这样就可以避免捣固头的冲击。

当捣固装置动作到位时，比例阀中通过预置电流 250 mA，但比例阀的阀值电流为 200 mA，即是说此时比例阀中仍有液压油通过，这就迫使捣固装置到达指定的位置时仍继续移动。当深度传感器来的反馈电压的绝对值比给定电压的绝对值略大时，使得 OP4B 或 OP4A 的输出电压变为正值。只要有很小的正电压加到 OP6A 的输入端，OP6A 立刻输出正饱和电压，约 +14 V，该正电压加到 OP6B，使 OP6B 负饱和，OP8A 正饱和，晶体管 T_1 立即截止，比例伺服阀电流降到 0，捣固装置停止动作。随着 OP6A 输出的 +14 V 电压对电容 K_{18} 的充电，OP7A 的输出由 +10.6 V 逐渐向 -10.6 V 变化，OP7B 的输出也由 0 逐渐升高到 +12.2 V，为捣固装置下一步动作的缓冲做好准备。

当比例伺服阀工作时，线圈中首先流过一定的预置电流或称偏置电流，让滑阀克服弹簧的作用力使阀口处于临界开放状态。该预置电流系在 OP8A 输出电压为 0 的情况下通过调节 P_8 来确定的，一般调到 250 mA 左右。捣固装置上升比例伺服阀中的预置电流由于电路中串入了电阻 R_{72} 要比下降比例伺服阀中的预置电流略小一些。B2 面板上的"下降速度"控制开关 2b2 扳到 2 位，即闭合位时，经插件的 16d、16z 端子将电阻 R_{64} 短接，下降比例伺服阀中的电流较大。当 2b2 扳到 1 位，即断开位时，R_{64} 接入，伺服电流减小，捣固装置下降的速度减慢。

1. 深度传感器分几种类型，各自的作用是什么？
2. 记录仪传感器的作用是什么？
3. 集成运放分析的两个重要依据是什么？
4. 简述捣固装置升降控制系统的组成。
5. 简述捣固装置升降控制系统的工作原理。

任务五　拨道控制系统

子任务一　拨道控制系统中相关元器件的认知

1. 拨道系统基本电气元件

1）旋转电位器

电位器实际上就是可变电阻器，由于它在电路中的作用是获得与输入电压（外加电压）成一定关系的输出电压，因此称之为电位器。电位器通常由电阻体和可移动的电刷组成。当电刷沿电阻体移动时，在输出端即获得与位移量成一定关系的电阻值或电压。广泛应用于电子电路中，一般起调节电压和电流大小的作用。电位器阻值的单位与电阻器相同，基本单位也是欧姆，用符号 Ω 表示。电位器在电路中一般用字母 R 或 RP 表示，图 5-1 是其电路图形符号。

（1）电位器的作用。

电位器在电路中的主要作用有以下几个方面：

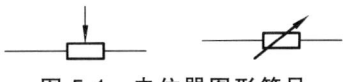

图 5-1　电位器图形符号

① 用作分压器。

当调节电位器的转柄或滑柄时，动触点在电阻体上滑动，此时在电位器的输出端可获得与电位器外加电压和可动臂转角或行程成一定关系的输出电压。

② 用作变阻器。

电位器用作变阻器时，应把它接成两端器件，这样花电位器的行程范围内，便可获得一个平滑连续变化的电阻值。

③ 用作电流控制器。

当电位器作为电流控制器使用时，其中一个选定的电流输出端必须是滑动触点引出端。在捣固车的拨道控制系统中，我们主要用于人工输入移动量（拨道误差）的调整电位计。

2）数字电位器

数字电位器一般是由角度传感器电路、数据处理电路、信号转换电路组成的半导体集成电路。角度传感器电路是数字电位器的重要组成部分，它将角度变化量采集转换成随角度变化的模拟信号。数据处理电路是一种特殊的模/数转换电路，转换后的数字量代表 0～360°的角度值。信号转换电路根据需要将角度值转换成模拟量（电压/电流）信号或串行数字信号输出。与机械式电位器相比，数字电位器取消了电阻基片和电刷。其优点为：调节精度高；没有噪声，有极长的工作寿命；无机械磨损；用于自动控制系统可以实现对角度位置的精确测量，也可以利用输出反馈信号与角度变化成线性比例的特性，通过驱动转轴实现输出调节功能。

在捣固车的拨道控制系统中，我们主要用数字电位器精确输入曲线修正值或前端轨道偏移量到控制系统中。

3）矢距传感器

（1）传感器的特点。

如图 5-2 所示为 609 型正矢传感器，主要用于测量线路曲线的矢距。传感器采用精密铝合金壳体，坚固耐用；传感器的核心部件采用高精度电位器及精加工齿轮等各种精密结构件，线性度好，工作性能稳定，精度高。适用于 08-32 型捣固车，D09-32 型捣固车，08-475 岔道捣固车，WD-320 型线路动力稳定车等大型养路机械。

图 5-2　609 型正矢传感器

（2）功能与原理。

正矢传感器工作原理如图 5-3 所示。在 08-32 型捣固车前后两端装有两个测量小车，靠液压装置紧靠于轨道一侧，两小车之间张紧一根钢丝绳，两小车的距离为 H。当曲率半径 R 值不一样时，矢距值 h 也不一样。因此只要测出 h 值即可知道 R 值的大小。张紧于前后测量小车上的钢丝绳穿过该传感器的拨叉，拖动拨叉左右移动，固定在拨叉上的钢丝绳通过两个滑轮，拽动绳轮转动，然后再通过一对啮合齿轮，带动电位器旋转，从而将拨叉的线位移转换成电位器的输出信号电压。

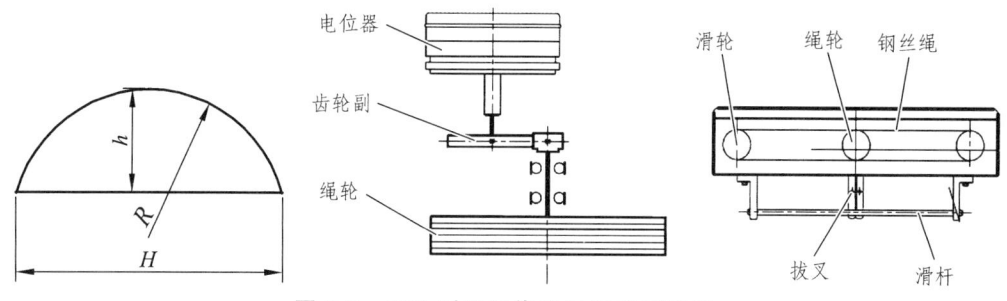

图 5-3　609 型正矢传感器工作原理图

注意：在每次捣固作业前一定要注意清除轨道间的障碍物，因为该传感器安装在捣固车底部，距轨面较近，易与轨道内障碍物碰撞，特别是捣固作业时冲击较大，如果碰到障碍物极易损坏传感器。

4）电液伺服阀

电液伺服阀既是电液转换元件，又是功率放大元件，它能够把微小的电气信号转换成大功率的液压能（流量和压力）输出。从而实现了一些重型机械设备的伺服控制。液压伺服系统是使系统的输出量，如位移、速度或力等，能自动地、快速而准确地跟随输入量的变化而变化，与此同时，输出功率被大幅度地放大。

电液伺服阀主要由电力转换器、力位移转换器、前置级放大器和功率放大器等四部分组成。电力转换器：包括力矩马达（转动）或力马达（直线运动），可把电气信号转换为力信号；力位移转换器：包括钮簧、弹簧管或弹簧，可把力信号变为位移信号而输出；前置级放大器：包括滑阀放大器、喷嘴挡板放大器、射流管放大器；功率放大器（滑阀放大器）：

由功率放大器输出的液体流量则具有一定的压力，驱动执行元件进行工作。

拨道控制系统中的电液伺服阀，它根据来自程控的自动拨道开始信号，接受拨道总信号来驱动伺服阀使液压拨道系统进行拨道，当拨道总信号变为 0，电液伺服阀中无电流而停止拨道。

子任务二　拨道控制系统组成及工作原理的学习

拨道作业的目的是为了消除线路方向偏差使曲线圆顺，直线直。捣固车进行拨道作业时，拨道量的大小和方向，是由安装在捣固车上的线路方向偏差检测装置测出的，经电路调理后输出控制信号，给电液伺服控制的拨道机构自动地进行拨道作业。

08-32 捣固车采用单弦检测装置检测线路方向偏差，它有四点法偏差检测，三点法偏差检测及激光直线矫正三种偏差自动检测拨道方式。具体的作业模式如下：

1）四点法拨道作业

四点法检测原理是以检测圆曲线的方法为基础，用四点法测量轨道并通过比较两个正矢来控制拨道系统，减少存在的误差，使彼此适应，得到准直后的线路。在直线区段和圆曲线区段，测量系统和准直系统是全自动作业的；在缓和曲线区段，则需要设置手动或自动设置修正值。

2）三点法拨道作业

三点法检测是以检测直线为基础，轨道通过三点测量，并根据指定的理论正矢进行拨道，在进行圆曲线检测时，需要手动或者自动输入相应的理论矢距值，否则圆曲线的整正就无法进行。

3）激光准直作业

激光准直仅用于长直线路的作业。

1. 拨道控制系统的组成及工作原理

1）拨道系统组成

拨道系统是由一个闭环的控制系统组成，包括相应的测量装置、电子控制和执行拨道的液压机构等。

拨道控制系统如图 5-4 所示。

检测小车（A、B、C、D）用气压预加载到所选择的基准轨上，在 A、D 检测小车之间，拉一根钢丝弦线作为检测基准，A 点检测小车上的气缸把钢丝弦线拉紧，在 A 端不能左右移动，在 B、C 检测小车各装有一个测量矢距的传感器，弦线穿过矢距传感器上的拨叉，当线路方向有偏差时，弦线带动拨叉使矢距传感器上的电位器转动，输出一个模拟矢距的电压值 H_1，H_2。经运算放大器输出一个比较偏差信号 D_1，与前端轨道偏移量 FD（人工提供）或 GVA 来的拨道修正信号 V（自动给出）进行比较，输出拨道总信号 D_2 给电液伺服阀 H_y，H_y 将电信号转换成液压信号，使液压油进入拨道油缸，拨道油缸推拉拨道轮 R 使轨道左右移动来消除线路偏差。拨道系统控制信号具体如图 5-5 所示。

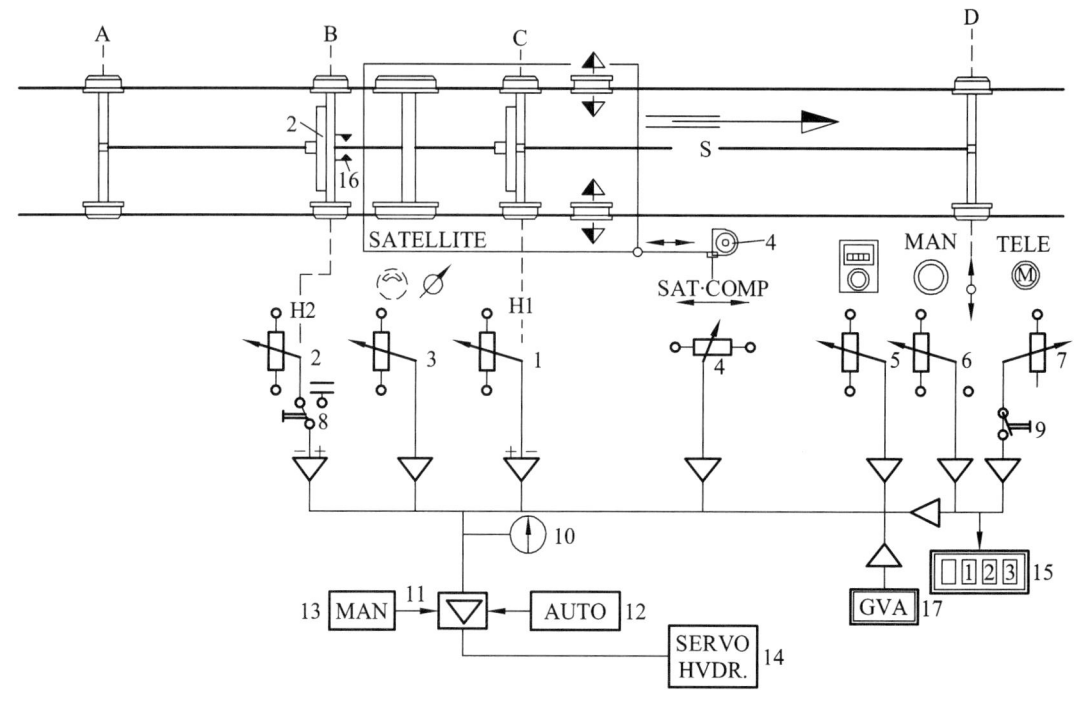

图 5-4 拨道控制系统组成

1—测量拨道正矢"H_1"的拨道传感器；2—测量拨道正矢"H_2"的拨道传感器；3—零点电位计；4—测量状况依赖于捣固小车的自适应位置传感器；5—人工输入曲率修正值（V、F、W 及相应的 HV、HF、HW）的数字电位计；6—人工输入移动量（拨道误差）的调整电位计；7—遥控输入移动量（TELE 操作、激光或者准直装置的遥控操作）的调整电位计；8—三点测量系统选择器；9—TELE 操作选择器；10—拨道指示器；11—拨道总信号；12—自动拨道控制信号；13—拨道系统的人工控制；14—液压拨道系统的伺服控制；15—修正值指示器；16—三点拨道的弦固定叉；17—GVA 系统（轨道几何形状自动调整）；18—遥控接收调整马达；A—后张紧小车；B—测量小车；C—拨道小车；D—前张紧小车；S—拨道弦；i—正矢比例 $H_1:H_2$

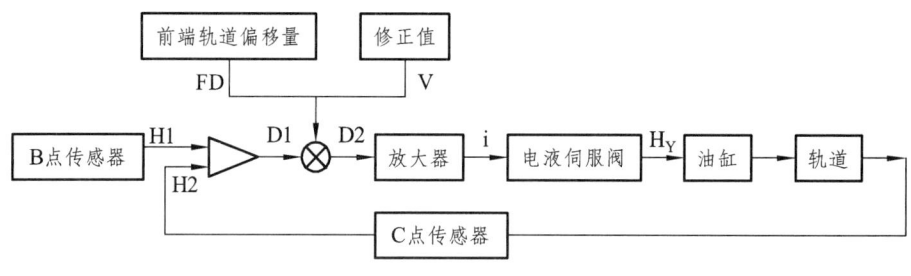

图 5-5 拨道信号图

2）拨道系统的工作原理

拨道系统的控制电路图如图 5-6 所示。

（1）四点法工作原理。

四点法检测拨道系统是一个按已整正过的圆曲线的 B 点矢量距离为设定信号，C 点矢量距离为反馈信号组成的电液伺服控制系统。四个小车放在轨道上，并被预加载压向某一股钢轨，测量钢弦被张紧于 A、D 小车之间，弦 AD 的方向即成为准直方向，三点式拨道

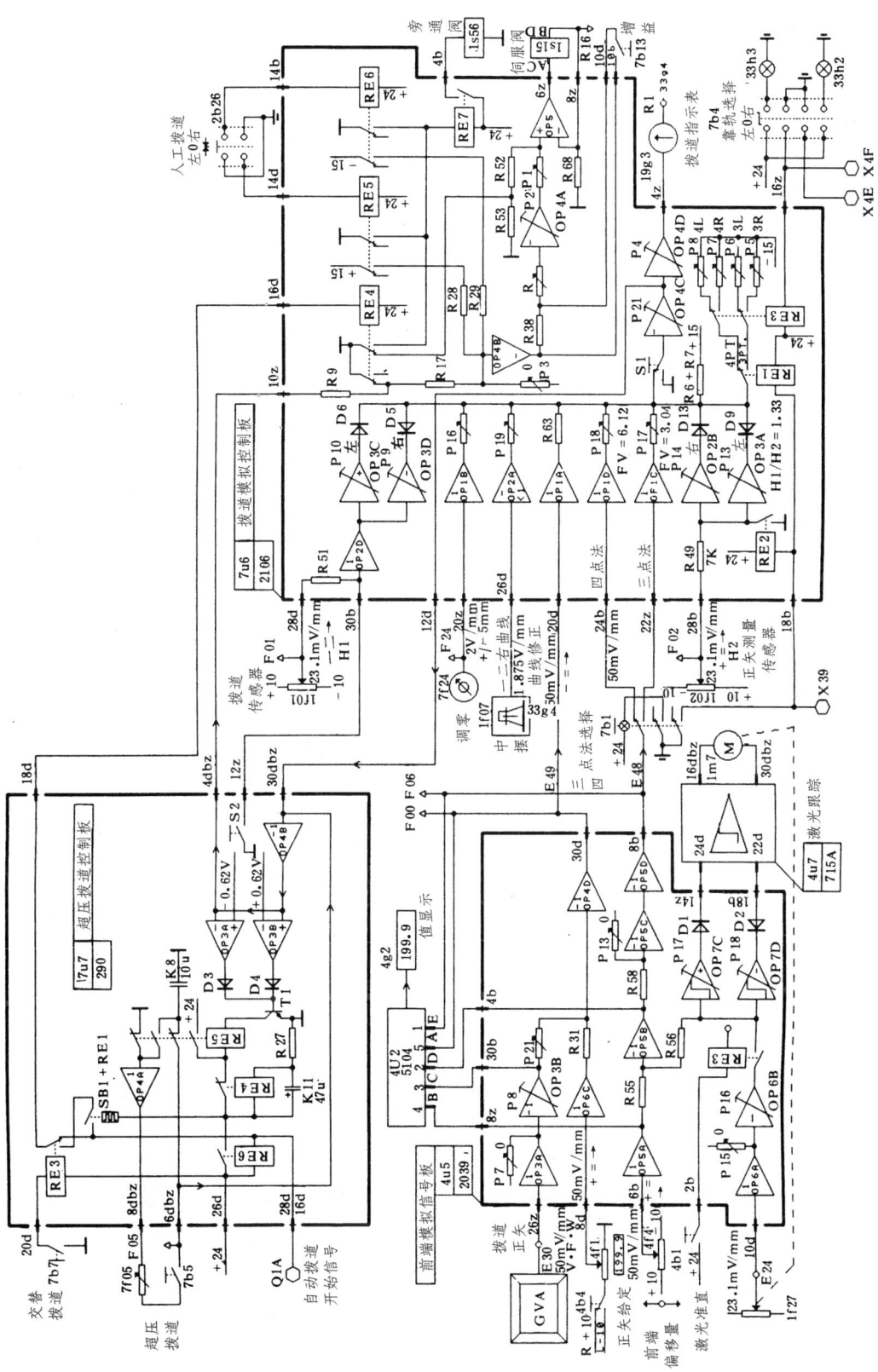

图 5-6 拨道系统的电路图

的弦固定叉 16 被抬起。拨道传感器 1f01 和矢距测量传感器 1f02 的叉子卡于钢弦 AD 上，传感器的拨叉由钢弦带动，而传感器拨叉的运动又将带动传感器中的电位器旋转，这样就将矢矩量转换为与矢距值相对应的电信号，并送入电子控制系统。矢矩量 H_2 乘以矢距比之后以（与 H_1）相反的极性加到拨道信号总线上。同时，在前驾驶室中将曲线修正值或前端轨道偏移量分别通过数字电位器 5 和电位器 6 送入控制系统中。如果线路曲线已输入 GVA 中，GVA 已通过内部线路与控制系统相连，GVA 即会将修正值自动送到控制系统。此时就不再需通过数字电位器 5 输入，而必须将数字电位器置于 000-0 mm 上，但 GVA 中没有前端轨道偏移量 FD 值送出。数字电位器 6 经四点式的偏差减小率的比例变换后再加至拨道信号总线上，同时还有零点校正信号 3 和曲线修正信号 4 加至信号总线上。这就形成了拨道的总信号。

拨道总信号一路送到拨道指示表 10（19g3 和 33g4），当拨道完成时，拨道指示表应指向 0 位；另一路则送到拨道伺服放大器。自动拨道时，伺服放大器受控于来自程控的自动拨道开始信号 Q1A，伺服放大器控制拨道伺服阀而使液压拨道系统进行拨道。拨道时，矢距传感器将矢距 H_1，检测出来又回送到总信号线上。当矢矩传感器检测到的矢矩 H_1 达到要求时拨道总信号变为 0，伺服阀中无电流而停止拨道。当手动拨道时，拨道总信号不参与拨道控制，仅手动拨道信号直接控制伺服系统进行拨道，但拨道指示表仍继续指示。当拨道指示表针指向 0 位时则停止拨道，这样就完成了手动拨道。

（2）三点法工作原理。

三点式拨道的钢弦固定叉卡于钢弦上。三点式与四点式的选择开关 7b1 置于三点式，这样就切除了矢距测量传感器 2（1f02），即不使用矢距 H_2 测量传感器。在前驾驶室中的数字电位器 5（4f1）送入作业点的理论正矢值而不再是送入四点式时的修正值；当使用 GVA 时，GVA 会自动地将理论矢距值送到拨道控制回路中。此时需将数字电位 4f1 置于 000-0 mm 位置。送到拨道信号总线上的理论矢距与从拨道传感器 1f01 送到总线上的线路实际矢距 H_1 值比较，其差值信号送去控制伺服放大器，通过控制拨道伺服阀从而控制液压拨道系统。当理论矢距与拨道传感器 1f01 的矢距 H_1 的差值为 0 时，拨道指示于 0 位，伺服阀中电流为 0，停止拨道。

（3）激光拨道工作原理。

激光准直投入开关 9（4b1）置于 ON 位，无论使用三点式还是使用四点式拨道，数字电位器 5（4f1）和电位器 6（4f4）均置于 0 位。因为直线的理论矢距 $H = 0$，而前端轨道偏移量 FD 由激光接收器处于 FD 值传感器（1f27）输入（取代电位器 6（4f4））。机器正前方的激光发射器发射来的激光束成为作业过程的准直基准方向。当机器前端的轨道线路向左偏移或向右偏移时，激光接收器的跟踪控制电路将驱动电机 18（1m7）控制激光接收器左右移动，使激光接收器始终处于激光光束正好打中的地方。激光接收器又通过拉弦带动 FD 值传感器 1f27 中的电位器随激光接收器的左右移动而旋转，从而将前端轨道偏移量 FD 值转换成电信号送入拨道控制电路。拨道时，当传感器 1f01 检测到的矢距 H_1 与 FD 值送到拨道信号总线上的信号差为 0 时，就完成了对该作业点的准直作业。

（4）超量拨道。

当钢轨处于张紧状态，并有很大的弹性时，用通常的拨道方法完成拨道后，钢轨将向原来的位置反弹，即并未将钢轨拨到所要求的位置上。在这种情况下就需要使用超量拨道，通过对钢轨的拨道以消除弹性变量的影响。如对重型钢轨的拨道作业。

拨道开关 7b5 接通，通过 7f05 可调节超量拨道量。在拨道开始前，合成的拨道信号被存入一存储器中。在拨道一开始时，存储器中的信号通过一定的比例与原来的拨道信号加在一起进行拨道。这样，在这个方向的拨道量就比要求进行的拨道量多出了一个拨道值。当两者和信号的拨道值完成时，控制电路就将来自存储器中的信号切除。这时，由于在合成的拨道信号中超量拨道信号的切除使得合成的拨道信号变成一个与原拨道方向相反的拨道信号。这个信号使得轨道被拨回到要求的位置上。这样通过超量拨道电路的控制就解决了对重型钢轨进行拨道作业时所产生的回弹问题。

2. 拨道系统的控制模块

从拨道系统电路图中我们可以知道，拨道系统主要有前端模拟控制系统，拨道模拟控制系统和超量拨道控制系统，以及激光接收跟踪控制电路构成。以下我们重点介绍各个系统的主要功能。

1）前端模拟控制系统

在拨道系统中，送入前端模拟信号板 4u5（EK-2039LV）的模拟信号共有 4 路：

① 来自 GVA 的拨道量（E30）。

② 来自于数字电位器 4f1 的拨道量。

③ 由电位器 4f4 送来的前端轨道偏移量，即 FD 值。

④ 激光准直时来自于传感器 1f27 的 FD 信号。

前二个信号实际上具有同样的意义并可互相取代。即当使用 GVA 时，4f1 置于 0 位不使用，当不使用 GVA 时，则由 4f1 输入拨道值（正矢值或修正值）。后两个信号也具有同样的意义。只是在曲线作业时必须使用 4f4 来输入前端轨道偏移量 FD，而不能使用 1f27 来代替。1f27 只有在直线段用激光准直作业时才取代 4f4 的输入，此时 4f4 置于 0 位。

来自 GVA 的拨道信号从插件的 26Z 端子输入送到运放 OP3A 的同相端。OP3A 构成一电压跟随器，起阻抗变化和隔离的作用，从 OP3A 输出的信号输入到运放 OP3B 的反相端。OP3B 的反相端还有一路输入信号：由 P_7 分压送来的信号。当从 GVA 送到 26Z 端子的信号为 0 时，OP3B 输出端的信号也应为 0。但由于运放的零点偏移，可能使 OP3B 的输出端并不为 0。此时可通过电位器 P_7 的调节使得 OP3B 输出为 0。OP3B 在此构成反相放大器，P_8 用来调节放大器的放大倍数，可使该级放大器的放大倍数在 −1.221～−0.864 内变化。由于从 26Z 输入的信号是 50 mV/mm，而要求 OP3B 的输出信号也是 50 mV/mm，所以理论上要求 OP3B 反相放大器的放大倍数为 −1。但实际上输入信号可能或多或少地存在偏差，所以加入了 P_8 用来调节放大倍数。OP3B 的输出信号分为两路：一路经端子 30b 送到 4u2 的 C 端再经变换后送到拨道指示表 4g2 去显示；另一路则经电位器 P_{21} 送到运放 OP4D 的反相输入端。

来自数字电位器 4f1 的拨道信号送到插件的 8d 端子送到 OP6C 的同相端。OP6C 构成一电压跟随器，经 OP6C 阻抗变化和隔离后经电阻 R_{31} 又送到运放 OP4D 的反相端。OP4D 为一加法器，P_{21} 用于对来自 GVA 的拨道信号进行校正。OP4D 的输出为来自于 4f1 的信号与来自于 GVA 的经过处理的信号之和。故当使用 GVA 时，4f1 必须置于零位，否则送到后面的控制电路的信号为 4f1 的拨道值与 GVA 来的拨道值之和，这将导致拨道错误。而当使用手动输入时，要求 GVA 输出信号为零。由于 OP3A 是电压跟随器，在手动操作时，最好也开着 GVA，只是必须使 GVA 工作于长直线，即要求 GVA 的输出为零。

OP4D 输出的拨道值信号经插件的 30d 端子送出。该信号分为三路：① 送到 4u2 的 A 端子经变换后供拨道表 4g2 显示；② 送到 B7 拨道控制电路板 7u6 的 20d 端子；③ 送到 40 路信号检测板 7u15（F00）。

开关 4b4 用来选择 4f4 送入的矢距是左矢距还是右矢距。前端拨道偏移量 FD 从电位器 4f4 送出，经插件 6b 输入送到电压跟随器 OP5A。OP5A 的输出经电阻 R_{55} 送到 OP5B 的反相端。OP5B 为一加法器。OP5A 的输出信号同时经端子 8z 送到 4u2 的 B 端，经变换后送到 4g2 显示。

当采用激光准直时，4b1 接通，端子 2b 得 +24 V 电源，继电器 Re3 得电吸合，FD 值传感器 1f27 将信号传送到插件的 10d 端子，送到由 OP6A 构成的电压跟随器。1f27 送出的信号为 23.1 mV/mm。这个信号到 OP6B 构成的零点可调反相放大器。P_{15} 用于零点的调节，要求 OP6B 的输出信号为 50 mV/mm。那么通过调节由 OP6B 中设置的电位器 P_{16} 就能调节放大倍数使 OP6B 的输出信号满足要求。

由于 Re3 得电吸合，OP6B 的输出信号经 Re3 的常开触头再经 R_{56} 也送到 OP5B 反相端。此时 OP5B 的输出电压为

$$V_{OP5B-1} = -(V_{OP6B-1} + V_{OP5A-1})$$

所以在进行激光准直作业时一定要调节 4f4，当 4u2 上的开关在 4 位时，使 4g2 = 0.0 mm，即 $V_{OP5A-1} = 0$。OP5B 的输出信号一路经插件端子 4b 送到 4u2 的 D 端，经变换后供 4g2 显示人工激光准直的 FD 值，另一路经 R_{58} 送到 OP5C。

在 OP5C 的输入端还设计了调零电位器 P_{13}，用以校准运放的零偏。当 OP5C 来的信号为 0 时，调节 P_{13}，OP5C 输出可在 ±0.175 V 之间变化。OP5C 和 OP5D 均为放大倍数为 1 的反相放大器即反相器。

由 4f4 送来的 FD 信号（激光准直时是 1f27 送来的 FD）经过放大、调零和极性变换，最后从 OP5D 经插件 8b 端子送出。这个信号为完整的 FD 信号，分别送至：① 4u2 的端子 E 经变换后到拨道显示表 4g2 显示。② 三点式与四点式的选择开关 7b1。三点式时将这个信号送到拨道控制板 7u6 的 22z 端子，四点式时则送至 7u6 的 24b 端子。③ 40 路信号检测板 7u15（F06）。

2）拨道模拟控制系统

拨道模拟控制系统主要完成以下几项功能：

① 形成拨道控制的总信号：拨道模拟控制板是整个拨道控制系统的中心，参与拨道控制的六路模拟信号全部输入到该板中，形成拨道控制总信号。

② 拨道指示：形成的拨道控制总信号经过运放处理后一路送入拨道指示电路，将拨道的指示方向和拨道量的大小送往拨道指示表 19g3 和 33g4，形成对拨道量的指示。另外一路送往超量拨道控制板。

③ 调节拨道速度和调节伺服阀电流：送往超量拨道控制板的信号经过处理后又送回拨道模拟控制板，该信号主要用于自动拨道和手动拨道过程中，拨道伺服电流的调节。刚开始拨道时，拨道系统以最大伺服电流拨道，随着拨道过程的进行，通常当接近给定拨道值时，拨道伺服电流减小，拨道速度减小。

（1）总拨道信号的形成。

该板是整个拨道模拟控制的中心，参与拨道控制的六路模拟信号全部输入到该板中。它们分别经过极性变换、阻抗变换隔离后，进入到一个加法器，形成拨道的总模拟信号：这个加法器由 OP4C 及其外围电路构成。参与拨道控制的六路模拟信号为：

V_{H2}——矢距测量传感器 1f02 来的信号（H_2）；

V_{H1}——拨道传感器 1f01 来的信号（H_1）；

V_H——三点式时的理论矢距或四点式时的拨道值；

V_0——调零电位器 7f24 来的调零信号；

V_{FD}——前端拨道偏移量（来自于前驾驶室）；

V_{CC}——曲线修正信号（来自于中摆 1f07）。

该加法器具有放大作用，必须注意保证这六路信号之间的相互比例。

① 从前驾驶室来的拨道信号 V_H（E49，F00）。

该信号从插件 20d 端子输入到达由 OP1A 组成的电压跟随器后，仍为 50 mV/mm。从 OP1A 输出送入加法器 OP4C。加法器输出的信号为 0.5 V/mm，则加法器对 V_H 信号的放大倍数 K_H 为

$$K_H = \frac{0.5 \text{ V}}{50 \text{ mV}} = 10 \text{ 倍}$$

其他的五路信号均以此放大倍数 K_H 为基准进行比较。

② 拨道传感器 1f01 来的矢距信号 V_{H1}（F01）。

此信号从插件 28d 端子输入，经电阻 R_{51} 后分为两路。一路从端子 30b 送出到 7u7 的 12z 端子，这一路信号用于调试时从 7u7 中经开关 S_2 将其短路（正常工作时应将 7u7-S2 断开）；另一路信号则至 OP2D 形成的电压跟随器，然后从 OP2D 输出到 OP3C 和 OP3D 的同相端。在这里，OP3C 和 OP3D 所形成的电路将输入的信号按正负极性进入相应的放大器。这样，对于正负极性的信号可以分别进行调节。

当 V_{H1} 信号为正极性时，OP2D 输出正信号经 OP3C 送入加法器。

当 V_{H1} 信号为负极性时，OP2D 输出负信号经 OP3D 送入加法器。

拨道传感器的信号应与拨道信号 V_H 具有相同的比例，但必须极性相反，拨道传感器 1f01 来的信号为 23.1 mV/mm，经加法器后的输出应为 0.5 V/mm，故经计算 P_9 或 P_{10} 为 0.568 kΩ。实际上 P_9 和 P_{10} 均是 1 kΩ 的电位器，即使在输入信号存在一定的误差时也能使加法器的输出为 0.5 V/mm。

③ 矢距测量传感器 1f02 来的信号 V_{H2}（F02）。

V_{H2} 从插件的 28b 端子输入，经 R_{49} 后到 OP2B、OP3A 和 Re2 的常开触点。三点式作业时，由于 Re2 得电其常开触头闭合将此信号短路。四点式作业时，根据其极性（正或负），通过相应的放大器送到加法器。该信号的处理电路与拨道传感器信号 V_{H1} 的处理电

路相同。当 V_{H2} 信号为正时，通过运放 OP2B 后进到加法器；当 V_{H2} 为负时，则通过 OP3A 进入加法器。

四点式作业时，由于矢距比 $H_1/H_2 = 1.33$ 的存在，H_2 需乘以比例系数 1.33 后才能和 H_1 的信号进行比较，所以加法器对 V_{H2} 的放大倍数：

$$K_{H2} = 1.33 K_{H1} = 28.789$$

在这里，电位器 P13 和 P14 用来校准对矢距测量传感器信号的放大，以满足各信号间的比例关系。

④ 前端拨道偏移量信号 V_{FD}（E48，F06）。

三点法作业时：

V_{FD} 信号经三点式与四点式的选择开关 7bl（置于三点式）后从插件的 22z 端子输入，经 OP1C 电压跟随器后送入加法器。此时 24b 端子悬空使 OP1D 输出为零。前端拨道偏移信号为 50 mV/mm，需经过三点式的方向偏差残留系数变换后，构成总拨道信号的一部分。电位器 P_{17} 来校准 OP4C 对 FD 的放大量

四点法作业时：

7bl 开关置四点式位置，此时 V_{FD} 信号经 7bl 后从插件的 24b 进入，经 OP1D 送到加法器。此时 22z 端子悬空使得 OP1C 输出为零，即此路无信号送到加法器。电位器 P_{18} 来校准 OP4C 对 FD 的放大量。

⑤ 调零电位器 7f24 来的信号 V_0（F24）。

该信号从插件 20z 端子输入，到 OP1B 形成的电压跟随器输入端，经阻抗变换隔离后送入加法器。

$V_0 = 2$ V/mm，而加法器输出为 0.5 V/mm，则 $K_{V0} = \dfrac{0.5 \text{ V}}{2 \text{ V}} = 0.25$，电位器 P_{16} 调节调零放大系数。加于 7f24 上的电压为 ±10 V，所以 7f24 能够校准的零点范围为 −5 ~ +5 mm。

⑥ 曲线修正信号 V_{CC}（F07，来自于中摆）。

V_{CC} 信号（F07）来自于作业区的电子摆 1f07，电子摆所测出的信号是线路的超高。为什么线路的超高信号与拨道有关呢？

如图 5-7 所示，机械作业于一条左轨上，其右轨比左轨高。在拨道小车上的拨道传感器所测出的矢距是图 5-7 中 EF 方向的矢距，而不是水平方向的拨道矢距。实际输入拨道系统的拨道值是水平方向的拨道矢距，于是实际拨道完成后的线路就达不到要求的拨道矢距值。由于线路超高 FH 的存在，使得拨道的矢距在水平方向 EH 上的实际值比理论要求的拨道值小，即：$EH = EF \times \cos\alpha$，为了消除这个误差，就须将线路的超高信号输入拨道系统以使拨道值达到理论要求。

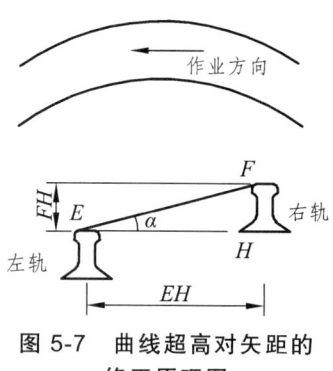

图 5-7 曲线超高对矢距的修正原理图

对于实际作业的线路，曲线矢距修正值的引入应使得拨道向高轨一侧进行修正。来自于中摆的超高信号 V_{CC}（F07）从插件的 26d 端子输入到 OP2A 组成的反相放大器。OP2A 的输出送到加法器，1f07 输出的信号为 25 mV/mm，意为每毫米的超高产生 25 mV 的电压

输出。而对于其引起的拨道值是要求当中摆输出电压为 3.75 V 时引起的拨道量为 2 mm，即：当线路超高为 3.75 V÷（25 mV/mm）= 150 mm 时，应修正的拨道量为 2 mm，此时在加法器的输出端应为 2 mm×0.5 V/mm = 1 V，则电压放大倍数 K_{CC} = 1 V÷3.75 V = 0.267 倍。P_{19} 为一只 50 kΩ 的电位器，用于校调曲线修正信号的放大量。

经过对上述六路信号的分析，可以得到图 5-8 所示的拨道信号合成图。

除了以上所介绍的六路信号输入到加法器以外，在插件板内还加入了三点法和四点法的左、右靠轨调零信号。

⑦ 插件内的三点法和四点法的左右靠轨调零信号 +15 V 经由 R_6、R_7 送入加法器，此路信号引起的输出为 V_1。

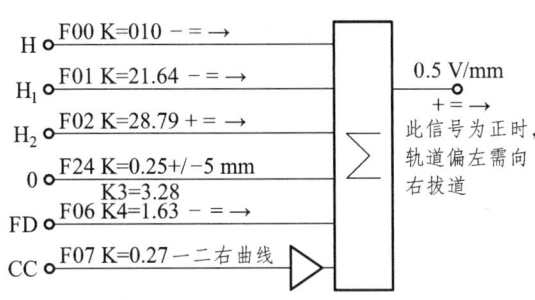

图 5-8 拨道信号的综合

当选择三点法或四点法的左靠或右靠轨时，由于 Re1 和 Re3 的相应动作总会接通 P_5、P_6、P_7、P_8 中的一路而将 -15 V 引入加法器。我们在此以四点法左靠轨来说明，此时 -15 V 经 P_8、Re3 和 Re1 的触点送入加法器，此路信号引起的输出为 V_2，所以，+15 V 和 -15 V 两路信号叠加输出的信号 V 为：$V = V_1 + V_2$，由于加法器输出端信号为 0.5 V/mm，所以经计算电位器 P_8 能够调零的范围为：-4.24 ~ +9.24 mm。对于另外三种状态，因为它们的电路参数完全相同，虽然每种状态（三点法左靠轨、三点法右靠轨、四点法左靠和四点法右靠轨）下在拨道总信号中可能引起的零点误差不尽相同，但它们的调零范围都为 -4.24 ~ +9.24 mm。

（2）拨道指示电路。

拨道总信号从运放 OP4C 输出分成两路，一路经端子 12d 输出到 7u7 拨道超量控制板的端子 30dbz，另一路送入拨道指示电路，经端子 4z 输出到拨道指示表 19g3 和 33g4。拨道表的指示方向可根据需要调定，指示值的大小也可调节（通过调节运放 OP4D 的放大倍数）。拨道指示表 19g3 和 33g4 实际为 0.5 mA 的电流表。通常指示表从零位到红色区域的边缘之间代表 1.5 mm 的误差。并且，当拨道总信号存在着向右拨道的拨道量时，使指示表偏向右侧。例如，当 4f1 = 1.5 mm，4b4 置于左位，其他所有输入到拨道系统的信号为零，此时，拨道指示表应指于右侧红色区域边缘。

（3）拨道调节放大器。

从加法器输出的拨道总信号，从 7u6 端子 12d 送到 7u7 的 30dbz 经反相后又从 B 拨道模拟板 7u6 的 10z 端子送回，经 R_9 后分为二路：

① 一路至 Re4 常闭触头。当自动拨道信号尚未到来时，Re4 未得电，其常闭触头将拨道总信号短路，以使拨道伺服阀中无电流而不进行拨道。只有当存在自动拨道信号时，才将拨道信号传递到后级。

② 另一路经 R_{17} 送入运放 OP4B 的反相端，手动拨道信号也经电阻 R_{28} 或 R_{29} 后送到这里。OP4B 对手动拨道信号的放大倍数为 -2 倍（负号表示极性）。另外还设置了一个调零电位器 P_3。当 Re4 未动作，并且无手动拨道信号（即 Re5 和 R_6 不动作时）时，调节 P_3 使拨道伺服阀 1S15 中电流为零。

当手动拨道开关 2b26 转至右位或左位（手动右拨道或左拨道）时，14b 或 14d 接地，

Re6 或 Re5 得电，其常开触点吸合，将 -15 V 或 +15 V 经 R_{29} 或 R_{28} 送入 OP4B 反相端形成手动右拨道或左拨道信号。

从 OP4B 输出的拨道总信号一路经 10b 到 7b13，另一路则至 R38，再经调节放大器 OP4A 后输出。调节放大器由 OP4A 及外围元件组成，如图 5-9 所示。

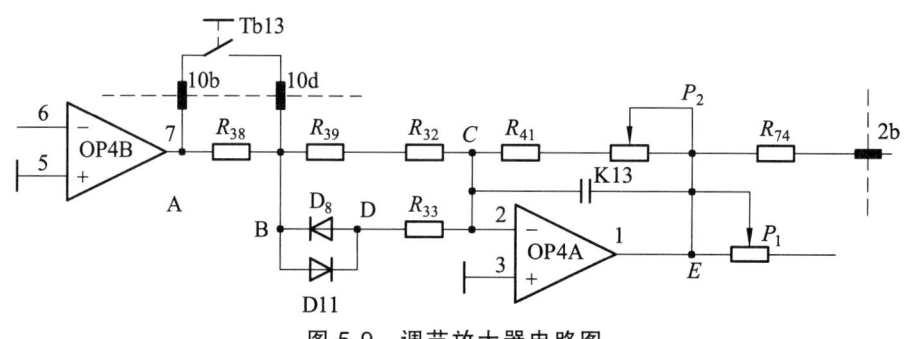

图 5-9 调节放大器电路图

为便于分析，在图中用字母标出了各个电压点，下面分两种情况来说明。

① 增益开关 7b13 闭合。

此时电阻 R_{38} 被短接。刚开始拨道时，由矢距传感器来的反馈电压较小，拨道给定电压较大，运放 OP4A 处于饱和状态，拨道系统以最大伺服电流拨道。随着拨道过程的进行，反馈电压越来越趋近给定值。通常在达到给定拨道值前 3～4 mm 时，OP4A 开始退出饱和，拨道伺服电流开始减小，拨道速度减小。电位器 P_2 用来调定在到达拨道值前运放开始退出饱和的 3～4 mm。OP4A 退出饱和后，放大倍数逐渐减小，当距拨道终点的距离为 1.44 mm 时，OP4A 的放大倍数进一步减小，伺服电流随之减小，拨道速度进一步变慢。

② 增益开关 7b13 断开。

A、C 间的等效电阻增大，OP4A 的放大倍数降低，OP4A 退出饱和时距拨道终点的距离为 6.82 mm，当距拨道终点的距离为 1.9 mm 时，OP4A 的放大倍数进一步降低，伺服电流随之减小，拨道速度进一步变慢。

通过上述说明，我们可以看出增益开关 7b13 短接与断开，改变的 OP4A 的放大倍数及接近拨道终点时伺服电流开始减小的时间。图 5-10 为调节放大器的输入/输出曲线。

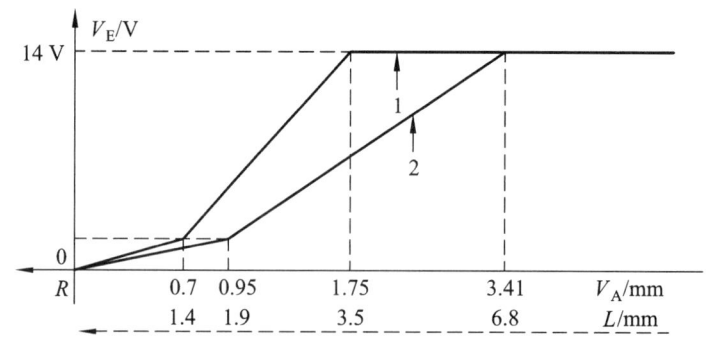

图 5-10 调节放大器的输入/输出曲线

图 5-10 的说明：① L 是要求完成的拨道量。② 由于伺服阀电流正比于 V_E 的绝对值，所以图中所示的 V_E 的绝对值曲线也是伺服阀中的电流变化曲线。③ 由于拨道有着左右之分，也就是信号有正负之分以表示拨道方向之不同，图中使用信号的绝对值。

从图 5-10 可以看出：① 7b13 断开时（置 1 位），当达到拨道给定值前 6.8 mm 时伺服阀中电流开始减小，拨道速度变慢；当达到拨道给定值前 1.9 mm 时伺服电流变得更慢。② 当 7b13 闭合时，则拨道速度直到拨道给定值前 3.5 mm 时才开始变慢；当达到拨道给定值前 1.4 mm 时，拨道速度变得更慢。

（4）伺服放大器。

电路如图 5-11 所示，拨道总信号从 A 点输入，P_1 用来调节伺服阀中的最大电流，即当 V_A 为前级运放 OP4A 的饱和输出电压时，调节 P_1 使伺服阀中获得所需的最大伺服电流。伺服阀的最大伺服电流 I_{smax} = 15 mA，当没有自动拨道信号而手动拨道时，R_{53} 被短接，以使用较小的伺服电流（拨道速度）进行手动拨道。

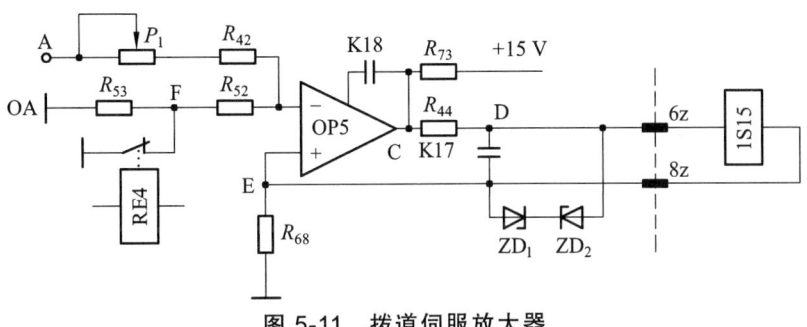

图 5-11 拨道伺服放大器

K_{17} 和 Z_{D1} 与 Z_{D2} 相串联的两支路均是保护电路。因伺服阀 1S15 是感性负载，电路断开时两端会产生较高的过电压。为避免过电压损坏运放，加入 K17 和 ZD_1、ZD_2 来吸收过电压。在该电路板中还有一继电器 Re7。当自动拨道信号或手动拨道信号存在时，Re7 均得电吸合，使与插件 4b 端子相连的旁通电磁阀 1S56 得电以控制拨道的液压回路。

3）超量拨道控制系统

该板主要实现下列功能：

① 将拨道总信号经反相后输出到拨道控制板 7u6 去，以形成拨道总信号的通路。
② 实现超量拨道的控制功能。
③ 实现交替拨道功能即是当每来两次自动拨道信号 Q1A，只有一次执行拨道作业，这就是交替拨道的意义所在。

3. 激光准直测量系统

我国铁路大型捣固车都装备有激光准直测量系统。08-32 和 09-32 型捣固车装有激光一维准直系统，可满足捣固车的自动拨道作业要求；08-475 型重型道岔捣固车和 09-3X 型组合式捣固作业车装有激光二维准直系统，可以满足其自动起拨道作业要求。

1）08-32 和 09-32 型捣固车激光测量系统工作原理

（1）一维激光准直系统的组成。

08-32 和 09-32 型捣固车装备的 JZT 型激光准直系统，基本工作原理是"光电接收-机械跟踪",光学接收元件采用灵敏度很高的硅光电池;激光接收器只在水平方向自动跟踪(称作"一维激光系统")。JZT 型激光准直系统适用于捣固车在长直线路时,引导捣固车实现自动拨道作业。该系统主要由激光发射器、激光接收器、接收跟踪架、发射调整架等组成。如图 5-12 所示,其最大工作距离 600~800 m。

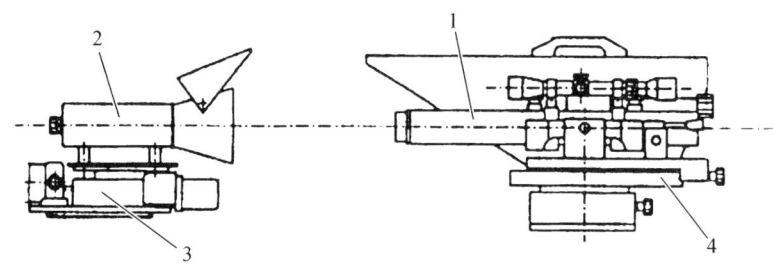

图 5-12　JZT 型激光准直系统

1—发射器;2—接收器;3—接收跟踪架;4—发射调整架

① 激光发射器。

激光发射器的组成如图 5-13 所示。激光发射器主要作用即打开电源开关,发射器前端射出红色激光束。发射器输出功率小(光束功率仅 3 mW 左右),不会对人眼造成任何伤害。

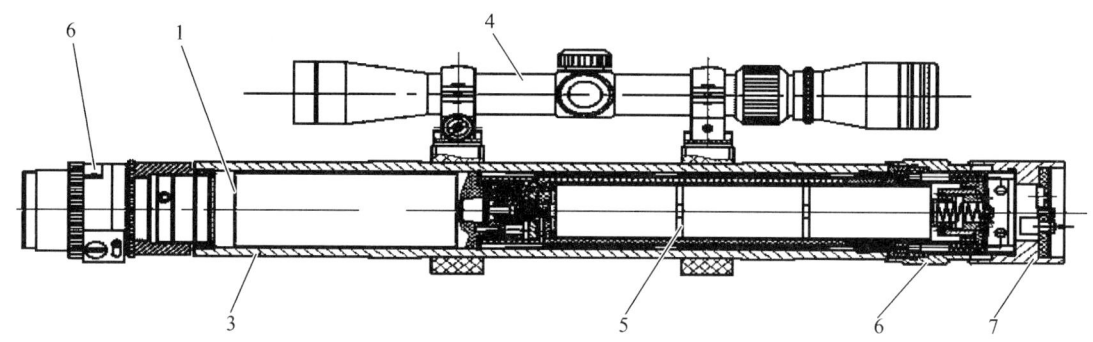

图 5-13　激光发射器的组成

1—激光器及光学扩束系统;2—光束调平装置;3—外筒;4—瞄准镜;
5—电池;6—连接套;7—尾端控制器

激光器及光学扩束系统将半导体激光器射出的片状激光束矫形扩束为直径 16 mm 的平行光束。

尾端控制器由电源开关和电量指示器组成,如图 5-14 所示。打开电源开关,发射器前端应有红色激光束射出。尾端控制器上的电量显示器,左端的第一个红色指示灯为工作指示灯,只要电源接通,此灯应常亮。右端第一个绿色指示灯亮,表示电池电量很足;当发射器工作一段时间后,电池的电量逐渐降低,电量指示灯相应向左退移,当左端的第二个红色指示灯亮或所有指示灯亮时,表示电池电量已严重不足,必须更换新电池。

此时应关掉电源,逆时针旋开连接套,将尾端控制器取下,取出旧电池,将 3 节 1# 干电池(正极向前)装入发射器电池筒内;如是充电电池组,则将充足电的电池组换上;将尾端控制器复原(注意对准定位销),顺时针旋紧连接套,此时可以继续使用发射器了。

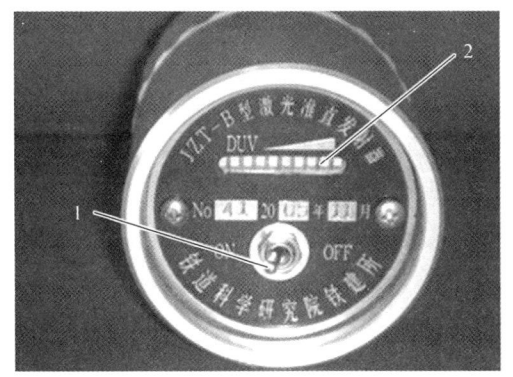 

图 5-14　尾端控制器

1—电源开关；2—电量指示器

柱面镜的作用是将由物镜射出的直径 20 mm 的平行激光束扩展成宽度为 20 mm 的垂直光带（距离 100 m 处光束高 2 m），满足捣固车在有竖曲线的线路上作业的需要。调节微调旋钮可校准扇形光束的垂直状态，当水平泡处于水平状态时，扇形光束与地平面垂直，如图 5-15 所示。

瞄准镜的作用是寻找目标，将激光束迅速对准接收器，如图 5-16 所示。瞄准镜的目镜中心有一十字丝，十字丝的垂丝应与激光束重合，横丝应与激光束中心相交。

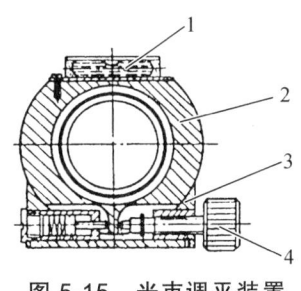 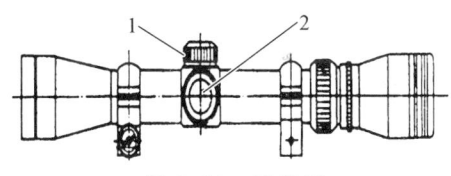

图 5-15　光束调平装置　　　　　　　　图 5-16　瞄准镜

1—水平泡　2—柱面镜筒　3—外筒　4—微调旋钮　　　1—横丝调整钮；2—垂丝调整钮

② 接收器。

激光接收器的组成如图 5-17 所示。激光接收器的作用是：柱面镜将接收到的垂直条状激光束，还原成圆形光斑；经过窄波滤光镜，投射到光电接收屏上；光信号被转换成电信号，由接收电路板转换成控制电信号，输出给司机室内的接收控制电路板。

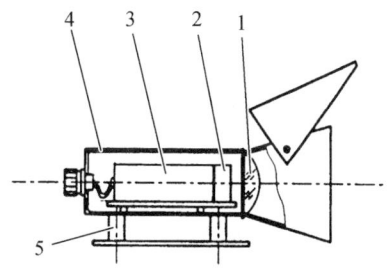

图 5-17　激光接收器的组成

1—柱面镜；2—光电接收屏；3—电路盒；4—外壳；5—减震器

③ 发射器调整架。

发射器调整架的组成如图 5-18 所示。发射调整架支撑着激光发射器，可以左右横移、水平横移、水平旋转、垂直旋转，精确调整激光束对准目标。水平方向瞄准方法：左右旋转水平旋转台，使发射器大致对准接收屏中央，顺时针方向旋紧水平旋转锁紧钮，然后仔细旋转水平微调钮，使得瞄准镜的垂丝精确对准接收屏中央，此时捣固车前端的接收中位指示灯亮（或左、右指示灯有节奏的交替闪烁）。垂直方向瞄准方法：左右旋转垂直微调钮，使瞄准镜的横丝对准接收屏中央。

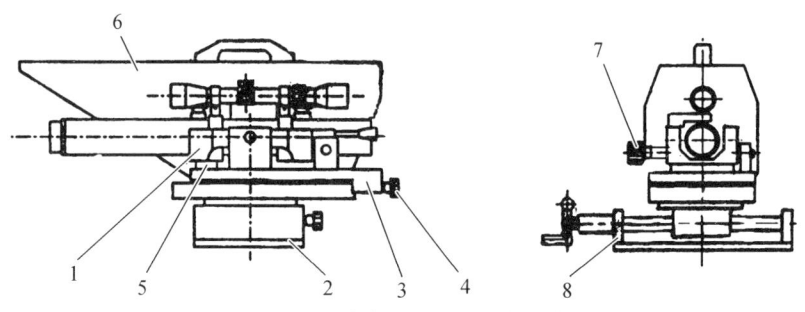

图 5-18　发射器调整架的组成

1—筒架；2—底座；3—水平旋转台；4—水平旋转锁紧钮；5—垂直微调钮；
6—护罩；7—水平微调钮；8—横移摇架

④ 接收跟踪架。

接收跟踪架的组成如图 5-19 所示。接收跟踪架的主要作用是：将偏离激光束中心的接收器自动移回中心，并将偏离量传输给拨道控制系统。

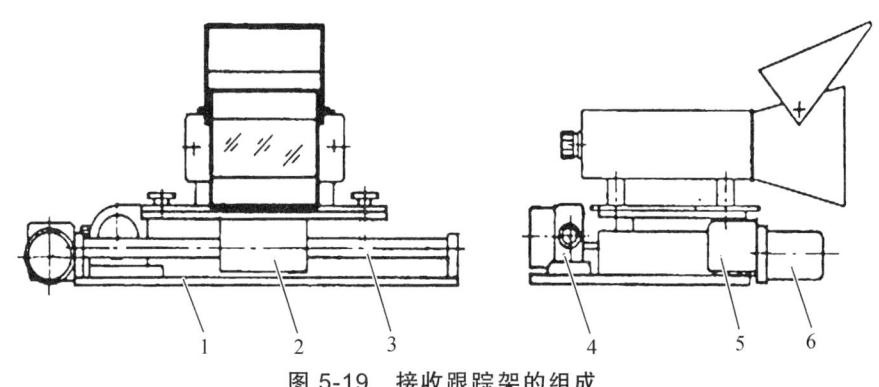

图 5-19　接收跟踪架的组成

1—底架；2—移动座；3—传动丝杠；4—位移传感器；5—减速器；6—伺服电机

（2）JZT 型激光准直系统的工作原理。

定位于捣固车前方数百米远轨道上的激光发射器如图 5-20 所示，向捣固车前端的激光接收器射出一束扇形激光束，激光接收器将自动跟踪过程中产生的位移量转换成相应的电信号，经控制电路处理后，指导捣固车的拨道机构进行拨道作业。

当激光束准确对准接收器中央时，接收电路处于平衡状态，无任何信号输出。捣固车中位指示灯亮（远距离时，由于激光束在空气中会发生漂移，捣固车的左右指示灯有节奏地交替闪烁）。

当捣固车沿着左右弯曲的轨道前进时,接收器会偏离激光束,这时接收器立即输出左路或右路控制信号,通过接收控制电路板(EK-104 V)触发接收跟踪架的伺服电机启动,驱动接收器向激光束中心移动,同时牵动位移传感器,向捣固车拨道控制系统输出相应的位移值,操纵拨道装置将轨道拨至正确的位置,从而实现捣固车自动拨道功能。

图 5-20　安装在激光小车上的激光发射器

2)08-475 和 09-3X 型捣固车激光测量系统工作原理

08-475 和 09-3X 型捣固车装备的"KHR 型抄平准直激光测量系统",采用以电荷耦合器件(即 CCD 传感器)为接收元件,信号光源的位置偏差量可直接读出,不需要机械跟踪。激光器发出的激光束是圆形点光斑,接收器收到激光束后,经透镜会聚成焦点,投射在"面阵 CCD 传感器"上,经过信号处理系统的采样、放大,直接转换成水平和垂直方向的偏差量。这种激光准直系统称作"二维激光系统",可应用于长平直线路的测量以确定起道量和拨道量。在坡度变化的线路只能确定拨道量而无法确定起道量。KHR 型抄平准直激光测量系统在对轨道进行处理的同时测得起道量和拨道量,并将其传送到捣固车的抄平/拨道系统。

该系统主要由激光发射器、发射电池箱、激光接收器、发射调整架等组成,其最大工作距离 150~250 m。

(1)激光发射器。

采用输出功率为 0~7 mW、波长为 670 nm 的半导体激光发射器。它既能产生点状光斑("POINT"),也能产生带状光斑("SWEEP")。带状光斑的形成不是采取光学的方法,而是采用机械摆动的方式,使点状光斑垂直扫描,形成带状光斑。两种光斑的转换通过发射器后部的选择开关来实现。由于采用机械摆动,耗电量较大,因此仍然需要配备 12 V 蓄电瓶。

(2)激光接收器。

激光接收器装有一块 200×200 mm 的有玻璃屏保护的菲涅尔透镜,激光束照射在透镜上,会聚到后方的 ICCD(电荷耦合摄像器件)上,形成一个光学图像;ICCD 器件对于图像的快速扫描结果,可测得激光束的上下和左右的位置(如果使用带状光斑,则只能测出其左右位置)。为排除环境杂光的干扰,ICCD 器件只对经调制的激光束敏感。由于 CCD 器件具有体积小、分辨率高、动态范围大、灵敏度高和实时传输等优点,在自动测量和图像识别等领域得到广泛应用。

(3)激光束的调整。

激光束相对于激光接收器中心的位置可通过安装在捣固车前端三个水平布置的指示灯和三个垂直布置的指示灯显示以及司机室内控制面板的显示。

司机室内控制箱面板的显示如图 5-21 所示。

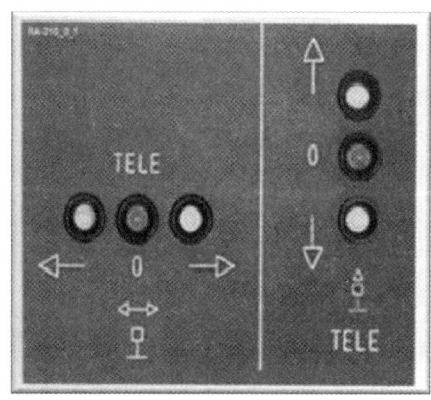

图 5-21　激光显示控制板

在没有激光束照射到激光接收器的情况下,所有的指示灯熄灭。水平布置的指示灯表明激光束的位置在零位的左侧或右侧。垂直布置的指示灯表明激光束的位置在零位的上侧或下侧。若中间指示灯点亮,则表明激光束的位置在激光接收器的中央。

1. 正矢传感器的作用?
2. 简述三点法拨道与四点法拨道的区别?
3. 拨道系统中前端模拟控制系统中有哪几路模拟信号?
4. 拨道模拟控制系统主要完成哪些功能?
5. 参与拨道模拟控制的模拟信号有哪几路?

任务六　起道抄平系统

子任务一　起道抄平系统中相关元器件的认知

1. 起道抄平系统的相关传感器

1）抄平传感器

（1）传感器概述。

2044 型抄平传感器是大型养路机械的专用传感器，用于测量轨道前后的坡度量即纵向高度差。采用高精度电位器及精密加工零部件组成传感器的核心，线性度好，工作性能稳定，精度高。适用于 08-32 型捣固车等大型养路机械。2044 型抄平传感器如图 6-1 所示。

图 6-1　2044 型抄平传感器

（2）功能与原理。

2044 型抄平传感器分左右型两种，两种传感器其内部结构相同，但平衡框架安装方向相反。2044 型抄平传感器安装在捣固车上部，左右两侧各装一台，互相独立，通过传感器平衡框架上的滑块与捣固车上端张紧钢丝绳连接，随捣固车上端张紧钢丝绳上下运动，拖动抄平传感器平衡框架转动，同时通过同步带和离合器，按一定比例拽动电位器一起转动，输出信号电压。抄平传感器工作原理如图 6-2 所示。

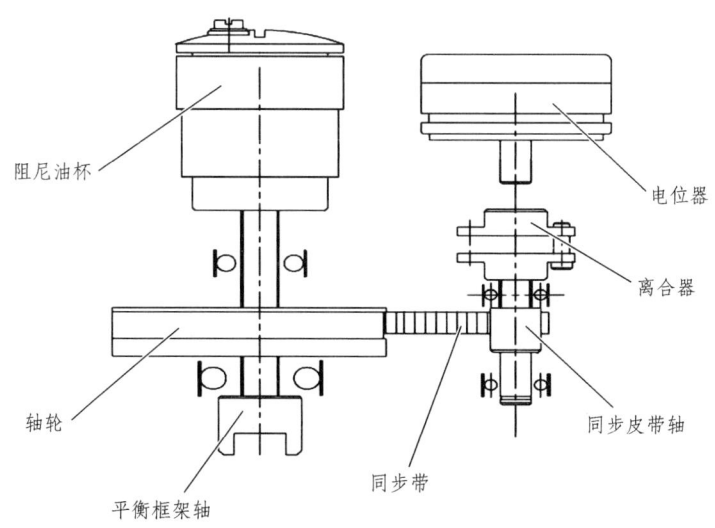

图 6-2　2044 型抄平传感工作原理图

（3）安装与维护。

为了保证传感器的测量精度，要求传感器安装使用时，安装尽量平稳，紧固件连接牢固可靠,并使平衡框架上、下摆动灵活。抄平传感器在正常作业时不需要额外的维修工作,只需定期清除表面尘土,但由于捣固车工作环境恶劣,传感器工作频繁,若发现硅油漏油,同步皮带松动,轴承,离合器及电位器损坏时,则会影响传感器作业精度,这时就要及时更换和维护。若发现传感器因故障而影响工作时,则需要判别故障原因,查找易出故障的零部件,如硅油、防油密封轴承、电位器等零件。

① 硅油:2044 型抄平传感器所用的硅油为甲基硅油。只要 2044 型抄平传感器工作正常无需更换硅油,若发现漏油明显而影响工作时,则需要更换硅油。更换办法:打开阻尼杯盖,慢慢将油倒入阻尼杯内,不断摇动滑杆,使硅油均匀分布,直至全部注满。在常温下放置 24 小时,使硅油完全渗透,再加至满。

② 轴承:轴承是 2044 型抄平传感器敏感传动零件,轴承的好坏直接影响传感器作业精度,若发现传感器平衡框架上滑杆上下摆动不灵活,操作力偏大时,则需要及时更换轴承。

③ 同步皮带:同步皮带是 2044 型抄平传感器传动主要零件,若同步皮带松动或损坏时,会影响传感器精度(间隙误差),则需要及时调整或更换,组装时要调节同步皮带张力适中。

④ 滑块:滑块材料为尼龙,如发现滑块磨损严重时,则需要及时更换,更换滑块只要把滑杆两端螺母打开,换上新的滑块即可,注意换上时滑杆两端螺母必须上防松胶。

⑤ 电位器:2013 型大抄平传感器所用的电位器为:EL-T500,线性度 ±0.007 5%。电位器是传感器心脏,当传感器掉信息时,首先要检查电位器状态,如发现螺丝、焊点松动,导线断裂及电位器输出无阻值等故障时,则需要及时维修和更换,更换时要对导线做上标记,以免极性接错。

⑥ 离合器:离合器是由上下离合器和离合器轴组成的,离合器轴固定在离合器上。它的好坏直接影响传感器线性度及间隙误差等技术参数,如发现离合器轴与下离合器孔配合松动时则及时更换。

注意:2013 型大抄平传感器的轴承,同步皮带,离合器和电位器等零件更换后,必须进行相关技术参数测试,测试合格后才能装车使用。

2)电子摆

(1)传感器概述。

2036 型电子摆传感器是大型养路机械上专用传感器,主要用于检测左右钢轨高度差。在直道上用于测量左右钢轨是否水平,弯道上用于检测超高量。适用于 08-32 型捣固车,09-32 型捣固车,WD320 型动力稳定车,08-475 型岔道捣固车等大型养路机械。

由于 2036 型电子摆分辨率高,工作条件恶劣(振动大、尘土多、温差影响大),故不但要求机械加工、放大电路等具备较高精度,而且摆锤间隙 H(见图 6-3)、补偿塑料套的膨胀、阻尼油的黏度变化三者需要很

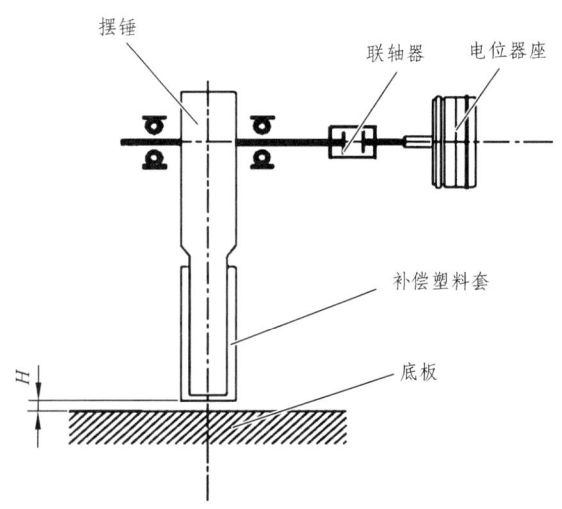

图 6-3 2036 型电子摆传感器工作原理图

好的匹配。温度升高时，阻尼油黏度减小，因而摆锤阻尼减小，又由于补偿塑料套受温度升高而膨胀使间隙 H 减小从而摆锤阻尼增加，最终三者保持平衡。温度降低时，以上三者类似道理而保持平衡状态。所以无论温度上升或下降，只要三者之间匹配合理就能保证摆锤阻尼稳定，确保电子摆信号输出的稳定和精度。

（2）功能与原理。

电子摆传感器用于检测左右钢轨高度差。在直道上用于测量左右钢轨是否处于同一水平，弯道上用以检测超高量。它的工作原理如原理图所示：利用一摆锤，在重力作用下，当钢轨左右有高度差时摆锤偏转一角度，与摆锤共轴的电位器也相应偏转同样角度，于是电位器输出一微小电压，再经过线性放大后作为电子摆输出。

（3）安装维护。

① 电路板：在 2036 型电子摆中有一块信号调节电路板，该板主要有调零、调节左右超高的放大量、提供 ±10 V 基准电源三个功能作用。电位器 P_1 用来调零，P_2、P_3 分别用来调节左、右超高的放大量。

② 硅油：2036 型电子摆所用的硅油为甲基硅油。只要电子摆工作正常无需更换硅油，为保持电子摆工作稳定，必须保持硅油的清洁，一般每两年更换一次硅油，如有污物或水汽渗入，则必须更换硅油。更换硅油办法：

a. 在电子摆底部有一放油孔，卸下放油孔塞，让硅油缓慢流出，时间约 3 小时。

b. 卸电子摆罩盖。

c. 清洗旧油和杂物，以确保所有零件清洁和干燥。

d. 加硅油，数量 0.25 L，并摆动摆锤使硅油均匀分布整个摆锤阻尼面上。

e. 重新组装。

③ 电位器：2036 型电子摆所用的电位器为：EL-T595A，线性度 ±0.05%。电位器是传感器心脏，当传感器掉信息时，首先要检查电位器状态，如发现螺丝、焊点松动，导线断裂及电位器输出无阻值等故障时，则需要及时维修和更换，更换时要对导线做上标记，以免极性接错。更换电位器后的传感器必须进行相关技术参数测试，测试合格后才能装车使用。

④ 轴承：2036 型电子摆所用的轴承为：6000P4，轴承状态好坏直接影响到传感器作业精度，当轴承发生故障时如：磨损严重，生锈，游隙增大等，都必须更换轴承，更换办法如下：

a. 卸下电子摆罩盖。

b. 卸下电位器，电连接器，电位器座，锁紧螺母等，取出旧轴承，换上新轴承。

c. 新换上的轴承必须加仪表油，再组装卸下零件，除电连接器螺钉外，其余螺钉都要上乐泰胶。更换后的传感器必须进行相关技术参数测试，测试合格后才能装车使用。

⑤ 水准仪：如发现水准仪损坏时，则必须更换水准仪，更换办法如下：

a. 卸下观察板及观察底板，卸下螺钉，换上新水准仪。

b. 把电子摆放在水平平板上，调节螺钉使水准仪气泡位于刻度中央，再把电子摆转动 180°，检查水准仪气泡位置。

c. 水准仪调节后调节螺钉必须上乐泰胶。

⑥ 止挡螺栓：当电子摆非工作状态时长距离运行中，则必须用止挡螺栓锁住摆锤，以

免摆锤来回晃动而影响电子摆寿命；当电子摆工作状态时止挡螺栓则用排气堵代替。

3）测量轮

2002S 型测量轮传感器是用来测量作业行走距离的。它带动两个距离测量传感器，其中一个传感器的输出送至 GVA 用以标定走行距离，另一个传感器的输出送至记录仪作为距离标记，当测量轮在轨面上滚动时，通过离合器带动与之共轴的 GVA 距离脉冲发生器，另一端通过一副锥齿轮、软轴，再拖动一个记录仪距离脉冲传感器。测量轮的外形如图 6-4 所示。

图 6-4 测量轮

测量轮每转动一圈走行 700 mm，此时 GVA 距离脉冲传感器发出 700 个脉冲，相当于每个脉冲对应轨面距离 1 mm。另一端的锥齿轮通过一根软轴拖动一记录仪距离脉冲传感器。测量轮每转动 1.428 圈，轨面走行距离为 1 m，记录仪距离脉冲传感器转一圈，输出 18 个脉冲给记录仪走行定标。测量轮对轮径的要求相当严格，轮径的理论值为 $\phi 222.82$，若直径加大 0.1 mm，则每走行 1 km 积累误差即达 463 mm。所以测量轮除了严格保证出厂时的加工精度外，使用中亦应经常清除轮子表面污垢，以免增大轮径，使误差增加。

子任务二 起道抄平系统组成及工作原理

1. 起道抄平系统概述

08-32 型捣固车的起道抄平系统实际上进行两个方向上的起道作业：一是横向以实现对轨道要求的超高；二是纵向以实现对轨道线路纵向水平要求。

对于纵平和横平，二者采用了不同的检测方法。

纵平的检测，如图 6-5 所示，在前张紧小车和测量小车上左右各有一探测杆，探测杆的上端。两侧各张有一根钢弦，M 点拨道小车上探测杆的上端两侧各有一抄平传感器，分别与对应侧的钢弦相连，两个比例抄平传感器则将两条钢轨的纵平转换成电信号送入起道模拟控制电路中。

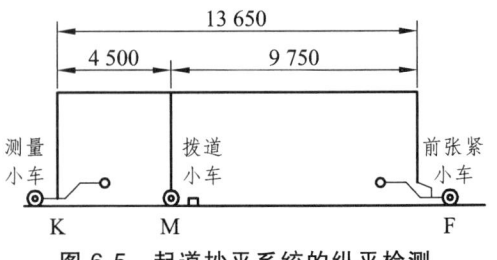

图 6-5 起道抄平系统的纵平检测

横平的检测，如图6-6所示，在R、M和F点的三个测量小车的横向中央各装有一电子摆，分别将所在点轨道的超高转换成电信号。其中M点和F点的超高电信号送入起道模拟控制电路中，而R点电子摆的超高信号不参与作业控制，仅用于对作业后轨道线路的超高测量，以供记录仪记录之用。

前端的理论超高与前摆所测出的实际超高的差值和输入的起道量一起分别形成左右两侧的前端起道量。该起道量以一定的比例传送到左右两侧的起道模拟控制电路中，形成作业点起道信号。图6-6是抄平系统的原理框图。

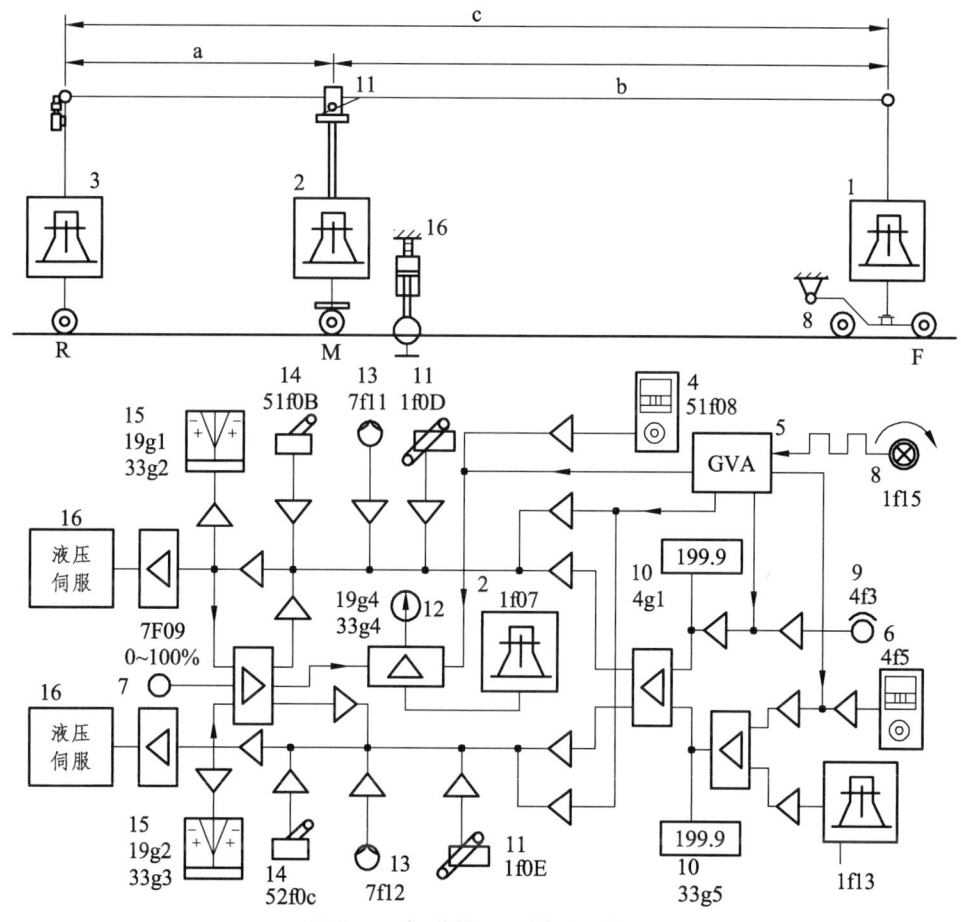

图6-6 起道抄平系统原理框图

1—前张紧小车上的电子摆（1f13）；2—作业区电子摆（1f07）；3—测量作业后线路超高的电子摆（1f16）；4—作业区超高输入数字电位器（51f08）；5—GVA；6—前端超高输入电位器（4f5）；7—沉降补偿调节电位器（7f09）；8—距离脉冲传感器（1f51）；9—前端起道量输入电位器（4f3）；10—三位半数字表（4gl显示起道量，33gl显示超高值）；11—抄平传感器（左1f0D，右1f0E）；12—作业点理论超高与实际超高的差值指示表（19g4，33g4）；13—起道总信号调零电位器（左7f11，右7f12）；14—辅助起道量的手柄输入电位器（左51f0B，右52f0C）；15—起道总信号指示表（左19g1、33g2、右19g2、33g3）；16—液压起道伺服系统

抄平传感器来的信号与理论的起道信号进行比较，其差值再加上辅助起道信号共同构成起道总信号。起道总信号经放大后控制液压起道伺服系统去执行起道。下面分别分析各控制电路板的控制原理。抄平系统的电路框图如图6-7所示。

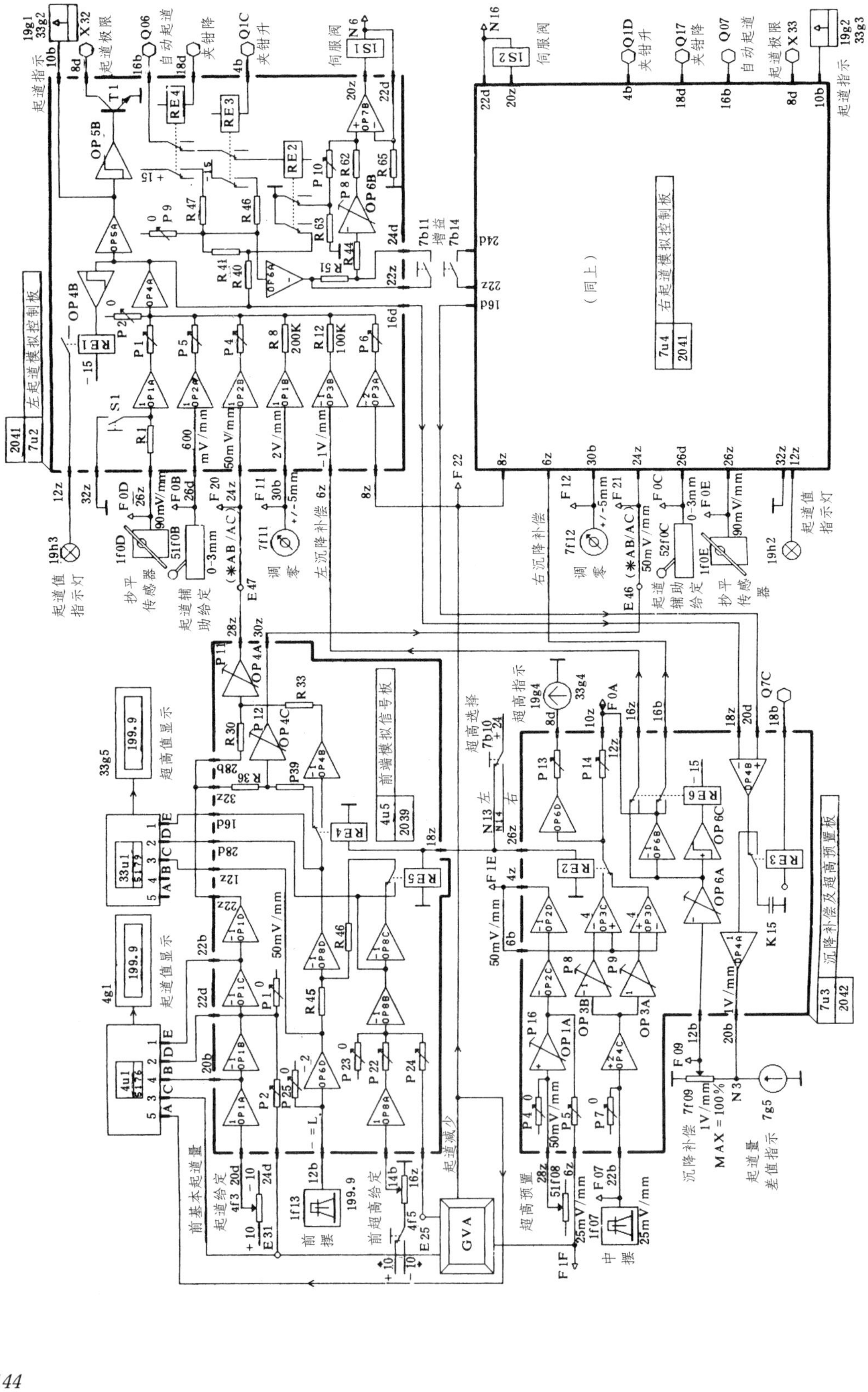

图 6-7 起道抄平系统的电路框图

2. 起道系统的控制原理

1）前端模拟控制系统（EK-2039LV，4u4）

（1）起道信号电路。

手动给定的起道信号由 4f3 送出，经插件的 20d 端子输入。这个信号为正时，表示向上起道；这个信号为负时，主要用于做下凹的线路，相当于将前张紧小车位置降低，实际上并未降低，只是其产生的结果形成下凹曲线，如图 6-8 所示。

曲线 ABC 是线路要求的曲线，如果起道量给定电位器 4f3 = 0 mm，则机器作业后，曲线 B 点将起高到 B_1 点的位置，这是不希望的。在这种情况下 4f3 就需输入 $-H$ 才能使作业后线路到达 B 点的位置。

对于上凹变坡点的作业也是同样的道理，如图 6-9 所示，4f3 应输入 $+H$ 才能使作业点将轨道从 B 点起高到 B_1 点的位置上。

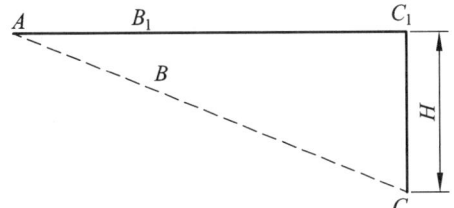
图 6-8　下凹变坡点的起道作业

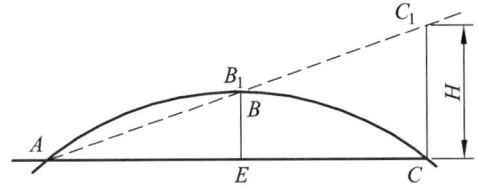
图 6-9　上凸变坡点的起道作业

从 20d 端子输入进来的信号送到电压跟随器 OP1A。OP1A 的输出分二路：一路经端子 20b 送 4ul-B 供 4gl 显示；另一路则送 OP1B 组成的反相器。OP1B 的输出也分成两路：一路经端子 22d 送 4ul-D 供 4gl 显示，4ul 上选择开关在 2 位（man + Tele）和在 4 位（Man）时显示值应相同；另一路则送至 OP1C 构成的可调零的加法器与从 GVA 来的起道给定值相加。

在实际使用中，手动起道值输入和 GVA 只能选用其一，使用 GVA 时 4f3 须放于 0 位，而使用手动输入时，GVA 送来的信号则应为零。在装备有 GVA 的车上，只要将作业的线路和要求的起道量输入 GVA，作业时 GVA 将自动送出信号。

24d 送入的来自 GVA 的信号为 69 mV/mm，而 OP1C 要求的输出信号为 50 mV/mm，即要求 OP1C 对 GVA 来的信号应放大 0.725 倍。此处设置的电位器 P2 就是用来调节 OP1C 对该信号的放大量的。OP1C 反相输入端所接的电位器 P1，用来调节在 24d 和 20d 均输入为 0 时 OP1C 的输出为 0。OP1C 的输出一方面经 22b 端子送 4ul 供 4gl 显示；另一方面则送到 OP1D 形成的反相器，经 OP1D 反相后从端子 22z 送出完整的起道量给定信号。

请注意，此处所指的起道量是指对较低的一根轨道的起道量，也是两条钢轨所共有的基本起道量。而对于高轨的起道量，还需加入下面将要介绍的超高差信号，一起成为高轨的起道量。

（2）超高信号和前端起道信号的形成。

前电子摆 1fl3 的信号从插件的 12b 端子送入，经 OP6D 反相放大器将信号放大到 50 mV/mm。该级放大器的电压放大倍数为 2 倍，P26 用来调节其放大量，P25 用于调节零点。OP6D 输出分成两路：一路从端子 12z 送出到 33ul 供 33g5 显示用；另一路则经 R45 送到运放 OP8D 的反相输入端。这个来自前电子摆的信号是机器前端所在点轨道线路的实际超高。

4f5 用来输入机器前端所在点轨道线路的理论超高值。从 14b 端子输入 d 到 OP8A 电压跟随器后，再经 P22 送到 OP8B 的反相输入端。从 16z 输入的 GVA 超高信号经 P24 后也送到 OP8B 的反相输入端。当从 14b 和 16z 送来的信号均为 0 时，调节电位器 P23 使 OP8B 输出为 0。当 4f5 前端手动输入超高为 0 时，调节电位器，P24 使 OP8B 的输出信号与从 16z 来自 GVA 的前端超高信号相一致。例如，当 4f5 数字电位器为 000.0 mm，16z = + 5 V 时，调节 P24 使 28d = – 5 V。同理，当 GVA 输入来的前端超高信号为 0 时，调电位器 P22，使 OP8B 输出与数字电位器 4f5 的输入数字一致。GVA 的信号和手动输入的信号，二者只能取其一，即当使用其一时另一信号必须为 0，否则 OP8B 的输出信号为二输入信号之和，而并非真正所需输入的前端超高信号。

OP8B 的输出信号分为两路：一路直接送 Re5 的常开触点，另一路经 OP8C 反相后送 Re5 常闭触点。这两路信号幅值相等，极性相反，通过抄平基准轨选择开关 7b10 的操作来选择其中之一，实际上是控制 Re4 和 Re5 的得电和失电。

经 Re5 常闭触点送出的前端超高信号经 R46 到 OP8D 的反相输入端，来自 OP6D 的前电子摆送来信号也送到此处。OP8D 将前端的实际超高信号与理论超高信号相减，然后通过继电器 Re4 的得电和失电将其加入左（右）起道量中。

从 22z 端子输出的基本起道信号同时送入 32z 和 28b 端子成为左右起道信号的一部分，其中一个信号与超高差信号相加成为该轨的前端起道信号，而另一信号则直接成为相应侧轨道的前端起道信号。

前端左轨的起道信号从 4u5-28z 端子送出至左起道模拟控制板 7u2 的 24z 端子，前端右轨的起道信号则从 4u5-30z 端子送出到右起道模拟控制板 7u4 的 24z 端子。

2）沉降补偿及超高预置控制系统（EK-2042LV，7u3）

该系统在抄平系统中主要实现下列功能：

① 将起道点的实际超高与理论超高进行比较，产生差信号用来驱动抄平指示表以观察作业情况。操作人员根据指示表指示情况，使用起道辅助输入手柄电位器进行相应的调节。

② 将左、右两侧的起道总信号相比较，其差存入存储器，在起道时产生沉降补偿信号送到需进行补偿一侧的起道信号中。

（1）沉降补偿电路。

从 7u2-16d 来的左起道总信号，从 18z 端子输入加到 OP4B 的反相端；从 7u4-16d 来的右起道总信号，从 20d 端子输入送到 OP4B 的同相端。由电路理论分析可得

$$V_{op4b} = V_{20d} - V_{18z}$$

式中 V_{20d} ——右起道总信号；

V_{18z} ——左起道总信号。

两个起道信号都是负值。OP4B 输出为两个总信号的差值，那么：

① 当左起道信号量大于右起道信号量时，OP4B 的输出信号为正。

② 当左起道信号量小于右起道信号时，OP4B 的输出信号为负。

在自动起道信号 Q_{06} 和 Q_{07} 到来之前，Q_{7C} 为高电平，此时 Re3 不动作，则 OP4B 的输出信号经 Re3 的常闭触点对电容 K15 充电，将起道信号差存贮于 K15 中。当自动起道信号

Q_{06} 和 Q_{07} 到来时，Q_{7C} 变成低电平，Re3 得电吸合，K15 中存贮的起道差信号，经 Re3 的常开触点（得电后闭合）送到 OP4A 电压跟随器，然后从 20b 端子输出加到沉降补偿调节电位器 7f09 上。从 7f09 滑动头上取出的补偿信号从 12b 端子输入，经 OP6A 反相后输出；该信号分为三路：其一送到 OP6C，以确定沉降补偿信号应进行补偿的轨道；其二直接送至 Re6 的常闭触点 6 脚；其三经 OP6B 反相后送 Re6 常闭触点 9 脚，同时从 12z 端子送出，再从 10z 送回。继电器 Re6 的动作与否就决定了补偿信号是加到右轨起道总信号还是加到左轨起道总信号，并送到相应侧的起道模拟控制板中去参与起道。

（2）超高指示电路。

从图 6-10 可看出，手动输入的作业区超高与来自 GVA 的作业区理论超高相加。这就要求，二者只能取其一，另一必须为零，然后与来自作业区电子摆 1f07 的实际超高信号相减，再加上沉降补偿信号最后驱动超高指示表 19g4 指示。

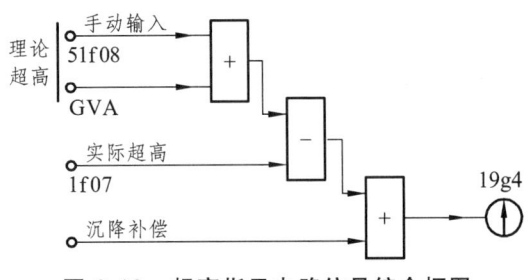

图 6-10 超高指示电路信号综合框图

来自 51f08 数字电位器的作业点理论超高。从 28z 端子输入，经可调零的反相放大器 0P1A 放大（大约放大 3 倍）后，送到 OP2C 的反相输入端。来自 GVA 的作业点理论超高信号从端子 6z 输入，经 P5 加到 OP2C 的反相输入端。OP2C 构成一加法器，其输出信号为二输入信号之和，但输出与输入极性相反。这就要求只能使用两输入信号中的一路，而另一路必须为零。OP2C 输出的信号经 OP2D 反相后从 4z 端子输出，再从 6b 端子输入，分成两路分别加至 OP3D 的反相端和 OP3C 的同相端。

中摆 1f07 来的实际超高信号从 22b 端输入，经由 OP4C 形成的同相放大器后分成两路：一路送到由 OP3B 形成的反相放大器（-1 倍）；另一路送到由 0P3A 形成的同相放大器（+1 倍）。它们的输出分别送往 OP3C 的反相端和送往 OP3D 的同相端。在 OP3C 和 OP3D 中分别实现两个输入信号相减。其差信号则为理论超高与实际超高的差信号。同时，该差信号在 OP3C 和 OP3D 中被放大了 4 倍。这个信号再经 Re2 选择后与来自 10z 的沉降补偿信号在 OP6D 中相加，得到最后的超高误差信号。OP6D 的输出经 P13 从 8d 端子输出加至超高差信号指示表 19g4 上。

Re2 的动作情况受控于选择的高轨（通过选择开关 7b10 来选择）。当高轨为左轨时 26z = +24 V，Re2 得电吸合；当高轨为右轨时则 26z = 0 V，Re2 不动作。

3）起道模拟控制系统（EK-2041LV，7u2 和 7u4）

（1）起道信号的合成电路。

在起道模拟控制电路中，总共由 6 路信号形成总的起道信号，这 6 路信号是：

① 沉降补偿信号。

沉降补偿信号从 6z 端子输入，经 OP3B 反相后再经 R_{12} 送到 OP4A 的反相输入端。当输入信号为负时，表示起道量增加；当 6z 端子悬空时，OP3B 输出为 0，此时不影响总起道信号。信号从 6z 输入，再从 OP4A 输出，其放大倍数为 1。

② 起道减少信号。

从 GVA 来的起道减少信号从 8z 端子输入。当输入信号为正时，表示起道量减少，信号输入后由 OP3A 放大 2 倍，再经 P6 送到 OP4A 的反相输入端。信号从 OP3A 的输入到 OP4A 的输出，其放大倍数为 10。P6 用于调节其放大量。

③ 前端起道信号。

从 24z 端子输入的前端起道信号经电压跟随器 OP2B 后，再经 P4 送到 OP4A。该信号为 50 mV/mm。而其实际在起道点引起的起道量需要乘上一个比例系数 0.33（这个比例系数为抄平弦的后段长度与总长度之比）。就是说，当前端送来的信号为 50 mV（1 mm）（在机器前端需要的起道量为 1 mm）时，在起道点所需产生的实际起道量应为 0.33 mm。OP4A 对这路信号的放大倍数为 0.659。P4 为一只 10 kΩ 的多圈电位器，用以校准信号放大量。

④ 辅助起道信号。

手柄电位器 51f0B（左）和 52f0C（右）均是辅助起道信号的输入调节电位器。信号从 26d 输入经 OP2A 电压跟随器后，再经 P5 送到 OP4A 的反相输入端。手柄电位器能给定的辅助起道量为 3 mm，即当手柄电位器置于最大给定值 3 mm 时，通过电位器 P5 来校准。

辅助起道信号是根据作业区的抄平表的指示来进行相应的给定，即用来修正起道量，使轨道起到要求的参数。

⑤ 调零信号。

30b 端子输入，经 OP1B 形成的电压跟随器后，再送到 OP4A 的反相输入端。由于调零电位器（左 7f11，右 7f12）上的最大电压为 +10 V，所以调零电位器能够调零的范围为 −5 ~ +5 mm。

⑥ 抄平传感器信号。

该信号是构成拨道总信号中最重要的一个信号，由它构成起道控制的反馈信号，形成闭环控制。当该信号与其他的输入信号完全抵消时，即完成了起道作业。

该信号从 26z 端子输入经过 R1 分为两路：一路经 26b、30z 端子至板上的开关 S1，S1 用于调试时切除来自抄平传感器的信号，正常时 S1 应置断开位；另一路经 OP1A 形成的电压跟随器后，再经 P1 送到 OP4A 的反相端。

26z 来的信号为 90 mV/mm，而 OP4A 输出为 1 V/mm，则信号从 26z 输入到 OP4A 输出，其放大倍数为 11.11。电位器 P1 用来校准对抄平传感器信号的放大量。

除以上介绍的 6 路输入信号以外，在插件板内还有一路来自电位器 P2 的调零信号。当以上 6 路输入全为零时，调 P2 使 OP4A 输出为 0。

（2）起道指示电路和起道极限信号的产生。

当起道量达到给定值时，从 OP4A 输出的总起道信号将变为 0。OP4A 的输出分成四路，送往 OP5A 反相输入端的一路信号用来指示起道完成的情况。

OP5A 构成的电路为一个放大倍数为 2.49 倍的反相放大器。OP5A 的输出在 −10.7 ~ +10.7 V，该信号从 10b 端子输出到起道指示表的信号不超出指示表的最大量。

OP5A 输出信号的另一路送到 OP5B 形成的比较器，以产生起道极限信号。当来自抄平传感器的反馈信号，即轨道的实际起道量超过给定起道量大约 3.94 mm 时，OP5B 输出正饱和电压加至三极管 T1 基极，T1 导通送出起道极限信号 X32（左）或 X33（右），上位机系统收到这个信号后将自动起道信号切除而停止起道，以避免不正常的起道作业。

（3）起道信号的信号灯指示电路。

从 OP4A 输出送到 OP4B 反相输入端的这一路信号用来控制起道信号指示灯。OP4B 在此构成施密特触发器。在 OP4B 的同相输入端有 – 0.52 V 的门限电压。当 OP4A 的输出大于 0.52 mm（即小于 – 0.52 V）的起道信号时，OP4B 就翻转而输出正饱和电压，这样 Re1 就得电吸合，从 12b 端子进来的 + 24 V 电压经继电器的触点后从 12z 端子送出加到起道信号指示灯上，使指示灯亮。即当起道量大于 0.52 mm 时，就会点亮起道指示灯。

（4）起道调节放大器。

从 OP4A 输出经 R40 到 Re2 的一个常闭触点的这一路信号经放大调节后用来控制起道的伺服阀。

当自动起道信号（左 Q_{06}、右 Q_{07}）未到来时，即 16b = + 24 V 时，Re2 不动作，其常闭触点将从 OP4A 输出经 R_{40} 来的信号短路，起道伺服阀上无电流，液压起道机构不动作。当自动起道信号到来时，16b = 0 V，Re2 得电动作，常闭触点断开，OP4A 的输出信号经 R40、R41 到达 0P6A 反相端。OP6A 的反相端还有一路从 P9 来的信号，这一路信号用来调零。在无自动起道信号时，调电位器 P9 使起道伺服阀中电流为零。

运放 OP6B 与接于 22z 和 24d 端子在板外的开关（左 7b11，右 7b14）及 OP6B 的外围电路形成调节放大器。当接于 22z 和 24d 端子上的外部开关断开时，P8 用来调节当起道到达给定起道量前 3.5 ~ 4 mm 时使伺服阀中的电流开始减小，即 OP6B 开始退出饱和。当连接于 22z 和 24d 的开关闭合时，起道在达到起道给定量前 1.73 mm 左右时伺服阀中的电流才开始减小。

（5）起道伺服放大器。

OP7B 及外围元件构成起道伺服放大器。OP6B 脚输出的信号经 22b 端子回送至 20b 端子再经 R62 进入运放 OP7B 的反相输入端。电位器 P10 实际为 2 kΩ 的电位器，用来调节 15 mA 的最大伺服电流。电路中 K17、ZD3 和 ZD4 用来吸收当突然断电时在伺服阀线圈两端产生的过电压，以保护运放 OP7B。

在电阻 R65 上的电压，反映了伺服阀中的电流大小。该电压从 22d 端子引出送到开关 7b18，经 7b18 选择后供满度为 3 V（100% = 3 V）的电压表指示伺服阀中的电流值。

思考题与习题

1. 试述抄平传感器的作用。
2. 试述电子摆传感器的作用。
3. 简述纵平和横平的区别？
4. 简述起道系统的控制原理
5. 总的起道信号由哪些信号构成。

任务七 程序控制系统

子任务一 程序控制系统的硬件结构

1. 08-32 型捣固车程控系统的硬件结构

08-32 型捣固车作业系统可分为拨道、起道抄平、捣固、液压走行、液压制动五个子系统。每个作业周期内需完成拨道、起道抄平、捣固、液压走行、液压制动等动作。这些动作并不是在同一时刻进行的，而是按一定的程序、一定的逻辑关系进行的。因此需要一套专门的控制系统来协调各部分动作，这就是捣固车的程序控制系统，简称程控系统。

08-32 型捣固车的程控系统是以程控主机板（EK-502P）为中心，8块输入/输出板（I/O板，EK-553P）、1块定时器板（EK-552P）和两块功率输出板（EK-554P）为外围组成的一套逻辑控制系统。图 7-1 是程控系统的框图。从框图上可看出，程控系统实际上是一套计算机系统。

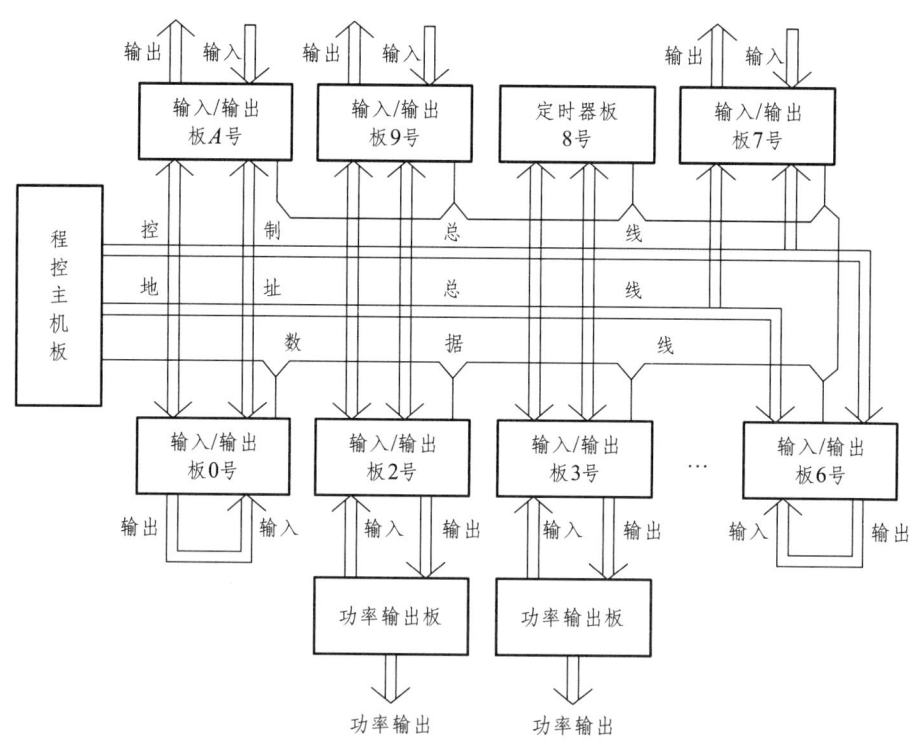

图 7-1 程序控制系统框图

程控主机板通过 1，2，3，4，5，7 共 6 块输入/输出板的输入端检测捣固车作业系统各部件的工作作状态，经逻辑运算后，结果送至各输入/输出板的输出端，控制作业系统相应部件。其中 2，3 号输入/输出板的输出信号控制的是各种电磁阀，所需的电流比较大，所以这两块板的输出信号分别通过两块功率输出板进行功率放大后，再去控制相应的电磁阀。定时器板产生捣固车作业时所需的各种定时信号，0号和6号板用作子程序。下面分别简要介绍各板的功能和构成。

1）程控主机板（EK-502P）

程控主机板是整个程控系统的核心。主机板通过地址总线、数据线块输入/输出板、定时器板交换信息。从这些板的输入端获取捣固车作业系统各部件的工件的工作状态，按照固化在板内程序存储器里的作业程序，在逻辑运算单元，将状态信息进行逻辑运算，运算后的结果送至输入/输出板相应的输出端口，对作业系统各部件实施控制。在该板中还有由ZG1与B2箱上的2f30构成的捣镐定时器，通过置于B2箱上的2f30在不同的数码值而改变捣固时间的长短。图7-2是程控主机板的构成框图。程控主机板是捣固车的"大脑"。程控主机板出现故障，机器的整个作业系统就无法正常工作，表现为输入/输出板的输出信号、定时器板上的定时信号没有或信号混乱。

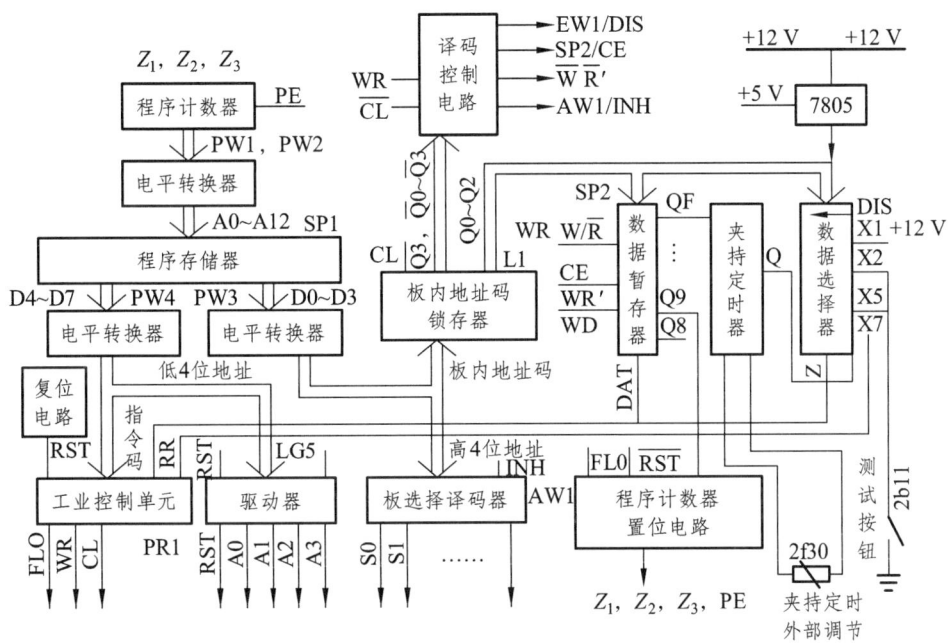

图 7-2 程控主机板框图

2）程控定时器板（EK-552P）

图7-3为程控定时器板的框图。在08-32型捣固车中程控定时器板的功能有两个：

（1）提供捣固车作业时所需的各种延时。板内有8路定时器电路。作业过程中，程控系统需要某一路定时器开始延时时，与该路定时器对应的面板上的黄灯被点亮。延时时间到后，对应的红灯也被点亮。每路定时器的延时时间可从面板上相应的电位器进行调整而改变，调整范围为50 ms～5 s。08-32型捣固车用到了8路定时器中的5路：Q80用于驱动延时；Q81用于辅助下插夹持延时；Q82用于辅助下插张开延时；Q83用于辅助驱动延时；Q87用作测试程序时的指示。当B2箱上的红色测试按钮2b11按下时，程控系统执行测试程序，定时器板上的8个黄灯同时亮，经过一段延时后，8路定时器的红灯也相继被点亮。

若测试按钮不松开,则 0~6 路定时器的黄、红灯一直不灭,第 7 路定时器黄灯一直不灭,红灯则进行周期性的闪烁。用这种方法可以检查程控定时器板的好坏。

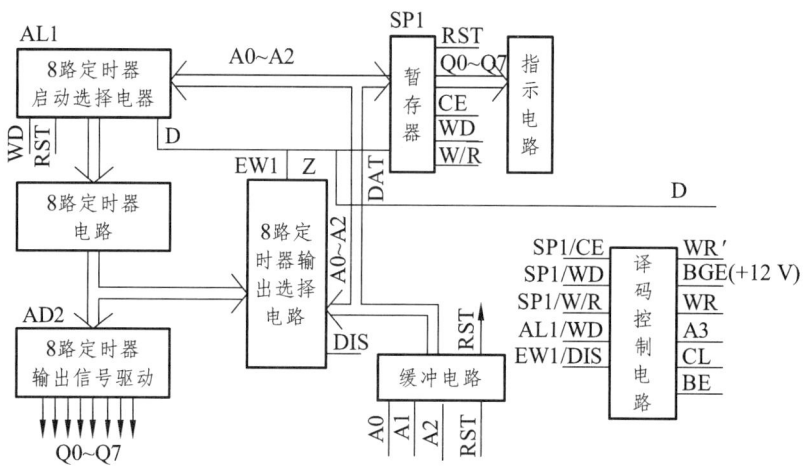

图 7-3 程控定时板框图

(2)为程控主板提供 8 个数据暂存单元(Q88~Q8F),对应着板内发光二极管排上的 8 个绿色发光二极管。当暂存单元的数据为 1 时,相应的发光二极管亮。当测试按钮按下时,这 8 个发光二极管应全亮。08-32 型捣固车控制程序只用到了 8 个暂存单元的一个(Q89),用于自动捣固 2X 作业方式时,暂存捣固装置在同一个作业点的下降次数。

3)程控输入/输出(I/O)板(EK-553P)

程控系统用到了 8 块输入/输出板(0~7 号,9、A 号输入/输出板为备用板),每个输入/输出板上有 16 路输入电路、16 路输出电路。图 7-4 为输入/输出板的框图。

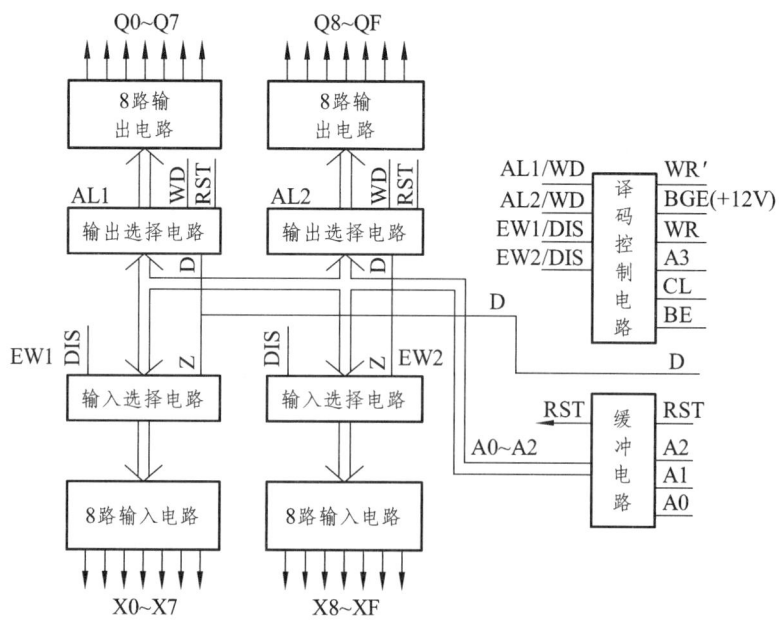

图 7-4 程控输入/输出板框图

8块输入/输出的作用分为两种:

(1)0、6号输入/输出板作为子程序板用,用来存贮作业控制程序运行过程中的中间结果,指示机器的作业状态。这两块板16路输出电路的输出端 Z 分别连至相应输入电路的输入端 D。以其中一路为例,其电路原理如图 7-5 所示。

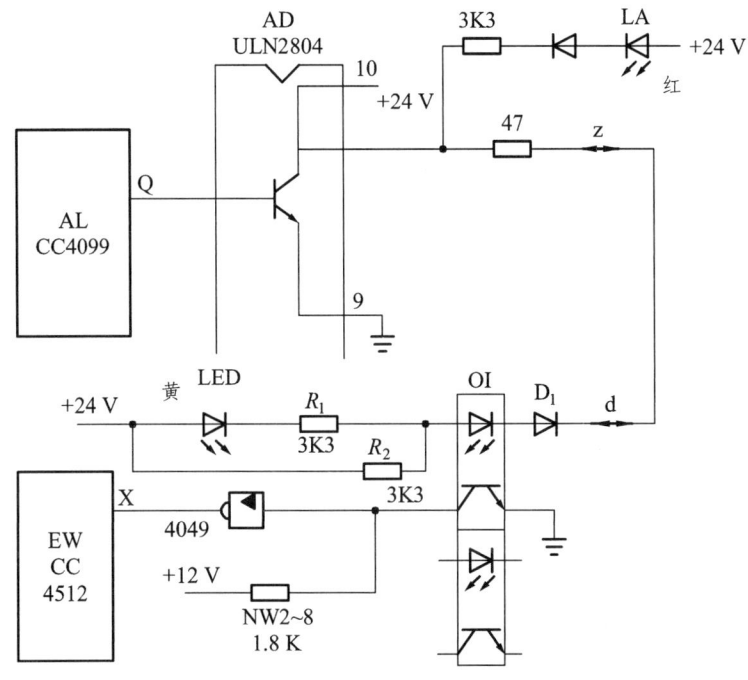

图 7-5 子程序板电路原理图

当程控主机板使 Q 端为高电平时(逻辑状态 1),达林顿驱动集成块中的达林顿管导通,其集电极上的电平接近 0 V,面板上对应该路输出的红色发光二极管 LA 被点亮,同时输出端 Z 的电平也接近 0 V。这个接近 0 V 的电压送到输入电路的输入端 D,使面板上对应该路输出的黄色发光二极管 LED 发光,同时光耦 OI 内部发光二极管也导通发光,从而内部光敏三极管导通,其集电极上电压接近 0 V。这个接近 0 V 的低电压经非门(CC4049)反相后,在 X 端输出高于 11 V 的高电平,供程控主机板检测。相反,若程控主机板使 Q 端为低电平时(对应逻辑状态 0),则红色发光二极管 LA 熄灭,Z 端输出约 24 V 的高电平,从而黄色发光二极管 LED 也熄灭,X 端为低电平。因此 0、6 号输入/输出板的面板上每一对红、黄发光二极管总是同时亮、同时灭。当测试按钮按下时,0 号输入/输出板的 16 个红、黄发光二极管同时被点亮。将输入/输出板插入 0 号板的位置,按下测试按钮,观察面板上所有信号灯是否全亮,可以据此来检查这块输入/输出板的好坏。

(2)1、2、3、4、5、7 号输入/输出板作为信号输入输出用。其中 1、2、3、4、5 号输入/输出板各输入电路的输入端分别接至确定捣固车作业状态的检测器件,如感应开关、行程开关、捣固装置位置信号、B2 和 B7 箱上的各种控制开关等。7 号输入/输出板的各输入端均未用。接到输入电路输入端的检测器件均可等效成一个开关 K,如图 7-6 所示。当检测器件,如行程开关、感应开关动作时,K 接地,对应该路输入的黄色发光二极管 LED 发光,同时光耦内部发光二极管发光,内部光敏三极管导通,其集电极上的电压接近 0 V。

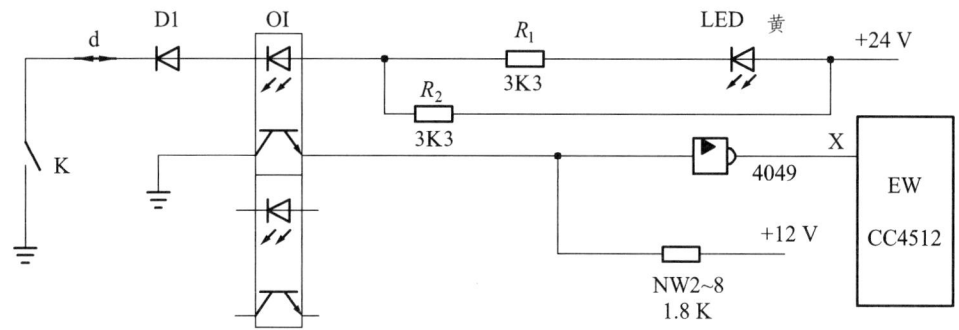

图 7-6　第一路输入电路原理图

这个低电平经非门（CC4049）反相，X 端上输出高电平，程控主机板检测到 X 端上的高电平后，就可确定该路输入信号已有效。相反，若检测器件未动作，K 断开，则黄色发光二极管 LED 熄灭，X 端上为低电平，程控主机板确定该路的输入信号无效。

1 号输入/输出板的输出信号控制捣固、起道抄平、拨道模拟控制板的启动、记录仪的打点以及各种指示灯。与其各输出端相连的，或为继电器线圈，或为指示灯。2 号、3 号输入/输出板上的输出信号控制作业系统各电磁阀，它们的输出端分别接至两块功率继电器板 QL2、QL3 上的各继电器线圈上。继电器线圈、指示灯均可等效为一个电阻，输入/输出板上的每一路输出电路如图 7-7 所示。

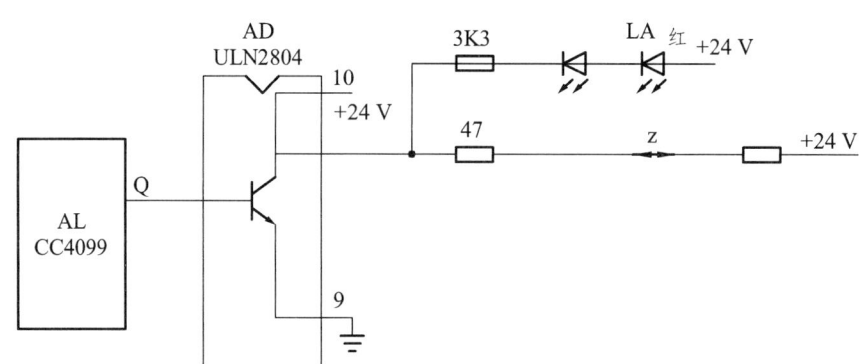

图 7-7　第一路输出电路原理图

当程控主机板在 Q 端输出高电平时（对应逻辑状态 1），达林顿管导通，其集电极上的电压接近 0 V，从而红色发光二极管 LA 点亮，继电器线圈或指示灯中有电流流过，继电器动作或指示灯亮。相反，主机板在 Q 端输出低电平时，达林顿管截止，红色发光二极管 LA 熄灭，继电器线圈或指示灯中没有电流，继电器不动作，指示灯不亮。

4）程控功率输出板（EK-554P）

08-32 型捣固车上控制作业的各种电磁阀，如液压制动阀和夯拍器升、降控制阀等电磁阀都需要较大的电流才能正常工作，而输入/输出板所能输出的最大电流为 500 mA 左右，无法直接驱动各种电磁阀动作。因此程控系统输出控制电磁阀的信号必须进行功率放大。在 08-32 型捣固车程控系统中控制各电磁阀的信号都集中在 2，3 号两块输入/输出板上。

对这两块板输出信号的功率放大分别由两块程控功率输出板（EK-554P）QL2、QL3 完成。2、3 号输入/输出板的 16 路输出端分别连至 QL2、QL3 的 16 路输入端。每块程控功率输出板上包括 16 路功率放大电路，能同时对 16 路信号进行功率放大。各路的电路相同，我们以第一路为例，介绍其原理。2d 为信号输入端，与 2 号或 3 号输入/输出板相应输出端相连；2b 为输出端，接电磁阀线圈，如图 7-8 所示。

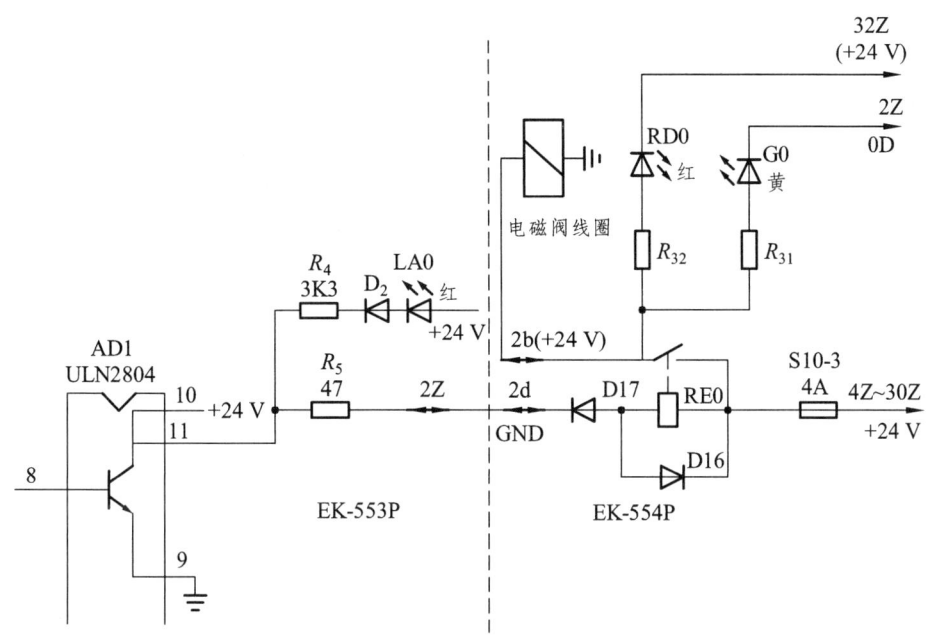

图 7-8　第一路功率输出电路原理图

当程控系统不允许该电磁阀动作时，输入/输出板相应的输出端输出 + 24 V 加至 2d，继电器 RE0 不动作。电流流过红色发光二极管 RD0、限流电阻 R_{32} 和电磁阀线圈，RD0 被点亮。由于电磁阀线圈电阻较小，而 RD0 和 R_{32} 的阻值比较大，因而 2b 上的电压很小，黄色发光二极管 G0 不亮或微亮，流过电磁阀线圈的电流也远远不足以推动电磁阀动作。当程控系统需要该电磁阀动作时，输入/输出板相应输出端电压接近 0 V（输入/输出板上相应的红发光二极管被点亮），继电器 RE0 动作，+ 24 V 通过保险 SI0-3 和继电器 RE0 的触点在端子 2b 上输出，驱动电磁阀动作。由于此时 2b 上的电压为 + 24 V，所以黄色发光二极管 G0 被点亮，而红色发光二极管 RD0 与其限流电阻 R_{32} 串联的电路两端电压相同，没有电流流过它们，RD0 熄灭。

输入/输出板（仅 2 号和 3 号）上的红色信号灯与功率输出板上的黄色和红色信号灯存在一定的对应关系：

① 输入/输出板上的红灯亮时，功率输出板上对应的黄灯亮，红灯灭，相应的电磁阀得电。

② 输入/输出板上的红灯灭时，功率输出板上的黄灯也灭，红灯亮，电磁阀失电。

根据这些信号灯的亮灭可判断故障，如果功率输出板上相应的红黄信号灯均亮时，则此路输出的电磁阀回路断开。

子任务二 程序逻辑表及其使用方法

08-32型捣固车作业系统各部件是在程控系统各种信号的控制下协调工作的,各种信号及其逻辑关系均在程序逻辑表中列出。程控系统中的信号可分为四类。以下分别介绍这四类信号及其在程序逻辑表中的表示。

1. 输入信号的表示方法

08-32型捣固车程控系统中的输入信号共有63个。这些信号又可分为两种:第一种,来自各控制箱(B2、B7、B51、B52)和脚踏开关(液压走行,捣固装置下降)控制机器作业和作业方式的信号。第二种,各作业部件的位置信号,如夯拍器、捣固装置、夹钳、测量小车的位置信号和起道极限信号。这些信号由相应的行程开关、感应开关、捣固装置模拟控制板及起、拨道模拟控制板给出。这63个信号分别在1、2、3、4、5号输入/输出板的输入端输入程控系统。每个输入信号对应着这些输入/输出板面板上的一个黄灯,当某输入信号有效时,与之相应的黄灯被点亮。

在逻辑程序表中,每一个输入信号用四栏说明:

第一栏"符号",表示产生该信号的器件类型,有开关、带灯开关、行程开关、感应开关等。

第二栏"地址",每个输入信号由四项数字、符号表示,意义如下:

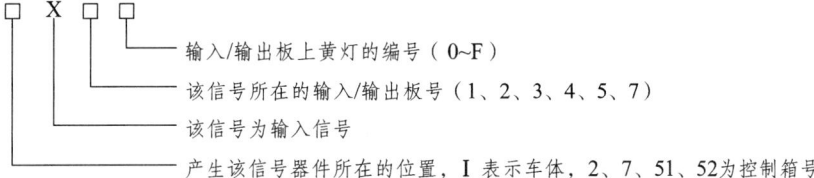

第三栏"输入说明",该栏中的内容说明此输入信号的意义。

以2X19信号为例,代号中有"X",说明该信号为输入信号,"2"表示该信号来自B2控制箱,"19"表示该信号对应1号输入/输出板上的9号黄灯。从输入信号逻辑表中查得,该信号为捣固系统接通信号,由B2箱上一个开关产生。

第四栏"备注",对信号的补充说明。

程控逻辑输入表如表7-1所示。

表7-1 D09-32程控输入逻辑表

符号	地址	输入说明	备注
⌐	1X10	捣固装置下插	
⌐	1X11	液压驱动	行业走行
●	2X12	工作小车前进	
10U6RE6 /	10U6(RE6)X13	左捣固头上位	

2. 输出信号的表示方法

输出信号是程控系统对作业系统各部件实施控制的信号。输出信号是程控系统对各输入信号进行逻辑运算的结果，因此每一个输出信号都跟一定数量的输入信号有逻辑关系。08-32 型捣固车共用到了 50 个输出信号，每个输出信号对应着 1、2、3、7 号输入/输出板上的一个红灯。

这些输出信号可分为两种。第一种，接地输出，用符号 Q 表示，在 1 号、7 号输入/输出板的输出端输出，这种输出信号有效时，输出一个接地信号，驱动小电流的器件，如：指示灯，捣固头升降控制板，起、拨道模拟控制板上的继电器等。第二种，功率输出（输出 +24 V 电源），用符号 QL 表示，集中在 QL_2、QL_3 两块功率输出板的输出端输出。2、3 号输入/输出板的输出端分别接至两块功率继电器板的输入端，这种功率输出信号有效时，2、3 号输入/输出板上对应的红灯点亮，功率继电器板上与之对应的黄灯亮，红灯灭，对应输出端上输出一个 24 V 电压，对各种电磁阀进行控制。

输出信号在程序逻辑表中也用四栏说明：

第一栏"输出意义"，此栏说明该输出信号对作业部件产生的效果。

第二栏"位址"，该栏中用三个数字、符号表示该输出信号对应的红灯在输入/输出板上的位置，意义如下：

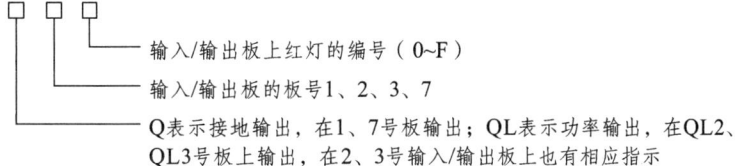

这组数字、符号同时也是输出信号的代号。另外这栏中还用符号说明了该输出信号输出端所接的器件：例如继电器线圈或指示灯。

第三栏"目标"，表示该输出信号所去的位置和控制的器件（继电器、电磁阀、指示灯等）。

第四栏"程序内容"，该栏中以逻辑表达式来描述该输出信号有效时所需满足的逻辑关系。

逻辑表达式是用逻辑运算符，将逻辑变量连接起来的一种表达式，如 $C = A \cdot B$，A、B、C 为逻辑变量，其中 A、B 为输入逻辑变量，C 为输出逻辑变量，"·"号为逻辑运算符。逻辑表达式中任何逻辑变量的取值只有两种：1 和 0，对应逻辑变量的真与假。程序逻辑表中用到的逻辑运算符有以下 3 种：

① "与"运算符"·"，$C = A \cdot B$，表 7-2 中列出了输入逻辑变量 A、B 不同取值时输出逻辑变量 C 的值。

② "或"，运算符"+"，$C = A + B$，表 7-3 中列出了输入逻辑变量 A、B 不同取值时，输出逻辑变量 C 的值。

③ "非"运算"$\overline{X}$"，X 表示逻辑变量，非运算符将该逻辑变量的值取反，如 $A = 1$，则 $\overline{A} = 0$。

表 7-2 与 运 算

A	B	C
0	0	0
0	1	1
1	0	1
1	1	1

表 7-3 或 运 算

A	B	C
0	0	0
0	1	0
1	0	0
1	1	1

在逻辑程序表中，输入逻辑变量即为程控的输入信号和子程序信号，输出逻辑变量即为程控的输出信号。当输入信号有效时，对应的黄灯亮，则在逻辑表达式中的逻辑值为 1。输入信号无效，对应的黄灯灭，则其值为 0。输出信号的逻辑值由逻辑表达式的取值决定，可分为两种：

第一种，单个逻辑表达式的值决定输出信号的逻辑值。这种输出信号的逻辑值即为"程序内容"栏中等号右边的逻辑表达式的值。以左夯拍器振动信号 QL_{3E} 为例，QL_{3E} 的逻辑表达式为 $QL3E = 40 \cdot \overline{46} \cdot \overline{43}$。当逻辑表达式中的输入信号 $2X40 = 1$、$1X46 = 0$、$2X43 = 0$，即 2X40 信号有效（对应的黄灯亮）且 1X46、2X43 信号无效（对应的黄灯灭）时，$QL_{3E} = 1$，QL_{3E} 信号有效，3 号 I/O 板上对应的 E 号红灯亮，QL_3 功率继电器板上 E 号黄灯亮，红灯灭。上述三个输入信号的逻辑值任一个不满足要求，则 $QL_{3E} = 0$，QL_{3E} 信号无效，3 号 I/O 板上对应的 E 号红灯灭，QL_3 功率继电器板上 E 号黄灯灭，红灯亮。

第二种，输出信号的逻辑值由两个逻辑表达决定，这种输出信号在程序逻辑表中的逻辑表示为：

$ON =$ 逻辑表达式 1　$HOLD =$ 逻辑表达式 2。表 7-4 列出了逻辑表达式 1、逻辑表达式 2，即 ON、$HOLD$ 取不同值时，输出信号的逻辑值。

表 7-4

ON	HOLD	输出信号逻辑值
0	0	0
0	1	不变
1	0	不变
1	1	1

两个逻辑表达式的值均为 0 时，输出信号的逻辑值为 0，输出信号无效，对应的红灯灭。两个逻辑表达式的值均为 1 时，输出信号的逻辑值为 1，输出信号有效，对应的红灯亮。两个逻辑表达式的值不相同，则输出信号的逻辑值不变，输出信号的状态不变。以辅助驱动"通"锁定信号 QL_{26} 为例，QL_{26} 信号在"程序内容"栏中的表示为

$$ON = 1F \cdot 83'$$
$$HOLD = 1F$$

当输入信号 2X1F = 1，定时输出信号 $Q_{83'} = 1$ 时，$QL_{26} = 1$，该信号有效；当 2X1F = 0 时，$QL_{26} = 0$，该信号无效；其他情况下，QL_{26} 信号的状态维持不变。

程控逻辑输出表如表 7-5 所示。

表 7-5　D0932 程控逻辑输出表

输出意义	位址	目标	程序内容
左捣固头下降	Q10 ⌿	10U6 12d	$= \overline{6E} \cdot 6F \cdot \overline{46} \cdot 5A \cdot A_1$
右捣固头下降	Q11 ⌿	10U7 12d	$= \overline{6D} \cdot 6F \cdot \overline{47} \cdot 5B \cdot A_1$

3. 子程序信号

08-32 型捣固车用到了 24 个子程序信号，这些子程序信号与输出信号一样也是逻辑运算的结果。但与输出信号不同的是，这些子程序信号不直接参与对机器作业部件的控制（Q_{06}、Q_{07} 信号除外，Q_{06}、Q_{07} 分别对左、右起道模拟控制板进行控制），而是用来指示机器的作业状态。暂存逻辑运算的结果，同时参与对输出信号的逻辑控制。这 24 个子程序信号集中在 0 号、6 号输入/输出板上。前面已讲过，0 号、6 号输入/输出板的输出端与对应的输入端是短接在一起的，因此子程序信号既是程控的输出信号，也是程控的输入信号。子程序信号在逻辑程序表中的表示与输出信号的表示方式相同。只是在"目标"栏中，除 Q_{06}、Q_{07} 信号分别去往左、右起道模拟控制板 7U2、7U4 的端子 16b 外，其余的子程序信号均没有去处，这栏为空。在"位址"栏中，输出信号（$Q_0 \sim Q_F$）与对应的输入信号（$X_0 \sim X_F$）用"↓"隔开，表示子程序信号在其输出有效的同时引起输入有效，即输出信号与输入信号是等同的，$Q_{60} \sim Q_{6F}$ 与 $X_{60} \sim X_{6F}$ 相同）。

4. 定时信号

08-32 型捣固车用到了 5 个定时信号，$Q_{80} \sim Q_{83}$，Q_{87}，这 5 个定时信号由 8 号定时器板上的 5 路定时器电路产生，其中第 7 路定时器信号 Q_{87} 用于执行测试程序时的运行指示。机器作业时，该信号不起作用，故在逻辑表中未列出。在作业过程中，需要某一路定时器开始定时时，程控主机板向定时器板输出定时开始信号 $Q_{80} \sim Q_{83}$。当定时器时间到，则定时器产生定时结束信号 $Q_{80'} \sim Q_{83'}$。这四个信号作为程控系统的输入信号参与逻辑控制。定时信号在逻辑表上的表示与输出信号的表示方式相同，"程序内容"栏中的逻辑表达式为定时开始信号 $Q_{80} \sim Q_{83}$ 有效的条件。当某一路定时开始信号的逻辑表达式的值为 1 时，面板上对应的黄灯亮，该路定时器开始；当定时时间到后，该路定时结束信号（$Q_{80'} \sim Q_{83'}$）有效，面板上对应的红灯亮。

另外，在逻辑表中与四个定时信号在一起的还有一组 Q_{89}、$Q_{89'}$ 信号。这组信号不是定时信号，但因这组信号在定时器板上，故与定时器信号列在一起。这组信号的功能与子程序信号类似，Q_{89} 与 $Q_{89'}$ 是等同的，一个是程控的输出信号，另一个是程控输入信号。在 08-32 型捣固车上，当采用自动捣固循环 2X 作业方式时，机器在一个作业点自动捣固两次，程控系统用这组信号暂存捣固头下插的次数。当捣固头在一个作业点第一次下插时，$Q_{89}=1$，有效；第二次下插时 $Q_{89}=0$，无效，$Q_{89'}$ 对应 8 号定时板内绿色发光二极管排中的第二个发光二极管。$Q_{89'}$ 有效，则该发光二极管亮；$Q_{89'}$ 无效，该发光二极管熄灭。

子任务三 作业系统与程控系统信号的关系详析

08-32 型捣固车的作业系统分为五个子系统：起道抄平、拨道、捣固、液压走行、液压制动。我们分别分析各子系统及其部件是如何在相关程控信号的控制下协调工作的。

1. 起道抄平系统

图 7-9 为起道抄平系统的组成示意图。

起道抄平系统包括：

（1）夹钳张闭部分。包括：4 对由滚轮组成的夹钳，4 个夹钳张闭油缸，前、后夹钳张闭换向阀。2 个换向阀分别由其上的 2 对电磁线圈 1s29 和 1s454、1s28 和 1s453 来控制。从而控制夹钳的张闭，送到 4 个电磁线圈的信号分别为程控的 QL_{29} 和 QL_{32}、QL_{2A} 和 QL_{33}。当 QL_{29}、QL_{2A} 有效时，1s29、1s28 得电，高压油经换向阀流向 4 个张闭油缸的前部，推动活塞向后运动，夹钳闭合。当 QL_{32}、QL_{33} 有效时，QL_{453}、QL_{454} 得电，高压油经换向阀流向油缸的后部，推动活塞向前运动，夹钳张开。

（2）夹钳提升、下降部分。包括：左、右各一块起道模拟控制板 7U2、7U4，沉降补偿及超高给定板 7U3，起道伺服阀、换向阀，左、右夹钳升、降油缸。两个伺服阀分别由左、右起道模拟控制板的输出控制电磁线圈 1s1、1s2 来控制。两个换向阀的换向分别由其上的两对电磁线圈 1s3 和 1s8、1s4 和 1s9 来控制。这 4 个电磁线圈上的控制信号分别为来自程控的 QL_{2E} 和 QL_{2B}、QL_{2F} 和 QL_{2C}。当需夹钳上升时，QL_{2E}、QL_{2F} 有效，1s3、1s4 得电，左、右起道模拟控制板输出负电压至 1s1、1s2，高压油经伺服阀、换向阀进入油缸下部，推动油缸活塞向上运动，夹钳提升。当需夹钳下降时，QL2B、QL2C 有效，换向阀将油缸底部也接至低压油路，活塞两边油的压力相等，夹钳在自身重力的作用下下降。夹钳下降时，不受起道模拟控制板的控制。

夹钳进行的动作有：夹钳张闭、夹钳下降、夹钳起道作业、夹钳手动提升。我们根据程序逻辑表分别分析这些动作与各信号的关系。

1）夹钳的张闭

与夹钳张闭有关的程控信号有：输入信号、子程序信号、输出信号。

（1）输入信号。

2X1B——只用前夹钳信号。来自 B2 箱上的夹钳选择开关。开关置于左侧时，该信号有效，2X1B = 1。

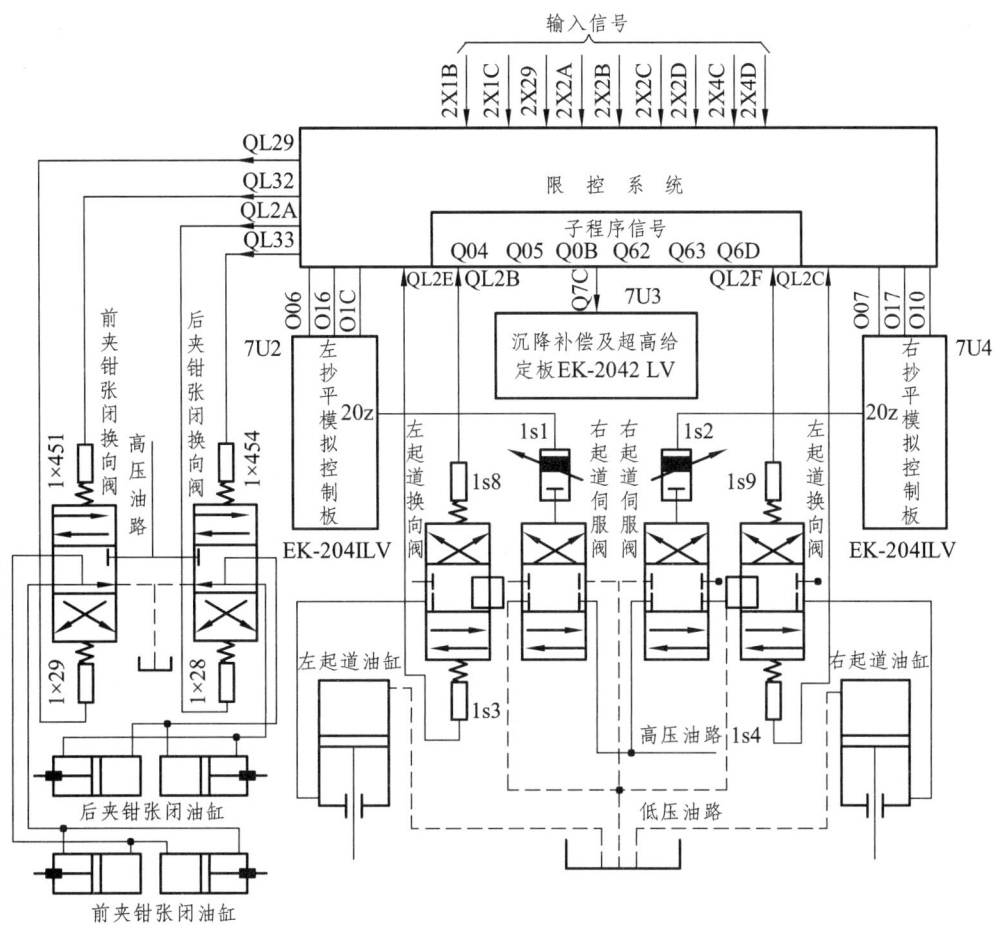

图 7-9 为起道抄平系统的组成示意图

2X1C——只用后夹钳信号。来自 B2 箱上的夹钳选择开关。开关置于右侧时,该信号有效,即 2X1C = 1。

2X29——夹钳提起信号。来自 B2 箱上的夹钳提起开关。该开关打到"1"位时,2X29 有效。

2X2A——驱动控制夹钳张闭信号。来自 B2 箱上驱动控制夹钳张闭开关。开关按下时,2X2A = 1。

2X2B——夹钳常闭信号。来自 B2 箱上夹钳常闭琴键开关。开关按下时,2X2B = 1。

2X2C——左夹钳下降信号。来自 B2 箱上左夹钳下降按钮开关。开关按下时,2X2C = 1。

2X2D——右夹钳下降信号。来自 BZ 箱上右夹钳下降按钮开关。开关按下时,2X2D = 1。

2X4C——左夹钳提起并保持信号。来自 B2 箱上左夹钳提起并保持按钮开关。开关按下时,2X4C = 1。

2X4D——右夹钳提起并保持信号。来自 B2 箱上右夹钳提起并保持按钮开关。开关按下时,2X4D = 1。

(2)子程序信号。

Q_{0B}——捣固装置下降状态信号。当进行捣固作业时,捣固装置开始下降,到捣固作业

完成前 $Q_{0B}=1$。捣固作业完成后，捣固装置开始上升，$Q_{0B}=0$。这个信号将在捣固系统中详细介绍。

Q_{05}——测量系统接通信号。$Q_{05}=1$，表示起、拨道作业的开始。

Q_{04}——液压走行信号。$Q_{04}=1$，表示机器正处于液压走行状态；机器不走行，则 $Q_{04}=0$。

Q_{62}——夹钳闭合方式子程序信号。$Q_{62}=1$，表示夹钳可以闭合。$Q_{62}=2A\cdot\overline{04}+(0B+05)\cdot 3A$

Q_{63}——夹钳闭合子程序信号。该信号有效表示允许夹钳闭合。$Q_{63}=\overline{2C}\cdot\overline{2D}\cdot\overline{29}\cdot\overline{4C}\cdot\overline{4D}$

Q_{6D}——夹钳闭合子程序信号。$Q_{6D}=1$，表示夹钳处于闭合状态。$Q_{6D}=[(05+0B+\overline{04})\cdot 2B+62]\cdot 63$

（3）输出信号。

QL_{29}——前夹钳闭合信号。$QL_{29}=1$，电磁阀线圈 1s29 得电，前夹钳闭合。$QL_{29}=6D\cdot\overline{1C}$

QL_{2A}——后夹钳闭合信号。$QL_{2A}=1$，电磁阀线圈 1s28 得电，后夹钳闭合。$QL_{2A}=6D\cdot\overline{1B}$

QL_{32}——前夹钳张开信号。$QL_{32}=1$，电磁阀线圈 1s453 得电，前夹钳张开。$QL_{32}=\overline{2B}\cdot\overline{62}+2C+2D+29+4C+4D+1C$

QL_{33}——后夹钳张开信号。$QL_{33}=1$，电磁阀线圈 1s454 得电，后夹钳张开。$QL_{33}=\overline{2B}\cdot\overline{62}+2C+2D+29+4C+4D+1B$

我们先看夹钳的闭合。夹钳可在三种情况下闭合，但无论哪种情况，都需 $Q_{63}=1$。而 $Q_{63}=1$，必须同时有 2X2C=0，2X2D=0，2X29=0，2X40=0，2X4D=0；即左右夹钳提升、下降、提升并锁定开关均断开。这是左（右）夹钳闭合的先决条件。在先决条件满足时，Q_{6D} 有效的条件不一样，从而 QL_{29}（QL_{2A}）有效的条件不一样。

第一种方式下，夹钳作业常闭。这时 $Q_{6D}=(05+0B+\overline{04})\cdot 2B\cdot 63$。这种方式下，夹钳作业常闭开关按下，2X2B=1。若 Q_{05}、Q_{0B} 有一个有效或 Q_{04} 信号无效，则 $Q_{6D}=1$，即机器在捣固或起、拨道作业过程中以及作业完成后，进行液压走行前，Q_{6D} 有效，$Q_{6D}=1$。在夹钳闭合先决条件满足，即 $Q_{63}=1$ 时，若 2X1C=0（2X1B=0），即不是只使用后（前）夹钳，则 $QL_{29}=6D\cdot\overline{1C}$（$QL_{2A}=6D\cdot\overline{1B}$）有效，前（后）夹钳闭合。

第二种方式，驱动控制夹钳闭合。这种方式下，$Q_{6D}=62\cdot 63$，$Q_{62}=\overline{04}\cdot 2A$，驱动控制夹钳闭合开关，2X2A=1，若机器未处于液压走行状态，$Q_{04}=0$，则 $Q_{62}=1$，$Q_{6D}=1$。此时若 2X1C=0（2X1B=0）。即不是只闭合后（前）夹钳，则 $QL_{29}=6D\cdot\overline{1C}$（$QL_{2A}=\overline{6D}\cdot 1B$）有效，前（后）夹钳闭合。

第三种方式，捣固头下降控制夹钳闭合。这种方式下，$Q_{6D}=62\cdot 63$，$Q_{62}=(0B+05)\cdot 3A$。捣固头下降控制夹钳闭合开关按下，2X3A=1，当机器进行捣固作业或起拨道作业时，$Q_{0B}=1$ 或 $Q_{05}=1$、$Q_{62}=1$，从而 $Q_{6D}=1$。若 2X1C=0（2X1B=0），$QL_{29}=1$（$QL_{2A}=1$），则前（后）夹钳闭合。

夹钳的张开，当 $QL_{32}=1$（$QL_{33}=1$）时，前（后）夹钳张开。前（后）夹钳在以下几种情况下张开：

① 只用前夹钳即 2X1B=1 时，$QL_{33}=1$，后夹钳张开；只用后夹钳，即 2X1C=1 时，$QL_{32}=1$，前夹钳张开。

② 左、右夹钳提升、下降时，提升并保持开关有一个按下，即 2X2C、2X21、2X40、2X4D、2X29 信号有一个有效时，前后夹钳均张开。

③ 驱动控制夹钳方式下，若 $Q_{04} = 1$，即机器处于液压走行状态时，$Q_{62} = D$，从而 $QL_{32} = QL_{33} = 1$，前后夹钳均张开。

④ 在捣固头下降、控制夹钳闭合方式下，当 $Q_{OB} = 0$，且 $Q_{05} = 0$，即捣固作业和起、拨道作业均已完成时，$Q_{62} = 0$，从而 $QL_{32} = QL_{33} = 1$，前后夹钳均张开。

2）夹钳的提升

夹钳提升分为两种情况。第一种情况手动控制的夹钳提升，夹钳提升开关，左、右夹钳提升并锁定开关按下后，夹钳进行的提升；第二种情况，机器进行起道作业时夹钳的提升，此时左、右夹钳分别在左、右起道模拟控制板的控制下按给定的起道量提升钢轨。

（1）与手动提升夹钳有关的程控信号。

输入信号：

2X29——夹钳提起信号。来自 B2 箱上的夹钳提起开关。开关置"1"时，2X29 = 1。

2X4C——左夹钳提起并保持信号。来自 B2 箱上的左夹钳提起并保持开关。开关按下时，2X4C = 1。

2X4D——右夹钳提起并保持信号。来自 B2 箱上的右夹钳提起并保持开关。开关按下时，2X4D = 1。

子程序信号：

Q_{02}——左夹钳提升并锁定信号。$Q_{02} = 1$，表示左夹钳处于提升并锁定状态；Q_{02} 的逻辑表达式为：$ON = 4C$，$HOLD = \overline{29} \cdot \overline{2C}$。

Q_{03}——右夹钳提升并锁定信号。$Q_{03} = 1$，表示右夹钳处于提升并锁定状态；Q_{03} 的逻辑表达式为：$ON = 4D$，$HOLD = \overline{29} \cdot \overline{2D}$。

Q_{0B}——捣固装置下降状态信号。当进行捣固作业时，捣固装置开始下降，到捣固作业完成前 $Q_{0B} = 1$；捣固作业完成后，$Q_{0B} = 0$，捣固装置开始上升。

输出信号：

Q_{1C}——左夹钳手动提升信号。该信号送到左起道模拟控制板，Q_{1C} 有效，7U2 输出一个约 3 V 的负电压，加到左起道伺服阀电磁线圈 1s1 上，$Q_{1C} = (29 + 4C) \cdot \overline{0B}$。

Q_{1D}——右夹钳手动提升信号。该信号送到右起道模拟控制板 7U4，Q_{1D} 有效，7U4 送出一个 3 V 的负电压，加到右起道伺服阀电磁线圈 1s2 上，$Q_{1D} = (2A + 4D) \cdot \overline{0B}$。

QL_{2E}——左夹钳提升信号。该信号送到左换向阀电磁线圈 1s3 上。$QL_{2E} = 1$，左夹钳才能提升；$QL_{2E} = (29 + 4C) \cdot \overline{0B} + 06$。

QL_{2F}——右夹钳提升信号。该信号送到右换向阀电磁线圈 1s4 上。$QL_{2F} = 1$，右夹钳才能提升；$QL_{2F} = (29 + 4D) \cdot \overline{0B} + 07$。

手动提升左（右）夹钳，需 Q_{1C}（Q_{1D}）、QL_{2E}（QL_{2F}）两个信号同时有效。$QL_{1C} = QL_{2E} = (29 + 4C) \cdot \overline{0B}$（$Q_{1D} = QL_{2F} = (2A + 4C) \cdot \overline{0B}$）。$Q_{1C}$、$QL_{2E}$（$Q_{1D}$、$QL_{2F}$）信号有效，需同时有 $Q_{0B} = 0$、2X29 = 1 或 2X4C = 1（2X4D = 1），也就是在机器未进行捣固作业或捣固作业已完成（$Q_{0B} = 0$）的情况下，若按下夹钳提升开关 2X29 = 1，则 Q_{1C}、QL_{2E}、Q_{1D}、QL_{2F} 均有效，左、右夹钳均提起；若按下左（右）夹钳提升并锁定开关；2X4C = 1（2X4D = 1），则左（右）夹钳单独提起，同时 $Q_{02} = 1$（$Q_{03} = 1$），左（右）夹钳处于提起并锁定状态。此时，即使复

位左（右）夹钳提起并锁定开关，2X4C = 0（2X4D = 0）。Q_{02}（Q_{03}）仍有效，左（右）夹钳维持在原处不动；若按下夹钳提升开关，2X29 = 1，或按下左（右）夹钳下降开关，2X2C = 1（2X2D = 1）夹钳解除锁定状态 Q_{02} = 0（Q_{03} = 0），夹钳进行上升或下降。

（2）起道作业时与夹钳提升有关的程控信号。

输入信号：

1X10——捣固装置下降信号。来自捣固装置下降脚踏开关。该开关踩下 1X10 = 1。

1X15、1X16——左、右捣固装置中位信号。分别来自左、右捣固装置升降控制板 2U21，2U22。左（右）捣固装置到中位以后 1X15 = 1（1X16 = 1）。

7X20——起拨道开始带捣固装置下降信号。来自 B7 箱上起拨道开始带捣固装置下降琴键开关。开关按下，7X20 = 1。

1X24、1X25——左右夹钳近轨信号。分别来自左、右夹钳上的感应开关。左（右）夹钳夹住钢轨时，1X24 = 1（1X25 = 1）。

7X2F——夹钳接近开关切除信号。来自 B7 箱上夹钳切除开关。开关打到"1"位，7X2F = 1。这个信号用来代替左、右夹钳上感应开关信号 1X24、1X25。当 7X2F = 1 时，抄平系统不需要感应开关送来的信号也能正常工作，保证在感应开关损坏或过轨间连接板时，机器也能进行起拨道作业。

7X30——固装置中位起、拨道开始信号。来自 B7 箱上捣固装置中位时起、拨道开始琴键开关。开关按下，7X30 = 1。

2X1D、2X1E——分别为只用左、右捣固装置信号。来自 B2 箱上捣固装置下降选择开关。开关打到左侧时，2X1D = 1，只有左捣固装置能下降；打到右侧时，2X1E = 1，只有右捣固装置能下降，打到中间，2X1D = 0、2X1F = 0，两个捣固装置均能下降。

7X32、7X33——左、右起道极限信号。分别来自左、右起道模拟控制板 7U2、7U4。当左（右）侧起道量超过给定起道量时，7X32 = 1（7X33 = 1）。

7X3E——只拨道不捣固信号。来自 B7 箱上拨道不捣固琴键开关。开关按下，7X3E = 1。

1X48——前张紧小车放下信号。来自前张紧小车上的行程开关。当前张紧小车放下时，1X48 = 1。

1X49——测量小车放下信号。来自测量小车上的行程开关。当测量小车放下时，1X49 = 1。

子程序信号：

Q_{06}、Q_{07}——左、右抄平系统接通信号。该信号既作为子程序信号，也作为输出信号，分别送到左、右起道控制板 7U2、7U4。Q_{06} = 1（Q_{07} = 1），表示机器正进行左（右）起道作用。$Q_{06} = (24+2F) \cdot \overline{1E} \cdot \overline{32} \cdot \overline{02} \cdot 2E \cdot 05 \cdot 48 \cdot 49$（$Q_{07} = (24+2F) \cdot \overline{1D} \cdot \overline{33} \cdot \overline{03} \cdot 2E \cdot 05 \cdot 48 \cdot 49$）。

Q_{05}——测量系统接通信号。该信号是起、拨道系统作业开始信号。Q_{05} = 1 时，起道和拨道系统才能开始作业。$Q_{05} = 3E \cdot 10 + 20 \cdot 0B + (15+16) \cdot 30 \cdot 0B + 6E$。

Q_{02}、Q_{03}——左、右夹钳提起并锁定信号。Q_{02} = 1（Q_{03} = 1）表示左（右）夹钳处于提升并锁定状态。

Q_{04}——液压驱动信号。Q_{04} = 1，表示机器正处于液压走行状态。

Q_{6E}——测量系统接通并锁定信号。Q_{6E} = 1，表示起道作业开始。Q_{6E} 的逻辑表达式为：$ON = (15+16) \cdot 31$，$HOLD = \overline{04} \cdot 31$。

输出信号：

QL_{2E}——左夹钳提升信号。该信号送到左起道换向阀电磁线圈 1s3。左夹钳起道时，需 $QL_{2E} = 1$，$QL_{2E} = Q_{06}$。

QL_{2F}——右夹钳提升信号。该信号送到右起道换向阀电磁线圈 1s4。右夹钳起道时，需 $QL_{2F} = 1$，$QL_{2F} = Q_{07}$。

Q_{7D}、Q_{7E}——左、右夹钳脱轨指示信号。信号 Q_{7D}、Q_{7E} 分别送到 B19 箱上左、右夹钳脱轨指示灯。$Q_{7D} = 1$（$Q_{7E} = 1$）则 B19 箱上左（右）夹钳脱轨指示灯亮。$Q_{7D} = 2E \cdot \overline{24}$，$Q_{7E} = 2E \cdot \overline{25}$。

Q_{7G}——沉降补偿接通信号。该信号送到沉降补偿板 7U3。$Q_{7C} = 1$，沉降补偿接通，对起道量多的一侧钢轨进行沉降补偿。$Q_{7C} = 06 + 07$。

左（右）夹钳进行起道作业时，须 $Q_{06} = 1$（$Q_{07} = 1$），$QL_{2E} = 1$（$QL_{2F} = 1$）。Q_{06}（Q_{07}）有效，首先必须同时具备以下条件：

① 前张紧小车放下，1X48 = 1。
② 测量小车放下，1X49 = 1。
③ 抄平控制开关接通，7X2E = 1。
④ 不是只用右（左）捣固头，2X1E = 0（2X1D = 0）。
⑤ 左（右）夹钳近轨，1X24 = 1（1X25 = 1），或者夹钳脱轨指示开关置"1"，7X2F = 1。
⑥ 左（右）夹钳未处于锁定状态；$Q_{02} = 0$（$Q_{03} = 0$）。
⑦ 左（右）起道量未超过极限，7X32 = 0（7X33 = 0）。

以上几项是左（右）夹钳在每个作业周期进行起道时所必须具备的先决条件。在上述先决条件具备的情况下，子程序信号 Q_{05} 有效时，Q_{06}（Q_{07}）有效，QL_{2E}（QL_{2F}）有效，左（右）夹钳起道。Q_{45} 信号决定了机器在一个作业周期内的什么时刻进行起道。08-32 型捣固车提供了四种起、拨道方式。在每种方式下，Q_{05} 信号有效的条件都不相同。

第一种方式，只起拨道不捣固。此时只拨道不捣固琴键开关按下，7X3E = 1，$Q_{05} = 3E \cdot 10$。只要捣固头下降开关踩下，1X10 = 1，则 $Q_{05} = 1$。若先决条件具备，$Q_{06} = 1$（$Q_{07} = 1$），$QL_{2E} = 1$（$QL_{2F} = 1$），左（右）夹钳在左（右）起道模拟控制板的控制下起道，脚踏开关松开 7X10 = 0，$Q_{05} = 0$，则 $Q_{06} = 0$，$Q_{07} = 0$，夹钳起道停止。

第二种方式，起、拨道开始带捣固装置下降。这种方式下 $Q_{05} = 20 \cdot 0B$，此时起、拨道开始带捣固装置下降琴键开关按下，7X20 = 1。捣固装置开始下降时，$Q_{0B} = 1$，从而 $Q_{05} = 1$。若先决条件具备，则 $Q_{06} = 1$（$Q_{07} = 1$），$QL_{2E} = 1$（$QL_{2F} = 1$），夹钳开始起道。捣固作业结束，捣固装置开始上升，$Q_{0B} = 0$、$Q_{05} = 0$，夹钳停止起道。

第三种方式，捣固头中位时起、拨道开始。这种方式下 $Q_{05} = (15+16)30 \cdot 0B$，此时捣固装置中位时起拨道开始琴键开关按下，7X30 = 1。捣固装置开始下降时，$Q_{0B} = 1$，捣固装置到达中位后 1X15 = 1 或 1X16 = 1 从而 $Q_{05} = 1$。若先决条件具备，则 Q_{06}（Q_{07}）有效，同时 QL_{2E}（QL_{2F}）有效，左（右）夹钳起道。捣固作业完成，捣固装置开始上升，$Q_{013} = 0$，$Q_{05} = 0$，左（右）夹钳停止起道。

第四种方式，起道并保持。这种方式下 $Q_{05} = 6E$，Q_{6E} 的逻辑表达式为：$ON = (15+16) \cdot 31$，$HOLD = 31 \cdot \overline{04}$。此时起道并保持开关接通，7X31 = 1。当捣固头到中位以后 1X15 = 1 或 1X16 = 1，从而 $Q_{04} = 0$，则 $ON = (15+16) \cdot 31 = 1$、$HOLD = 31 \cdot \overline{04} = 1$、$Q_{6E} = 1$、$Q_{05} = 1$。若

先决条件具备，则 Q_{06}（Q_{07}）、QL_{2E}（QL_{2F}）有效，左（右）夹钳起道。捣固作业完成后，捣固装置提起，离开中位后，1x15 = 0、1x16 = 0，在液压走行前，$Q_{04} = 0$，$HOLD = 31 \cdot \overline{04} = 1$，$ON = (15+16) \cdot 31 = 0$，故 Q_{05} 仍维持有效，夹钳仍夹住钢轨不放。机器走行时 $Q_{04} = 1$、$Q_{05} = 0$，夹钳松开钢轨。

机器在进行起道作业时，程控系统输出一个沉降补偿信号 Q_{7C} 至沉降补偿控制板，对起道量较多的一侧进行沉降补偿。$Q_{7C} = 06 + 07$，即左或右夹钳起道时，Q_{7C} 有效。

3）夹钳的下降

夹钳下降仅受换向阀的控制。当换向阀上的电磁线圈 1s8、1s9 得电时，左、右夹钳下降。虽然两块起道模拟控制板 7U2，7U4 分别送出 3 V 的正电压加到左、右起道伺服阀电磁线圈上，但此时伺服阀不起控制作用，去掉这两块起道板，夹钳也能下降。夹钳下降与程控有关的信号有输入信号、子程序信号和输出信号。

（1）输入信号。

2X2C——左夹钳下降信号。来自 B2 箱上左夹钳下降按钮开关。开关按下，2X2C = 1。
2X2D——右夹钳下降信号。来自 B2 箱上右夹钳下降按钮开关。开关按下，2X2D = 1。
7X2E——抄平系统接通信号。来自 B7 箱上抄平控制开关。开关按下，7X2E = 1。
7X3E——只拨道不捣固信号。来自 B7 箱上只拨道不捣固琴键开关，开关按下，7X3E = 1。

（2）子程序信号。

Q_{06}——左抄平系统接通信号。$Q_{06} = 1$，左夹钳处于起道状态。
Q_{07}——右抄平系统接通信号，$Q_{07} = 1$，右夹钳处于起道状态。
Q_{02}、Q_{03}——左、右夹钳提升并锁定信号。$Q_{02} = 1$（$Q_{03} = 1$）表示左（右）夹钳处于提升并锁定状态。

（3）输出信号。

Q_{16}、Q_{17}——左、右夹钳下降信号。分别送到左、右起道模拟控制板 7U2、7U4，使其输出约 3 V 的正电压去伺服阀电磁线圈 1s1、1s2；$Q_{16} = 1$（$Q_{17} = 1$）表示左（右）夹钳处于下降状态。

$$Q_{16} = \overline{2E} \cdot 05 \cdot 3E + 2C + 2E \cdot \overline{06} \cdot \overline{02}, \quad Q_{17} = \overline{2E} \cdot 05 \cdot 3E + 2C + 2E \cdot \overline{07} \cdot \overline{03}$$

QL_{2B}、QL_{2C}——左、右夹钳下降信号。分别送到左、右换向阀电磁线圈 1s8、1s9，同时送到左、右夹钳下降开关内的指示灯。$QL_{2B} = 1$（$QL_{2C} = 1$），则左（右）夹钳下降，同时左（右）夹钳下降开关内指示灯亮。$QL_{2B} = Q_{16}$（$QL_{2C} = Q_{17}$）。

左（右）夹钳下降可分为三种情况：

第一种情况，左（右）夹钳下降按钮开关控制夹钳下降。这种情况下，$Q_{16} = 2C$（$Q_{17} = 2D$）。

当左（右）夹钳下降开关按下，2X2C = 1（2X2D = 1）、$Q_{16} = 1$（$Q_{17} = 1$）、$QL_{2B} = 1$（$QL_{2C} = 1$），左（右）夹钳下降，同时开关内指示灯亮。

第二种情况，机器在作业中进行起道时夹钳下降。这种情况下，$Q_{16} = 2E \cdot \overline{06} \cdot \overline{02}$（$Q_{17} = 2E \cdot \overline{07} \cdot \overline{03}$）。左（右）夹钳下降需同时有 2X2E = 1、$Q_{06} = 0$（$Q_{07} = 0$）、$Q_{02} = 0$（$Q_{03} = 0$），也就是在抄平控制开关接通，2X2E = 1，左（右）夹钳未被提升并锁定 $Q_{02} = 0$（$Q_{03} = 0$），左（右）夹钳不进行起道 $Q_{06} = 0$（$Q_{07} = 0$）时，夹钳下降，也就是机器在一个作业周期内，

若不进行起道,则左(右)夹钳一直处于下降状态。

第三种情况,只进行拨道作业,不进行起道和捣固时夹钳的下降。这种情况下,$Q_{16} = \overline{2E} \cdot 05 \cdot 3E$ ($Q_{17} = \overline{2E} \cdot 05 \cdot \overline{3E}$)。$Q_{16} = 1$ ($Q_{17} = 1$) 需同时有 2X2E = 0、$Q_{05} = 1$、7X3E = 1,也就是若抄平控制开关打到"0"位,2X2E = 0,只拨道不捣固开关按下,7X3E = 1,机器只进行拨道作业。在每个作业周期,拨道开始时 $Q_{05} = 1$,从而 $Q_{16} = 1$、$Q_{17} = 1$、$QL_{2C} = 1$、$QL_{2C} = 1$,左、右夹钳均处于下降状态,从而保证了机器在拨道作业时,夹钳不会脱离钢轨。

2. 拨道系统

拨道系统的组成如图 7-10 所示。

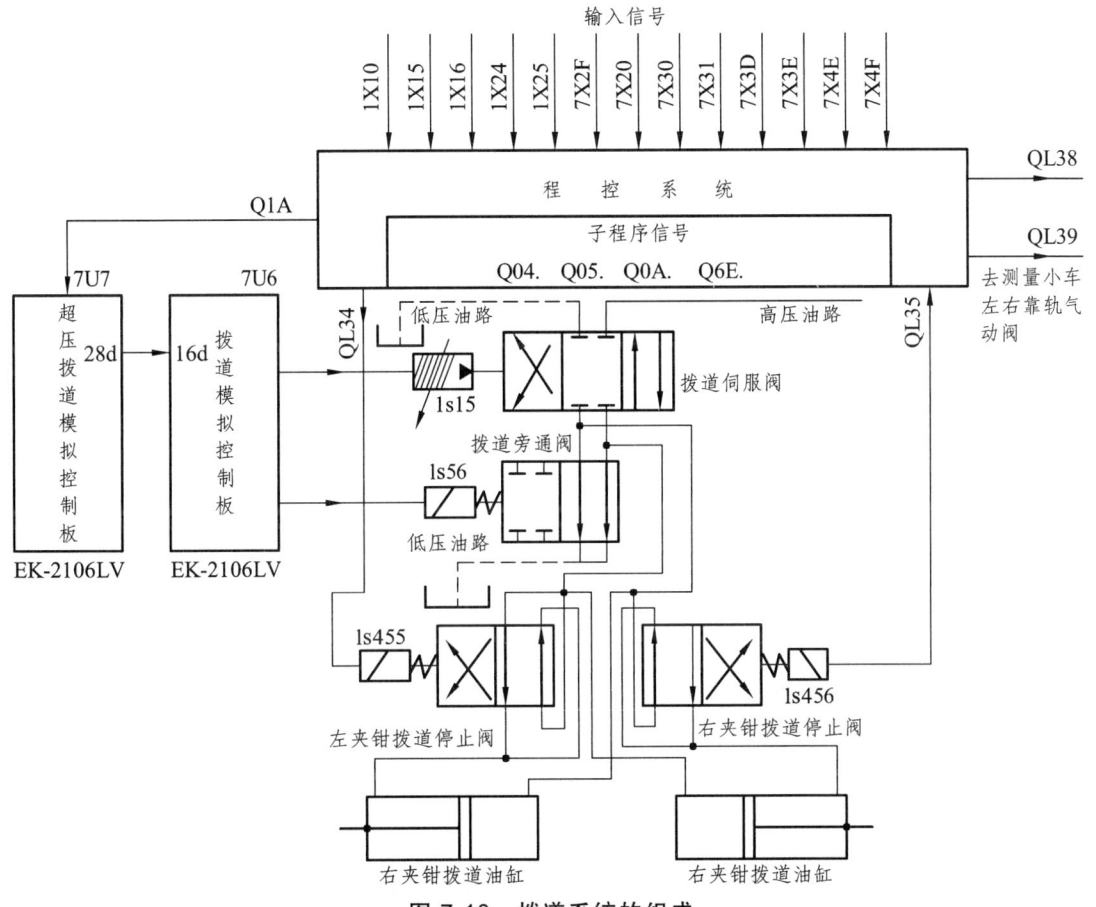

图 7-10 拨道系统的组成

拨道系统包括:左、右夹钳拨道油缸,左、右夹钳拨道停止阀,拨道伺服阀,旁通阀,拨道模拟控制板和超压拨道控制板。拨道伺服阀由拨道模拟控制板输出的模拟电压加到其电磁线圈 1s15 来控制;旁通阀由拨道模拟控制板输出的 0 V 或 24 V 电压控制;左、右夹钳拨道停止阀分别由加到其电磁线圈的程控功率输出信号 QL_{34}、Q_{35} 控制。1s455 得电,左夹钳拨道停止;1s456 得电,右夹钳拨道停止。

08-32 型捣固车的拨道可分为人工操纵拨道和自动作业周期内的拨道两种。

人工操纵拨道比较简单,与程控系统无关。当 B2 箱上手动拨道开关 2b26 置于左侧时,拨道模拟控制板输出 +1.8 V 的电压至伺服阀电磁线圈 1s15 上，同时还输出 +24 V 电压使旁通阀动作，夹钳向左侧拨道；2b16 开关置于右侧时，拨道模拟控制板输出约 −1.8 V 的电压至 1s15，同时输出 +24 V 电压使旁通阀动作，夹钳向右拨道。

自动拨道是机械在一个自动作业周期内进行的拨道作业。拨道油缸在拨道模拟控制板的控制下，将作业点的轨道矢距拨至给定要求。这种情况下，拨道系统的启动和关闭由程控系统来控制。

自动拨道作业与起道作业是同时进行的，所以自动拨道作业与程控有关的信号很多是与起道作业相同的。这些信号在介绍起道作业时已作过详细的说明，这里列出来，不再详细说明。

与自动拨道有关的程控信号有输入信号、子程序信号和输出信号。

（1）输入信号。

1X10——捣固装置下降信号。

1X15、1X16——左、右捣固装置中位信号。

1X24、1X25——左、右夹钳近轨信号。

7X2F——夹钳接近开关切除信号。

7X20——起、拨道开始带捣固装置下降信号。

7X30——捣固装置中位时，起、拨道开始信号。

7X31——起道并保持信号。

7X3D——拨道系统接通信号。来自 B7 箱上拨道控制开关。该开关置"1"时，7X3D = 1，拨道系统在作业中才能启动。

7X3E——只拨道不捣固信号。

7X4E、7X4F——左、右侧预加载信号。来自 B7 箱上测量系统预加载荷开关。开关置于左侧时，7X4E = 1；开关置于右侧，7X4F = 1。

（2）子程序信号。

Q_{04}——液压驱动信号。

Q_{05}——测量系统接通信号。

Q_{6E}——测量系统接通锁定信号。

Q_{0A}——自动拨道开始信号。$Q_{0A} = 1$，表示机器处于拨道状态。$Q_{0A} = (24 \cdot 25 + 2F) \cdot 05 \cdot 3D(4E + 4F)$。

（3）输出信号。

Q_{1A}——自动拨道开始信号。该信号经拨道超压控制板送往拨道模拟控制板。当机器不在交替拨道状态时，每次 $Q_{1A} = 1$，拨道模拟控制板接通，机器进行一次拨道。若机器处于交替拨道状态，每两次 $Q_{1A} = 1$，机器进行一次拨道。$Q_{1A} = Q_{0A}$。

QL_{38}——测量小车靠左信号。$QL_{38} = 1$，测量小车靠向左轨。$QL_{38} = 4E$。

QL_{39}——测量小车靠右信号。$QL_{39} = 1$ 测量小车靠向右轨。$QL_{39} = 4F$。

拨道系统是在 Q_{1A} 信号的控制下进行作业的。$Q_{1A} = 1$，拨道系统进行拨道；$Q_{1A} = 0$，拨道系统停止拨道。$Q_{1A} = 1$，需首先同时具备以下条件：

① 7X4E = 1 或 7X4F = 1，即测量系统左侧预加载或右侧预加载。

② 1X24 = 1、1X25 = 1 或 7X2F = 1，即左、右夹钳均夹住钢轨，夹钳上的感应开关接通，或者夹钳切除开关打到"1"，切除接近开关的信号。

③ 7X3D = 1，拨道控制开关打到"1"位，机械作业时进行拨道。

在上述先决条件具备的前提下，每个作业周期 Q_{05} 有效，则 $Q_{0A} = 1$、$Q_{1A} = 1$，机械进行拨道。

在介绍自动起道作业时，我们已讲述，08-32 型捣固车有四种不同的起拨道方式，在每种方式下，若起道作业几项基本条件满足时 $Q_{05} = 1$，则起道系统进行起道。这里我们又知道，在拨道作业几项先决条件满足时，$Q_{05} = 1$，拨道系统进行拨道。四种方式下 Q_{05} 有效的条件在介绍自动起道时已详细介绍，这里不再赘述。Q_{05} 信号是起、拨道系统共同的启动信号。在一个作业周期内，起、拨道作业是同时进行的。夹钳夹住钢轨上提的同时，将钢轨左移或右移。

3. 捣固系统

图 7-11 为捣固系统示意图。

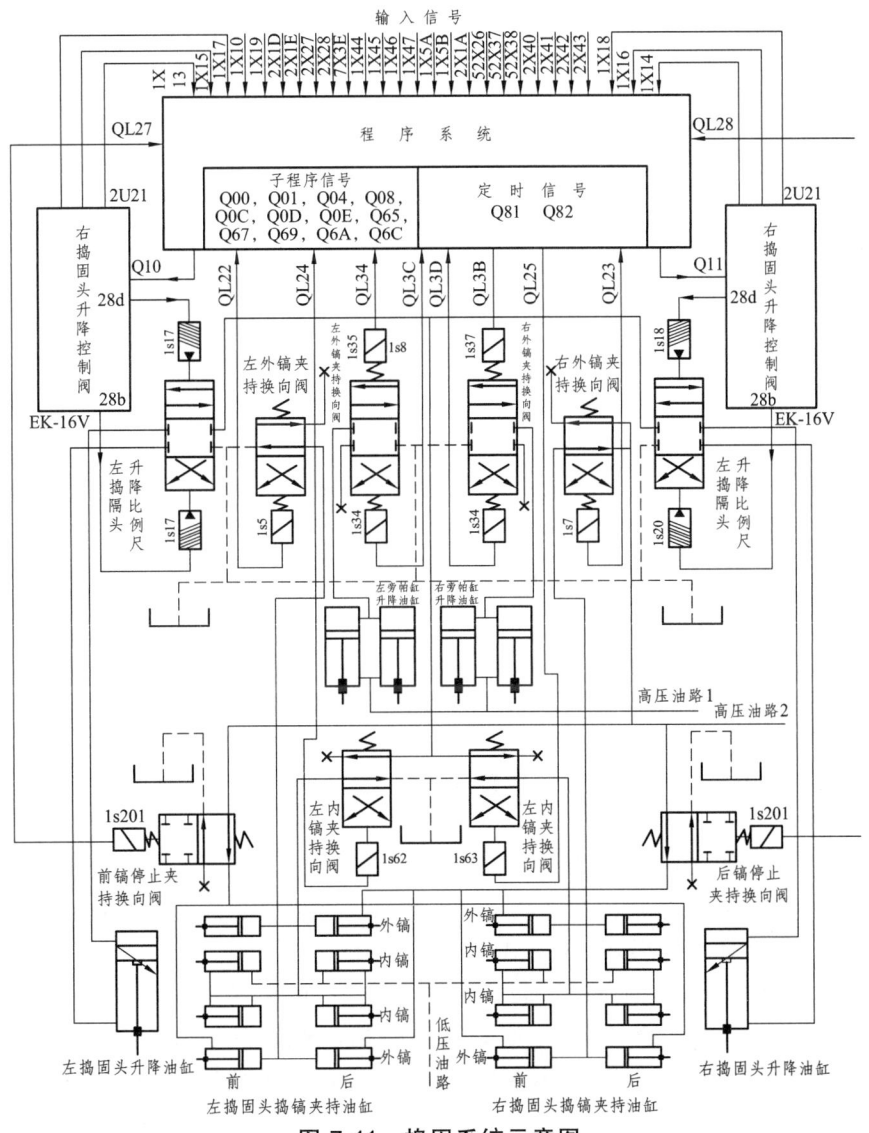

图 7-11 捣固系统示意图

捣固系统包括捣固装置升降部分、捣镐夹持部分和夯拍器部分。

1）捣固装置升降部分

捣固装置升降部分包括左、右捣固装置升降控制板（EK-16 V）2U21、2U22、比例阀、升降油缸。左、右捣固装置的升降分别由程控的 Q_{10}、Q_{11} 信号控制。当 Q_{10}（Q_{11}）有效时，左（右）、固装置在升降控制板的控制下，下降至给定深度；Q_{10}（Q_{11}）失效时，左（右）捣固装置上升至零位以上 100 mm 处。

捣固头升降与程控有关的信号如下：

（1）输入信号。

1X10——捣固装置下降信号。来自捣固装置下降脚踏开关。开关踩下，1X10 = 1。

1X13、1X14——左、右捣固装置上位信号。分别来自左、右捣固装置升降控制板 2U21、2U22。左（右）捣固装置上升到上位停止位前 40 mm 内，1X13 = 1（1X14 = 1）。

1X15、1X16——左、右捣固装置中位信号。分别来自左、右捣固装置升降控制板 7U21、7U22。左（右）捣固装置下降至零位以下 100 mm 以后，1X15 = 1（1X16 = 1）。

1X17、1X18——左、右捣固装置下位信号。分别来自左、右捣固装置升降控制板 7U21、7U22。左（右）捣固装置下降至离给定深度 30 mm 以下，1X17 = 1（1X18 = 1）。

2X19——捣固系统接通信号。来自 B2 箱上捣固装置操作开关。开关置"1"位，2X19 = 1，允许机械作业时进行捣固。

2X1D、2X1E——只用左、右捣固装置信号。来自 B2 箱上捣固装置下降选择开关。开关打到左侧，2X1D = 1，只有左捣固装置能下降；开关打到右侧，2X1E = 1，只有右捣固装置能下降；打到中间，2X1D = 0、2X1E = 0，两个捣固装置都能下降。

2X27、2X28——自动捣固循环 1X 信号、自动捣固循环 2X 信号。来自 B2 箱上自动捣固循环选择开关。开关置"1X"位时 2X27 = 1，这种方式下，机械在一个作业点捣固一次后自动走行至下一个作业点。开关置"2X"位时，2X28 = 1，机械在一个作业点捣固两次后自动走行至下一个作业点口开关打到中间，2X27 = 0、2X28 = 0。

7X3E——只拨道不捣固信号。来自 B7 箱上拨道不捣固琴键开关。开关按下，7X3E = 1，机械在作业周期内不捣固。

1X46、1X47——左、右夯拍器提起位信号。来自检测左、右夯拍器位置的感应开关。1X46 = 1（1X47 = 1）表示左（右）夯拍器处于提起位。

1X5A、1X5B——左、右捣固装置锁定信号。分别来自左、右捣固装置锁定位行程开关。1X5A = 1（1X5B = 1），左（右）捣固装置被锁定。

（2）子程序信号。

Q_{00}——自动捣固循环 2X 触发信号。该信号用于自动捣固循环 2X 作业方式下，指示捣固装置在一个作业点的下插次数。Q_{00} = 1，表示捣固装置在该点已下插了一次，第二次下插后，Q_{00} = 0。在非自动循环 2X 方式下，Q_{00} 一直无效。

Q_{01}——捣固装置下位状态信号。若只用左（右）捣固装置，则捣固装置下降选择开关打到左（右）侧，2X1D = 1（2X1E = 1），如果左（右）捣固装置到达下位，1X17 = 1（1X18 = 1），则 Q_{01} = 1。若两个捣固装置都用，捣固装置下降选择开关打到中间，2X1D = 0、2X1E = 0，则两个捣固装置都到下位，1X17 = 1、1X18 = 1 后，Q_{01} = 1。Q_{01} = $(1D + 18)17 + 18 \cdot 1E$。

Q_{04}——液压驱动信号。$Q_{04} = 1$，表示机械正处于液压走行状态。

Q_{0B}——捣固装置下降信号。捣固装置开始下降到捣固作业完成之前 $Q_{0B} = 1$；捣固作业完成后，$Q_{0B} = 0$，捣固装置上升。$Q_{0B} = [(27+28)15 \cdot 16 \cdot 26 + 10 \cdot \overline{27} \cdot \overline{28} \cdot \overline{04} + 10 \cdot 0E] \cdot 19 \cdot \overline{3E}$。

Q_{0C}——自动循环锁定信号。$Q_{0C} = 0$，表示一个自动捣固循环的结束。Q_{0C} 的逻辑表达式为：$ON = 19 \cdot \overline{10}$，$HOLD = (28 \cdot 00 + \overline{01}) \cdot 19$。

Q_{0D}——捣固作业结束信号。$Q_{0D} = 1$，表示一次捣固作业已经结束，捣固装置准备上升。$Q_{0D} = (27+28) \cdot 01 \cdot 19 \cdot 69$。

Q_{0E}——自动循环锁定信号。捣固装置开始下降到捣固作业结束前 $Q_{0E} = 1$；捣固作业结束后，$Q_{0E} = 0$。Q_{0E} 的逻辑表达式为：$ON = 13 \cdot 14 \cdot 0C \cdot 10 \cdot (27+28)$，$HOLD = (27+28) \cdot 10 \cdot \overline{0D}$。该信号在非自动作业状态，即 2X27 = 0，2X28 = 0 时，一直无效。

Q_{69}——捣固延时信号。捣固装置到下位时，程控主板内捣固作业定时器开始定时，定时结束 $Q_{69} = 1$，表明本次捣固作业已结束。

（3）输出信号。

Q_{10}、Q_{11}——左、右捣固装置比例下插信号。Q_{10}、Q_{11} 分别送到左、右捣固装置升降控制板 2U21、2U22。$Q_{10} = 1$（$Q_{11} = 1$），左（右）捣固装置下插至给定深度。$Q_{10} = 0$（$Q_{11} = 0$）左（右）捣固装置提起。$Q_{10} = 0B \cdot \overline{1E} \cdot \overline{5A} \cdot \overline{46}$，$Q_{11} = 0B \cdot \overline{1D} \cdot \overline{5B} \cdot \overline{47}$。

QL_{2D}——捣固次数记录信号。该信号送到 B2 箱上的捣固次数计数器。QL_{2D} 每有效一次，捣固次数计数器加 1。$QL_{2D} = 0B \cdot 01$。

08-32 型捣固车有三种捣固作业方式：手动控制捣固作业，自动捣固循环 1X，自动捣固循环 2X。无论哪种方式，$Q_{10} = 1$（$Q_{11} = 1$），左（右）捣固装置就下降。从 Q_{10}、Q_{11} 的逻辑表达式可知，要 $Q_{10} = 1$（$Q_{11} = 1$），必须同时有 2X1E = 0（2X1D = 0）、1X5A = 0（1X5B = 0）、1X46 = 0（1X47 = 0）、$Q_{0B} = 1$。而 $Q_{0B} = 1$，必须首先有 2X19 = 1、7X3E = 0。归纳起来，$Q_{10} = 1$（$Q_{11} = 1$），左（右）捣固装置比例下插必须首先具备以下先决条件：

① 2X19 = 1，B2 箱上捣固装置操纵开关置"1"位，机器在作业周期内进行捣固作业。

② 7X3E = 0，作业中不是只拨道不捣固，87 箱上拨道不捣固开关置"0"位。

③ 2X1E = 0（2X1D = 0），不是只用右（左）捣固装置，即 B2 箱上捣固装置选择开关未到右（左）侧。

④ 1X5A = 0（1X5B = 0），左（右）捣固装置已解锁。

⑤ 1X46 = 0（1X47 = 0），左（右）夯拍器未在提起位。

三种不同的作业方式，Q_{0B} 有效的条件不一样，因而 Q_{10}（Q_{11}）有效的条件不同。

手动控制作业方式：这种方式下，$Q_{0B} = 10 \cdot \overline{27} \cdot \overline{28} \cdot \overline{04} \cdot 19 \cdot \overline{3E}$。$Q_{0B} = 1$，须要 1X10 = 1、2X27 = 0、2X28 = 0、$Q_{04} = 0$、2X19 = 1、7X3E = 0。也就是在先决条件①②满足时，机械未处于非自动作业状态（自动捣固循环选择开关置中位），机械未处于液压走行状态，捣固装置下降脚踏开关踩下，1X10 = 1，则 $Q_{08} = 1$。若其他条件③④⑤满足，则 $Q_{10} = 1$（$Q_{11} = 1$），左（右）捣固装置比例下降，脚踏开关抬起 1X10 = 0，则 $Q_{0B} = 0$、$Q_{10} = 0$（$Q_{11} = 0$），左（右）捣固装置提起。

自动捣固循环 1X 作业方式。这种方式下，2X27 = 1、$Q_{0B} = 10 \cdot 0E \cdot 19 \cdot \overline{3E}$。$Q_{0E}$ 的逻辑表达式为：$ON = 13 \cdot 14 \cdot 0C \cdot 10 \cdot 27$，$HOLD = 27 \cdot 10 \cdot \overline{0D}$。$Q_{0C}$ 的逻辑式为：$ON = 19 \cdot \overline{10}$

$HOLD = \overline{01} \cdot 19$，$Q_{0D} = 27 \cdot \overline{01} \cdot 19 \cdot 69$。在 5 个先决条件满足的前提下，自动捣固循环选择开关置"1X"位，2X27 = 1，脚踏开关踩下前，$Q_{01} = 0$，1X10 = 0，从而 $Q_{0C} = 1$。踩下脚踏开关，Q_{0C} 仍有效，此时 1X13 = 1、1X14 = 1、1X10 = 1、$Q_{0D} = 0$，故 $Q_{0E} = 1$，使 $Q_{0B} = 1$、$Q_{10} = 1$（$Q_{11} = 1$）。左（右）捣固装置开始下降。捣固装置到下位时，$Q_{01} = 1$，从而 $Q_{0C} = 0$，此时 Q_{0D} 仍为 0，故 Q_{0E} 维持有效，$Q_{0B} = 1$、$Q_{10} = 1$（$Q_{11} = 1$），捣固装置不上升，同时捣固作业定时器开始定时。定时结束，捣固作业完成，$Q_{69} = 1$，$Q_{0D} = 1$，从而使 $Q_{0E} = 0$、$Q_{0B} = 0$、$Q_{10} = 0$（$Q_{11} = 0$），捣固装置开始上升到提起位，机械进行液压走行。在下一个作业点，脚踏开关抬起，则 1X10 = 0，$Q_{0C} = 1$，再踩下脚踏开关，重复上述过程。在捣固装置开始下降到捣固作业完成前这段时间里，一旦脚踏开关抬起，1X10 = 0，则使 $Q_{0E} = 0$，从而 $Q_{0B} = 0$、$Q_{10} = 0$（$Q_{11} = 0$），左（右）捣固装置上升至提起位。

自动循环 2X 作业方式。这种方式下，2X28 = 1，Q_{0B} 的逻辑表达式仍为：$Q_{0B} = 10 \cdot 0E \cdot 19 \cdot \overline{3E}$，但 Q_{0C}、Q_{0E} 的表达式与自动循环 1X 方式下不同。

Q_{0C} 的逻辑表达式为：$ON = 19 \cdot 10$ $ON = 19 \cdot 10$，
$HOLD = (28 \cdot 00 + \overline{01}) \cdot 19$；

Q_{0E} 的逻辑表达式为：$ON = 13 \cdot 14 \cdot 0C \cdot 10 \cdot 28$，
$HOLD = 28 \cdot 10 \cdot \overline{0D}$

下面分析自动循环 2X 方式下各信号的变化情况：自动循环 2X 信号 2X28 = 1，当机械停在作业点作业前，$Q_{00} = 0$、$Q_{01} = 0$、$Q_{0D} = 0$、1X13 = 1、1X14 = 1、1X10 = 0，故 $Q_{0C} = 1$、$Q_{0E} = 0$、$Q_{0B} = 0$。捣固装置下降脚踏开关踩下时，1X10 = 1，Q_{0C} 仍有效，故 $Q_{0E} = 1$、$Q_{0B} = 1$、$Q_{10} = 1$（$Q_{11} = 1$），左（右）捣固装置比例下降，同时 $Q_{00} = 1$。捣固装置到达下位后 $Q_{01} = 1$，捣固作业定时器开始定时，此时 1X13 = 0，1X14 = 0。定时结束 $Q_{69} = 1$，$Q_{0D} = 1$，从而使 $Q_{0E} = 0$、$Q_{0B} = 0$、$Q_{10} = 0$（$Q_{11} = 0$），左（右）捣固装置上升，离开下位后，$Q_{0D} = 0$。由于 $Q_{00} = 1$，所以 Q_{0C} 一直有效，当在捣固装置上升到上位时，1X1 = 1，1X14 = 1，从而又有 $Q_{0E} = 1$、$Q_{0E} = 1$，捣固装置第二次下插，同时 Q_{00} 变为 0；当捣固装置第二次到下位，$Q_{01} = 1$ 时，由于 $Q_{00} = 0$，故 $Q_{0C} = 0$，同时第二次捣固作业定时开始，定时结束后，$Q_{69} = 1$、$Q_{0D} = 1$，使 $Q_{0E} = 0$、$Q_{0B} = 0$、$Q_{10} = 0$（$Q_{11} = 0$），捣固装置上升到提起位，机械在一个作业点进行了两次捣固作业。当捣固装置提起后，机械将自动走行至下一个作业点。

自动循环 1X、2X 方式捣镐的夹持分为两种：手动夹持和自动夹持。上面讲的是自动夹持时的捣固作业情况。下面分析一下手动夹持时的捣固作业情况。

手动夹持时，B52 箱上的手动夹持按钮按下，52X26 = 1。这种情况下 $Q_{0B} = (27 + 28) \cdot 15 \cdot 16 \cdot 26 \cdot 19 \cdot \overline{3E}$。在自动循环 1X 或 2X 方式下，即 2X27 = 1 或 2X28 = 1，手动夹持按钮按下，52X26 = 1，捣固装置下降至给定深度，开始定时，捣固作业定时完成后 $Q_{0E} = 0$，但此时 1X15 = 1、1X16 = 1，故 $Q_{0B} = 1$，$Q_{10} = 1$（$Q_{11} = 1$），左（右）捣固装置不上升，停留在给定深度反复夹持。手动夹持按钮松开 52X26 = 0，$Q_{0B} = 0$，$Q_{10} = 0$（$Q_{11} = 0$），捣固装置上升。

2）捣镐的夹持部分

捣镐夹持部分。包括：左、右外镐夹持换向阀，左、右内镐夹持换向阀，前、后捣镐夹持停止换向阀。以及这些换向阀控制的 16 只夹持油缸。捣固作业时，各捣镐进行的夹持分别由送到各换向阀电磁线圈 1s5、1s7、1s62、1s63、1s201、1s202 的程控功率输出信号

QL_{22}、QL_{23}、QL_{24}、QL_{25}、QL_{27}、QL_{28} 控制。

捣镐夹持与程控部分有关的信号如下：

（1）输入信号。

1X15、1X16——左、右捣固装置中位信号。

2X1D、2X1E——只用左、右捣固装置信号。

2X1A——捣镐夹持下插信号。来自 B2 箱上捣固装置辅助下插开关。开关置"1"位，2X1A = 1。

2X19——捣固系统接通信号。

2X27、2X28——自动捣固循环 1X、2X 信号。

52X26——手动夹持信号。来自 B52 箱上手动夹持按钮开关。开关按下，52X26 = 1。

52X37、52X38——前、后捣镐夹持信号。来自 B52 箱上前、后捣镐操作按钮。前（后）捣镐操作按钮按下，52X37 = 1（52X38 = 1）。

（2）子程序信号。

Q_{01}——捣固装置到下位信号。

Q_{0B}——捣固装置下降信号。

Q_{66}——辅助下插夹持信号。$Q_{66} = 1$，捣镐在下插的同时进行夹持，$Q_{66} = 15 \cdot 16 \cdot \overline{01} \cdot 0B \cdot \overline{67} \cdot 1A$。

Q_{67}——辅助下插张开信号。$Q_{67} = 1$，说明捣镐辅助下插夹持已完成，捣镐正开始张开。Q_{67} 的逻辑表达式为：$ON = 81'$，$HOLD = \overline{82'}$。

Q_{6A}——单镐（前或后镐）夹持锁定信号。$Q_{6A} = 1$，表示捣固作业时只用前镐或后镐夹持。Q_{6A} 的逻辑表达式为：$ON = 19 \cdot (37 + 38)$，$HOLD = 19 \cdot \overline{6B} \cdot \overline{6C}$。

Q_{6C}——夹持子程序信号。$Q_{6C} = 1$，表示捣镐正进行夹持。$Q_{6C} = (27 \cdot 28) \cdot 0B \cdot 01 + (\overline{27 \cdot 28} + \overline{01}) 26 + 66$。

（3）定时信号。

Q_{81}、$Q_{81'}$——辅助下插夹持延时信号。$Q_{81} = 1$，黄灯亮，表示辅助下摆夹持延时开始，捣镐开始夹持。延时一段时间后，红灯亮，$Q_{81'} = 1$，表示延时结束，辅助下插夹持结束。$Q_{81} = 66$。

Q_{82}、$Q_{82'}$——辅助下摆张开延时信号。$Q_{82} = 1$，黄灯亮，表示辅助下插夹持完成后，捣镐开始张开延时。延时一段时间后，红灯亮，$Q_{82'} = 1$，表示捣镐张开延时已结束。$Q_{82} = 67$。

（4）输出信号。

QL_{22}、QL_{23}——左、右外镐夹持信号。分别去左、右外镐夹持换向阀上的电磁线圈 1s5、1s7。$QL_{22} = [(\overline{37} + \overline{38}) \cdot 6A + 6C] \cdot \overline{1E}$，$QL_{23} = [(\overline{37} + \overline{38}) \cdot 6A + 6C] \cdot \overline{1D}$。

QL_{24}、QL_{25}——左、右内镐夹持信号。分别送到左、右内镐夹持换向阀上的电磁线圈。1s62、1s63——$QL_{24} = 1$（$QL_{25} = 1$），左（右）内镐夹持。$QL_{24} = 6C \cdot \overline{1E}$，$QL_{25} = 6C \cdot \overline{1D}$。

QL_{27}、QL_{28}——前、后捣镐停止夹持信号。分别送到前、后捣镐停止夹持换向阀上的电磁线圈 1s201、1s202。$QL_{27} = 1$（$QL_{28} = 1$）两组前（后）捣镐不进行夹持。$QL_{27} = 6A \cdot \overline{37}$，$QL_{28} = 6A \cdot \overline{38}$。

08-32 型捣固车捣镐的夹持可分为三种情况：手动夹持，自动夹持，辅助下插夹持。每一种情况又分为全镐和单镐（前或后镐）夹持。先分析三种全镐夹持的情况。

① 手动全镐夹持。这种方式下 $Q_{6C} = (\overline{27} \cdot \overline{28} + \overline{01}) \cdot 26$，$QL_{22} = QL_{24} = 6C \cdot \overline{1E}$，$QL_{23} = QL_{25} = 6C \cdot \overline{1D}$。这种方式又分为两种情况。

第一种，自动作业时的手动夹持，$Q_{6C} = \overline{01} \cdot 26$。这种情况下，当手动夹持按钮按下 52X26 = 1，捣固装置下降至下位时 $Q_{0M} = 0$，$Q_{6C} = 1$。此时若不是只用右捣固头，即 2X1E = 0，则 $QL_{22} = QL_{24} = 6C \cdot \overline{1E} = 1$，左捣固头上的内外镐进行夹持；若不是只用左捣固头，即 2X1D = 0，则 $QL_{23} = QL_{25} = 6C \cdot \overline{1D} = 1$，右捣固头上的内外镐进行夹持。

第二种情况，非自动作业的手动夹持，$Q_{6C} = \overline{27} \cdot \overline{28} \cdot 26$。自动捣固循环选择开关置于中间，2X27 = 0、2X28 = 0，此时手动夹持按钮按下，52X26 = 1，则 $Q_{6C} = 1$。若 2X1E = 0，$QL_{22} = QL_{24} = 1$，左捣固装置上的捣镐进行夹持；若 2X1D = 0、$QL_{23} = QL_{25} = 1$，右捣固装置上的捣镐进行夹持。

② 自动全镐夹持。在自动作业周期内不受手动夹持按钮控制的夹持。这种方式下，$Q_{6C} = (27 + 28) \cdot 0B \cdot 01$，$QL_{22} = QL_{24} = 6C \cdot \overline{1E} = 1$，$QL_{23} = QL_{25} = 6C \cdot \overline{1D} = 1$。$Q_{6C} = 1$，需 2X27 = 1 或 2X28 = 1、$Q_{0B} = 1$、$Q_{01} = 1$，即捣固装置在下位这段时间内 $Q_{01} = 1$、$Q_{0B} = 1$、$Q_{6C} = 1$。若 2X1E = 0，则 $QL_{22} = QL_{24} = 1$，左捣固装置上捣镐夹持；若 2X1D = 0，则 $QL_{23} = QL_{25} = 1$，右捣固装置上的捣镐进行夹持。捣固作业完成后 $Q_{0B} = 0$、$Q_{6C} = 0$、QL_{22}、QL_{23}、QL_{24}、QL_{25} 无效，捣镐夹持停止。

③ 辅助下插夹持。这种方式下，$Q_{6C} = Q_{66}$，而 $Q_{66} = 15 \cdot 16 \cdot \overline{01} \cdot 0B \cdot \overline{67} \cdot 1A$，$Q_{81} = Q_{66}$，$Q_{82} = Q_{67}$。

$Q_{66} = 1$，需同时有下列条件：

a. 2x1A = 1，辅助下插夹持开关接通。

b. $Q_{0B} = 1$，1X15 = 1，1X16 = 1，$Q_{01} = 0$，左、右捣固装置均下降至中位而未到下位。

c. $Q_{67} = 1$，而 $Q_{67} = 1$ 需 $Q_{82'} = 0$，$Q_{81'} = 1$，即辅助下插夹持定时器定时时间到，而辅助下插张开定时器的定时时间未到。

以下分析辅助下插夹持过程中各信号的变化情况。

辅助夹持开关接通，2X1A = 1。当两捣固装置下插至中位时 $Q_{0B} = 1$、1X15 = 1、1X16 = 1、$Q_{01} = 0$、$Q_{67} = 0$，因而 $Q_{66} = 1$，$Q_{6C} = 1$，捣镐开始夹持。同时 $Q_{81} = 1$，夹持延时开始，延时到后 $Q_{81'} = 1$，但 $Q_{82'} = 0$，故 $Q_{67} = 1$，因而 $Q_{66} = 0$，$Q_{6G} = 0$，夹持停止。同时 $Q_{82} = 1$，$Q_{81} = 0$，$Q_{81'} = 0$。$Q_{82} = 1$，捣镐张开延时开始；张开延时结束后 $Q_{82'} = 1$。$Q_{82'} = 1$ 使 $Q_{67} = 0$，$Q_{82} = 0$，$Q_{82'} = 0$，捣镐又开始夹持。捣镐到下位后 $Q_{01} = 1$，因而 $Q_{66} = 0$，捣镐辅助夹持停止，进入自动夹持状态。

上面分析的三种情况均为全镐夹持的情况。若需单独使用前（后）镐夹持时，夹持选择开关打到左（右），52X37 = 1，52X38 = 0（52X38 = 1，52X37 = 0），则 $Q_{6A} = 1$，故 $QL_{27} = 6A \cdot \overline{37} = 1$ 或 $QL_{28} = 6A \cdot \overline{38} = 1$，左、右捣固装置上的后（前）捣镐停止夹持。

3）夯拍器部分

夯拍器部分包括：左、右夯拍器，左、右夯拍器升降换向阀及其控制的升降油缸。左、右夯拍器在作业过程中的升降分别由送到升降换向阀电磁线圈 1s35 和 1s37、1s34 和 1s36 上的程控功率输出信号 QL_{3A} 和 QL_{3B}、QL_{3C} 和 QL_{3D} 控制。当 $QL_{3A} = 1$（$QL_{3B} = 1$）时，左

（右）换向阀的电磁线圈 1s35（1s37）得电，左（右）夯拍器提起；$QL_{3C} = 1$（$QL_{3D} = 1$），左（右）换向阀电磁线圈 1s34（1s36）得电，左（右）夯拍器放下。

夯拍器升降与程控有关的信号如下：

（1）输入信号。

1X10——捣固装置下降信号。

1X13、1X14——左、右捣固装置上位信号。

7X3E——只拨道不捣固信号。

2X40——夯拍器接通信号。来自 B2 箱上夯拍器接通开关。开关打到"1"位，2X40 = 1。

2X41——夯拍器提起信号。来自 B2 箱上夯拍器提起开关。开关打到位置"1"，2X41 = 1。用于作业完成后，将夯拍器收起。

2X42、2X43——只用左、右夯拍器信号。来自 B2 箱上夯拍器选择开关。开关打到左侧 2X42 = 1，只用左夯拍器；打到右侧 2X43 = 1，只用右夯拍器；打到中间，2X42 = 0、2X43 = 0，两个夯拍器都用。

1X44、1X45——左、右夯拍器工作位信号。来自左、右夯拍器工作位感应开关。左（右）夯拍器升至工作位时，1X44 = 1（1X45 = 1）。

1X46、1X47——左、右夯拍器提起位信号。来自左、右夯拍器提起位感应开关。左（右）夯拍器上升到提起位时，1X46 = 1（1X47 = 1）。

（2）子程序信号。

Q_{0B}——捣固装置下降信号。捣固装置开始下降，到捣固作业完成前，$Q_{0B} = 1$。

（3）输出信号。

QL_{3A}、QL_{3B}——左、右夯拍器提起信号。分别送到左、右夯拍器提起换向阀电磁线圈 1s35、1s37。$QL_{3A} = 1$（$QL_{3B} = 1$），左（右）夯拍器提起。$QL_{3A} = 13 \cdot 41 + \overline{QL_{3C}} \cdot \overline{44}$，$QL_{3B} = 14 \cdot 41 + \overline{QL_{3D}} \cdot \overline{45}$。

QL_{3C}、QL_{3D}——左、右夯拍器放下信号。分别送到左（右）夯拍器下降换向阀上电磁线圈 1s34、1s36。$QL_{3C} = 1$（$QL_{3D} = 1$），左（右）夯拍器放下。$QL_{3C} = (0B \cdot 40 + 10 \cdot 3E) \cdot \overline{43}$，$QL_{3D} = (0B \cdot 40 + 10 \cdot 3E) \cdot \overline{42}$。

QL_{3E}、QL_{3F}——左、右夯拍器振动信号。分别送至左、右夯拍器振动换向阀电磁线圈 1s430、1s431。$QL_{3E} = 1$（$QL_{3F} = 1$），左（右）夯拍器振动。$QL_{3E} = 40 \cdot \overline{46} \cdot \overline{43}$，$QL_{3F} = 40 \cdot \overline{47} \cdot \overline{42}$。

夯拍器进行的动作有：上升、下降、振动。

下面以左夯拍器的工作为例进行分析，右夯拍器的工作类似。

夯拍器的下降可分为两种情况：

第一种情况，不进行捣固作业时夯拍器的下降。这种情况下，$QL_{3E} = 10 \cdot 3E \cdot \overline{43}$，，只拨道不捣固开关接通 7X3E = 1，若不是只用右夯拍器 2X43 = 0，只要脚踏开关踩下 1X10 = 1，则 $QL_{3C} = 1$，左夯拍器下降，脚踏开关抬起 1X10 = 0，则 $QL_{3C} = 0$。

第二种情况，进行捣固作业时夯拍器的下降。这种情况下，$QL_{3C} = 0B \cdot 40 \cdot \overline{43}$，若夯拍器开关接通，2X40 = 1，不是只用右夯拍器 2X42 = 0，捣固装置开始下降，$Q_{0B} = 1$，则 $QL_{3C} = 1$，左夯拍器下降；捣固作业结束，$Q_{0B} = 0$、$QL_{3C} = 0$，左夯拍器上升。

左夯拍器的上升也分为两种情况：

第一种情况，作业结束时提起夯拍器。这种情况下，$QL_{3A} = 13 \cdot 41$。若夯拍器提起开关接通，2X41 = 1，左捣固装置已升至上位 1X13 = 1，则 $QL_{3A} = 1$，左夯拍器上升到提起位。

第二种情况，作业时夯拍器的上升。这种情况下，$QL_{3A} = \overline{QL_{3D}} \cdot \overline{44}$，左夯拍器不处于下降状态，$QL_{3C} = 0$，并且不在工作位 1X44 = 0，则 $QL_{3A} = 1$，左夯拍器提起。

左夯拍器的振动由 QL_{3E} 信号控制。$QL_{3E} = 40 \cdot \overline{46} \cdot \overline{43}$。若夯拍器接通开关通 2X40 = 1，左夯拍器不在提起位，1X46 = 0，不是只用右夯拍器，2X43 = 0 则 $QL_{3E} = 1$，左夯拍器振动。

下面综合分析一下一个作业周期内与夯拍器有关的信号是如何变化的。

当只起拨道不捣固时，脚踏开关踩下，1X10 = 1，若不是只用右夯拍器，则 $QL_{3C} = 1$，左夯拍器放下。脚踏开关抬起，1X10 = D，则 QL_{3C} = D，此时，夯拍器已放下。离开工作位，1X44 = 0，故 $QL_{3A} = 1$，左夯拍器上升；至工作位时，1X44 = 1，$QL_{3A} = 0$，停止上升。

当进行捣固作业时，夯拍器开关接通，2X40 = 1，若不是只用右夯拍器，2X43 = 0，捣固头开始下降；$Q_{0B} = 1$，$QL_{3C} = 1$，左夯拍器放下；捣固作业完成前，QL_{3C} 一直有效，夯拍器停在道床上进行夯实。作业完成后，捣固装置开始上升，$Q_{0B} = 0$，则 $QL_{3C} = 0$，此时，夯拍器不在工作位；1X44 = 0，故 $QL_{3A} = 1$ 夯拍器上升；至工作位 1X44 = 1、$QL_{3C} = 0$，上升停止。在作业中夯拍器不在提起位，故 QL_{2E} 一直有效，左夯拍器一直在振动。

作业完成，收起夯拍器时，夯拍器提起开关接通，2X40 = 1，若左捣固装置已上升至上位，则 $QL_{3A} = 1$；夯拍器上升到提起位，1X46 = 1、$Q_{3E} = 0$，夯拍器停止振动。

4. 液压走行系统

图 7-12 为 08-32 型捣固车液压走行系统的示意图。

液压走行系统包括 1 号、2 号液压马达以及分别控制这两个液压马达的两个电磁换向阀。电磁换向阀的换向分别由加到 4 个电磁线圈 1s22、1s23、1s24、1s25 上的程控功率信号 QL_{30}、QL_{31}、QL_{36}、QL_{37} 控制。

$QL_{30} = 1$（$QL_{36} = 1$），1 号（2 号）液压马达换向阀电磁线圈 1s22（1s24）得电，1号（2 号）液压马达正转，机械前行。

$QL_{31} = 1$（$QL_{37} = 1$），1 号（2 号）液压马达换向阀电磁线圈 1s23（1s25）得电，液压马达反转，机械后行。

与液压走行有关的程控信号如下：

1）输入信号

2X22、2X23——液压前行、后行信号。来自 B2 箱上作业驱动开关。开关打到左侧，2X22 = 1，机器前行；打到右侧，2X23 = 1，机械后行；打到中间，机械不能进行液压走行。

1X11——液压驱动信号。来自液压走行脚踏开关。开关踩下，1X11 = 1。

1X10——捣固装置下降信号。来自捣固装置下降脚踏开关。开关踩下，1X10 = 1。

2X19——捣固系统接通信号。来自 B2 箱上的捣固装置操作开关。开关打到"1"位，2X19 = 1。

2X27、2X28——自动捣固循环 1X、2X 信号。来自 B2 箱上自动捣固循环选择开关。开关置"1X"，2X27 = 1；置"2X"，2X28 = 1；置中间，2X27 = 0，2X28 = 0。

1X13、1X14——左、右捣固装置上位信号。分别来自左、右捣固装置升降控制板。左（右）捣固装置在上位时，1X13 = 1（1X14 = 1）。

2X1F——辅助驱动接通信号。来自 B2 箱上辅助作业驱动开关。开关置"1"，2X1F = 1。

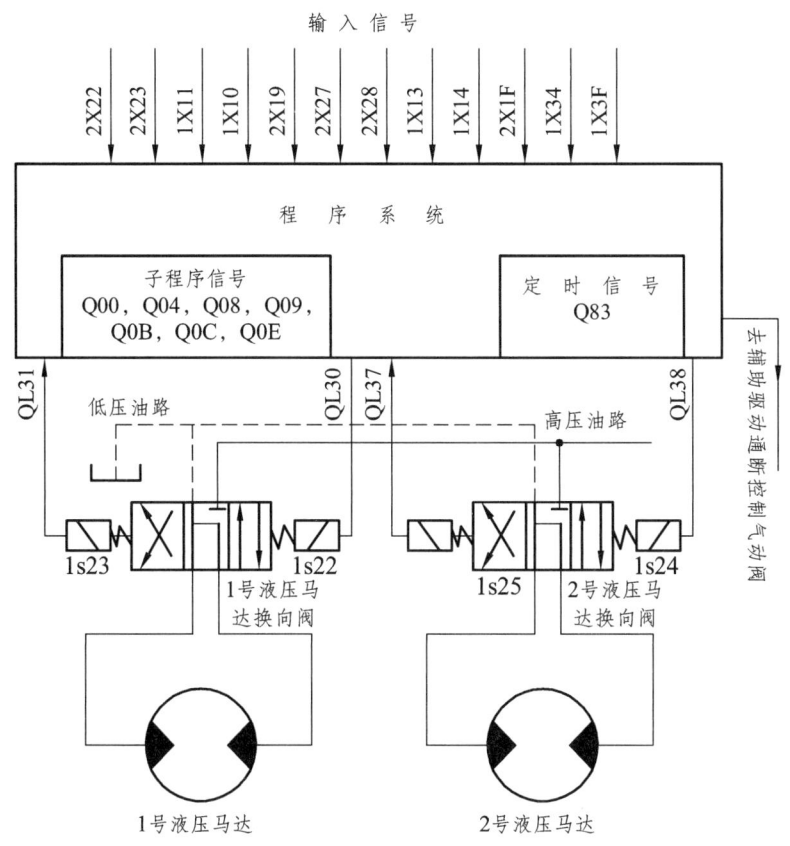

图 7-12　液压走行系统示意图

1X34——1 号液压马达合上信号。来自 1 号液压马达离合器上的行程开关。离合器合上，1X34 = 1。

1X3F——2 号液压马达合上信号。来自 2 号液压马达离合器上的感应开关。离合器合上，1X3F = 1。

2）子程序信号

Q_{00}——自动循环 2X 触发器信号。在自动捣固循环 2X 作业方式下，捣固车在一个作业点，捣固头第一次下插 $Q_{00} = 1$；第二次下插 $Q_{00} = 0$；其他方式，Q_{00} 一直无效。

Q_{0B}——捣固装置下降信号。捣固装置开始下降，到捣固作业完成前，$Q_{0B} = 1$；捣固作业完成后，捣固头开始上升，$Q_{0B} = 0$。

Q_{0E}——自动循环锁定信号。在自动作业方式下，捣固装置开始下降到捣固作业完成前 $Q_{0E} = 1$；捣固作业完成后，$Q_{0E} = 0$。在非自动作业方式下，Q_{0E} 一直无效。

Q_{08}——液压驱动向前信号。$Q_{08} = 1$，表示机械处于向前液压走行状态。$Q_{08} = [(28 \cdot \overline{00} + 27)] 10 \cdot 19 \cdot 80 + 11 \cdot 22 \cdot \overline{0E}$。

Q_{09}——液压驱动向后信号。$Q_{09} = 1$，表示机械处于向后液压走行状态。$Q_{09} = 13 \cdot 14 \cdot 11 \cdot 23$。

Q_{04}——液压驱动信号。$Q_{04} = 1$，表示机械处于向前或向后液压走行状态。$Q_{04} = 08 + 09$。

3）输出信号

QL_{26}——辅助驱动"通"锁定信号。该信号送到控制辅助驱动离合器的气动电磁线圈1s265。$QL_{26}=1$，辅助驱动离合器合上。QL_{26}的逻辑表达式为：$ON=1F\cdot 83'$，$HOLD=1F$。

QL_{30}——向前驱动信号。送到1号液压马达的换向阀电磁线圈1s22上。$QL_{30}=1$，1s22得电，1号液压马达正转，机械向前液压走行。$QL_{30}=08\cdot 34$。

QL_{31}——向后驱动信号。送到1号液压马达的换向阀电磁线圈1s23上。$QL_{31}=1$，1s23得电，1号液压马达反转，机械向后液压走行。$QL_{31}=09\cdot 34$。

QL_{36}、QL_{37}——向前、后辅助驱动。分别送到2号液压马达换向阀电磁线圈1s24、1s25。$QL_{36}=08\cdot 1F\cdot 3F$，1s24（1s25）得电，2号液压马达正（反）转，机械前（后）行。$QL_{37}=09\cdot 1F\cdot 3F$。

08-32型捣固车液压走行分为前行和后行两种。

向后驱动，需$QL_{31}=1$。$QL_{31}=09\cdot 34$，$Q_{09}=13\cdot 14\cdot 11\cdot 23$，当1X13=1、1X14=1、1X11=1、2X23=1，也就是液压驱动开关打到后行位，左、右两捣固装置均已提至上位，踩下液压走行脚踏开关，则$Q_{09}=1$，此时若1号马达离合器已合上，1X34=1，则$QL_{31}=1$，机械向后液压走行。若需辅助驱动还需$QL_{37}=1$，$QL_{37}=09\cdot 1F\cdot 3F$，辅助驱动开关接通，2X1F=1，2号马达离合器已合上1X3F=1、$Q_{09}=1$时，$QL_{37}=1$，机械在1号、2号马达共同驱动下向后走行。脚踏开关抬起，1X11=0，则$Q_{09}=0$、$QL_{31}=0$、$QL_{37}=0$，机械后行停止。

机械前行：机械前行需$QL_{30}=1$，若需辅助驱动还需$QL_{36}=1$。$QL_{30}=08\cdot 34$，$QL_{36}=08\cdot 1F\cdot 3F$。$QL_{30}=1$，需$Q_{08}=1$、1X34=1。$QL_{36}=1$，需$Q_{08}=1$、2X1F=1、1X3F=1。

08-32型捣固车前行可分为三种情况：非自动作业方式下的前行，自动捣固循环1X方式下的前行，自动捣固循环2X方式下的前行。三种方式下，机器驱动向前信号Q_{08}有效的条件不一样。

非自动作业方式下前行情况：这种方式下，$Q_{08}=11\cdot 22\cdot \overline{0E}$，自动捣固循环选择开关打到中位，因此$Q_{0E}$一直为0。若驱动选择开关打到向前，2X22=1，液压走行脚踏开关踩下1X11=1，则$Q_{08}=1$。此时如果1号马达离合器已合上，1X34=1，则$QL_{30}=1$，机械在1号马达驱动下前行。若辅助驱动开关接通2X1F=1。2号马达离合器合上，1X3F=1，则$QL_{36}=1$。

机械在1号、2号马达共同驱动下前行。脚踏开关抬起，1X11=0，则$Q_{08}=0$、$QL_{30}=0$、$QL_{36}=0$，机械前行停止。

自动循环1X方式下的前行，$Q_{08}=27\cdot 10\cdot 19\cdot 80'\cdot 22\cdot \overline{0E}$，需同时有2X27=1、2X10=1、2X19=1、2X22=1、$Q_{80'}=1$、$Q_{0E}=0$。而$Q_{80}=10\cdot 22\cdot \overline{0B}$、$Q_{80}=1$，需2X22=1、$Q_{0B}=0$、1X10=1。$Q_{80}=1$后约2 s，$Q_{80'}=1$。下面分析在这种作业方式下，一个自动作业周期内各信号的变化。机械进行自动作业必须将捣固装置操纵开关接通，2X19=1，驱动选择开关打到向前位，2X22=1。自动循环1X方式下，有2X27=1，当机械停在作业点，脚踏开关踩下，$Q_{0E}=1$、$Q_{0B}=1$，捣固装置下降，$Q_{08}=0$。捣固作业完成后，捣固装置升，$Q_{0B}=0$、$Q_{0E}=0$。$Q_{80}=10\cdot 22\cdot \overline{0B}$，使$Q_{80}=1$，驱动延时开始，约2 s，后$Q_{80'}=1$，从而$Q_{08}=1$。

这段时间内捣固装置已升至上位，$QL_{30} = 08 \cdot 34 = 1$，机械在 1 号液压马达驱动下前行；若辅助驱动开关接通 2X1F = 1，则机器在 1 号、2 号液压马达共同驱动下前行。在下一个作业点，捣固头下降脚踏开关抬起 1X10 = 0，则 $Q_{08} = 0$，$QL_{30} = 0$，$QL_{36} = 6$，前行停止；同时 $Q_{80} = 0$，$Q_{80'} = 0$，脚踏开关踩下，机器又进行一个自动作业周期。

自动循环 2X 作业方式。这种方式下，$Q_{08} = 27 \cdot 10 \cdot 19 \cdot 80' \cdot 22 \cdot \overline{0E}$，$Q_{08} = 1$，需同时有 2X28 = 1、$Q_{00} = 0$、1X10 = 1、2X19 = 1、$Q_{80'} = 1$、2X22 = 1、$Q_{0E} = 0$。$Q_{80} = 10 \cdot 22 \cdot \overline{0B}$，若同时有 2x22 = 1、$Q_{0B} = 0$、1X10 = 1，则 $Q_{80} = 1$，约 2 s 后，$Q_{80'} = 1$。一个作业周期内各信号的变化情况：这种作业方式下，同样必须先将捣固装置操作开关接通，2X19 = 1，驱动选择开关打到向前位 1X22 = 1。自动循环 2X 方式，有 2X28 = 1。当机器在一个作业点作业前，$Q_{00} = 0$、$Q_{0B} = 0$、$Q_{0E} = 0$、$Q_{80} = 0$、$Q_{80'} = 0$。捣固头下降脚踏开关踩下，1X10 = 1，捣固头开始第一次下降，$Q_{0E} = 1$、$Q_{0B} = 1$、$Q_{00} = 1$、$Q_{08} = 0$。第一次作业完成后，捣固装置上升，$Q_{0B} = 0$、$Q_{0E} = 0$、$Q_{00} = 1$，从而 $Q_{80} = 1$ 驱动延时开始，延时到后 $Q_{80'} = 1$，但因 $Q_{00} = 1$，所以 $Q_{08} = 0$，捣固装置第一次下插提起后，机器不前行。当捣固装置提起至上位时，又有 $Q_{0E} = 1$、$Q_{0B} = 1$，捣固装置第二次下插，$Q_{00} = 0$ 第二次捣固作业完成后，捣固装置上升，$Q_{0E} = 0$、$Q_{0B} = 0$，从而 $Q_{08} = 1$，驱动延时开始，约 2 s 后 $Q_{80'} = 1$，此时 Q_{00} 已为 0，故 $Q_{08} = 1$，若 1 号液压马达离合器已合上，1X34 = 1，则 $QL_{30} = 08 \cdot 34 = 1$，机器在 1 号液压驱动下前行。若辅助驱动开关接通 2X1F = 1，则机器在 1 号、2 号液压马达的共同驱动下前行。在下一个作业点，脚踏开关抬起，1X10 = 0，则 $Q_{08} = 0$，$Q_{80} = 0$，$Q_{80'} = 0$。脚踏开关再次踩下时，又开始一个新的循环。

在使用辅助驱动之前，必须使 2 号液压马达的离合器合上。2 号马达离合器合上与否由程控功率输出信号 QL_{26} 控制。$QL_{26} = 1$，离合器合上；$QL_{26} = 0$，离合器断开。

QL_{26} 的逻辑表达式为：$ON = 1F \cdot 83'$，$HOLD = 1F$。

若 2X1F = 1，$Q_{83'} = 1$，则 $QL_{26} = 1$；2X1F = 0，则 $QL_{26} = 0$。

$Q_{83} = (22 + 23) \cdot \overline{11}$，当 1X11 = 0、2X22 = 1 或 2X23 = 1，则 $Q_{83} = 1$，2 s 后 $Q_{83'} = 1$。也就是当机械的驱动选择开关打到向前或向后位，液压走行脚踏开关不踩下，则 $Q_{83} = 1$，2 s 后 $Q_{83'} = 1$。若此时辅助驱动开关已接通 2X1F = 1。则 $QL_{26} = 1$，2 号液压马达离合器合上。如果要断开辅助驱动，只需将辅助驱动开关断开，2X1F = 0，则 $QL_{26} = 0$，2 号液压马达离合器断开。

5. 作业制动系统

08-32 型捣固车作业制动是通过三个电磁阀分别控制前、后转向架、材料小车上的三个制动油缸实现的，如图 7-13 所示。

机械的制动和缓解由程控的 Q_{19} 信号控制。Q_{19} 有效时，B2 箱内的继电器 2d1 得电，三个电磁阀 1s55、1s21、1s70 动作。制动油缸活塞两边均接至低压油路，弹簧将闸瓦拉开，制动缓解。Q_{19} 失效时，继电器 2d1 失电，1s55、1s21、1s70 所控制的阀将制动油缸活塞左边接至高压油路，活塞右边拉至低压油路。

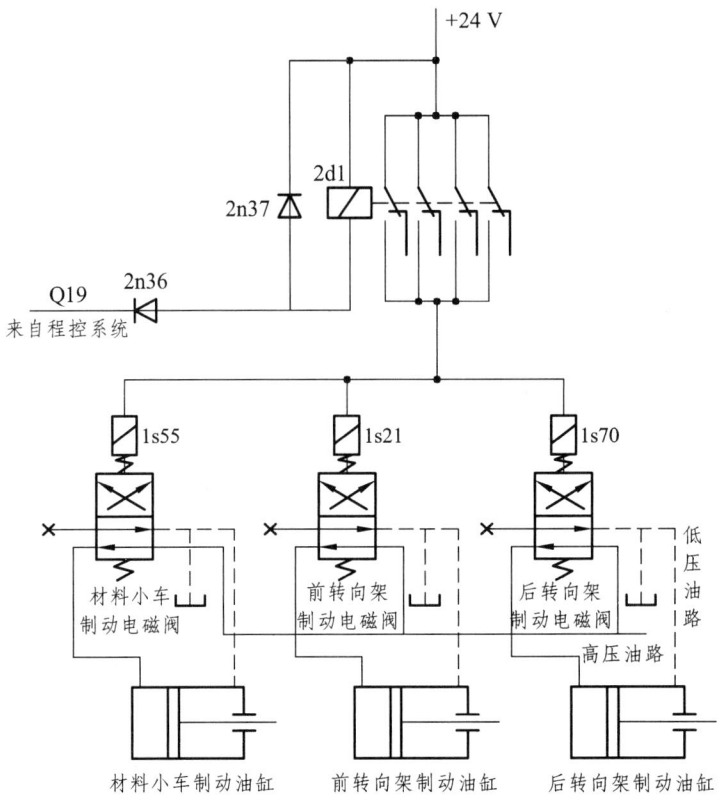

图 7-13 作业制动系统示意图

活塞推动闸瓦抱住轮对，机械制动。$Q_{19} = 08 + 09$，Q_{19} 与 Q_{04} 一样，当 $Q_{08} = 1$ 或 $Q_{09} = 1$ 时，即机械前行或后行时，Q_{19} 有效，制动缓解。

$Q_{08} = 0$、$Q_{09} = 0$、$Q_{19} = 0$，机械制动，不能走行。

思考题与习题

1. 试述 08-32 型捣固车程控系统的硬件组成。
2. 简述程控逻辑表的使用方法。
3. 程控系统中，输入信号如何表示。
4. 程控系统中，输出信号如何表示。
5. 08-32 型捣固车程控系统中子程序信号有哪些。

任务八 GVA 系统和 ALC 系统

子任务一 了解 GVA 系统组成及功能

1. GVA 概述

GVA 是捣固车上的一台微机。它由一套以 6502 为中央处理器的八位微机控制系统组成，主要功能是根据预先输入的轨道理论几何数据，包括公里标、曲线半径、超高、基本起道量、坡度等数据，自动计算出捣固车起道、拨道和抄平时所要参与控制的五种给定值，替代复杂而又频繁的人工给定，以实现半自动作业，提高作业效率。

GVA 输出的五种给定值为：

E30——拨道矢距值或矢距修正值（替代人工给定电位器 4f1）。

E31——基本起道量（替代人工给定电位器 4f3）。

E25——前端超高给定值（替代人工给定数字电位器 4f5）。

F1F——作业区超高给定值（替代人工给定数字电位器 51f08）。

E32（E55）——下沉量（GVA 自动计算出的起道修正值，可以用于补偿起道测量系统中的一些误差）。

如图 8-1 所示，GVA 系统由控制箱、键盘及液晶显示、CRT 显示器三部分组成。

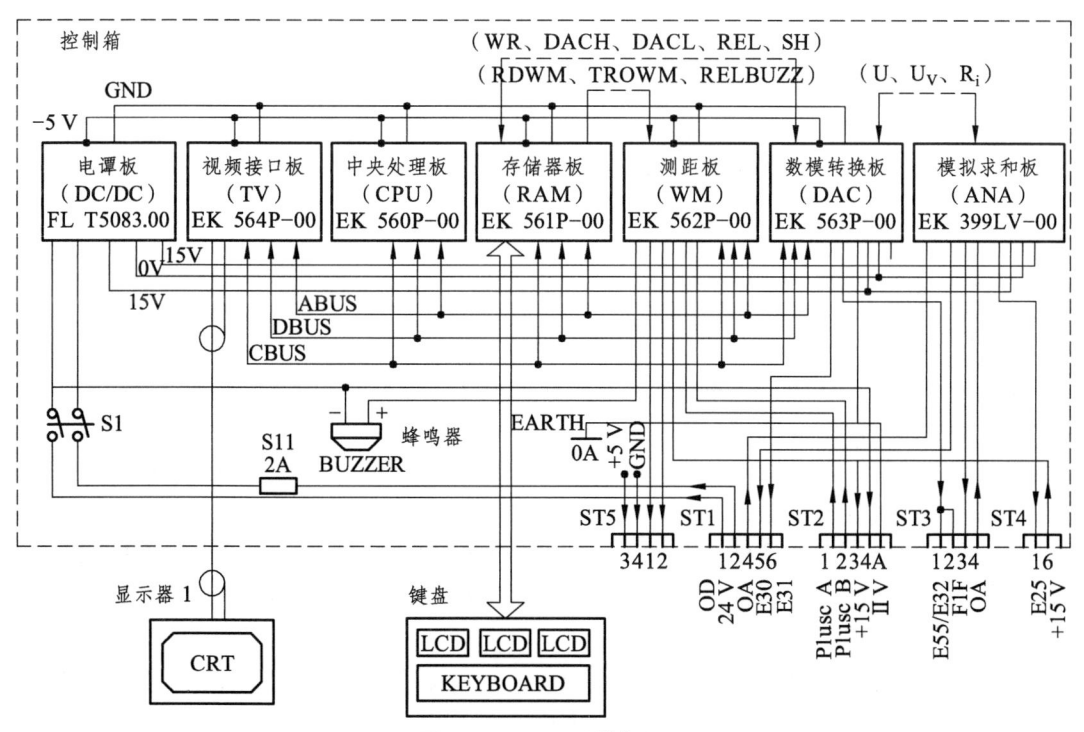

图 8-1 GVA 系统框图

1）控制箱

控制箱是 GVA 系统的主要部分，主要由七块电路板组成：

（1）电源板 PS：将 DC24 V 变换成 DC + 5 V，DC ± 15 V。

（2）视频接口板 TV：CRT 显示器与 CPU 的接口。

（3）中央处理器板 CPU：该微机系统的核心部分，中央主控制板，其中也包含部分存储器。

（4）存储器板 RAM：存贮程序及数据，并完成输入/输出控制功能，包括与键盘及液晶显示器的输入/输出接口。

（5）距离测量板 WM：通过距离测量轮传感器测量作业位置送 CPU，供控制程序使用。

（6）数模转换板 DAC：将 CPU 计算出的数字量输出值转换成模拟量输出值。

（7）模拟量求和板 ANAL：将 GVA 输出的模拟量与外面手工输入的模拟量相加，提供灵活多变的控制方式。

此外在控制箱面板上还有一蜂鸣器，用于输出音频信号，如预警信号、错误提示信号等，受 RAM 板控制。

2）键盘及液晶显示部分

键盘作为 GVA 的输入设备之一用于输入数据、选择各种功能，实现人机对话。液晶显示部分作为 GVA 的输出设备之一，分左、中、右三块，用于显示系统的文字信息。两者合在一起由键盘液晶板控制其功能。

3）CRT 显示器

CRT 显示器用于显示 GVA 系统的图形信息，由控制箱中的 TV 板提供视频信号。

GVA 系统工作的控制原理：

前面所说的五种参数均是线路的位置即公里标 S 的函数，$X^n = f^n(S)$。我们用测轮距测量公里标数 S，将不同的函数关系事先编制在软件中，方便准确地计算出五种参数 X^n，送捣车作业控制系统。也就是说，GVA 系统的工作原理可以简单地看成：采集公里标信号 S，根据软件已编好的函数关系 f^n，计算输出五种不同的参数 X^n，供捣固车作业控制用。

2. GVA 系统功能

1）GVA 主要功能

（1）输入功能：在 GVA 参与控制作业前可用键盘输入线路的几何形状数据；在作业过程中可用键盘输入数据以操作 GVA 运行。

（2）修改功能：借用输入功能，以公里标为关键字，当第二次输入同公里标的数据时，系统自动进入修改数据功能，同时提供数据删除功能。

（3）输出功能：由液晶显示块 LCD 显示各种操作提示信息和输入/输出的数据，曲 CRT 显示线路几何形状的图示信息，由蜂鸣器输出预警提醒信号，由 DAC 板和 ANAL 板输出五种计算转换好的模拟控制信号。

（4）存贮功能：通过 RAM 板存贮 40 个曲线点的数据。有后备电池保护，GVA 掉电后，数据不丢失。另外系统运行的控制软件固化存贮在 CPU 板和 RAM 板中。

（5）测距功能：通过距离测量轮传感器，经 WM 板处理，取得距离控制信号，送 CPU 供控制用。

（6）计算功能：由预先编好的程序，根据 WM 板的距离信号，快速准确地计算出五种输出值。这些计算有的是函数运算，有的是查表运算。

2）GVA 系统工作过程

当合上 GVA 系统控制箱主开关后，GVA 被启动运行，中央处理器（CPU）6502 经短暂的上电复位后，自动进入运行状态。首先从一确定地址（FFFC，FFFD）单元读出数据，送程序计数器，CPU 就由此开始逐条执行存储器中的指令。存储器中的指令是按具体功能编制好的，即控制软件。这样系统就开始按软件程序规定的功能正常运行，根据操作者的操作完成一系列的功能。首先操作者可以选择各种方式的输入数据功能，预先输入线路的几何数据；CPU 将其保存在存储器中备用。还可选择显示功能，以查正输入的数据。当发现输入数据有误时，可以以公里标为关键字重新选择输入功能。GVA 遇到第二次输入同公里数据时提供修改删除功能。一段线路的数据都输好后，可以选择距离模拟功能以实现模拟运行。当捣固车开始作业时，则选择开始工作功能。此时 GVA 自动采集测距脉冲以确定捣固车的作业位置，同时实时地自动计算并输出前述五种控制信号，参与作业控制等。

子任务二 了解 ALC 系统组成及功能

ALC 系统与 GVA 系统均是一种线路几何形状自动调整系统，其实质上都是一台专用工业控制计算机。硬件主要是一些 I/O（输入/输出）外围设备及接口电路板，软件则基于硬件平台协调各硬件之间的联系，根据各测量装置的输入情况，按照事先编制的程序进行逻辑运算，输出指令控制各部件的动作，实现程序员的设计要求。ALC 是 09-32 型等捣固车的前端数据操作软件，能自动记录测量数据的软件，是捣固车 2 号位学习的一个关键。

ALC 计算机系统有 2 种工作方式：

一种同于原 GVA 计算机的"理论参数计算"工作方式，在这种工作方式下，ALC 计算机根据事先输入线路设计时已知的几何参数，计算出 09-32 型捣固车主控制系统所需的 8 种给定值参与控制。

另一种工作方式称之为"测量与补偿"工作方式，这种工作方式适用于未知理论几何参数的线路，捣固车作业前 ALC 计算机测量运行一次，ALC 计算机的数据采集系统采集到未知线路的数据，在随后的控制运行中计算、优化并输出主控制系统所需的理论给定参数。因此，ALC 计算机既保留了原有的线路几何参数的理论计算功能，又新增了测量并优化线路几何参数的功能；同时其线路几何参数的理论计算功能又有很好的改进，如测量点的距离可以作为可变参数在 ALC 计算机进行控制运行前设置，以提高控制精度，降低对测量点固定距离值的要求。

测量运行：在测量运行期间，正矢，实际超高和纵向高度（水平）将相对于它们的实际位置予以记录。正矢由三点法拨道测量系统测量，在作业方向的中心线（零线）的左边显示右向曲线；超高由前电子摆测量，在作业方向中心线的左边为正超高值，即控制轨高于基准轨道；纵向水平数据由机器的抄平系统测量，显示在右手列中，中心线的左侧显示下降。

1. ALC 计算机系统的硬件系统

ALC 由显示器、主机和键盘组成。

（1）显示器主要是起到人机交互的作用。

（2）主机箱是系统的核心，除了一台工控机外还有辅助实现控制功能的板卡。

（3）键盘由标准键盘和相当于鼠标的触摸屏组成。

2. 电源管理板

电源管理板用于管理 ALC 的电源和显示接口。

（1）系统总电源的控制。

（2）提供蓄电池的充电电源。

（3）判断输入电压，过低时自动切换到蓄电池供电。

（4）提供系统电源（power）、硬盘（harddisk）和电压过低（backup）信号的指示，以及总电源开关和复位开关的接口。

3. 电　源

输出显示器的电源。电源将车上的通用 DC24 V 转化成 +5 V、±12 V，供系统使用。

（1）+5 V 给 CPU、存储器、I/O 接口、总线等数字电路供电。

（2）±12 V 给 LVDS 的显示接口提供电源。

（3）支持遥控方式。

4. ALC 系统线路参数

1）同步点

（1）同步点用来确保机器距离测量与实际公里标位置一致的点。在进行线路输入时，将把几何参数变化的起点（线性变更起点）自动设定一个同步点；如果在一个机器长度之内，有数个几何参数变化，将把同步点设定在第一个参数变化的起点。在选择同步点后，可用 F8 及 ENTER 键设定、删除同步点。对同步点时，需要确保前测量车轮（有些对前测量轮，虽然误差不大，但与理论推导不合）与实际同步点一致。

（2）作业期间，根据已行走的距离，定位线将向前移动。当机器接近一同步点时，在 10 m 以内，报警蜂鸣器将报警，提醒操作人员注意缓和曲线的起点将接近。

（3）当定位线抵达同步点之前 10 m 之内，实际机器已经到了同步点，按 SYNC 或（F3），定位线将移至同步点；如果定位线和同步点之间还存在一个大于 10 m 的距离，此时按 F4，定位线将移至该同步点。

2）曲线方向

（1）它表示线路的走向，主要指线路在水平方向上轨排的走向；正对机器的作业方向，往左边弯曲变化的曲线，叫左旋曲线；往右边弯曲变化的曲线，叫右旋曲线。

（2）在 ALC 窗口，从输入方向看，基准线的左边一侧是右旋曲线；基准线的右边一侧是左旋曲线，参看图 8-2，线路方向参数的单位是 mm。

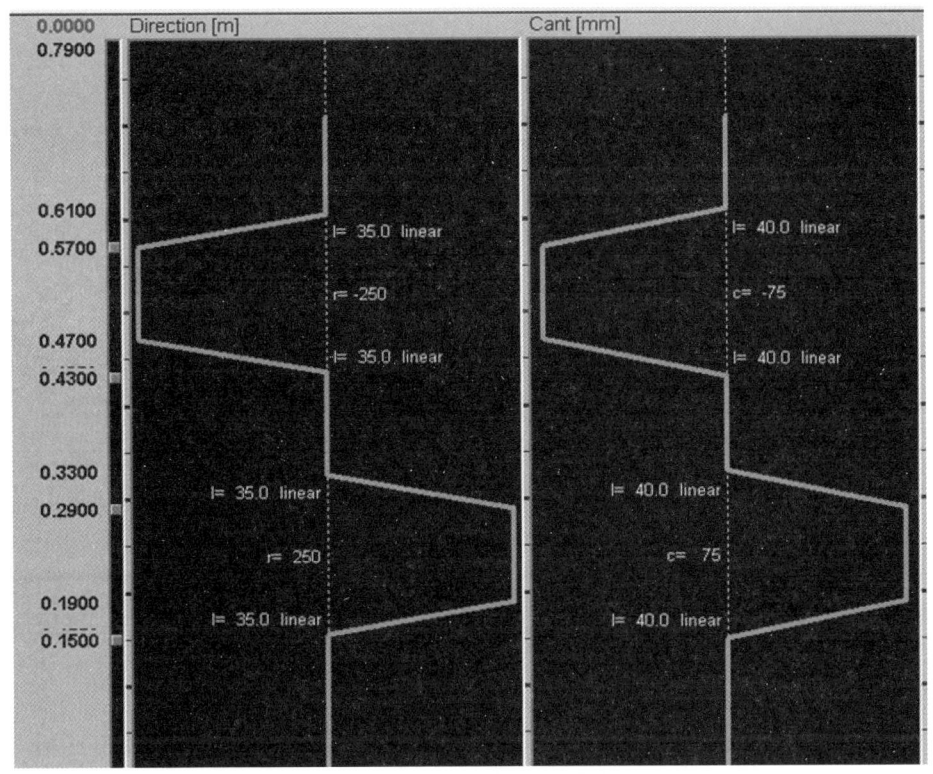

图 8-2 曲线输入界面

3）超　高

（1）为了抵消列车通过曲线的离心力而把曲线的外股提高，即设置超高。铁路线路满足左旋曲线右超高，右旋曲线左超高。

（2）在 ALC 窗口，从输入方向看，基准线的左边一侧是左超高，右边一侧是右超高，如图 8-3 所示。

（3）超高的单位是 mm。

4）纵向水平

（1）表示曲线在纵断面上的几何形状变化，交叉线表示无缓和曲线坡度的变化。

（2）从输入方向看，基准线左边一侧表示下凹曲线；右边一侧表示上凸曲线的变化。

（3）绝对坡度值以 ppt 来表示，"＋"表示坡度递增，"－"表示坡度递减。

思考题与习题

1. 简述 GVA 输出的五种给定值？
2. GVA 的主要功能有哪些？
3. ALC 的系统线路参数有哪些以及各个参数的表示含义。

任务九　故障报警及多路检测

子任务一　了解故障报警电路信号状态

1. 故障报警

故障报警电路在捣固车中担负着部分重要部件的运行状况的监视。当这些被监视的部件出现故障或运行参数超限时，其相应的报警指示灯就点亮，并产生声音报警。

1）08-32 型捣固车、09-32 型捣固车故障报警电路监视着下列信号状态

（1）总风缸压力：当总风缸压力低于规定值时，其指示灯被点亮，表示此时总风缸压力不足，不能很好地进行制动。

（2）柴油机的报警：共有 5 个信号，其中三个为三台发电机的故障信号，当直流发电机故障不能发电时，其相应的指示灯被点亮，并且柴油机的报警灯也点亮，以提醒操作人员注意检修，否则有可能导致电能不足。另有柴油机的机油压力和缸体温度两个信号。当机油压力不足或缸温超限时也产生报警。

（3）闸瓦磨耗报警：三个信号，它们是前轴闸瓦、后司机室下的后轴闸瓦和材料车下的闸瓦。因捣固车在作业过程中制动频繁，闸瓦磨耗较快。当任意一闸瓦磨损超限时，其相应报警指示灯就被点亮，告知操作者闸瓦磨耗已到极限，需要更换闸瓦。

（4）变矩器的报警电路：监视变矩器的温度、油压和滤油器三个信号。这三个故障报警信号有一个公共的报警指示灯 11h3。当变矩器的滤油器堵塞或温度过高超限，或油压不足时，其相应的指示灯点亮，总的报警灯也点亮。

（5）有柴油机滤油器堵塞报警：当滤油器堵塞时，报警灯也点亮。

上述共有 14 路报警信号，其相应的指示灯在 B5 箱上。当其中任一故障时，不仅点亮其相应的报警指示灯，而且还启动一个延时可在 0~5 s 内调节的时间继电器。如果此报警信号在设定的延时时间已到时仍然存在，则产生声音报警。如要关闭报警的蜂鸣声，可用开关 5b20 或 33b10 切除，而以一个报警信号灯指示存在有报警信号。

2）08-47 型道岔捣固车故障报警电路监视着下列信号状态

（1）总风缸压力。当总风缸压力低于规定值时，其指示灯被点亮，表示此时总风缸压力不足，不能很好地进行制动。

（2）发动机报警。共有五路信号，其中三路为发电机故障报警信号。当直流发电机出现故障，不能发电时，其相应的指示灯亮，以提示操作人员注意检修，否则，有可能导致电瓶电能不足。另设有发动机机油压力及温度报警信号，当机油压力低于 0~5 bar 和缸体温度高过 125 ℃ 时报警信号灯亮。

（3）闸瓦磨耗报警。共有四路信号，它们分别监视：1 轴、2 轴闸瓦，3 轴、4 轴闸瓦、5 轴闸瓦和 6 轴闸瓦。因 CD08-475 型道岔捣固车在作业过程中制动频繁，闸瓦磨耗较快，当任一闸瓦磨耗超限时其相应报警指示灯就亮，告知操作者闸瓦磨耗已到极限（小于 15 mm）需要更换闸瓦。

(4)液力机械变速箱报警。电路监视着液力机械变速箱的温度、油压和滤油器三路信号,当液力机械变速箱的滤油器堵塞或温度过高超限或油压不足时(正常值 9~18 bar),其相应的指示灯被点亮,并发出音响报警。

(5)发动机空气滤清器报警。空气滤清器堵塞时,报警指示灯亮,提示操作者应立即清洗空气滤清器。

(6)柴油箱油位报警。当主柴油箱油位过低时,发光二极管亮,提示操作者应及时补燃油。

(7)液压系统报警。液压系统共设十路报警信号,分别为左,右捣固系统压力报警,左、右捣固架比例阀滤芯堵塞报警,拨道伺服阀、起道伺服阀报警,液压系统 1 路、2 路报警,回油滤芯堵塞报警,液压油温度报警。当滤芯堵塞或压力过低时,指示灯亮并发出声响报警信号,提示操作者及时清洗检修。

上述共有 26 路报警信号。其相应的指示灯设在 B11、B18 箱上。当其中任一路出现故障时,不仅其相应的指示灯亮,而且还启动一个可在 0~5 s 内调节的延时时间继电器,如果此报警信号在规定时间内仍然存在,则产生声音报警。如果要关闭报警的蜂鸣器,液压系统故障用 11b24、5b28、24b6 关闭;发动机、液力机械变速箱及制动系统可用 33b18、5b25、24b5 开关关闭。

在 B11、B18 箱上装有两个开关(11b22、18b9),可对报警灯灯光、声响进行测试。

子任务二 了解多路信号检测系统的组成及功能

1. 多路检测

1)08-32 型捣固车

在 08-32 型捣固车的电气系统中,其控制系统分布在几个控制箱中。这对于故障的检查和信号的测量都很不方便。在电气系统中有一套多路信号检测系统,通过它可以对各子系统的各工作电源电压和大部分主要信号进行测量,这就为快速地检测故障提供了方便。

多路信号的检测功能几乎都集中在 B7 控制箱上。通过它可以对各作业子系统的工作电压、起拨道伺服阀的伺服电流、捣固比例伺服阀的电流(在 B2 箱上)和各作业信号进行检测。

通过 B7 箱上开关 7b17 的选择可在电压表 7g4 上检测程控系统有 +12 V 电压(PR+12 V)和 +24 V 电压(PR+24 V)、拨道系统的主电源(+24 V)、抄平系统的主电源(+24 V)、捣固系统的主电源(+24 V)和柴油机起停控制的主电源 +24 V(204),共 6 组电源电压信号。

通过 B7 箱上的开关 7b18 的选择,可在电压表 793 中观察到左起道伺服电流、右起道伺服电流和拨道伺服电流。

左右两个捣固装置的比例伺服阀电流可通过开关 2b10 的选择在电压表 2g2 中检测到。

开关 7b15 是一个 15 选 1 的开关。通过它的选择可在电压表 7g1 中检测到捣固、拨道和起道抄平系统中的 ±15 V(运放电源)和 ±10 V 电压(供传感器和给定用)。

当 7b15 置 3 位时,从 7BU3 和 7BU2 可插入测试表棒将 7g1 用作一电压表使用。

当 7b15 置 2 位时,在表 7g1 中所测量到的信号是由 40 路模拟信号选择板 7u15 所选择的信号。信号编号可从 7u15(EK-28 V)面板上的数码管中读出(7u15:ZS99-04-35-00 是改进设计的产品,可靠性更高)。

在现有的系统中通过 7u15 板选择可测量 27 路作业系统中的信号。这样就可方便地检查出所选择的信号，并根据检测到的信号来判断故障所在。

2）09-32 型捣固车

在 09-32 型捣固车的电气系统中，其控制系统分布在几个控制箱中。这对于故障的检查和信号的测量都很不方便。在电气系统中有一套多路信号检测系统，通过它可以对各子系统的各工作电源电压和大部分主要信号进行测量，这就为快速地检测故障提供了方便。

多路信号的检测功能几乎都集中在 B18 控制箱上。通过它可以对各作业子系统的工作电压、起拨道伺服阀的伺服电流、捣固比例伺服阀的电流和各作业信号进行检测。

通过 B18 箱上开关 7b17 的选择可在电压表 7g4 上检测程控系统有 +12 V 电压（PR +12 V）和 +24 V 电压（PR +24 V）、拨道系统的主电源（+24 V）、抄平系统的主电源（+24 V）、捣固系统的主电源（+24 V）和柴油机起停控制的主电源 +24 V（204），共 6 组电源电压信号。

通过 B7 箱上的开关 7b18 的选择，可在电压表 793 中观察到左起道伺服电流、右起道伺服电流和拨道伺服电流。

左右两个捣固装置的比例伺服阀电流可通过开关 2b10 的选择在电压表 2g2 中检测到。

开关 7b15 是一个 15 选 1 的开关。通过它的选择可在电压表 7g1 中检测到捣固、拨道和起道抄平系统中的 ±15 V（运放电源）和 ±10 V 电压（供传感器和给定用）。

当 7b15 置 3 位时，从 7BU3 和 7BU2 可插入测试表棒将 7g1 用作一电压表使用（图 9-1）。

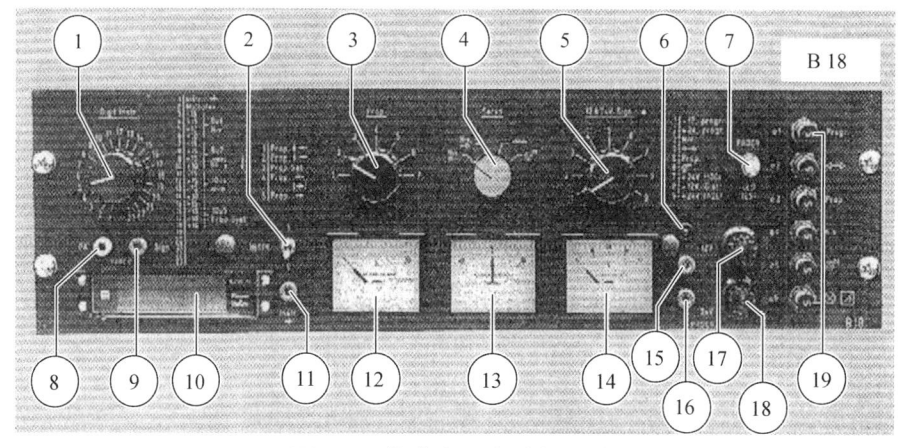

图 9-1 数字电压表选择开关

1—数字电压表开/关；2—比例阀电流指示器选择开关；3—伺服阀电流指示器选择开关；4—电源电压指示器选择开关；5—微处理器运行 LED 指示；6—LED 测试按钮；7—0 安插座（0-电位）；8—测试信号输出插座；9—数字电压表；10—外部测试输入插座；11—比例阀电流表/%；12—伺服阀电流表/%；13—DC12 V 和 DC24 V 电压表（电源供应）；14—DC12 V 插座（电源供应）；15—DC24 V 插座（电源供应）；16—DC12 V 电源供电保险丝；17—DC24 V 电源供电保险丝；18—自动断路器；19—保险

当 7b15 置 2 位时，在表 7gl 中所测量到的信号是由 40 路模拟信号选择板 7u15 所选择的信号。信号编号可从 7u15（EK-28 V）面板上的数码管中读出。

在现有的系统中通过 7u15 板选择可测量 40 路作业系统中的信号。这样就可方便地检查出所选择的信号，并根据检测到的信号来判断故障所在。

子任务三 大机常见故障处理原则及方法

1. 进行故障判断检修应遵循的基本原则

（1）进行维修、判断故障应从简单的事情做起，本着"从简到繁、从易到难"的原则进行分析判断。

（2）在判断处理故障时，应理清思路，做到"先想后做"。

① 先想好怎样做、从何处入手，再实际动手。即先分析判断，再进行故障处理及维修。

② 对于所观察到的现象，尽可能地先查阅相关的资料，看有无相应的技术要求、使用特点等，然后根据查阅到的资料着手维修，切忌盲目拆修。

③ 在分析判断的过程中，要根据自身已有的知识、经验来进行判断，对于自己不太了解或根本不了解的，一定要先向有经验的同事或工程师咨询，寻求帮助。

（3）因大机故障多是综合性故障，故在故障判断维修中要做好记录，并对维修后设备应用情况进行跟踪调查。

2. 现场故障判断的常用方法

以下讲述的故障判断方法在实际应用中要互为补充，并在实践当中不断总结和积累，才能快速准确地判断故障原因，采取相关的处理措施。

1）观察法

观察法是通过利用人的感官（望、闻、听、触摸等）对大机设备进行观察来判断故障的方法。观察法是判断大机故障最直接的方法，多数大机故障可以通过对大机的保养、操作直观反映出来。重点观察：

（1）对各监控仪表的观察（大机的故障大多能直接反映在各监控仪表上和各显示仪表上）。

（2）操作人员的操作习惯、过程（很多故障的出现是操作人员操作不当造成的）。

2）对比法（替换法）

对比法是有两种：一是将怀疑有故障的部件与好的部件（或标准部件）通过观察、测量或者直接互换等方式进行对比，从而判断故障的原因（此法适用于电气故障、大多机械故障）；二是针对故障现象比照同一种车型的大机的各种参数判断故障的原因（如部件的安装位置、安装尺寸、技术参数等）。

3）逐步排除法

此法适合于大机综合性故障的判断，是一些随机故障或疑难故障判断的基本方法，通过此方法可以发现造成故障现象的多种原因，并逐步解决。因此，逐步排除法是解决大机故障深层次原因的根本。

4）生产经验判断法

适用于现场临时故障的判断和处理，主要是要求操作人员熟悉本大机的各项性能，对于同一类型的故障因出现频率较多、处理较为熟练，使得经验较为丰富。

5）专用设备检测法

针对不同的故障现象采用不同的专用设备（如油样分析设备、振动分析仪、振频仪、机械故障听诊器、内窥镜、ZF 测试仪等专用设备或仪器）对故障部位进行检查和分析判断，通过对比或分析判断故障的原因后提出故障的处理意见和方案。此方法适用于隐性故障的判断。

6）共性问题叠加法

设备的故障很多时候会通过不同形式表露出来，排除设备故障好比警察破案，故障的表露形式越多，案件的线索越多，因此，在故障处理中抓住那些产生设备故障的共性问题对于快速分析判断故障是十分有利的。

3. 大机设备故障处理的基本步骤与维修注意事项

1）通过观察了解故障的情况

出现故障后，维修人员要尽可能了解故障发生后的详细情况，通过询问操作人员和重点观察故障的现象，做出有效地判断，提高判断的准确性，首先排除人为操作失误造成的"虚故障"。注意事项：

（1）任何故障的出现细致的观察是第一位，也是最直接、最有效地判断方法。实践证明，现场多数大机故障为新手或不熟练操作手误操作造成的"虚故障"，只需要核对作业标准重新操作即可排除故障。

（2）操作人员对故障的现象描述要准确、简练，避免给维修人员提供虚假信息。

2）通过重复操作复现故障现象

在核对作业标准重新操作时维修人员要重点观察操作人员所描述的故障现象是否存在，并根据故障现象进行初步判断，明确下一步的故障处理思路，同时判断是否有其他故障的存在。注意事项：

（1）在复现故障的过程前，要先判断此故障是否会造成更恶劣的后果（如：是否会使大机的损坏加剧而造成不可挽回的损失；是否会破坏线路导致在封锁时间内无法正常开通线路；是否会造成大晚点等）。

（2）在复现故障的过程中要重点观察相关的仪表显示是否正常或相关部位的技术参数是否在标准范围。

3）通过观察故障现象进行判断、分析、处理

注意事项：现场对大机故障进行处理的全过程，检修人员必须要有强烈的时间观念，要根据现场实际情况迅速地定下处理方案并汇报给施工负责人，以期将故障出现后的各种影响降至最低。对故障处理情况进行检验并记录。切记，任何大机故障现象的发生都有其根本的原因，多数故障不能简单地从表面故障现象的消失看问题，故障的发生可能还有深层次的原因。因此，要求维修人员在临时处理完故障表象后都要对故障分析并进行反复的检验，以期发现引起故障的真正原因并消除，避免故障的再次发生。分析检修完毕后检修人员要及时将分析处理过程和思路记录下来，并提供给操作使用人员，为今后的故障排除积累经验。

1. 08-32型捣固车故障报警信号有几路？都是什么？
2. 多路检测信号的作用？
3. 简述大机故障判断检修应遵循的基本原则。
4. 简述大机设备故障处理的基本步骤与维修注意事项。

任务十　PLC控制技术

20世纪80年代我国从奥地利普拉塞-陶依尔公司引进了的铁路大型养路机械，它属于模拟集中式控制系统。通过30多年的使用，它在监视仪器仪表，信号传输，模拟电位器调整等方面暴露出了不足。针对这些不足，同时，随着PLC控制技术，工业计算机技术，网络技术的发展，以及我国对大型养路机械先进技术的吸收和创新，逐渐对铁路大型养路机械进行网络化改版升级。

可编程控制器（PLC）是以微处理器为基础的通用工业控制装置，它综合了现代计算机技术、自动控制技术和通信技术，具有功能强大、使用方便、可靠性高、通用灵活和易于扩充等优点，它不仅可以取代传统的继电器控制系统，还可以构成复杂的过程控制网络。目前已广泛应用于铁路大型机械、冶金、矿业、电力、轻工等领域，成为现代工业自动化技术的三大支柱之一。

子任务一　可编程控制器基础知识

1. PLC概述

1）PLC的产生

20世纪是人类科学技术迅猛发展的一个世纪，随着微处理器、计算机和数字通信技术的飞速发展，电气控制技术也由继电器控制过渡到计算机控制。各种自动控制产品在向着控制可靠、操作简单、通用性强、价格低廉的方向发展，使自动控制的实现越来越容易。可编程控制器正是顺应这一要求出现的。

20世纪60年代，汽车生产流水线的自动控制系统基本上都是由继电器控制装置构成的，而为使汽车结构及外形不断改进，品种不断增加，需要经常变更生产工艺，而每一次工艺变更都需要重新设计和安装继电器控制装置，十分费时、费工、费料，延长了工艺改造的周期。为改变这一现状，美国通用汽车公司（GM）提出了以下十项汽车装配生产线通用控制器的技术指标：

（1）编程简单，可在现场方便地编辑及修改程序。
（2）硬件维护方便，最好是插件式结构。
（3）可靠性要明显高于继电器控制柜。
（4）体积要明显小于继电器控制柜。
（5）具有数据通信功能。
（6）在成本上可与继电器控制柜竞争。
（7）输入可以是交流115 V（美国电网电压为110 V）。
（8）输出为交流115 V，2 A以上，能直接驱动电磁阀。
（9）在扩展时，原系统只需很小变更。

（10）用户程序存储器容量至少能扩展到 4 kB。

以上就是著名的 GM10 条。1969 年美国数字设备公司（DEC）研制出第一台可编程控制器，并在 GM 公司生产线上获得成功。这一时期它主要用于顺序控制，虽然也采用了计算机的设计思想，但当时只能进行逻辑运算，故称为"可编程逻辑控制器"，简称为 PLC（Programmable Logic Controller）。

此后，这项技术迅速发展，从美国、日本、欧洲普及到全世界。我国从 1974 年开始研制，1977 年应用于工业。目前世界上已有数百家厂商生产可编程控制器，型号多达数百种。

2）PLC 的定义

国际电工委员会（IEC）对可编程控制器所下的定义是：

"可编程控制器是一种数字运算操作的电子系统，是专为在工业环境下应用设计的。它采用可编程序的存储器，用来在内部存储执行逻辑运算、顺序控制、定时、计数和算术运算等操作的指令，并采用数字式、模拟式的输入和输出，控制各种类型的机械或生产过程。可编程控制器及其有关设备，都应按易于与工业控制系统连成一个整体、易于扩充其功能的原则设计。"

由上述定义可见，PLC 是工业专用计算机，它不仅能执行逻辑控制、顺序控制、定时及计数控制，还具备算术运算、数据处理、通信等功能，具有处理分支、中断、自诊断能力，使 PLC 从开关量的逻辑控制扩展到数字控制及生产过程控制领域，真正成为一种电子计算机工业控制装置。因此有人将 PLC、机器人和计算机辅助设计/制造 CAD/CAM 并称为工业生产自动化的三大支柱。

3）PLC 的特点

（1）抗干扰能力强，可靠性高。为保证 PLC 能在工业环境下可靠工作，在设计和生产过程中采取了一系列硬件和软件的抗干扰措施，主要有以下几个方面：

① 隔离。PLC 的输入/输出接口电路一般采用光电耦合器来传递信号，这种光电隔离措施，使外部电路与 CPU 模块之间完全没有电路上的联系，有效地抑制外部干扰源对 PLC 的影响，同时防止外部高电压串入 CPU 模块，减少故障和误动作。

② 滤波。在 PLC 的各输入端均采用 RC 滤波器，其滤波时间常数一般为 10~20 ms 用以对高频干扰信号进行有效抑制。

③ 采用性能优良的开关电源，保证供电质量。另外各电源之间相互独立，防止电源之间的相互干扰。

④ 系统内部设置了联锁、环境检测与自诊断、看门狗（"Watchdog"）等电路，一旦电源或其他软、硬件发生异常情况，CPU 立即采取有效措施，以防止故障扩大。

⑤ 对应用程序及动态工作数据进行电池备份，以保障停电后有关状态或信息不丢失。

⑥ 采用密封、防尘、抗振的外壳封装结构，以适应工作现场的恶劣环境。

另外，PLC 是以集成电路为基本元件的电子设备，内部处理过程不依赖于机械触点，也是保障可靠性高的重要原因；而采用循环扫描的工作方式，也提高了抗干扰能力。

通过以上措施，保证了 PLC 能在恶劣的环境中可靠工作，使平均故障间隔时间（MTBF）

指标高，故障修复时间短。目前，各生产厂家的 PLC 平均无故障安全运行时间都远大于国际电工委员会（IEC）规定的 10 万小时的标准。

（2）编程简单、使用方便。PLC 的编程大多采用类似于继电器控制线路的梯形图形式，对使用者来说，不需要具备计算机的专门知识，因此很容易被一般工程技术人员所理解和掌握。PLC 控制系统采用软件编程来实现控制功能，其外围只需连接信号输入设备（按钮、开关等）和接收输出信号执行控制任务的输出设备，如接触器、电磁阀等执行元件。与 PLC 的输入/输出端子相连接，安装简单，工作量少。

（3）功能强，性价比高。一台小型 PLC 就有成百上千个可供用户使用的编程元件，可以实现非常复杂的控制功能，PLC 还可以通过通信联网，实现分散控制，集中管理。与功能相同的继电器系统相比，具有很高的性价比。

（4）通用性强、功能完善、适应面广。PLC 已经形成了各种规模的系列化产品，可以用于各种规模的工业控制场合。除了能进行逻辑控制外，PLC 大多具有完善的数据运算能力，可用于各种数字控制领域，如位置控制，温度控制等。加上 PLC 通信能力的增强及人机界面技术的发展，使用 PLC 组成各种控制系统变得非常容易。

（5）体积小、质量轻、功耗低。由于 PLC 是将微电子技术应用于工业控制设备的新型产品，因而它的结构紧密、坚固、体积小巧，易于装入机械设备内部，是实现机电一体化的理想控制设备。复杂的控制系统使用 PLC 后，可以减少大量的中间继电器和时间继电器。小型 PLC 的体积仅相当于几个继电器的大小，因此可以将开关柜的体积缩小到原来的 1/10～1/2。

（6）设计、施工、调试周期短、维护方便。PLC 用存储逻辑代替接线逻辑，大大减少了控制设备外部的接线，使控制系统设计及安装的工作量大为减少。另外，PLC 的用户程序大都可以在实验室模拟调试，模拟调试好后再将 PLC 控制系统安装到现场，进行联机统调，使得调试方便、快速、安全，因此大大缩短了应用设计和调试周期。

在用户的维修方面，由于 PLC 的故障率很低，并且有完善的诊断和显示功能，PLC 或外部的输入装置和执行机构发生故障时，可以根据 PLC 上发光二极管或编程器上提供的信息，迅速查明原因；如果是 PLC 本身，可用更换模块的方法，迅速排除 PLC 的故障，因此维修极为方便。

4）PLC 的应用领域

在国内外，PLC 已渗透到工业控制的各个领域，在先进工业国家中 PLC 已成为工业控制的标准设备，诸如冶金、采矿、电力、机械制造、轻工、汽车、交通、环保、建筑、娱乐等各行各业。特别是在轻工行业中，因产品更新快，加工方式多变，PLC 广泛应用在组合机床自动线、专用机床、电镀自动线、电梯等电气设备中。PLC 的应用范围不断扩大，主要有以下几个方面：

（1）逻辑控制。逻辑控制是 PLC 最基本最广泛的应用。PLC 可取代传统继电器系统和顺序控制器，实现单机控制、多机控制及自动生产线控制。

（2）运动控制。运动控制是通过配用 PLC 的单轴或多轴位置控制模块、高速计数模块等来控制步进电动机或伺服电动机，从而使运动部件能以适当的速度或加速度实现平滑的直线运动或圆弧运动。可用于精密金属切削机床、金属成型机械、装配机械、机械手、机器人、电梯等设备的控制。

（3）过程控制。过程控制是指对温度、压力、流量、速度等连续变化的模拟量的闭环控制。PLC通过配用A-D、D-A转换模块及智能PID模块实现模拟量的单回路或多回路闭环控制，使这些物理参数保持在设定值上。在各种加热炉、锅炉等的控制以及化工、轻工、机械、冶金、电力、建材等许多领域的生产过程中有着广泛的应用。

（4）数据处理。现在的PLC具有数学运算（包括函数运算、逻辑运算、矩阵运算等）、数据的传输、转换、排序、检索、移位以及数制转换、位操作编码、译码等功能，可以完成数据的采集、分析和处理任务。这些数据可以与存储在数据存储器中的参考值进行比较，也可以用通信功能传送到其他的智能装置，或者将它们打印制表。数据处理一般用于大、中型控制系统，如无人控制的柔性制造系统；也可以用于过程控制系统，如造纸、冶金、食品工业中的一些大型控制系统。

（5）多级控制。多级控制是指利用PLC的网络通信功能模块及远程I/O控制模块实现多台PLC之间的连接，以达到上位计算机与PLC之间及PLC与PLC之间的指令下达、数据交换和数据共享，这种由PLC进行分散控制、计算机进行集中管理的方式，能够完成较大规模的复杂控制，甚至实现整个工厂生产的自动化。

5）PLC的分类

目前各个厂家生产的PLC其品种、规格及功能都各不相同。其分类也没有统一标准，通常有三种形式分类。

（1）按结构形式分类。

根据结构形式的不同，PLC可以分为整体式和模块式两种。

① 整体式。整体式结构是将PLC的各部分电路包括I/O接口电路、CPU、存储器等安装在一块或少数几块印刷电路板上，并连同稳压电源一起封装在一个机壳内，形成一个单一的整体，称为主机。主机可用电缆与I/O扩展单元、智能单元、通信单元相连接。PLC的输入/输出接线端子及电源进线分别在机箱的上、下两侧，并有对应的发光二极管显示输入/输出状态。面板上留有编程器的插座、扩展单元的接口插座等。这种结构的主要特点是结构紧凑、体积小、质量轻、价格低。一般小型或超小型PLC机采用这种结构，常用于单机控制的场合，如西门子S7-200系列PLC。

② 模块式。模块式结构是将PLC的各基本组成部分做成独立的模块，如CPU模块（包括存储器）、电源模块、输入模块、输出模块等。其他各种智能单元和特殊功能单元也制成各自独立的模块。然后通过插槽板以搭积木的方式将它们组装在一个具有标准尺寸的机架内，构成完整的系统。机架上有电源及开关，以便系统识别。这种结构的主要特点是对被控对象应变能力强，便于灵活组装。可随意插拔，便于扩展，易于维修。用户可以根据需要随意将各种功能模块及扩展单元插入机架内的插槽，以组合成不同功能的控制系统。一般中、大型PLC采用这种结构，如西门子S7-300系列、S7-400系列PLC。

（2）按I/O点数和程序容量分类。

根据PLC的I/O点数和程序容量的差别，可分为超小型机、小型机、中型机和大型机四种，如表10-1所示。

表 10-1　按 I/O 点数和程序容量分类表

分　类	I/O 点数	程序容量
超小型机	64 点以内	256～1 000 B
小型机	64～256 点	1～3.6 kB
中型机	256～2048 点	3.6～13 kB
大型机	2048 点以上	13 kB 以上

（3）按功能分类。

根据 PLC 所具有的功能，可分为低档机、中档机、高档机三档。

① 低档机。低档机具有逻辑运算、定时、计数、移位及自诊断、监控等基本功能。有的还有少量的模拟量 I/O（即 A-D，D-A 转换）、数据传送、运算及通信等功能。主要适用于开关量控制、顺序控制、定时/计数控制及少量模拟量控制的场合。由于其价格低廉实用，因此是 PLC 中量大而面广的产品。

② 中档机。除了具有低档机的功能外，还进一步增强了数制转换、算数运算、数据传送与比较、子程序调用、远程 I/O 以及通信联网等功能，有的还具有中断控制、PID 回路控制等功能。这种机型适用于既有开关量又有模拟量的较为复杂的控制系统，如过程控制、位置控制等。

③ 高档机。除了进一步增强以上功能外，还具有较强的数据处理功能、模拟量调节，特殊功能的函数运算、监控、记录、打印等功能，以及更强的中断控制、智能控制、过程控制及通信联网等功能。高档机适用于更大规模的过程控制系统，并可构成分布式控制系统，形成整个工厂的自动化网络。另外，它的外部设备配置齐全，因此可与计算机系统结为一体，可以采用流程图、梯形图及高级语言等多种方式编程。这种机型集管理和控制于一体，真正实现了工厂高度自动化。

2. PLC 的组成及工作原理

可编程控制器是建立在计算机基础上的工业控制装置，它的构成和工作原理与计算机系统基本相同，但其接口电路和编程语言更适合工业控制的要求。

1）PLC 的基本结构

可编程控制器内部电路的基本结构与普通微机是类似的，特别是和单片机结构极其相似。可编程控制器实施控制的基本原理是按一定算法实现输入/输出变换，并加以物理实现。这种输入/输出变换就是信息处理。当今工业控制中信息处理最常用的方式是采用微处理技术，PLC 也是利用微处理技术并将其应用于工业生产现场，较普通微机而言，PLC 的特长是物理实现，既要考虑数据、信息处理能力和通信功能，又要考虑实际控制能力及其实现问题。因此，PLC 在硬件设计时更注重 I/O 接口技术和抗干扰等问题的解决。其基本结构如图 10-1 所示。

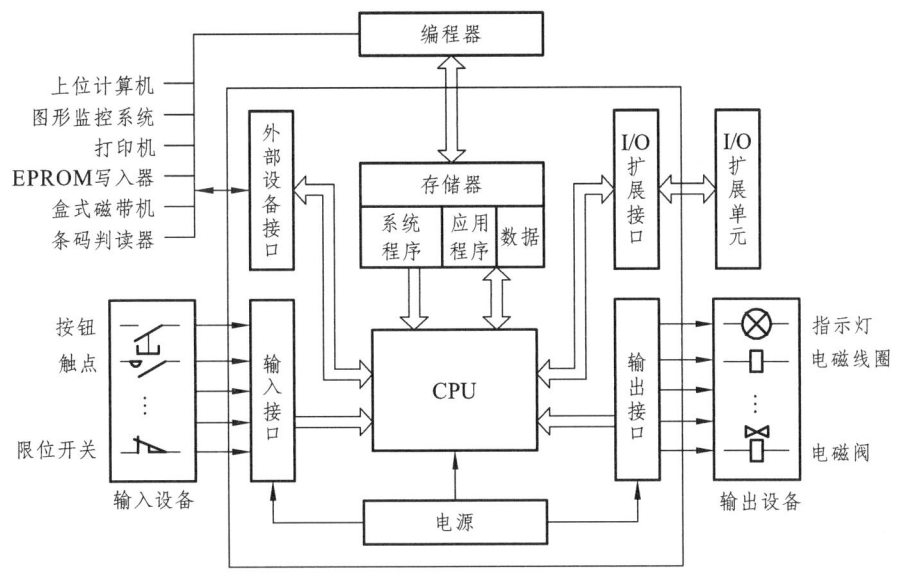

图 10-1 PLC 的基本结构

由图可以看出，PLC 采用了典型的计算机结构，主要包括中央处理单元（CPU）、存储器（RAM 和 ROM）、输入/输出接口电路、编程器、电源、I/O 扩展口、外部设备接口等。其内部采用总线结构进行数据和指令的传输。PLC 系统由输入变量→PLC→输出变量组成。外部的各种开关信号、模拟信号以及传感器检测的各种信号均作为 PLC 的输入变量，它们经 PLC 外部输入端子输入到内部寄存器中，经 PLC 内部逻辑运算或其他各种运算处理后送到输出端子，作为 PLC 的输出变量对外围设备进行各种控制。

下面具体介绍各部分的作用。

（1）CPU。

CPU 一般由控制电路、运算器和寄存器组成。它是整个 PLC 的核心部分，起着总指挥的作用，是 PLC 的运算和控制中心。它主要完成以下功能：

① 诊断电源、PLC 内部电路的故障及编制程序中的语法错误。

② 采集现场的状态或数据，并送入 PLC 的存储器中存储起来。

③ 按存放的先后顺序逐条读取用户指令，进行编译解释后，按指令规定的任务完成各种运算和操作，将处理结果送至输出端。

④ 响应各种外围设备（如编程器、打印机等）的工作请求。

目前 PLC 中所用的 CPU 多为单片机，其发展趋势是芯片的工作速度越来越快，位数越来越多（有 8 位、16 位、32 位至 48 位），RAM 的容量越来越大，集成度越来越高，为了进一步提高 PLC 的可靠性，对一些大型 PLC 还采用双 CPU 构成冗余系统，或采用三 CPU 的表决式系统。这样，即使某个 CPU 出现故障，整个系统仍能正常运行。

（2）存储器。

存储器是具有记忆功能的半导体电路，用来存放系统程序、用户程序、逻辑变量和其他一些信息。根据存储器在系统中的作用，可以把它们分为以下三类：

① 程序存储器。程序存储器由 ROM 或 EPROM 组成，它决定着 PLC 的基本智能，其程序是厂家根据选用的 CPU 的指令系统编写的，能完成设计者要求的各项任务。程序存储

器是只读存储器，用户不能更改其内容。

② 数据表寄存器。数据表寄存器包括元件映像表和数据表。其中元件映像表用来存储 PLC 的开关量输入/输出信号和定时器、计数器、辅助继电器等内部器件的 ON/OFF 状态。数据表用来存放各种数据，它存储用户程序执行时的某些可变参数值及经 A-D 转换得到的数字量和数学运算的结果等。在 PLC 断电时能保持数据的存储器区称为数据保持区。

③ 高速暂存存储器。它用来存放某些运算得到的临时结果和一些统计资料（如使用了多少存储器），也用来存放诊断的标志位。

（3）I/O 接口模块。

I/O 接口是 PLC 与外围设备传递信息的窗口。PLC 通过输入接口电路将各种主令电器、检测元件输出的开关量或模拟量通过滤波、光电隔离、电平转换等处理转换成 CPU 能接收和处理的信号。输出接口电路是将 CPU 送出的弱电控制信号通过光电隔离、功率放大等处理转换成现场需要的强电信号输出，以驱动被控设备（如继电器、接触器、指示灯等）。PLC 对 I/O 接口的要求主要有两点：一是要有较强的抗干扰能力；二是能够满足现场各种信号的匹配要求。

① I/O 接口电路。

a. 输入接口电路。输入接口电路是将现场输入设备的控制信号转换成 CPU 能够处理的标准数字信号。其输入端采用光电耦合电路，可以大大减少电磁干扰，如图 10-2 所示。

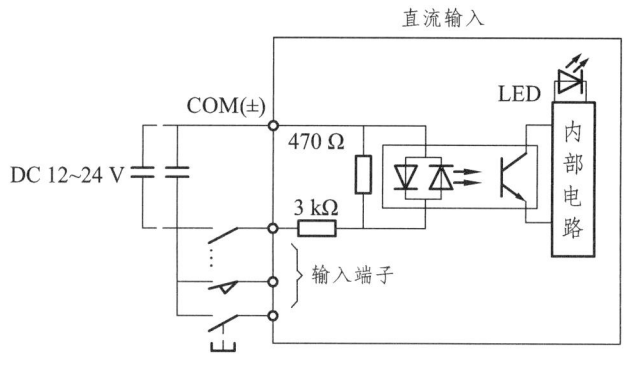

图 10-2　直流输入型接口电路图

b. 输出接口电路。输出接口电路采用光电耦合电路，将 CPU 处理过的信号转换成现场需要的强电信号输出，以驱动接触器、电磁阀等外部设备的通断电。有三种类型，如图 10-3 所示。

继电器输出型为有触点输出方式，CPU 可以根据程序执行的结果，使 PLC 内设继电器线圈通电，带动触点闭合，通过继电器闭合的触点，由外部电源驱动交、直流负载。优点是过载能力强，用于接通或断开低速、大功率的交、直流负载。

晶闸管输出型和晶体管输出型分别具有驱动交、直流负载的能力。晶闸管输出型 CPU 通过光耦电路的驱动，使双向晶闸管通断，用于接通或断开高速、大功率的交流负载；晶体管输出型 CPU 通过光耦电路的驱动，使晶体管通断，用于接通或断开高速、小功率的直流负载。优点是两者均为无触点输出方式，不存在电弧现象，而且开关速度快；缺点是半导体器件的过载能力差。

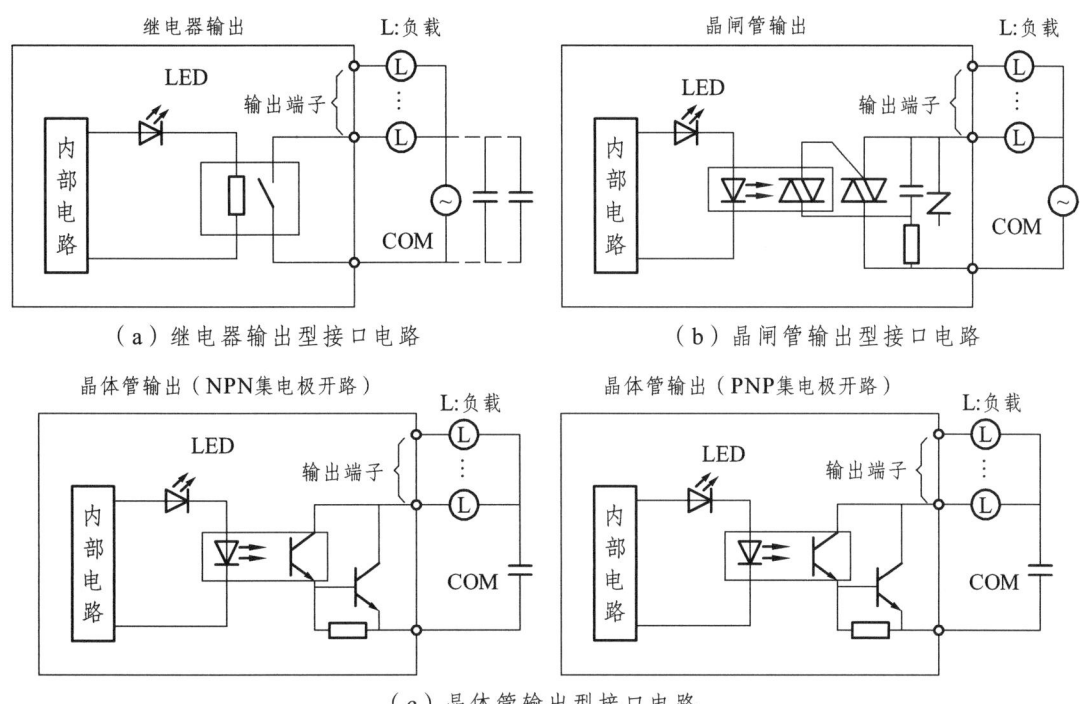

图 10-3 PLC 输出接口电路图

② I/O 模块的外部接线方式。通常将一组 PLC 输入/输出电路公共端在 PLC 内部连在一起，以减少外部接线。

I/O 模块的外部接线方式根据公共点使用情况不同分为汇点式、分组式和分隔式三种。汇点式的各 I/O 电路有一个公共点，各输入点或各输出点共用一个电源；分组式的 I/O 点分为若干组，每组的 I/O 电路有一个公共点，它们共用一个电源。分组后，不同组的负载可以采用不同的驱动电源；分隔式的 I/O 点之间是互相隔离的，每一个 I/O 点都可以使用单独的电源。

PLC 外部接线图如图 10-4 所示。PLC 控制系统中，输入设备一般是外部开关（行程开关、转换开关、按钮开关等）及传感器（由一些敏感元件组成的器件），PLC 通过其输入端子收集输入设备的信息或操作指令。图中 I0.0、I0.1、I0.2 等是 PLC 内部与输入端子相连

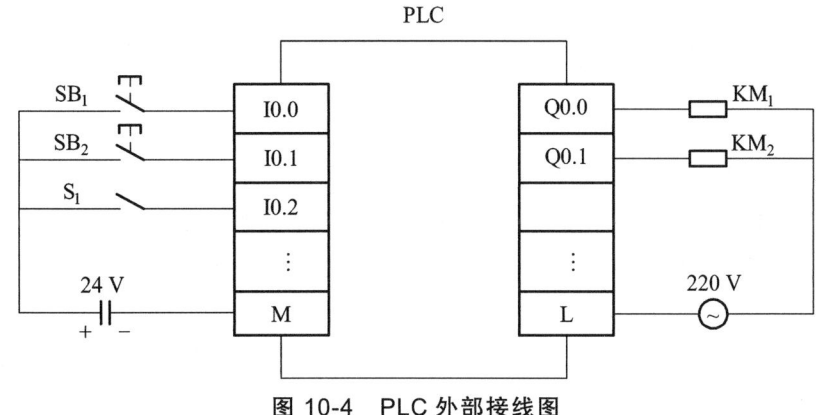

图 10-4 PLC 外部接线图

的输入继电器，每个输入继电器与一个输入端子（设备）相连，由接到输入端的外部信号来驱动，其驱动电源可由 PLC 的电源组件提供（如直流 24 V），也有用独立的交流电源（如交流 220 V）供给的。

PLC 是通过其输出端子将内部控制电路确定的输出信息向外部负载输出。图中输出部分的 Q0.0、Q0.1、Q0.2 等均为 PLC 内部与输出端子相连的输出继电器，用于驱动外部负载。PLC 控制系统常用的外部执行设备有电磁阀、接触器线圈、信号灯等。制作 PLC 控制系统时，应根据用户的负载要求，选用不同类型的执行设备及负载电源。

（4）电源与编程工具。

① 电源。PLC 电源是指将外部的交流电经过整流、滤波、稳压转换成满足 PLC 中 CPU、存储器、输入/输出接口等内部电路工作所需要的直流电源或电源模块。许多 PLC 的直流电源采用直流开关稳压电源，不仅可以提供多路独立的电压供内部电路使用，而且还可为输入设备提供标准电源。为避免电源干扰，输入/输出接口电路的电源回路彼此相互独立。

② 编程工具。编程工具是 PLC 最重要的外围设备，它实现了人与 PLC 的联系对话。用户利用编程工具不但可以输入、检查、修改和调试用户程序，还可以监视 PLC 的工作状态、修改内部系统寄存器的设置参数以及显示错误代码等。编程工具分两种，一种是手持编程器，只需通过编程电缆与 PLC 相接即可使用；另一种是安装 PLC 专用工具软件的计算机，它通过 RS232 通信端口与 PLC 连接，若 PLC 用的是 RS422 通信端口，则需另加适配器。

（5）其他外部设备。

除了上述的部件和设备，PLC 还有许多外部设备，如 EPROM 写入器、外存储器、人机接口装置等。

EPROM 写入器是用来将用户程序固化到 EPROM 存储器中的一种 PLC 外部设备。为了使调试好的程序不会丢失，可以用 EPROM 写入器将 RAM 中的程序保存到 EPROM 中。

一般把 PLC 内部的半导体存储器称为内存储器，而把磁带、磁盘和用半导体存储器做成的存储器盒等称为外存储器。外存储器主要用来存储用户程序，它一般通过编程器或其他智能模块接口与内存储器之间进行数据传送。

人机接口装置用来实现人机对话。最简单、最普通的人机接口装置由安装在控制台上的按钮、转换开关、指示灯、LED 显示器、声光报警器等元器件构成。

2）PLC 的工作原理

PLC 被认为是一个用于工业控制的数字运算操作装置。利用 PLC 制作控制系统时，控制任务所要求的控制逻辑是通过用户编制的控制程序来描述的,执行时 PLC 根据输入设备状态，结合控制程序描述的逻辑，运算得到向外部执行元件发出的控制指令，以此来实现控制。

（1）扫描工作方式。

PLC 以微处理器为核心，故具有微机的许多特点，但它的工作方式却与微机有很大不同。微机一般采用等待命令的工作方式，而 PLC 则采用循环扫描的工作方式。

在 PLC 中用户程序按先后顺序存放，CPU 从第一条指令开始，按指令步序号作周期性的循环扫描，如果无跳转指令，则从第一条指令开始逐条顺序执行用户程序，直至遇到结束符后又返回第一条指令，周而复始不断循环，因此称为循环扫描工作方式。一个完整的工作过程主要分为三个阶段，如图 10-5（a）所示。

① 输入采样阶段。CPU 扫描所有的输入端口，读取其状态并写入输入映像状态寄存器。完成输入端采样后，关闭输入端口，转入程序执行阶段。在程序执行期间无论输入端状态如何变化，输入映像状态寄存器的内容不会改变，直到下一个扫描周期。

② 程序执行阶段。在程序执行阶段，根据用户输入的程序，从第一条开始逐条执行，并将相应的逻辑运算结果存入对应的内部辅助寄存器和输出映像状态寄存器。当最后一条控制程序执行完毕后，即转入输出刷新阶段。

③ 输出刷新阶段。在所有指令执行完毕后，将输出映像状态寄存器中的内容依次送到输出锁存电路，通过一定方式输出，驱动外部负载，形成 PLC 的实际输出。

输入采样、程序执行和输出刷新是 PLC 程序执行的过程，完成一次上述过程所需的时间称为 PLC 的扫描周期，如图 10-5（b）所示。

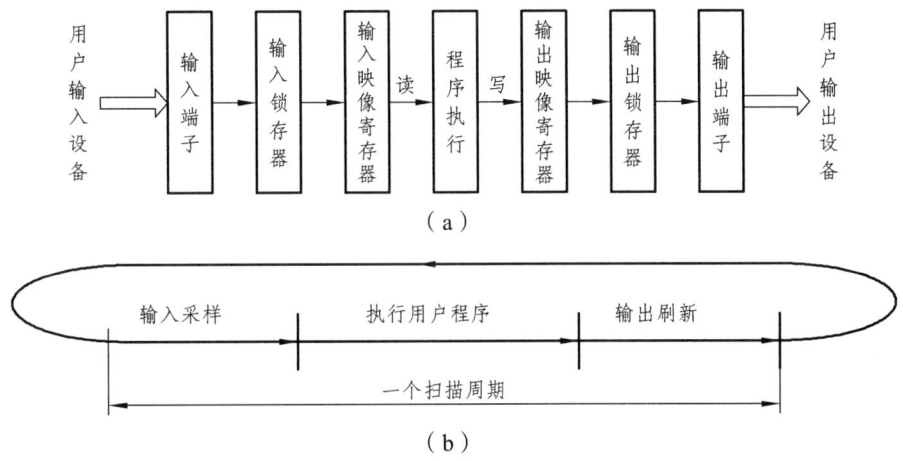

图 10-5 PLC 的扫描工作过程

扫描周期的长短主要取决于以下几个因素：一是 CPU 执行指令的速度；二是执行每条指令占用的时间；三是程序中指令条数的多少。

（2）PLC 工作过程。

图 10-6 举例给出了 PLC 的工作过程示意图，以下进行简要的说明。

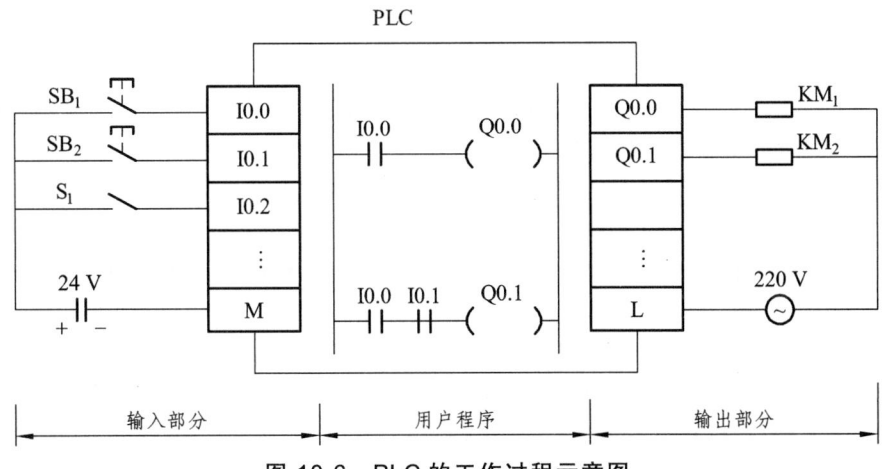

图 10-6 PLC 的工作过程示意图

分析 PLC 工作原理时，常用到继电器的概念，但在 PLC 内部没有传统的实体继电器，仅是一个逻辑概念，因此被称为"软继电器"。这些"软继电器"实质上是由程序的软件功能实现的存储器，它有"1"和"0"两种状态，对应于实体继电器线圈的"ON"（接通）和"OFF"（断开）状态。在编程时，"软继电器"可向 PLC 提供无数动合（常开）触点和动断（常闭）触点。

PLC 进入工作状态后，首先通过其输入端子，将外部输入设备的状态收集并存入对应的输入继电器，如图中的 I0.0 就是对应于按钮 SB_1 的输入继电器，当按钮被按下时，I0.0 被写入"1"，当按钮被松开时，I0.0 被写入"0"，并由此时写入的值来决定程序中 I0.0 触点的状态。

输入信号采集后，CPU 会结合输入的状态，根据语句排序逐步进行逻辑运算，产生确定的输出信息，再将其送到输出部分，从而控制执行元件动作。

以图 10-6 中所给的程序为例，若 SB_1 按下，SB_2 未被压动，则 I0.0 被写入"1"，I0.1 被写入"0"。则程序中出现的 I0.0 的常开触点合上，而 I0.1 的常开触点仍然是断开状态。由此在进行程序运算时，输出继电器 Q0.0 运算得"1"，而 Q0.1 运算得"0"。最终，外部执行元件中，接触器线圈 KM_1 得电，而接触器线圈 KM_2 不得电。

（3）输入/输出滞后。

由于每一个扫描周期只进行一次 I/O 刷新，即每一个扫描周期 PLC 只对输入/输出映像状态寄存器更新一次，故使系统存在输入/输出滞后现象。这在一定程度上降低了系统的响应速度，但对于一般的开关量控制系统来说是允许的，这不但不会造成不利影响，反而可以增强系统的抗干扰能力。因为输入采样只在输入刷新阶段进行，PLC 在一个工作周期的大部分时间是与外设隔离的。而工业现场的干扰常常是脉冲式的、短时的，由于系统响应慢，要几个扫描周期才响应一次，因瞬时干扰而引起的误动作就会减少，从而提高了它的抗干扰能力。但是对一些快速响应系统则不利，就要求精心编制程序，必要时采用一些特殊功能，以减少因扫描周期造成的响应滞后。

总之，PLC 采用的循环扫描工作方式是区别于微机和其他控制设备的最大特点，使用者对此应给予足够的重视。

3. PLC 的技术性能和编程语言

1）PLC 的技术性能

虽然 PLC 产品技术性能不尽相同，且各有特色，但其主要性能通常包括以下几项指标：

（1）输入/输出点数（即 I/O 点数）。这是 PLC 最重要的一项技术指标。输入/输出点数是指 PLC 外部的输入/输出端子数。这些端子可通过螺钉或电缆端口与外部设备相连。主机的 I/O 点数不够时可接扩展 I/O 模块。

（2）内存容量。一般以 PLC 所能存放用户程序的多少来衡量。在 PLC 中程序是按"步"存放的（一条指令少则 1 步、多则十几步），一"步"占用一个地址单元，一个地址单元占两个字节。如一个程序容量为 1 000 步的 PLC，可推知其程序容量为 2 kB。

注意："内存容量"实际是指用户程序容量，不包括系统程序存储器的容量。

（3）扫描速度。PLC 运行时是按照扫描周期进行循环扫描的，所以扫描周期的长短决定了 PLC 运行速度的快慢。因扫描周期的长短取决于多种因素，故一般用执行 1 000 步指令所需时间作为衡量 PLC 速度快慢的一项指标，称为扫描速度，单位为"ms/k"。扫描速度有时也用执行一步指令所需时间来表示，单位为"μs/步"。

（4）指令条数。PLC指令系统拥有指令种类和数量的多少决定着其软件功能的强弱。PLC具有的指令种类越多，说明其软件功能越强。PLC指令一般分为基本指令和高级指令两部分。

（5）内部继电器和寄存器。PLC内部有许多继电器和寄存器，用以存放变量状态、中间结果、数据等，还有许多辅助继电器和寄存器给用户提供特殊功能，如定时器、计数器、系统寄存器、索引寄存器等。通过使用它们，可使整个系统的设计简化。因此内部继电器、寄存器的配置情况是衡量PLC硬件功能的一个主要指标。

（6）编程语言及编程手段。编程语言及编程手段也是衡量PLC性能的一项指标。编程语言一般分为梯形图、助记符语句表、控制系统流程图等几类，不同厂家的PLC编程语言类型有所不同，语句也各异。编程手段主要指采用何种编程装置。编程装置一般分为手持编程器和带有相应编程软件的计算机两种。

（7）高级模块。PLC除了主控模块外还可以配接各种高级模块。主控模块实现基本控制功能，高级模块则可实现某种特殊功能。高级模块的配置反映了PLC功能的强弱，是衡量PLC产品档次高低的一个重要标志。目前各厂家都在大力开发高级模块，使其发展迅速，种类日益增多，功能也越来越强。主要有：A-D、D-A、高速计数、高速脉冲输出、PID控制、速度控制、位置控制、温度控制、远程通信、高级语言编辑以及物理量转换等模块。这些高级模块使PLC不但能进行开关量顺序控制，而且能进行模拟量控制，以及精确的速度和定位控制。特别是网络通信模块的迅速发展，实现了PLC之间、PLC与计算机的通信，使得PLC可以充分利用计算机和互联网的资源，实现远程监控。近年来出现的网络机床、虚拟制造等就是建立在网络通信技术的基础上。

2）PLC的编程语言

PLC为用户提供了完善的编程语言来满足用户编辑程序的需求，有梯形图（LAD）、语句表（STL）和顺序功能图（SFC）语言等。

（1）梯形图（LAD）。

梯形图编程语言是在继电器接触器控制系统电路图基础上简化了符号演变而来的，在形式上沿袭了传统的继电接触器控制图，作为一种图形语言，它将PLC内部的编程元件（如继电器的触点、线圈、定时器、计数器等）和各种具有特定功能的命令用专用图形符号、标号定义，并按逻辑要求及连接规律组合和排列，从而构成了表示PLC输入/输出之间控制关系的图形。由于它在继电接触器的基础上加进了许多功能强大、使用灵活的指令，并将微机的特点结合进去，使逻辑关系清晰直观，编程容易，可读性强，所实现的功能也大大超过传统的继电接触器控制电路，所以很受用户欢迎。它是目前使用最为普遍的一种PLC编程语言，如图10-7所示。

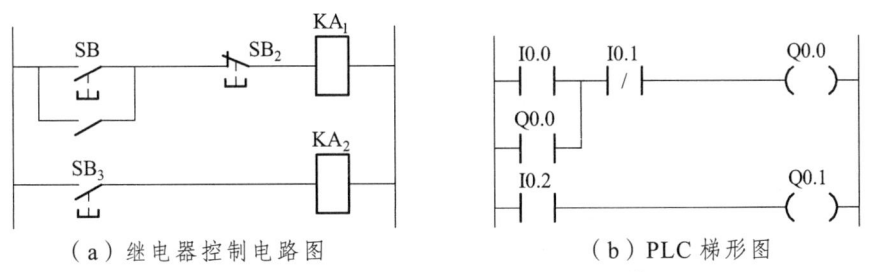

(a) 继电器控制电路图　　(b) PLC梯形图

图10-7　传统继电器控制电路图和PLC梯形图

① 梯形图的基本符号。在梯形图中，分别用符号 ─┤├─、─┤/├─ 表示PLC编程元件（软继电器）的常开触点和常闭触点，用符号 { } 表示其线圈。与传统的控制图一样，每个继电器和相应的触点都有自己的特定标号，以示区别，其中有些对应PLC外部的输入/输出，有些对应内部的继电器和寄存器。如图10-7中，I0.0、I0.1等触点代表逻辑输入条件，Q0.0、Q0.1等线圈通常代表逻辑"输出"结果。它们并非是物理实体，而是"软继电器"，每个"软继电器"仅对应PLC存储单元中的一位。该位状态为"1"时，对应的继电器线圈接通，其常开触点闭合、常闭触点断开；状态为"0"时，对应的继电器线圈不通，其常开、常闭触点保持原态。另外有一些在PLC中进行特殊运算和数据处理的指令，也被看作一些广义的、特殊的输出元件，常用类似于输出线圈的方括号加上一些特定符号来表示。这些运算或处理一般是以前面的逻辑运算作为其触发条件。

② 梯形图的书写规则。

a. 梯形图必须按从左到右、从上到下的顺序书写，CPU也是按此顺序执行程序。

b. 梯形图两侧的垂直公共线称为公共母线。在分析梯形图的逻辑关系时，为了借用继电器电路的分析方法，可以想象左右两侧母线之间有一个左正右负的直流电源电压。当图中的触点接通时，有一个假想的"能流"从左到右流动。

c. 梯形图中的线圈和其他输出指令应放在最右边。

d. 由于梯形图中的线圈和触点均为"软继电器"，所以同一标号的触点可以反复使用，次数不限。

梯形图适合于熟悉继电器电路的人员使用，设计复杂的触点电路时最好使用梯形图。

（2）语句表（STL）。

语句表语言类似于计算机汇编语言，它用一些简洁易记的文字符号描述PLC的各种指令。每个语句由地址（步序号）、操作码（指令）和操作数（数据）三部分组成。语句表可以实现某些不易用梯形图或者功能块图来实现的功能。图10-7中的梯形图与下面的指令相对应，"//"之后是该指令的注释。

Network 1
LD   I0.0   //装载指令，接在左侧"电源线"上的I0.0的常开触点
O   Q0.0   //"或"指令，与I0.0常开触点并联的Q0.0的常开触点
AN   I0.1   //取反后作"与"运算，与并联电路串联的I0.2常闭触点
=   Q0.0   //赋值指令，Q0.0的线圈

Network 2
LD   I0.2
=   Q0.1

（3）功能块图编辑器（FBD）。

这是一种类似于数字逻辑门电路的编程语言，有数字电路基础的人很容易掌握。该编程语言用类似于与门、或门的方框来表示逻辑运算关系，方框的左侧为逻辑运算的输入变量，右侧为输出变量。

对于西门子S7-200系列PLC用编程软件可得到与图10-7相应的功能块图，如图10-8所示。

网络1

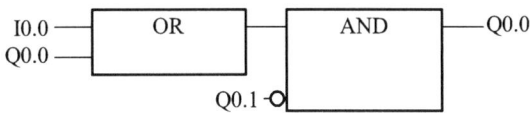

网络2

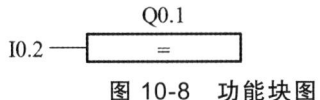

图 10-8　功能块图

（4）顺序功能图（SFC）。

顺序功能图是一种位于其他编程语言之上的图形语言，用来编制顺序控制程序。SFC 提供了一种组织程序的图形方法，在 SFC 中可以用别的语言嵌套编程。

顺序功能图由步、转换和动作三要素组成，如图 10-9 所示。可以用顺序功能图来描述系统的功能，根据它容易画出梯形图程序。

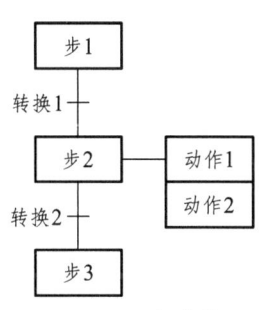

图 10-9　顺序功能图

4. S7-200 PLC 概述

1）S7-200 PLC 技术性能

德国西门子 S7 系列 PLC 分为 S7-400、S7-300、S7-200 三个系列，分别为 S7 系列的大、中、小型 PLC 系统。

S7-200 PLC 是一种小型 PLC，具有多种功能模块可供选择，系统集成方便、易于组成网络，广泛应用于与自动检测、自动控制有关的工业及民用领域，如机床、机械、电力设施、环境保护设备等。

S7-200 系列 CPU 有 CPU 221、CPU 222、CPU 224、CPU 224XP 和 CPU 226 等型号。其中，CPU221 的价格低廉，能满足多种集成功能的需要。CPU222 是 S7-200 中低成本的单元，通过可连接的扩展模块即可处理模拟量。CPU224 具有更多的输入/输出点及更大的存储器。CPU226 是功能最强的单元，可满足一些中小型复杂控制系统的要求。4 种型号的 PLC 具有下列特点：

（1）集成的 24 V 电源。可直接连接到传感器和变送器执行器，CPU221 和 CPU222 具有 180 mA 输出，CPU224 具有 280 mA，CPU226 输出 400 mA，可用作负载电源。

（2）高速脉冲输出。具有 2 路高速脉冲输出端，输出脉冲频率可达 20 kHz，用于控制步进电动机或伺服电动机，实现定位任务。

（3）通信端口。CPU221、CPU222 和 CPU224 具有 1 个 RS-485 通信端口，CPU 224XP 和 CPU226 具有 2 个 RS-485 通信端口，支持 PPI、MPI 通信协议，有自由口通信能力。

（4）模拟电位器。CPU221/222 有 1 个模拟电位器，CPU224/224XP/226 有 2 个模拟电位器。模拟电位器用来改变特殊寄存器（SMB28，SMB29）中的数值，以改变程序运行时的参数。如定时器、计数器的预置值，过程量的控制参数。

（5）中断输入。允许以极快的速度对过程信号的上升沿作出响应。

（6）EEPROM 存储器模块（选件）。可作为修改与复制程序的快速工具，无需编程器，并可进行辅助软件归档工作。

（7）电池模块。用户数据（如标志状态、数据块、定时器、计数器）可通过内部的超级电容存储大约 5 天。选用电池模块能延长存储时间到 200 天（10 年寿命）。电池模块插在存储器模块的卡槽中。

（8）不同的设备类型。CPU221~226 各有 2 种类型 CPU，具有不同的电源电压和控制电压。

（9）数字量输入/输出点。CPU221 具有 6 个输入点和 4 个输出点；CPU222 具有 8 个输入点和 6 个输出点；CPU224 具有 14 个输入点和 10 个输出点；CPU224XP 具有 14 个输入点和 10 个输出点，2 个模拟量输入、1 个模拟量输出通道；CPU226 具有 24 个输入点和 16 个输出点。CPU22X 主机的输入点为 24 V 直流双向光耦合输入电路，输出有继电器和直流（MOS 型）两种类型。

（10）高速计数器。CPU221/222 有 4 个 30 kHz 高速计数器，CPU224/226 有 6 个 30 kHz 高速计数器，CPU 224XP 有 4 个 30 kHz 和 2 个 200 kHz 高速计数器，用于捕捉比 CPU 扫描频率更快的脉冲信号。

各型号 PLC 的主要技术性能如表 10-2 所示。

表 10-2　S7-200 PLC 技术性能

技术指标		CPU 221	CPU 222	CPU 224	CPU 224XP	CPU 226
外型尺寸/mm		90×80×62	90×80×62	120.5×80×62	140×80×62	190×80×62
程序存储器	运行模式	4 096 B	4 096 B	8 192 B	12 288 B	16 384 B
	停止模式	4 096 B	4 096 B	12 288 B	16 384 B	24 576 B
数据存储区		2 048 B	2 048 B	8 192 B	10 240 B	10 240 B
掉电保持时间		50 h	50 h	100 h	100 h	100 h
本机 I/O	数字量	6 入/4 出	8 入/6 出	14 入/10 出	14 入/10 出	24 入/16 出
	模拟量	无	无	无	2 入/1 出	无
扩展模块数量		0 个模块	2 个模块	7 个模块	7 个模块	7 个模块
高速计数器	单相	4 路（30 kHz）	4 路（30 kHz）	6 路（30 kHz）	4 路（30 kHz）、2 路（200 kHz）	6 路（30 kHz）
	两相	2 路（20 kHz）	2 路（20 kHz）	4 路（20 kHz）	3 路（20 kHz）、1 路（100 kHz）	4 路（20 kHz）
高速脉冲输出（DC）		2（20 kHz）	2（20 kHz）	2（20 kHz）	2（100 kHz）	2（20 kHz）
模拟量调节电位器		1	1	2	2	2
实时时钟		有（时钟卡）	有（时钟卡）	有（内置）	有（内置）	有（内置）
通信端口数量		1（RS-485）	1（RS-485）	1（RS-485）	2（RS-485）	2（RS-485）
浮点数运算		有				
I/O 映像寄存器		256（128 入/128 出）				
布尔指令执行速度		0.22 μs/指令				

2）S7-200 PLC 的硬件系统

（1）硬件系统组成。

S7-200 PLC 硬件系统主要包括 CPU 主机、扩展模块、相关设备以及编程工具，如图 10-10 所示。

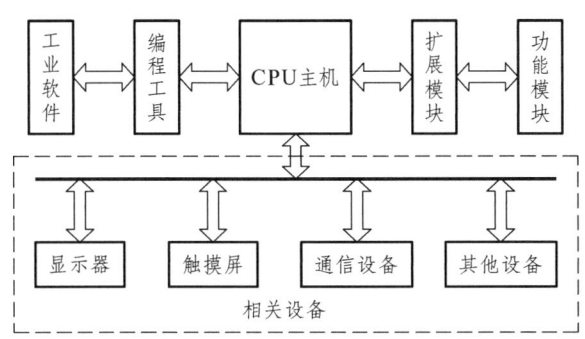

图 10-10　S7-200 PLC 系统组成图

CPU 主机是 PLC 最基本的单元模块，是 PLC 的主要组成部分，包括 CPU、存储器、基本 I/O 单元和电源等。它实际上是一个完整的控制系统，可以单独完成一定的控制任务。

主机 I/O 单元数量不能满足控制系统的要求时，用户可以根据需要使用各种 I/O 扩展模块。完成某些特殊功能的控制任务时，需要扩展功能模块，如模拟量输入扩展模块、热电阻（测温）功能模块等。

相关设备是为充分和方便利用系统的硬件和软件资源而开发和使用的一些设备，主要有编程设备、人机操作界面和网络设备等。

工业软件是为更好地管理和使用这些设备而开发的与之相配套的程序，它主要由标准工具、工程工具、运行软件和人机接口软件等构成。

（2）CPU 模块。

S7-200 CPU 模块是将一个中央处理器（CPU）、一个集成电源和数字量 I/O 点集成在一个紧凑的封装中，从而形成了一个功能强大的微型 PLC，如图 10-11 所示。

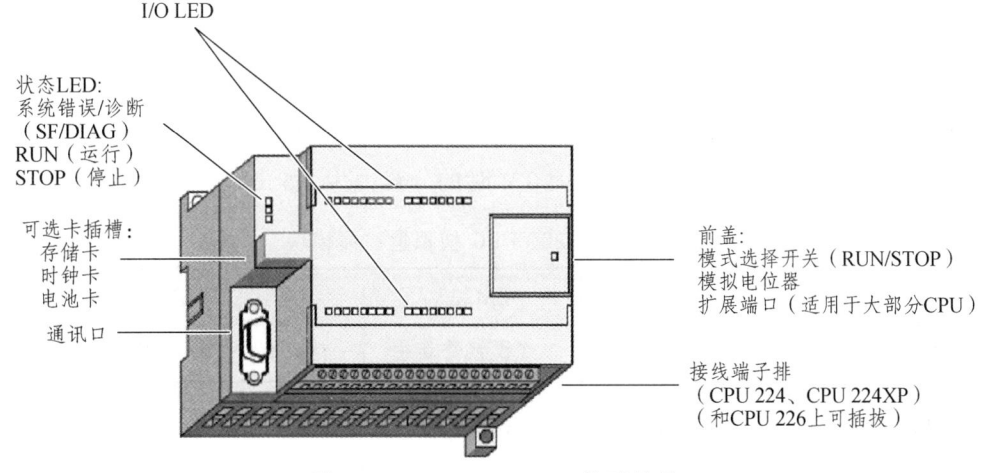

图 10-11　S7-200 CPU 外形结构

CPU 负责执行程序和存储数据，以便对工业自动控制任务或过程进行控制；输入单元用于从现场设备中（如传感器或开关）采集信号；输出单元则负责输出控制信号，用于驱动泵、电动机、指示灯以及工业过程中的其他设备；电源向 CPU 及所连接的任何模块提供电力支持；通信端口用于连接 CPU 与上位机或其他工业设备；状态指示灯显示了 CPU 工作模式，本机 I/O 的当前状态，以及检查出的系统错误。当 CPU 处于 STOP 状态或重新起动时"STOP"黄灯常亮；当 CPU 处于 RUN 状态或重新起动时"RUN"绿灯常亮；CPU 硬件故障或软件错误时"SF"红灯亮。

（3）扩展模块。

S7-200 PLC 扩展模块包括数字量输入/输出扩展模块、模拟量输入/输出扩展模块和功能扩展模块。现有的输入/输出模块和特殊功能模块包括：

① 数字量 I/O 扩展模块。S7-200 PLC 提供了多种类型的数字量输入/输出扩展模块，见表 10-3。除 CPU221 外，其他 CPU 模块均可配接多个扩展模块，连接时 CPU 模块放在最左侧，扩展模块用扁平电缆与左侧的模块相连。

表 10-3　S7-200 PLC 数字量扩展模块

数字量扩展模块	类　　型		
输入扩展模块 EM221	8 点 DC 输入	8 点 AC 输入	16 点 DC 输入
输出扩展模块 EM222	4 点 DC 输出	4 点继电器输出	
	8 点 DC 输出	8 点 AC 输出	8 点继电器输出
输入/输出扩展模块 EM223	4 点 DC 输入/ 4 点 DC 输出	8 点 DC 输入/ 8 点 DC 输出	16 点 DC 输入/ 16 点 DC 输出
	4 点 DC 输入/ 4 点继电器输出	8 点 DC 输入/ 8 点继电器输出	16 点 DC 输入/ 16 点继电器输出

② 模拟量 I/O 扩展模块。在工业控制中，被控对象常常是模拟量，如温度、压力、流量等；某些机械（如电动调节阀、晶闸管调速装置和变频器等）也要求 PLC 输出模拟信号。在 PLC 的 CPU 不能满足模拟信号输入/输出通道要求时，可以使用模拟量扩展模块。

S7-200 PLC 有 3 种模拟量扩展模块如表 10-4 所示，其 A-D、D-A 转换器的位数均为 12 位。模拟量输入/输出有多种量程供用户选用，如 0～10 V、0～5 V、0～20 mA、±10 V、±5 V、±100 mA 等。其中，量程为 0～10 V 时的分辨力为 2.5 mV。

表 10-4　S7-200 PLC 模拟量扩展模块

模块	EM231	EM232	EM235
点数	4 路模拟量输入	2 路模拟量输出	4 路模拟量输入/1 路模拟量输出

③ 热电偶、热电阻扩展模块。EM231 热电偶、热电阻扩展模块直接以热电偶输出的电势作为输入信号，进行 A-D 转换后送给 PLC。该模块具有特殊的冷端补偿电路，可以用

于 J、K、E、N、S、T 和 R 型热电偶，并通过模块下方的 DIP 开关来选择热电偶的类型；EM231 热电阻模块提供了与多种热电阻的连接口，可通过 DIP 开关来选择热电阻的类型、接线方式、测量单位和开路故障的方向。

④ 功能扩展模块。功能扩展模块有 EM253 位置控制模块、EM277 PROFIBUS-DP 模块、EM241 调制解调器模块、CP243-1 以太网模块、CP243-1 IT 因特网模块和 CP243-2AS-i 接口模块等。

扩展模块时，通过扩展电缆把 CPU 模块和各个扩展模块依次串接起来，形成一个扩展链。在进行最大 I/O 配置的预算时要考虑以下几个因素的限制：允许的扩展模块数、映像寄存器的数量、CPU 为扩展模块所能提供的最大电流和每种扩展模块消耗的电流。

3）I/O 点的地址分配与接线

（1）本机 I/O 与扩展 I/O 的地址分配。

S7-200 CPU 有一定数量的本机 I/O，其地址是固定的。可以使用扩展 I/O 模块来增加 I/O 点数，扩展模块安装在 CPU 模块的右边，每个扩展模块 I/O 点的字节地址取决于各模块的类型和该模块在 I/O 模块链中的位置。编址时同种类型输入或输出点的模块在链中按与主机的位置递增，其他类型模块的有无以及所处的位置不影响本模块的编号。

例如，某一控制系统选用 CPU224，系统所需的输入/输出点数为：数字量输入 24 点、数字量输出 20 点、模拟量输入 6 点、模拟量输出 2 点。那么，本系统可有多种不同模块的选取组合，并且各模块在 I/O 链中的位置排列方式也可能有多种。表 10-5 为其中的一种模块连接形式和各模块的编址情况。

表 10-5 CPU224 的 I/O 地址分配举例

主机	模块 1	模块 2	模块 3	模块 4	模块 5
CPU224 DI14 DO10	EM221 DI8 DC 24 V	EM222 DO8 DC 24 V	EM235 AI4/AO1 12 位	EM223 DI4/DO4 DC 24 V	EM235 AI4/AO1 12 位
I0.0　Q0.0 I0.1　Q0.1 …　　… I1.5　Q1.1	I2.0 I2.1 … I2.7	Q2.0 Q2.1 … Q2.7	AIW0　AQW0 AIW2 AIW4 AIW6	I3.0　Q3.0 I3.1　Q3.1 I3.2　Q3.2 I3.3　Q3.3	AIW8　AQW2 AIW10 AIW12 AIW14

（2）S7-200 PLC 的外部接线。

PLC 是通过 I/O 单元与外界建立联系的，用户必须灵活掌握 I/O 单元与外部设备的连接关系和配电要求。S7-200 PLC 所有型号 CPU 的直流输入（24 V），既可以作为源型输入（公共点接负电位）也可以作为漏型输入（公共点接正电位），CPU 的直流输入接线图如图 10-12 所示。S7-200 PLC 所有型号 CPU 的 24 V 直流输出和继电器输出接线图如图 10-13 所示。

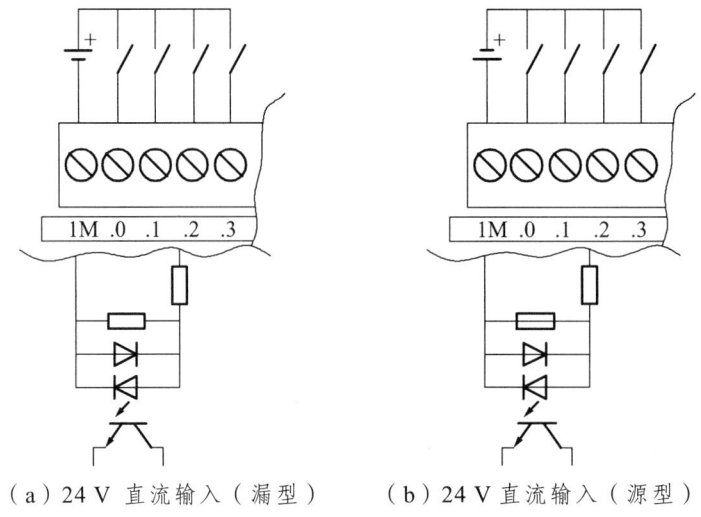

(a) 24 V 直流输入（漏型） （b) 24 V 直流输入（源型）

图 10-12 CPU 直流输入接线图

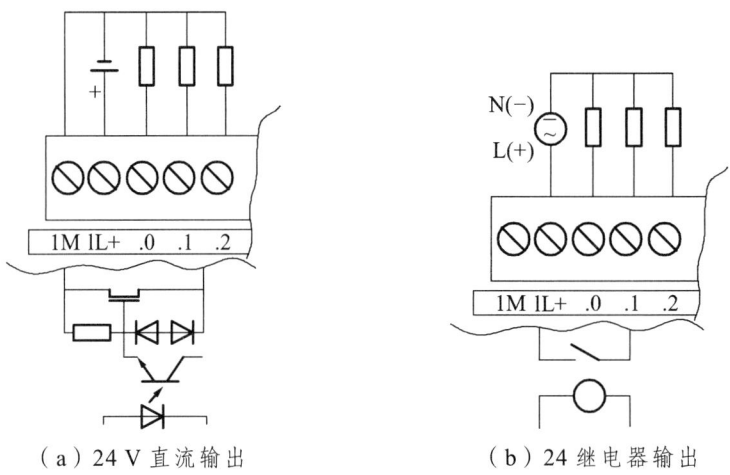

(a) 24 V 直流输出 （b) 24 继电器输出

图 10-13 CPU 直流/继电器输出接线图

对于 S7-200 CPU224XP，其模拟量输入/输出接线图，如图 10-14 所示。

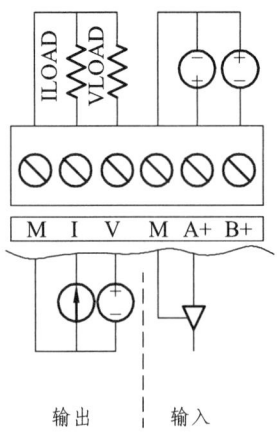

图 10-14 CPU224XP 模拟量输入/输出接线图

下面以 CPU224 为例，简要介绍 CPU 的 I/O 点与外部设备的连接图。为了分析问题方便，在连接图中，外部输入设备都用开关表示，外部输出设备（负载）则以电阻代表。CPU224 集成了 14 输入/10 输出共 24 个数字量 I/O 点，图 10-15 是 CPU224 模块典型的外围接线图。

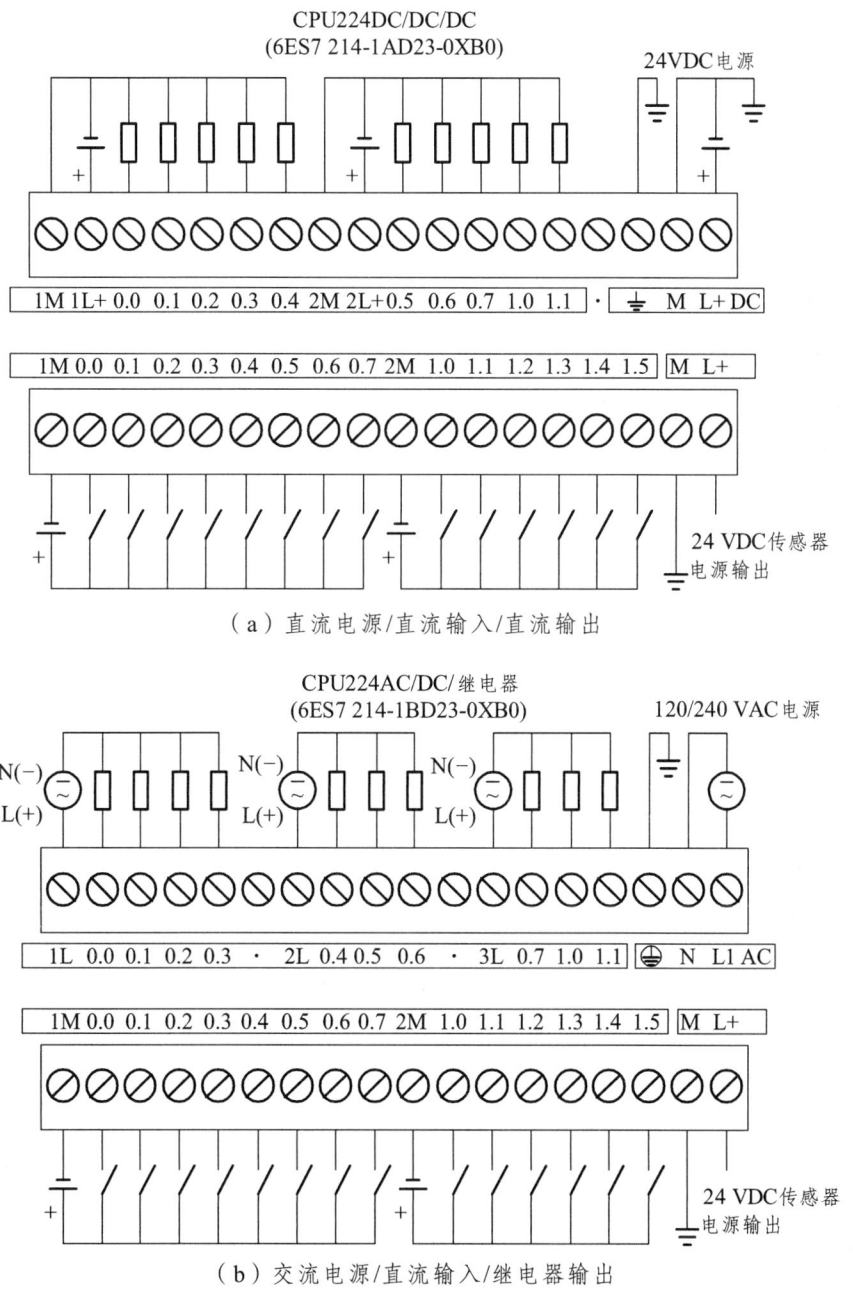

图 10-15 CPU224 典型外围接线图

注意：在实际应用中，用户参考相应 PLC 用户手册，正确进行 I/O 接线及配电（电源的正/负极和电压值）。

5. S7-200 PLC 内部元件

1) S7-200 PLC 编程软元件

编程软元件是 PLC 内部具有不同功能的存储器单元，每个单元都有唯一的地址，在编程时，用户只需记住软元件的符号地址即可。为了方便不同的编程功能需要，存储器单元做了分区，即 PLC 内部根据软元件的不同，分成了许多区域，如输入寄存器、输出寄存器、位存储器、定时器、计数器、通用寄存器、数据寄存器及特殊功能存储器等。

PLC 内部这些存储器的作用和继电接触控制系统中使用的继电器十分相似，也有"线圈"与"触点"，但它们不是"硬"继电器，而是 PLC 存储器的存储单元。当写入该单元的逻辑状态为"1"时，则表示相应继电器线圈得电，其动合触点闭合，动断触点断开。所以，内部的这些继电器称之为"软"继电器，这些软继电器的最大特点是其触点（包括常开触点和常闭触点）可以无限次使用。

下面介绍 S7-200 PLC 的软元件类型和功能。

（1）输入映像寄存器 I。输入映像寄存器是 PLC 接收外部输入的数字量信号的窗口。在每个扫描周期的开始，CPU 对物理输入点进行采样，并将采样值存于输入映像寄存器中。

S7-200 PLC 的输入映像寄存器是以字节为单位的寄存器，它的每一位对应一个数字量输入点，CPU 一般按位编址来读取一个输入继电器状态，当然也可以按字节、字、双字方式进行存取，如 I0.1、IB2、IW2、ID10。S7-200 系列 PLC 的输入映像寄存器有 IB0~IB15 共 16 个字节单元，因此输入映像寄存器能存储 16×8 共计 128 个输入点信息。

（2）输出映像寄存器 Q。通过输出继电器，将 PLC 存储系统与外部输出端子相连，用来将 PLC 的输出信号传递给负载。如果梯形图中 Q0.0 的线圈"通电"，继电器型输出模块中对应的硬件继电器的常开触点闭合。使接在标号为 Q0.0 端子的外部负载通电，反之则外部负载断电。在梯形图中，每一个输出位的常开触点和常闭触点都可以多次使用。输出映像寄存器也可以按字节、字、双字方式进行存取。

（3）变量寄存器 V。S7-200 系列 PLC 中有大量的变量寄存器，用来存储全局变量、存放数据运算的中间结果。它可以按位、字节、字、双字方式使用。变量寄存器的数量与 CPU 型号有关，CPU222 为 V0.0~V2047.7，CPU224/226 为 V0.0~V5119.7。

（4）辅助继电器 M。在 S7-200 系列 PLC 中也称为内部标志位寄存器 M，它相当于传统的继电器控制电路中的中间继电器。辅助继电器与外部输入/输出端没有任何对应，不能直接驱动外部负载，它用来存储中间操作数或建立输入/输出之间复杂的逻辑关系。S7-200 PLC 的 CPU22X 系列的辅助继电器的数量为 256 个（32B，256 位），可按位、字节、字、双字方式使用，如 M21.2、MB11、MW12、MD22。

（5）特殊继电器 SM。在 S7-200 系列 PLC 中也称为特殊标志位寄存器 SM，它用于 CPU 与用户程序之间信息的交换，用这些位可选择和控制 PLC 的一些特殊控制功能。特殊标志位寄存器可按位，字节、字、双字方式使用。常用的特殊标志位寄存器的功能如下：

SM0.0：运行监控，当 PLC 运行时，SM0.0 接通。

SM0.1：初始化脉冲。PLC 由 STOP 转入 RUN 时，该位接通一个扫描周期，常用来调用初始化子程序。

SM0.2：当 RAM 中保存的数据丢失时，SM 0.2 ON 一个扫描周期。

SM0.3：PLC 上电进入 RUN 状态时，SM 0.3 ON 一个扫描周期。

SM0.4 分脉冲：占空比为 50%，周期为 1 min 的脉冲串。

SM0.5 秒脉冲：占空比为 50%，周期为 1 s 的脉冲串。

SM0.6：该位为扫描时钟脉冲，本次扫描为 1，下次扫描为 0，可以作为扫描计数器的输入。

SM0.7：工作方式开关位置指示。开关放置在 RUN 时为 1，PLC 为运行状态，开关放置在 TERM 时为 0，PLC 可进行通信编程。

SM1.0：当执行某些指令，其结果为 0 时，将该位置 1。

SM1.1：当执行某些指令，其结果溢出或为非法数值时，将该位置 1。

SM1.2：当执行数学运算指令，其结果为负数时，将该位置 1。

SM1.3：试图除以 0 时，将该位置 1。

其他常用特殊标志继电器的功能可以参见 S7-200 系统手册。

特殊继电器波形图如图 10-16 所示。

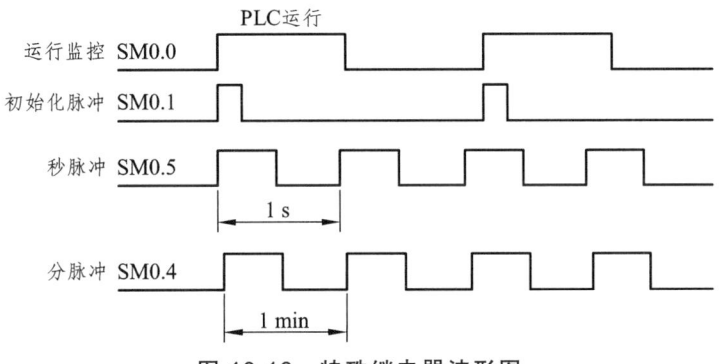

图 10-16　特殊继电器波形图

（6）状态继电器 S。状态继电器 S 也称为顺序控制继电器，它是使用顺序控制指令编程时的重要元件，可按位、字节、字、双字方式使用，有效编址范围是 S0.0～S31.7。

（7）定时器 T。PLC 中的定时器相当于时间继电器，用于延时控制，是对内部时钟累计时间的重要编程元件。通常，定时器的设定值由程序设定，当定时器的当前值大于或等于设定值，定时器位被置 1，其常开触头闭合，常闭触头断开。PLC 中每个定时器都有 1 个 16 bit 有符号的当前值寄存器，用于存储定时器累计值（1～32 767）。S7-200 定时器的时基有 3 种：1 ms、10 ms、100 ms，有效范围为 T0～T255。

（8）计数器 C。计数器用来对输入脉冲的个数进行累计，实现计数操作。使用计数器时要预设计数的设定值，当输入触发条件满足时，相应计数器开始对输入端的脉冲进行计数，若当前计数值大于或等于设定值，计数器状态位置 1，其常开触头闭合，常闭触头断开。PLC 中每个计数器都有 1 个 16 bit 有符号的当前值寄存器，用于存储计数器累计的脉冲个数（1～32 767）。S7-200 计数器有 3 种类型：加计数器、减计数器、加减计数器，有效范围为 C0～C255。

（9）高速计数器 HSC。高数计数器用来计数比 CPU 扫描速度更快的高速脉冲，工作原理与普通计数器相同。高速计数器的当前值是一个双字长（32 位）的整数，且为只读值。高速计数器的数量很少，地址格式为 HC（高速计数器号），如 HC2。

（10）累加器 AC。累加器用来暂存数据、计算的中间结果、子程序传递参数等可以像存储器一样使用读写存储区。S7-200PLC 共有 4 个 32 位的累加器：AC0~AC3。可按字节、字或双字形式存取。以字节或字为单位存取时，累加器只使用了低 8 位或低 16 位。

（11）局部变量存储器 L。局部变量存储器用于存储局部变量（局部变量只在特定的程序内有效），可以用来存储临时数据或者子程序的传递参数。局部变量可以分配给主程序段、子程序段或中断程序段，但不同程序段的局部存储器是不能相互访问的。

（12）模拟量输入 AI、模拟量输出 AQ。模拟量输入映像寄存器用于存放 A-D 转换后的 16 位数字量，其地址格式为 AIW（起始字节的地址），如 AIW2。注意：在模拟量输入/输出映像寄存器中，数字量的长度为 1 字长（16 位），因此必须用偶数号字节进行编址，如 0、2、4、6、8，且只能进行读取操作。模拟量输出映像寄存器用于存放需要进行 D-A 转换的 16 位数字量，其地址格式为 AQW（起始字节的地址），如 AQW2。注意：必须用偶数号字节进行编址，如 0、2、4、6、8，且只能进行写操作。

2) S7-200 PLC 的寻址方式

（1）数据存取方式。

在 S7-200 中，常用的数据长度有位、字节、字和双字。主要的数据类型有布尔型（BOOL）、整数型（INT）、实数型（REAL）或字符串型。

① 位、字节、字、双字。

位（bit），指二进制中的一位，是最基本的存储单位，只有"0"和"1"两种状态。在 PLC 中，一个位对应一个软继电器。

字节（Byte），由 8 位二进制数构成，其中的第 0 位为最低位（LSB），第 7 位为最高位（MSB）。

字（Word），由字节构成，两个字节组成一个字。

双字（Double Word）由字构成，两个字组成一个双字。

② 数据类型及范围。布尔型指由"0"和"1"构成的字节型无符号整数；整数型包括 16 位单字和 32 位双字的带符号整数，带符号数一般用二进制补码形式表示，其最高位为符号位；实数型以 32 位的单精度数表示。每种数据类型都有一定的范围，如表 10-6 所示。

表 10-6 S7-200 PLC 的数据类型及范围

数据类型	无符号整数		有符号整数	
	十进制	十六进制	十进制	十六进制
字，8 位	0~255	0~FF	−128~+127	80~7F
字，16 位	0~65 535	0~FFFF	−32 768~+32 767	8 000~7FFF
双字，32 位	0~4，294，967，295	0~FFFFFFFF	−2，147，483，648~ +2，147，483，647	80 000 000~ 7FFFFFFF
位	0、1			
实数	-10^{38}~10^{38}			
字符串	每个字符串以字节形式存储，最大长度为 255 个字节，第一个字节中定义该字符串的长度			

③ 编址方式。S7-200 PLC 将信息存储在不同的存储单元中，每个存储单元都有唯一确定的地址。PLC 中对数据存储器的编址主要是进行位、字节、字、双字编址。

a. 位编址方式：（存储区域标志符）字节号.位号，如 I0.1、Q0.2。

b. 字节编址方式：（存储区域标志符）B 字节号，如 IB1 表示输入继电器 I1.0～I1.7 这 8 位组成的字节；QB0 表示输出继电器 Q0.0～Q0.7 这 8 位组成的字节。

c. 字编址方式：（存储区域标志符）W 起始字节号，且最高有效字节为起始字节。如 VW0 表示由 VB0 和 VB1 这两个字节组成的字。

d. 双字编址方式：（存储区域标志符）D 起始字节号，且最高有效字节为起始字节。如 VD100 表示由 VB100、VB101、VB102、VB103 这四个字节组成的双字。

（2）寻址方式。

在 S7-200 中，地址是访问数据的依据，通过地址访问数据的过程称为"寻址"。几乎所有的指令和功能都与各种形式的寻址有关。根据存储单元中信息存取形式不同，可将寻址方式分为直接寻址和间接寻址方式。

① 直接寻址。直接寻址是在指令中直接使用存储器或寄存器的元件名称（区域标志）和地址编号，直接到指定区域读取或写入数据。直接寻址可以采用位寻址、字节寻址、字寻址、双字寻址等方式。

② 间接寻址。间接寻址时，操作数并不提供直接数据位置，而是通过使用地址指针来存取存储器中的数据。在 S7-200 中允许使用指针对 I、Q、M、V、S、T、C（仅当前值）存储区进行间接寻址。

子任务二　S7-200 PLC 的指令及应用

1. S7-200 PLC 指令及其结构

1) S7-200 PLC 指令

S7-200 系列 PLC 既可使用 SIMATIC 指令集，又可使用 IEC1131-3 指令集。SIMATIC 指令集是西门子公司专为 S7-200 系列 PLC 设计的，在 STEP 7-Micro/WIN32 编程软件中可选用梯形图 LAD（ladder）、功能块图（Function Block Diagram）或语句表 STL（Statement List）三种编程语言来编辑该指令集，而且指令的执行速度较快。IEC1131-3 指令集是国际电工委员会（IEC）推出的 PLC 编程方面的轮廓性标准，旨在统一各 PLC 生产厂家指令的指令集，有利于用户编写出适用于不同品牌 PLC 的程序。但对于 S7-200 系列 PLC，该指令集的指令执行时间要长一些，且只能在梯形图（LAD）、功能块图（FBD）编辑语言中使用，不能使用灵活的指令表（STL）。许多 SIMATIC 指令集不符合 IEC1131-3 指令集标准，所以两种指令集不能混用，而且许多功能不能使用 IEC1131-3 指令集实现。

在这三种编辑语言中，梯形图（LAD）、指令表（STL）编程语言为广大编程人员所熟悉。同时，由于指令表属于文本形式的编程语言，和汇编语言类似，能解决梯形图指令不易解决的问题，但其适用于对 PLC 和逻辑编程的有经验程序员。

而梯形图语言直接来源于传统的继电器控制系统，其符号及规则充分体现了电气技术人员的读图及思维习惯，简洁直观，即使没有学过计算机技术的人也很容易接受。因此，本部分就以梯形图为例，说明梯形图的编制方法。

在梯形图程序中常用的符号如图 10-17 所示。

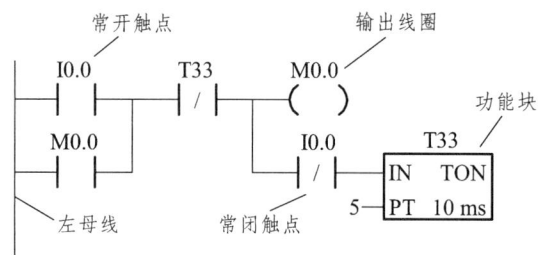

图 10-17 梯形图

（1）左母线。在梯形图程序的左边，有一条从上到下的竖线，称为左母线。所有的程序支路都连接在左母线上，并起始于左母线。左母线上有一个始终存在，由上而下从左到右的电流（能流），称为假象电流。触点导通"能流"通过，触点断开，"能流"不能通过。今后我们将利用能流概念进行梯形图程序的分析。

（2）触点。触点符号代表输入条件如外部开关，按钮及内部条件等。bit 位对应 PLC 内部的各个编程元件，该位数据（状态）为 1 时，表示"能流"能通过，即该点接通。由于计算机读操作的次数不受限制，用户程序中，常开触点，常闭触点可以使用无数次。

（3）线圈。线圈表示输出结果，通过输出接口电路来控制外部的指示灯、接触器等。线圈左侧接点组成的逻辑运算结果为 1 时，"能流"可以达到线圈，使线圈得电动作，PLC 将 bit 位地址指定的编程元件置位为 1；逻辑运算结果为 0，线圈不通电，编程元件的位置 0。即线圈代表 PLC 对编程元件的写操作。PLC 采用循环扫描的工作方式，所以在用户程序中，每个线圈只允许使用一次。

（4）功能块。功能块代表一些较复杂的功能。如定时器、计数器或数据传输指令等。当"能流"通过功能块时，执行功能块的功能。

在梯形图中，由触点和线圈构成的具有独立功能的电路就是梯形图网络，如图 10-18 所示。

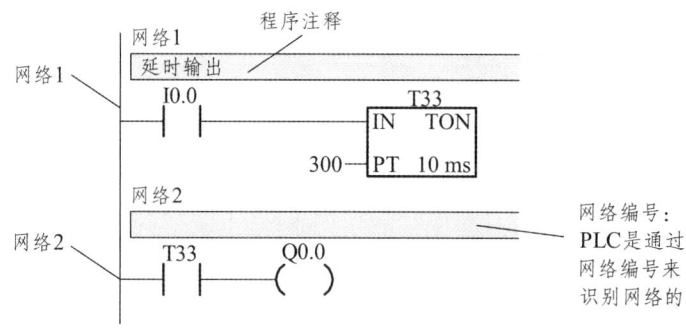

图 10-18 梯形图网络

2）S7-200 PLC 程序结构

S7-200 系列 PLC 的程序由三部分组成：用户程序 + 数据块 + 参数块。用户程序是必选项，可以管理其他块。用户程序由三个基本元素构成：主程序 + 子程序（可选）+ 中断程序（可选）。

（1）主程序。主程序是程序的主体，每个项目都必须有并只能有一个主程序。在主程序中可以调用子程序和中断程序。主程序控制整个程序的执行，每次 CPU 扫描都要执行一次主程序。

（2）子程序。子程序是一个可选的指令集合，仅在被其他程序调用时才执行。同一子程序可在不同的地方被多次调用，使用子程序可以简化程序和减少扫描时间。

（3）中断程序。中断程序是指令的一个可选集合，中断程序不是被主程序调用，它们在中断事件发生时由 PLC 的操作系统调用。中断程序用来处理预先规定的中断事件，应为不能预指中断事件何时发生，因此不允许中断程序改写可能在其他程序中使用的存储器。

2. 基本逻辑指令

1）逻辑取指令及线圈驱动指令（LD、LDN、=）

取指令 LD（load），指的是常开触点与左母线相连，即常开触点逻辑运算起始。

取反指令 LDN（load Not），指的是常闭触点与左母线相连，即常闭触点逻辑运算起始。

线圈驱动指令"="（out），功能是将运算结果输出到位地址指定的继电器，使其线圈状态发生变化，从而改变其常开触点与常闭触点的状态。线圈驱动不能操作输入继电器 I。图 10-19 表示了上述三条基本指令梯形图和语句表的用法。

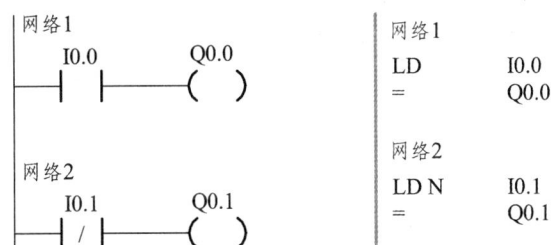

图 10-19 逻辑取及线圈驱动指令

注意：

LD、LDN 指令操作数为 I、Q、M、T、C、SM、S、V。

"="指令的操作数为 M、Q、T、C、SM、S。

同一程序中，"="指令后的线圈只能使用一次。

2）逻辑"与"指令

逻辑"与"指令 A（And），用于常开触点的串联，只有串联在一起的所有触点闭合时输出才有效。

逻辑"与非"指令 AN（And Not），用于常闭触点的串联。

3）逻辑"或"指令

逻辑或指令 O（Or），用于常开触点的并联，并联在一起时只要有一个触头闭合输出就有效。

逻辑或非指令 ON（Or Not），用于常闭触头的并联连接。

逻辑与指令和逻辑或指令的梯形图和语句表用法如图 10-20 所示。

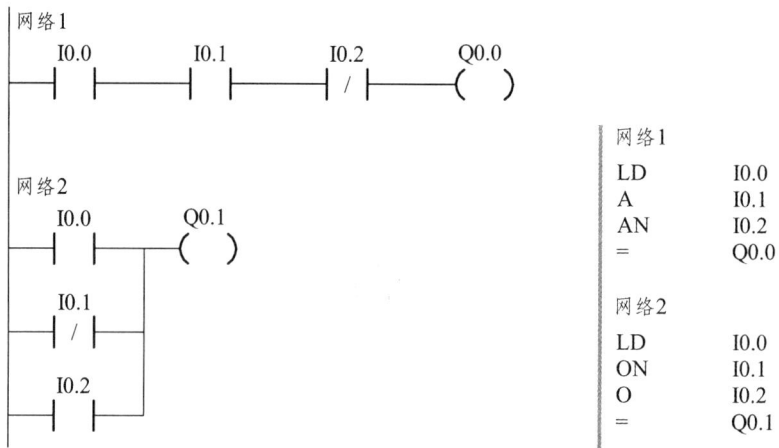

图 10-20 逻辑与指令和逻辑或指令的用法

4）逻辑块与指令

逻辑块"与"指令 ALD（And Load）用于并联电路块的串联。
图 10-21 表示了该指令的梯形图和语句表的用法。

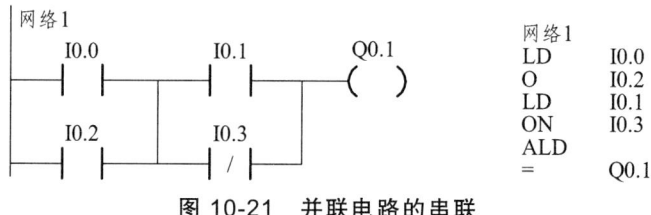

图 10-21 并联电路的串联

在图 10-21 中，第一逻辑块实现 I0.0 与 I0.2 逻辑或操作，第二逻辑块实现 I0.1 与 I0.3（常闭）逻辑或操作，然后实现这两个逻辑块的逻辑与操作，驱动 Q0.1。

5）逻辑块"或"指令

逻辑块"或"指令 OLD（Or Load）用于串联电路块的并联。
图 10-22 表示了该指令的梯形图和语句表的用法。

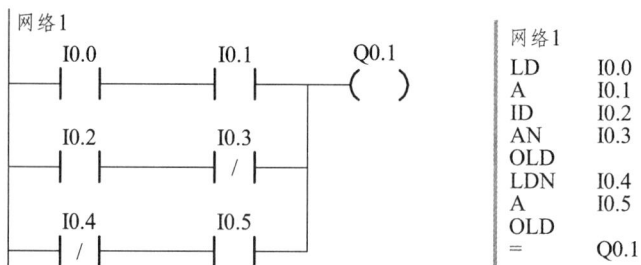

图 10-22 串联电路块的并联

在图 10-22 中，第一逻辑块实现 I0.0 与 I0.1 的逻辑与操作，第二逻辑块实现 I0.2 与 I0.3（常闭）的逻辑与操作，第三逻辑块实现 I0.4（常闭）与 I0.5 的逻辑与操作，然后实现这三个逻辑块的逻辑或操作，驱动 Q0.1。

6）置位/复位指令

置位指令的梯形图及 STL 指令格式如下：

S   bit，n   —(S)
                    bit
                    n

其功能是让从 bit（位）开始的 n 个元件（位）置 1 并保持。其中 n = 1 ~ 255。

复位指令的梯形图及 STL 指令格式如下：

R   bit，n   —(R)
                    bit
                    n

其功能是让从 bit（位）开始的 n 个元件（位）置 0 并保持。其中 n = 1 ~ 255。

S/R 操作数：Q、M、SM、V、S、C、T、L

置位复位应用说明如图 10-23 所示。

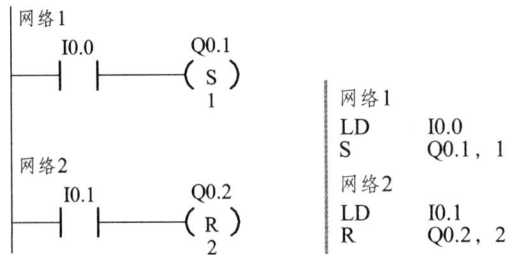

图 10-23 置位复位指令应用

7）边沿触发指令

上升沿触发指令 EU，一旦检测到前端有正跳变（由 0 到 1），让能流接通一个扫描周期，用于驱动其后面的输出线圈等。其梯形图格式为：—| P |—

下降沿触发指令 ED，一旦检测到前端有负跳变（由 1 到 0），让能流接通一个扫描周期，用于驱动后面的线圈等。其梯形图格式为：—| N |—

边沿触发指令应用如图 10-24 所示，其时序图如 10-25 所示。

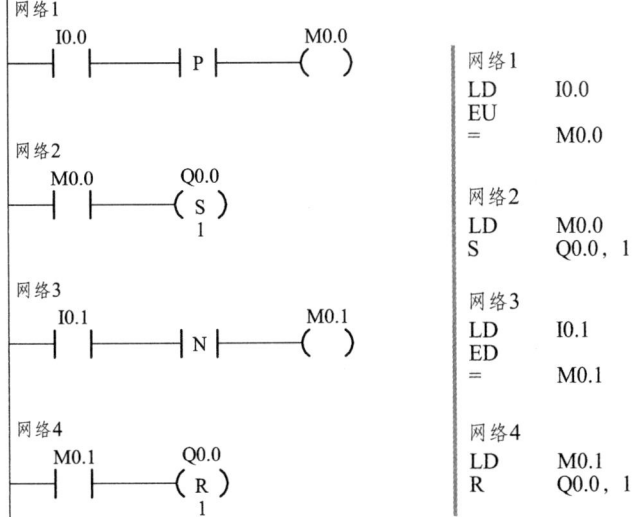

图 10-24 边沿触发指令应用

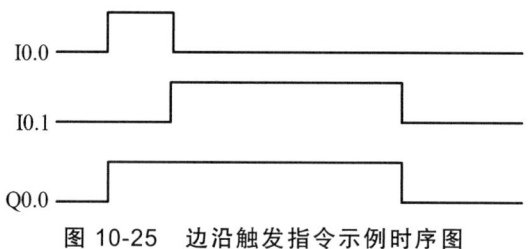

图 10-25 边沿触发指令示例时序图

8）取反指令 NOT

取反指令 NOT 的功能是将其左边的逻辑运算结果取反，指令本身没有操作数。取反指令应用示例如图 10-26 所示。

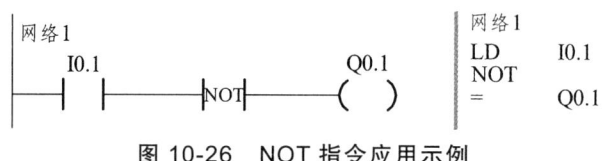

图 10-26 NOT 指令应用示例

3．定时器与计数器指令

1）定时器指令

S7-200 PLC 有三类定时器：延时接通定时器（TON）、有记忆的延时接通定时器（TONR）、断电延时定时器（TOF）。

TON 和 TONR 在使能输入接通时开始计时，TOF 用于在输入断开后延时一段时间断开输出。定时器的分辨率也称为时基有三种：1 ms、10 ms、100 ms。在选用定时器时，先选择定时器号（T××），定时器号决定了定时器的分辨率，并且分辨率已经在指令盒上标出了。定时器总的定时时间 = 预设值（PT）*时基。定时器的有效操作数如表 10-7 所示，定时器号和分辨率如表 10-8 所示。

表 10-7 定时器的有效操作数

输入/输出	数据类型	操作数
T××	WORD	常数（T0 到 T255）
IN	BOOL	I、Q、V、M、SM、S、T、C、L、能流
PT	INT	IW、QW、VW、MW、SMW、SW、LW、T、C、AC、AIW、*VD、*LD、*AC、常数

表 10-8 定时器号和分辨率

定时器类型	用毫秒（ms）表示的分辨率	用秒（s）表示的最大值	定时器号
TONR	1 ms	32.767 s	T0、T64
	10 ms	327.67 s	T1~T4、T65~T68
	100 ms	3 276.7 s	T5~T31、T69~T95
TON、TOF	1 ms	32.767 s	T32、T96
	10 ms	327.67 s	T33~T36、T97~T100
	100 ms	3 276.7 s	T37~T63、T101~T255

（1）延时接通定时器（TON）。

TON 指令的格式为：

```
        Txx
  IN    TON
N-PT    ??? ms
```

每个定时器都有一个 16 位有符号的当前值寄存器及一个 bit 的状态位。在图 10-27 所示的例子中，给出了程序对应的时序图，梯形图及语句表。当 I0.0 接通并保持时，即 T37 开始计数；计时到设定值 PT 时，T37 状态位置 1，其对应的常开触点闭合，驱动 Q0.0 有输出；其后当前值仍增加，但不影响状态位。当 I0.0 断开时，T37 复位，当前值清零，状态位清零，即回复到初始状态。若 I0.0 接通后未达到设定值时就断开，则 T37 跟随复位，即状态位为 0，当前值也清零，Q0.0 也不会有输出。对于 16 位的当前值寄存器，最大值是 2^{16}，即预设值最大为 32 767。

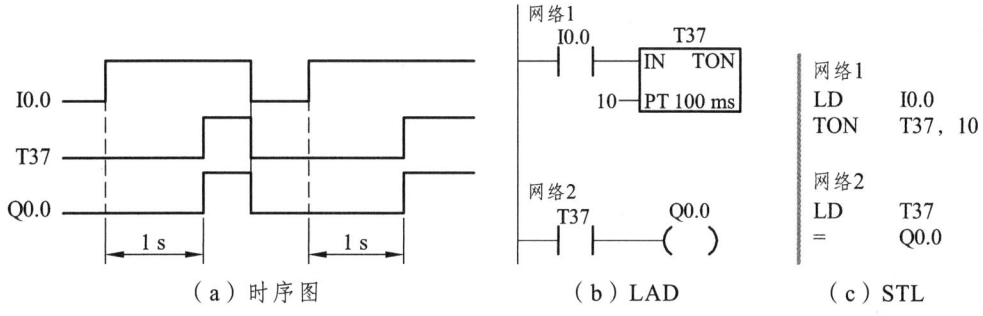

图 10-27 延时通定时器应用示例

（2）有记忆的延时接通定时器（TONR）。该类型的定时器应用示例如图 10-28 所示。当输入 I0.0 为 1 时，定时器开始计时；当 I0.0 为 0 时，当前值保持（不像 TON 一样清零）；当下次 I0.0 再为 1 时，T1 的当前值从上次保持值开始往上加，当达到预定值时，T1 状态位置 1，对应的常开触点闭合，驱动 Q0.0 有输出。以后即使 I0.0 再为 0 也不会使 T1 复位，要使 T1 复位必须用复位指令。I0.1 闭合，T1 及 Q0.0 都复位。

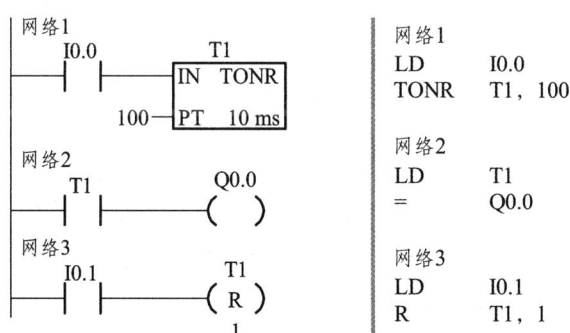

图 10-28 TONR 的应用示例

（3）断电延时定时器（TOF）。断电延时定时器 TOF，用于断电后的单一时间间隔计时。输入端 IN 有效时，定时器位为 ON，当前值为 0，当输入端由接通到断开时，定时器从当前值 0 开始计时，定时器位仍为 ON，只有在当前值等于设定值时，输出位变为 OFF，当前值保持不变，停止计时。其应用示例如图 10-29 所示。

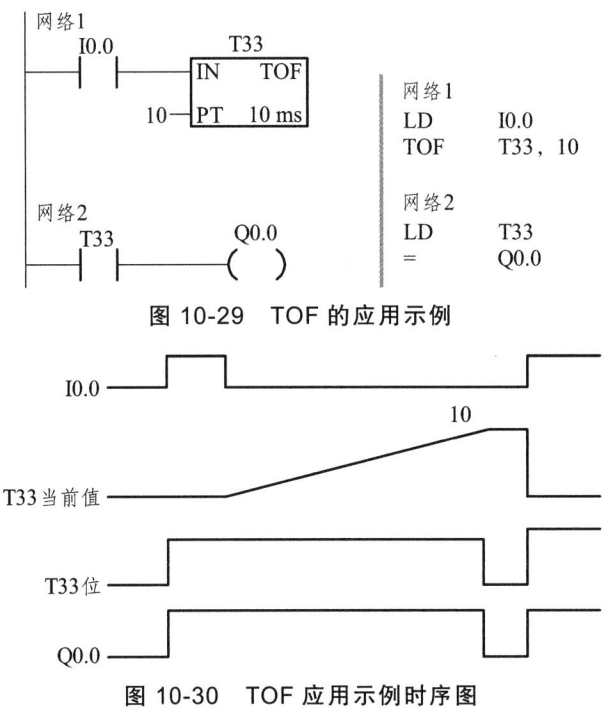

图 10-29 TOF 的应用示例

图 10-30 TOF 应用示例时序图

在本例中,定时时间 T = 10 × 10 ms = 100 ms,其工作过程如下:

① I0.0 接通时,T33 为 ON,Q0.0 为 ON。

② I0.0 断开时,T33 仍为 ON 并从当前值 0 开始计时。

③ 当前值等于设定值(PT = 10)时,当前值保持,T33 变为 OFF,常开触点断开,Q0.0 为 OFF。

④ I0.0 再次接通时,当前值复位清零,定时器为 ON。

2)计数器指令

S7-200 系列 PLC 的计数器分为内部计数器和高速计数器两大类。内部计数器用来累计输入脉冲的个数,其计数速度较慢,其输入脉冲频率必须要小于 PLC 程序扫描频率,一般最高为几百 Hz,所以在实际应用中主要用来对产品进行计数等控制任务。高速计数器主要用于对外部高速脉冲输入信号进行计数,例如在定位控制系统中,编码器的位置反馈脉冲信号一般高达几千赫兹,有时甚至达几十千赫兹,远远高于 PLC 程序扫描频率,这时一般的内部计数器已经无能为力。本节只介绍内部计数器,高速计数器在后面章节有介绍。

S7-200 系列 PLC 提供了 256 个内部计数器(C0 ~ C255),共分为三种类型:增计数器 CTU、减计数器 CTD 和增减计数器 CTUD。每个计数器都有一个 16 位有符号的当前值寄存器和计数器状态位,最大计数值为 32 767。

计数器用来累计输入脉冲的个数,与定时器的使用类似。编程时先设定计数器的预设值,计数器累计脉冲输入端上升沿的个数。当计数器的当前值达到预设值时,状态位被置位为 1,完成计数器控制的任务。计数器的设定值输入数据类型为 INT 型。寻址范围:VW、IW、QW、MW、SW、SMW、LW、AIW、T、C、AC、*VD、*AC、*LD 和常数。一般情况下使用常数作为计数器的设定值。

（1）增计数器。增计数器 CTU 使用如图 10-31 所示。首次扫描时，计数器位为 OFF，当前值为 0。在计数脉冲 CU 输入端 I0.0 的每个上升沿，C20 计数 1 次，当前值增加 1。当前值达到预设值 PV＝3 时，计数器状态位置 1，C20 常开触点闭合，线圈 Q0.0 有输出。当前值可继续计数到 32 767 后停止计数。当复位（R）输入端 I0.1 接通或执行复位指令时，计数器 C20 复位，计数器状态位置 0，当前值清零，C20 触点复位，Q0.0 也复位。

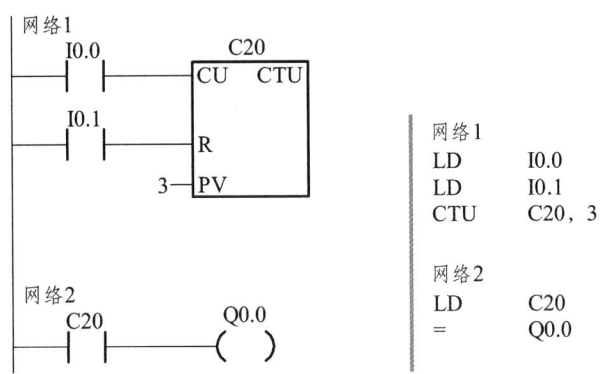

图 10-31　增计数器应用示例

（2）减计数器。减计数指令（CTD）从当前计数值开始，在每一个（CD）输入状态的低到高时递减计数。当 C×× 的当前值等于 0 时，计数器位 C×× 置位。当装载输入端（LD）接通时，计数器位被复位，并将计数器的当前值设为预置值 PV。当计数值到 0 时，计数器停止计数，计数器位 C×× 接通。图 10-32 为减计数器指令的应用示例。

（3）增/减计数器。增/减计数指令（CTUD），在每一个增计数输入（CU）的低到高时增计数，在每一个减计数输入（CD）的低到高时减计数。计数器的当前值 C×× 保存当前计数值。在每一次计数器执行时，预置值 PV 与当前值作比较。

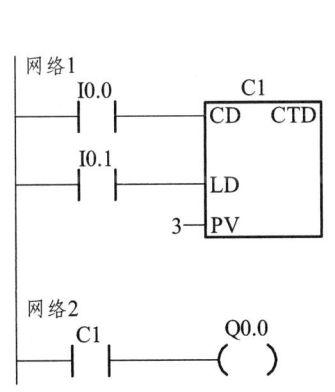 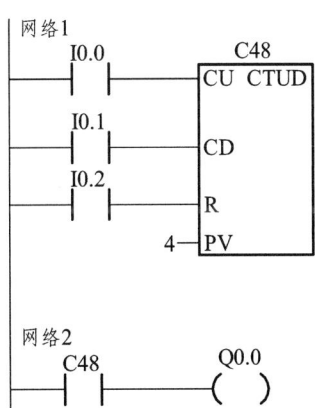

图 10-32　减计数器指令的应用示例　　图 10-33　增/减计数器的应用示例

当达到最大值（32 767）时，在增计数输入处的下一个上升沿导致当前计数值变为最小值（−32 768）。当达到最小值（−32 768）时，在减计数输入端的下一个上升沿导致当前计数值变为最大值（32 767）。当 C×× 的当前值大于等于预置值 PV 时，计数器位 C×× 置位。否则，计数器位关断。当复位端（R）接通或者执行复位指令后，计数器被复位。当达到预置值 PV 时，CTUD 计数器停止计数。增/减计数器的应用示例如图 10-33 所示。其时序图如图 10-34 所示。

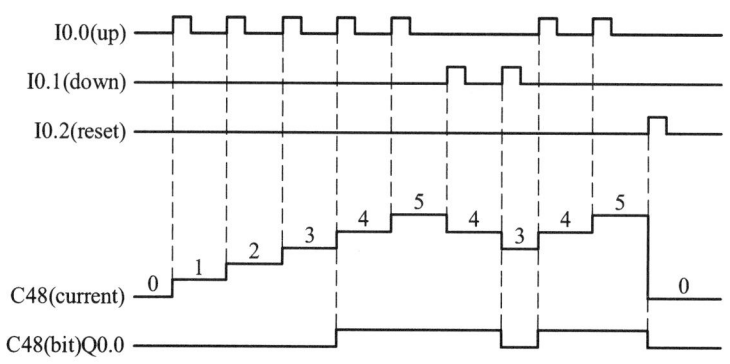

图 10-34 增/减计数器的时序图

3）长时定时器与长计数器

（1）长时定时器。内部定时器都有一个 16 位的有符号当前值寄存器，所以其最长的定时时间是 3 276.7 s，即不到一个小时。如果需要定时 1 小时以上的时间，该如何实现呢？可以考虑将多个定时器串联起来使用，但当要求的延时时间更长的话（比如 10 h）这种做法就会使程序变得很冗长。因此，为了产生更长的延时时间，可以将多个定时器，计数器联合起来使用，以扩大延时时间。例如现在需要延时 2 h，图 10-35 是一种应用方法。

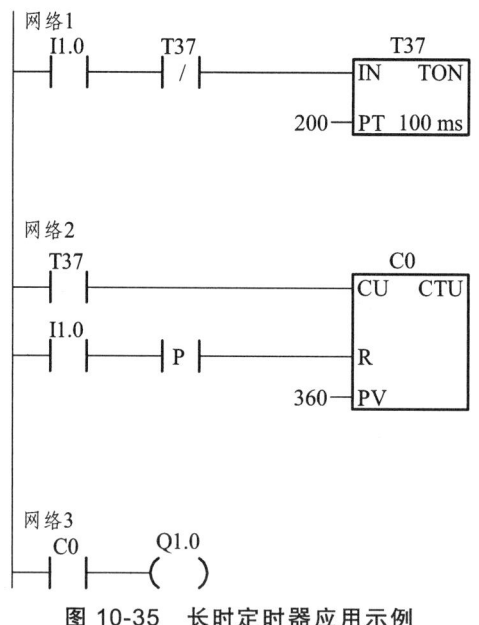

图 10-35 长时定时器应用示例

结合 PLC 的工作原理，具体的分析如下：

第 1 周期：I1.0 常开闭合，T37 开始计时；C0 复位端 R 有效，计数器复位，当前值为 0；Q1.0 无输出。

第 2 周期：T37 继续计时，C0 复位端 R 无效，但 C0 当前值仍为 0；Q1.0 无输出。

……

第 n 周期：当这个周期到来时，T37 计时达到 20 s 时，T37 的常开触点闭合，产生正跳变，C0 加 1，当前值变为 1；T37 常闭触点断开，T37 复位，当前值清零；Q1.0 无输出。

第 $n+1$ 周期：I1.0 常开仍闭合，T37 常闭复位，T37 又从零开始计时，C0 当前值为 1。

……

当 C0 计数达到预设值后，C0 常开闭合，Q1.0 有输出，即定时时间为 T37 的定时时间 *C0 的计数值 = (200×100 ms)×360 = 2 h 后，Q1.0 有输出。

（2）长计数器。同定时器一样，计数器的最大计数值为 32 767。为了产生更长的计数值，可以将多个计数器连接以等效更大的计数值。如图 10-36 为长计数器的应用示例，具体的工作过程读者可自行分析。

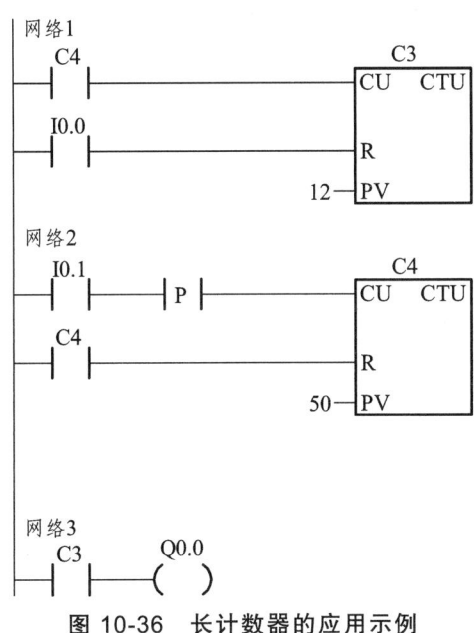

图 10-36　长计数器的应用示例

4. 比较指令

1）指令功能

比较指令用于比较两个数值 IN1 和 IN2 或字符串的大小，其功能是当比较数 IN1 和比较数 IN2 的关系符合比较符的条件时，比较触点闭合，后面的电路被接通。否则比较触点断开，后面的电路不接通。

2）比较指令的用法

（1）比较运算符。

在梯形图中，对于数值比较，运算符有：等于（==）、大于（>）、小于（<）、不等于（<>）、大于等于（>=）、小于等于（<=）共六种；而字符串的比较指令只有等于（==）和不等于（<>）两种。

（2）比较指令类型。

比较指令有 5 种类型：字节比较、整数比较、双字比较、实数比较和字符串比较，在触点中间分别用 B、I、D、R、S 表示。其中字节比较是无符号的，整数、双字、实数的比较是有符号的。

① 字节比较。字节比较用于比较两个字节型整数值 IN1 和 IN2 的大小，字节比较是无符号的。

整数 IN1 和 IN2 的寻址范围：VB、IB、QB、MB、SB、SMB、LB、*VD、*AC、*LD 和常数。

② 整数比较。整数比较用于比较两个一字长整数值 IN1 和 IN2 的大小，整数比较是有符号的（整数范围为 16#8000 和 16#7FFF 之间）。整数 IN1 和 IN2 的寻址范围：VW、IW、QW、MW、SW、SMW、LW、AIW、T、C、AC、*VD、*AC、*LD 和常数。

③ 双字整数比较。双字整数比较用于比较两个双字长整数值 IN1 和 IN2 的大小，双字整数比较是有符号的（双字整数范围为 16#80000000 和 16#7FFFFFFF 之间）。双字整数 IN1 和 IN2 的寻址范围：VD、ID、QD、MD、SD、SMD、LD、HC、AC、*VD、*AC、*LD 和常数。

④ 实数比较。实数比较用于比较两个双字长实数值 IN1 和 IN2 的大小，实数比较是有符号的（负实数范围为 $-1.175\,495E-38$ 和 $-3.402\,823E+38$，正实数范围为 $+1.175\,495E-38$ 和 $+3.402\,823E+38$）。实数 IN1 和 IN2 的寻址范围：VD、ID、QD、MD、SD、SMD、LD、AC、*VD、*AC、*LD 和常数。

3）比较指令的语句表格式

以 LD、A、O 开始的比较指令分别表示开始、串联、和并联的比较触点。其应用如图 10-37 所示。

网络 1：整数比较取指令，IN1 为计数器 C5 的当前值，IN2 为常数 16。当计数器 C5 的当前值等于 16 时，比较触点闭合，M0.1 输出有效。

网络 2：实数比较逻辑与指令，IN1 为双字存储单元 VD11 里的数据，IN2 为常数 120.1。当 I0.0 有效；且 VD11 里的数据小于 120.1，比较指令的触点闭合时，M0.2 输出有效。

网络 3：字节比较逻辑或指令，IN1 为字节存储单元 VB11 里的数据，IN2 为字节存储单元 VB12 里的数据；当 VB11 的数据大于 VB12 的数据，比较指令触点闭合，该触点与 I0.1 构成逻辑或，使得 M0.3 输出有效。

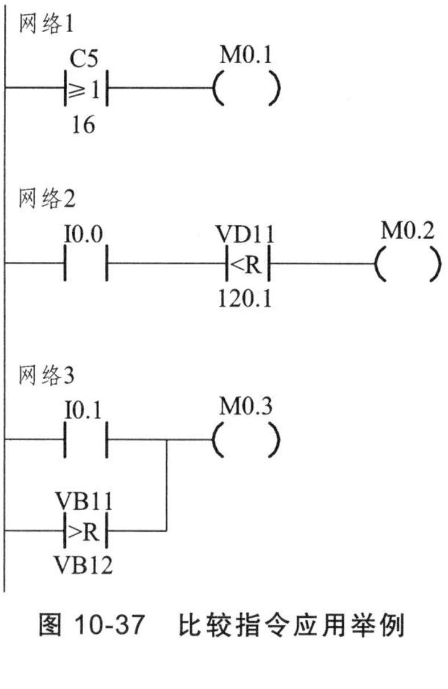

图 10-37 比较指令应用举例

5. **顺序控制指令**

在工业控制过程中，简单的逻辑或顺序控制可以用基本指令通过编程就可以解决。但在实际应用中，系统常要求具有并行顺序控制或程序选择控制能力。同时，多数系统都是由若干个功能相对独立但各部分之间又有相互连锁关系的工序构成，若以基本指令完成控制功能，其连锁部分编程较易出错，且程序较长。为方便处理以上问题，PLC 中专门设计了顺序控制指令来完成多程序块连锁顺序运行和多分支、多功能选择并行或循环运行的功能，也制定了顺序功能图这一方式，辅助顺序控制程序的设计。

1）顺序功能图（SFC）

顺序功能图也叫作状态转移图，它使用图解方式描述顺序控制程序，属于一种功能说明性语言。顺序功能图的基本要素为"状态块""转移条件"动作要素构成。合理运用各元素，就可得到顺序控制程序的静态表示图，再根据图形编辑为顺序控制程序即可。顺序功能图的构成要素如下。

① 状态块。每一个状态块相对独立，拥有自己的编号或代码，表示顺序控制程序中的每一个 SCR 段（顺序控制继电器段）。顺序功能图往往以一个横线表示开始，下面就是一个个的状态块连接。每一个状态块在控制系统中都具有一定的动作和功能，在画顺序功能图时也要表示出来。一般在状态块的右端用线段连接一方框，描述该段内的动作和功能，如图 10-38 所示。

② 转移条件。转移条件在顺序功能图中是必不可少的，它表明了从一个状态到另一个状态转移时所要具备的条件。其表示非常简单，只要在各状态块之间的线段上画一短横线，旁边标注上条件即可，如图 10-39 所示。SM0.1 是从初始状态向 SCR1 段转移的条件，SCR1 段的动作是 Q0.0 接通输出；I0.0 是从 SCR1 段向 SCR2 段转移的条件，SCR2 段的动作是 Q0.1 接通输出。

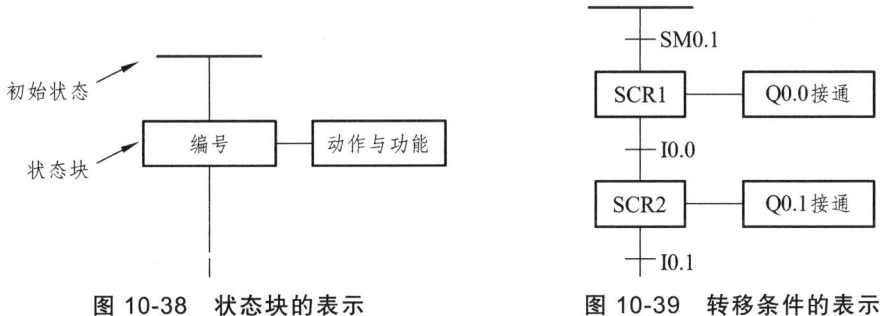

图 10-38　状态块的表示　　图 10-39　转移条件的表示

③ 动作。动作是状态的属性，是描述一个状态块需要执行的功能操作。动作说明是在状态块的右侧加一矩形框，并在框中加文字进行说明，如图 10-40 所示。

2）LSCR、SCRT、SCRE 指令

顺序控制指令是实现顺序控制程序的基本指令，它由 LSCR、SCRT、SCRE 3 条指令构成，其操作数为顺序控制继电器（S）。其 LAD 格式见图 10-41 所示。

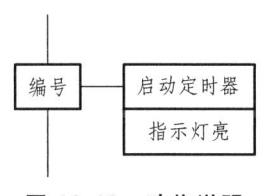

图 10-40　动作说明

（1）指令的梯形图格式。

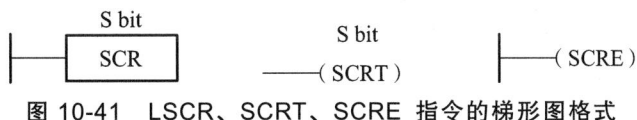

图 10-41　LSCR、SCRT、SCRE 指令的梯形图格式

（2）指令功能。

LSCR：装载顺序控制继电器指令，标志一个顺序控制继电器段（SCR 段）的开始。

LSCR 指令将 S 位的值装载到 SCR 堆栈和逻辑堆栈的栈顶,其值决定 SCR 段是否执行,值为 1 执行该 SCR 段;值为 0 不执行该段。

SCRT:顺序控制继电器转换指令,用于执行 SCR 段的转换。SCRT 指令包含两方面功能:一是通过置位下一个要执行的 SCR 段的 S 位,使下一个 SCR 段开始工作;二是使当前工作的 SCR 段的 S 位复位,使该段停止工作。

SCRE:顺序控制继电器结束指令,使程序退出当前正在执行的 SCR 段,表示一个 SCR 段的结束。每个 SCR 段必须由 SCRE 指令结束。

(3)指令应用举例。顺序控制指令应用示例的梯形图、语句表顺序及功能图如图 10-42(a)、(b)、(c)所示。

① 本程序分为 3 个 SCR 段,分别为网络 2~4、网络 5~7、网络 8~10。每段均由 LSCR 起始,由 SCRE 结束。

② 使用初始化脉冲触点 SM0.1 在程序运行的第一个扫描周期置位 S0.1,使 S0.1 表示的 SCR 段开始运行。在该段中,接通线圈 Q0.0。

③ 当 I0.0 有效时,由 SCRT 指令复位 S0.1 段,同时使 S0.2 表示的 SCR 段开始,在该段中,接通 Q0.1。

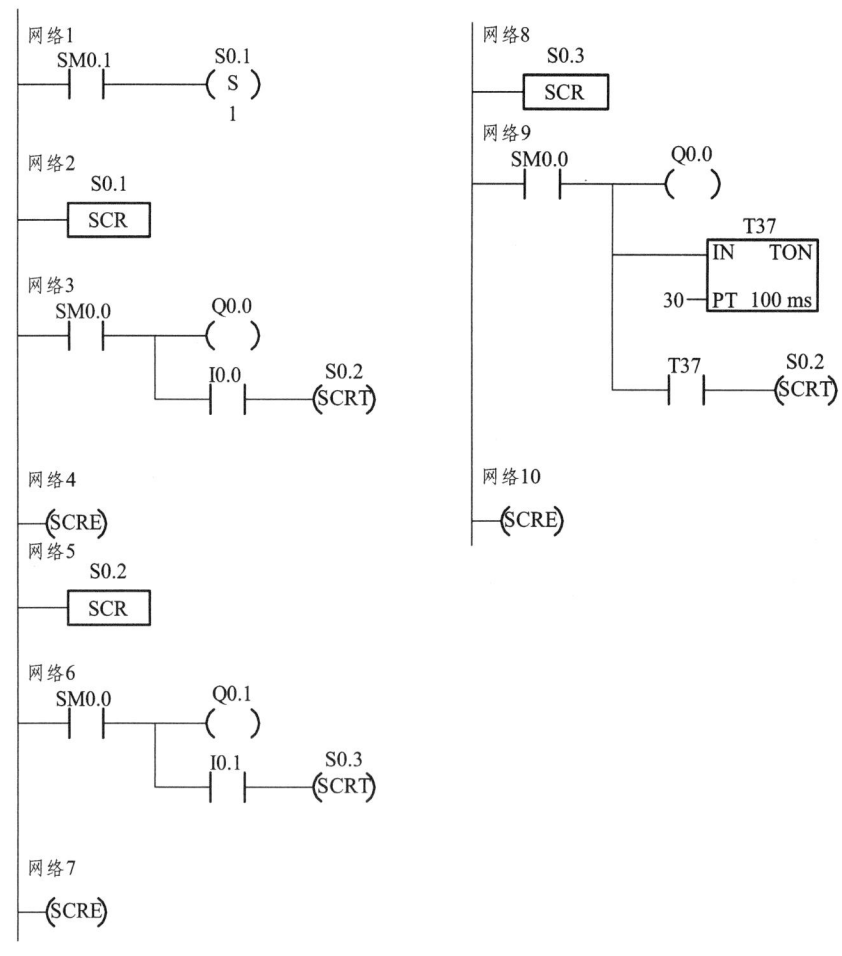

(a) LAD

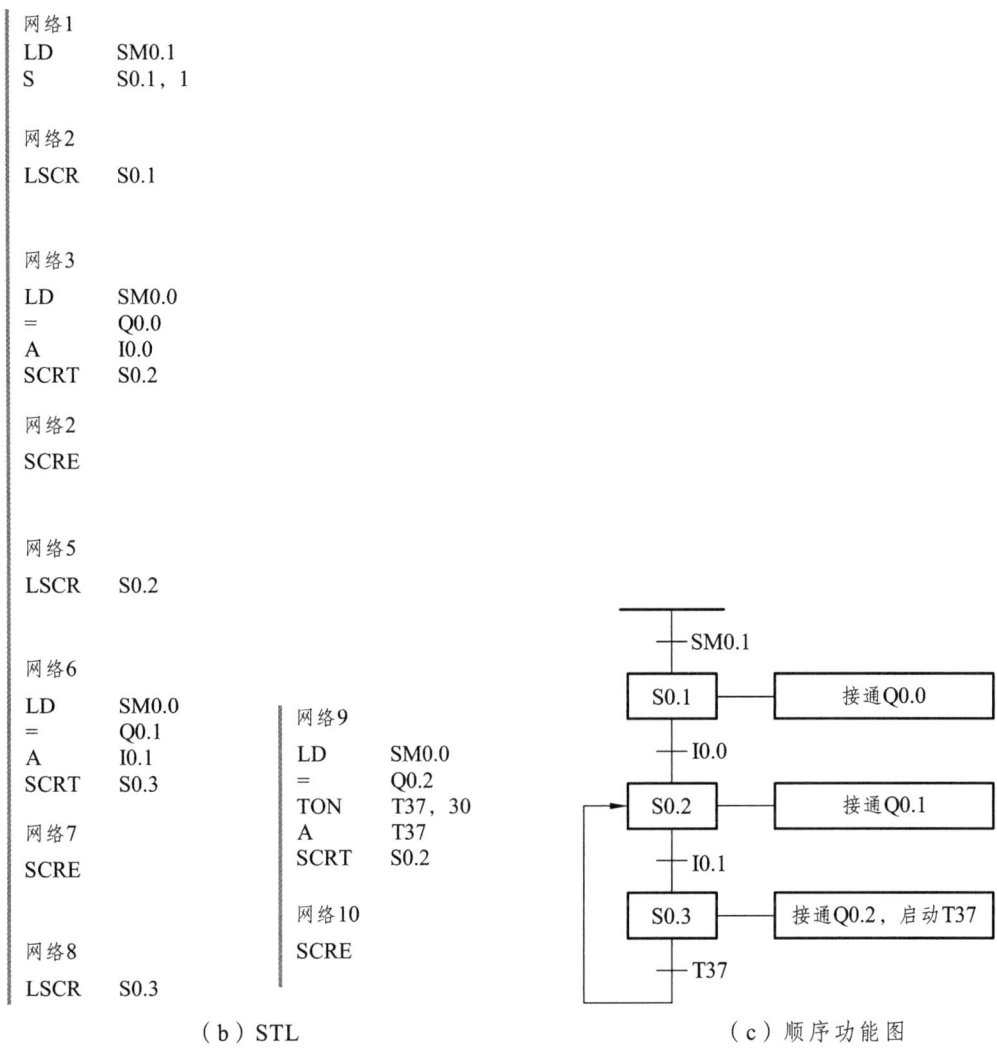

(b) STL　　　　　　　　　　　　（c）顺序功能图

图 10-42　顺序控制指令应用示例

④ 当 I0.1 有效时，由 SCRT 指令复位 S0.2 段，同时使 S0.3 表示的 SCR 段开始，在该段中，接通 Q0.2，起动定时器 T37。

⑤ 3 s 后，定时时间到，转到 S0.2 段，开始循环执行。

⑥ 在程序中，由于输出线圈不能直接和左母线相连，所以一般要借助常闭触点 SM0.0 进行过渡。

3）顺序控制指令编程要点

（1）顺序控制指令的操作数为顺控继电器 S，也称为状态器，每一个 S 位都表示状态转移图中一个 SCR 段的状态。S 的范围是 S0.0~S31.7。各 SCR 段的程序能否执行取决于对应的 S 位是否被置位。若需要结束某个 SCR 段，需要使用 SCRT 指令或对该段对应的 S 位进行复位操作。

（2）要注意不能把同一个 S 位在一个程序中多次使用。例如在主程序中使用了 S0.1，在子程序中就不能再次被使用。

（3）状态图中的顺控继电器 S 位的使用不一定要遵循元件的顺序，即可以任意使用各 S 位。但编程时为避免在程序较长时各 S 位重复，最好做到分组、顺序使用。

（4）每一个 SCR 段都要注意以下 3 个方面的内容：

① 本 SCR 段要完成什么样的工作？

② 什么条件下才能实现状态的转移？

③ 状态转移的目标是什么？

（5）在 SCR 段中，不能使用 JMP 和 LBL 指令，即不允许跳入、跳出 SCR 段或在 SCR 段内跳转。也不能使用 FOR、NEXT 和 END 指令。

（6）一个 SCR 段被复位后，其内部的元件（线圈、定时器等）一般也要复位，若要保持输出状态，则需要使用置位指令。

（7）在所有 SCR 段结束后，要用复位指令 R 复位仍为运行状态的 S 位，否则程序会出现运行错误。

4）多流程顺序控制

使用顺序控制指令可以方便地实现顺序控制、分支控制、循环控制及其组合控制。单流程的顺序控制在前面的例子中已介绍，下面具体介绍多流程控制的实现和注意事项。

（1）选择分支过程控制。在工业过程中，很多控制需要根据条件进行流程选择，即一个控制流可能转入多个控制流中的某一个，但不允许多个控制流同时执行，即根据条件进行分支选择。选择分支过程控制的梯形图、顺序功能图如图 10-43 所示。

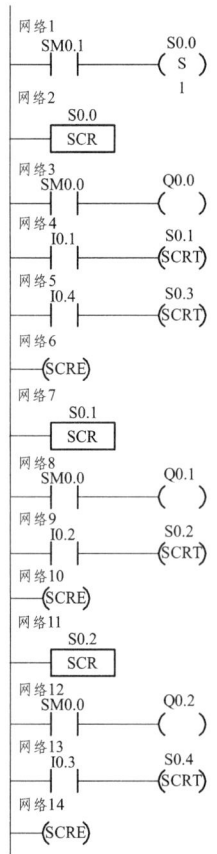
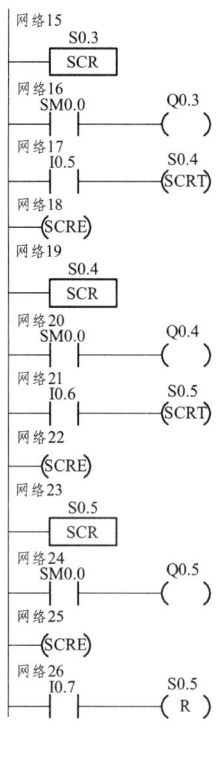

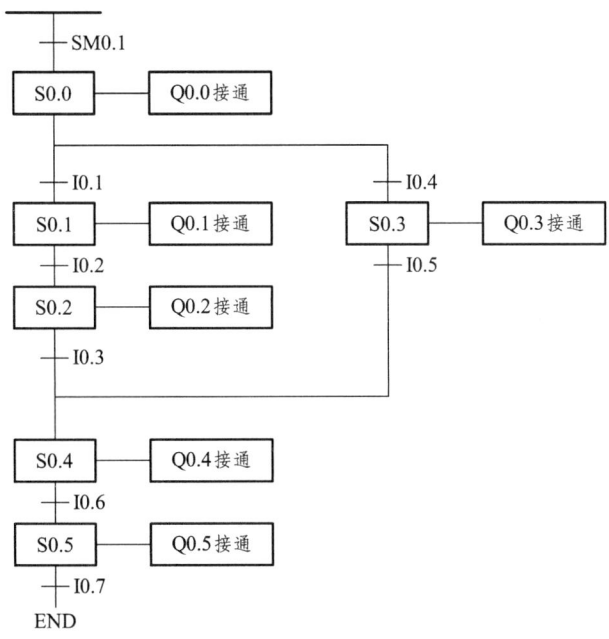

图 10-43 选择分支过程控制

（2）并行分支合并过程控制。除了非此即彼的选择分支控制外，还有很多情况下，一个控制流需要分成两个或两个以上控制流同时动作，在完成各自工作后，所有控制流最终再次合并成一个控制流继续向下运行。这种运行方式称为并行分支合并过程控制。使用顺序控制指令完成该功能时要注意两个关键点：一是多分支的同时运行，需要在一个 SCR 段中同时激活多个 SCR 段；二是多分支合并，由于多个分支是同时执行的，合并时必须等到所有分支都执行完，才能共同进入下一个 SCR 段。并行分支合并过程控制状态转移图、梯形图如图 10-44 所示。

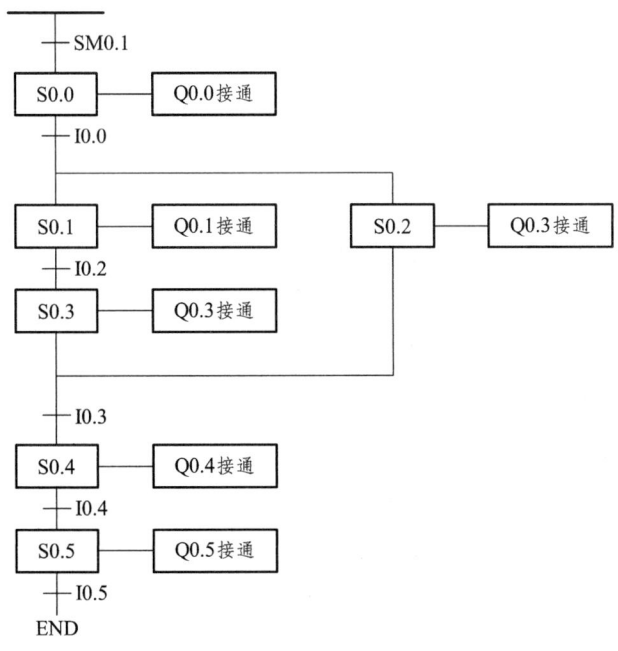

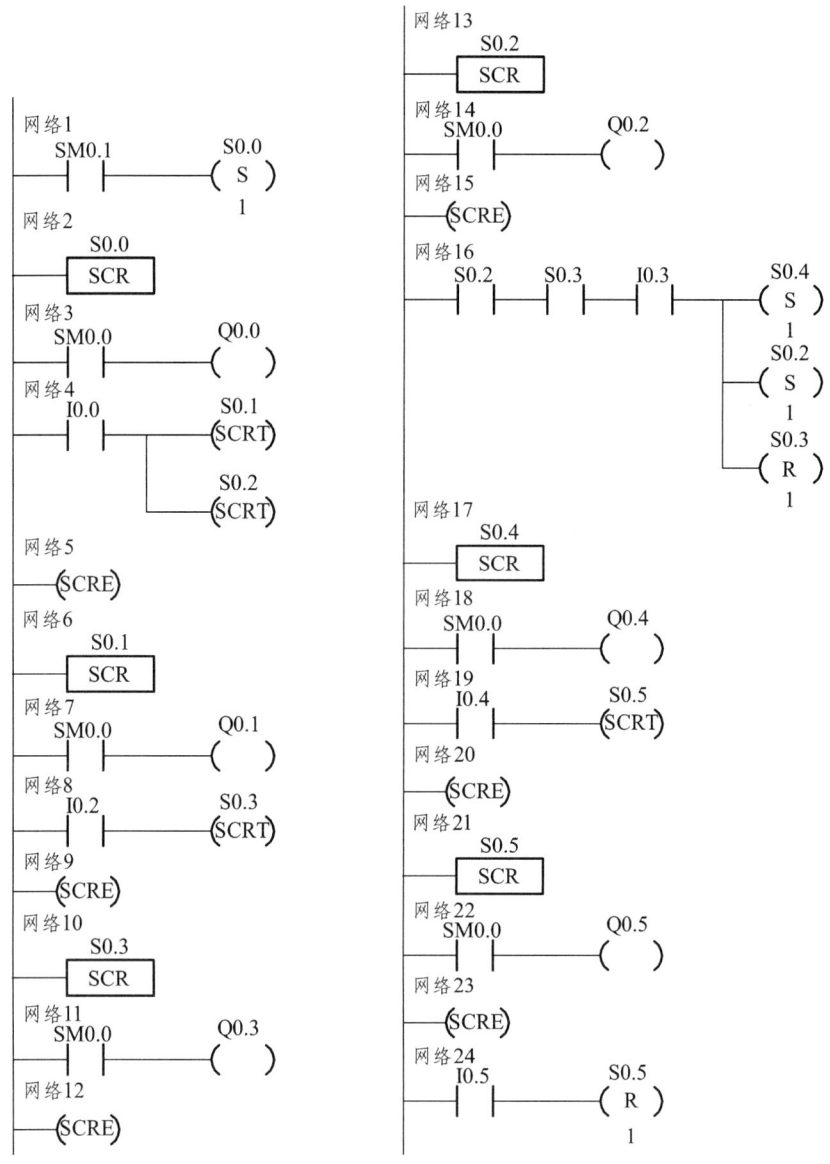

图 10-44 并行分支合并过程控制

① 程序中通过 I0.0 的闭合，使用两个 SCRT 指令同时置位 S0.1 和 S0.2，使 S0.1 和 S0.2 表示的两个 SCR 段同时开始运行，进入并行分支状态。

② 在 S0.2 和 S0.3 表示的两个 SCR 段进行分支合并时，将表示 SCR 段状态的 S0.2、S0.3 和下一个 SCR 段触发触点 I0.3 串联在一起，只有 3 个触点均闭合（S0.2、S0.3 的闭合表示 SCR 段完成，I0.3 的闭合表示要触发下一个 SCR 段），才进入下一个 SCR 段。

③ 由于 S0.2 和 S0.3 表示的两个 SCR 段并未使用 SCRT 指令进行复位，所以在程序中需要使用复位指令（R）对 S0.2 和 S0.3 进行复位。

6. STEP 7-Micro/WIN 编程软件介绍

STEP 7-Micro/WIN 编程软件为用户开发、编辑和监控自己的应用程序提供了良好的编程环境。为了能快捷高效地开发应用程序，STEP 7-Micro/WIN 软件为用户提供了三种程序编辑器，即梯形图程序编辑器、语句表、逻辑功能图，在软件中三者之间可以方便地进行相互转化，以便有效地应用、开发、控制程序。下面简要介绍 STEP 7-Micro/WIN 的使用方法。

1) STEP 7-Micro/WIN 窗口介绍

双击桌面上的快捷方式图标，打开编程软件。选择工具菜单"Tools"选项下的"Options"，在弹出的对话框选中"Options"，"General"在"Language"中选择"Chinese"。最后单击"OK"，退出程序后重新起动。重新打开编程软件，此时为汉化界面。

主界面如图 10-45 所示，一般可以分为以下几个部分：菜单条、工具条、浏览条、指令树、用户窗口、输出窗口和状态条。除菜单条外，用户可以根据需要通过查看菜单和窗口菜单决定其他窗口的取舍和样式的设置。

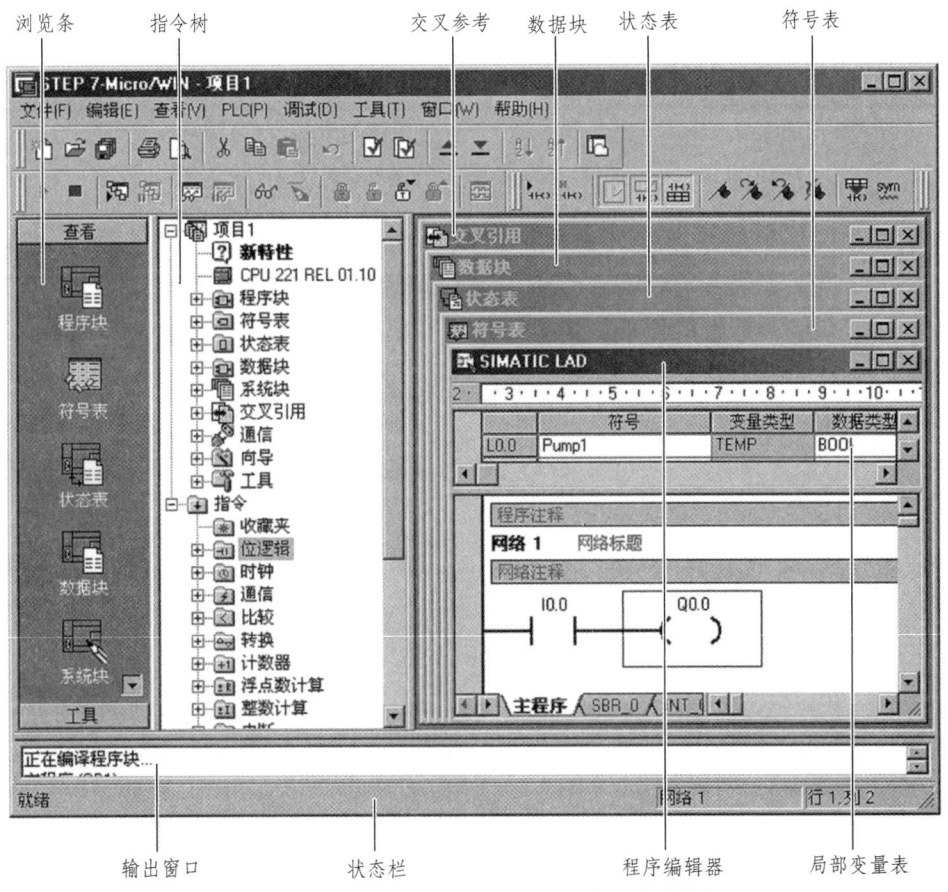

图 10-45　STEP 7-Micro/WIN 窗口主界面

2) 通信连接

西门子公司提供了多种方式连接 S7-200PLC 和编程设备：通过 PPI 多主站电缆直接连接，或者通过带有 MPI 电缆的通信处理器（CP）卡连接，或者以太网通信卡连接。

使用 PPI 多主站编程电缆是将计算机连接至 S7-200 的最常用和最经济的方式。S7-200 可以通过两种不同类型的 PPI 多主站电缆进行通信，这些电缆允许通过 RS-232 或 USB 接口进行通信。本章中所有示例使用的 PC/PPI 电缆的 PC 端都是连在 RS-232 串口上的，也可称编程电缆为 RS-232/PPI 电缆。

图 10-46 所示为连接 S7-200 与编程设备的 RS-232/PPI 多主站电缆。具体连接如下：

① 连接 RS-232/PPI 多主站电缆的 RS-232 端（标识为"PC-RS232"）到编程设备的通信端口（例如计算机的 RS-232 通信端口 COM1 或 COM2）上。

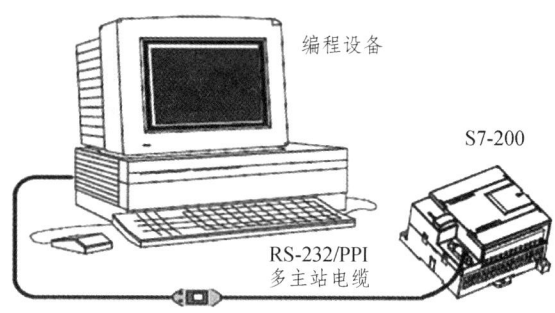

图 10-46　编程设备与 S7-200 的连接

② 连接 RS-232/PPI 多主站电缆的 RS-485 端（标识为"PPI-RS485"）到 S7-200 CPU 的通信端口 0 或端口 1 上。

硬件设置好后，要按下面的步骤设置软件的通信参数等。

（1）为网络选择通信接口。选择 PPI 多主站电缆的方法很简单，如图 10-47 所示。只需执行以下步骤即可：

① 在通信设置窗口中双击图标。

② 为 STEP 7-Micro/WIN 选择接口参数。在设置 PG/PC 接口页中，单击属性按钮。

③ 在属性页中，单击本地连接标签。选中所需的 COM 端口或 USB 口。

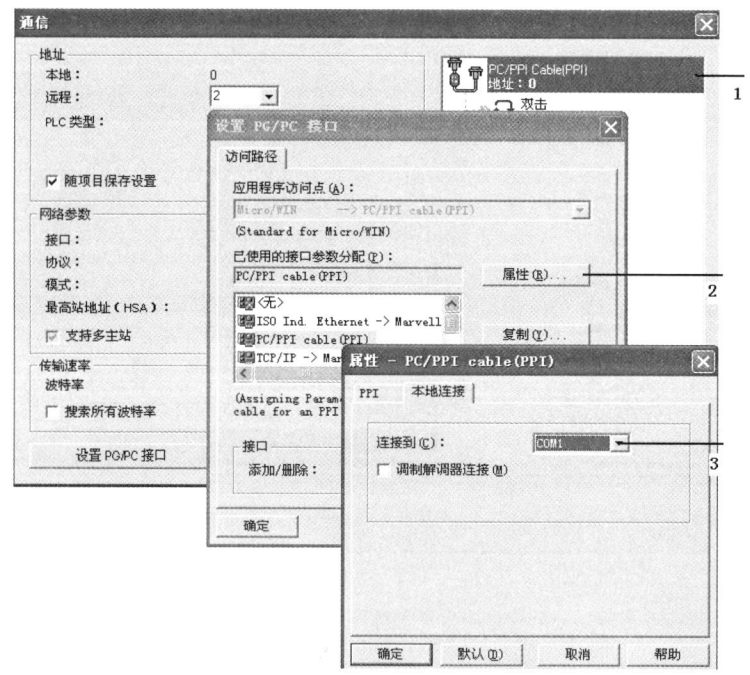

图 10-47　选择通信接口

（2）为 STEP 7-Micro/WIN 设置波特率和站地址。必须为 STEP 7-Micro/WIN 配置波特率和站地址。其波特率必须与网络上其他设备的波特率一致，而且站地址必须唯一。通常不需要改变 STEP 7-Micro/WIN 的缺省站地址 0。如图 10-48 所示，在操作栏中单击设置 PG/PC 接口图标，然后执行以下步骤：

① 在设置 PG/PC 接口对话框中单击属性按钮。
② 在 PPI 页面中，为 STEP 7-Micro/WIN 选择站地址。
③ 为 STEP 7-Micro/WIN 选择波特率。

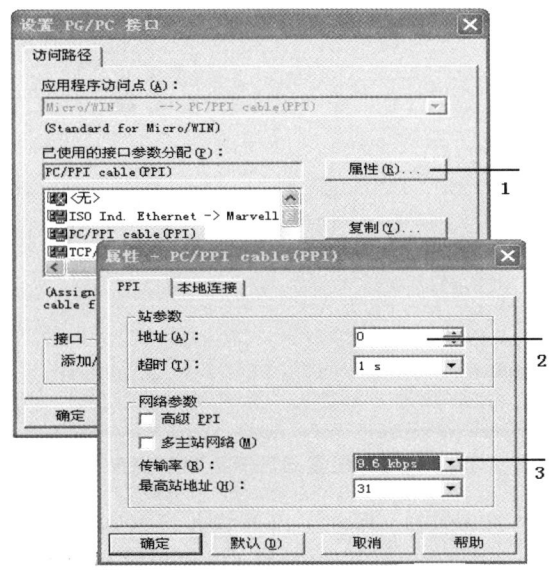

图 10-48 配置 STEP 7-Micro/WIN

（3）为 S7-200 设置波特率和站地址。为 S7-200 配置波特率和站地址，S7-200 的波特率和站地址存储在系统块中。在为 S7-200 设置了参数之后，须将系统块下载至 S7-200 中。每一个 S7-200 通信口的波特率缺省设置为 9.6 kb/s，站地址的缺省设置为 2。如图 10-49 所示，在操作栏中单击系统块图标或者在命令菜单中选择查看 > 组件 >系统块，然后执行以下步骤：

① 为 S7-200 选择站地址。
② 为 S7-200 选择波特率。
③ 下载系统块到 S7-200。

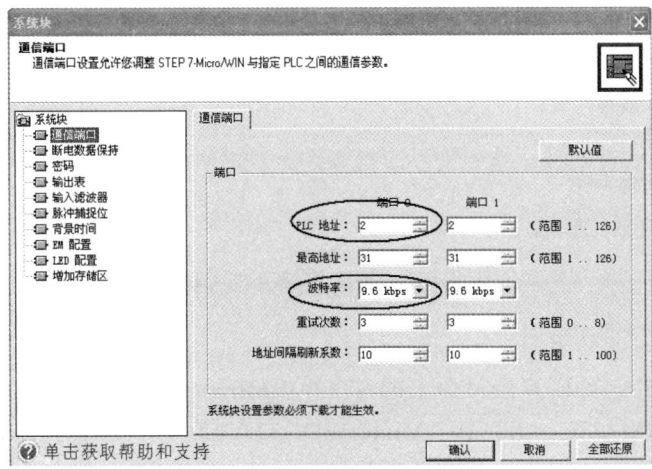

图 10-49 配置 S7-200 CPU

（4）设置远端地址。在将新设置下载到 S7-200 之前，必须为 STEP 7-Micro/WIN（本地）的通信（COM）口和 S7-200（远端）的地址作配置，使它与远端的 S7-200 的当前设置相匹配，如图 10-50 所示。

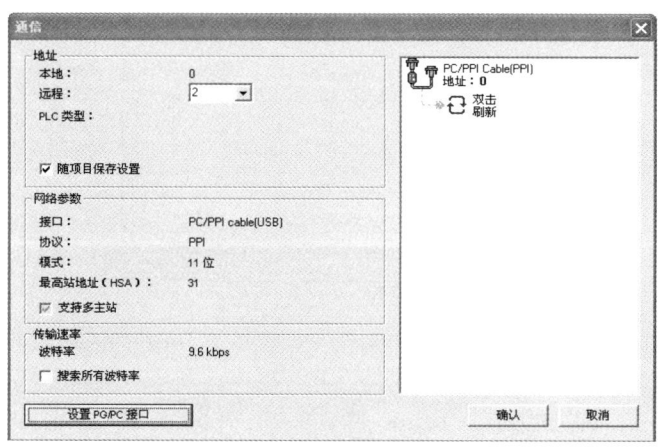

图 10-50　配置 STEP 7-Micro/WIN

（5）在网络上寻找 S7-200 CPU。目前可以寻找并且识别连接在网络上的 S7-200。在搜索 S7-200 时，也可以寻找特定波特率上的网络或所有波特率上的网络。只有在使用 PPI 多主站电缆时，才能实现全波特率搜索。若在使用 CP 卡进行通信的情况下，该功能将无法实现，如图 10-51 所示。

① 打开通信对话框并双击刷新图标开始搜寻。

② 要使用所有波特率搜寻，选中在所有波特率下搜寻复选框。

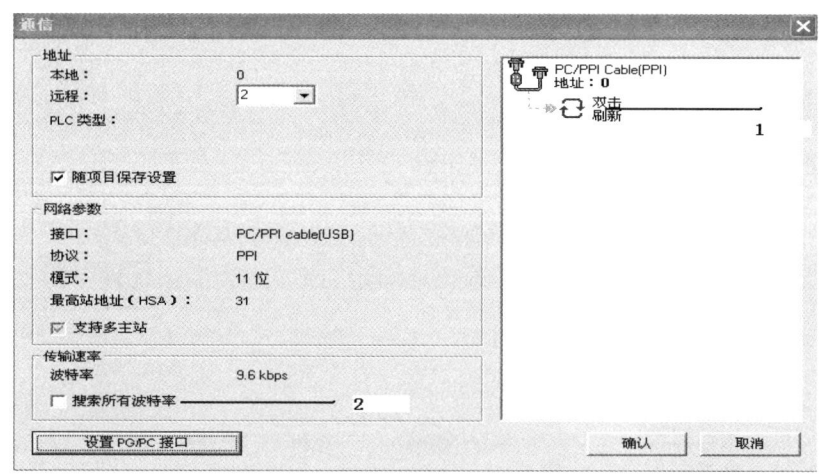

图 10-51　搜索网络上的 CPU

3）程序编制及下载运行

要打开编译软件，可以双击桌面上的 STEP 7-Micro/WIN SP5 图标，也可以在命令菜单中选择开始>SIMATIC > STEP 7-Micro/WIN 32 V4.0。打开后进入 STEP 7-Micro/WIN 的主界面，可以按下面步骤建立一个新项目：

① 选择文件（File）> 新建（New）菜单命令。

② 在菜单栏中单击保存图标 ，在弹出的对话框中选择保存路径、编辑文件名，如图 10-52 所示。

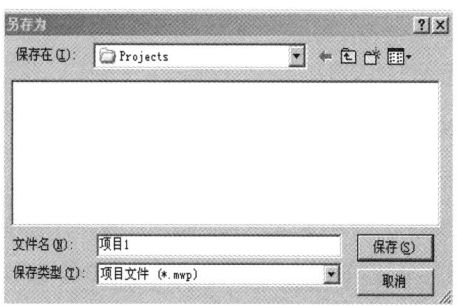

图 10-52　项目保存窗口

③ 然后在程序编辑器里输入指令来编制程序。

下面通过一个简单的例子来介绍程序编制和调试运行。

例：用开关 K1、K2 来控制红绿灯 L1、L2 的亮灭。假定 K1、K2 分别接 PLC 的输入端 I0.0、I0.1；红灯 L1、绿灯 L2 分别接 PLC 的输出端 Q0.0、Q0.1。

① 编辑指令。从指令树中拖拽或者从指令输入栏上找到需要的指令。如图 10-53 所示，编制程序。

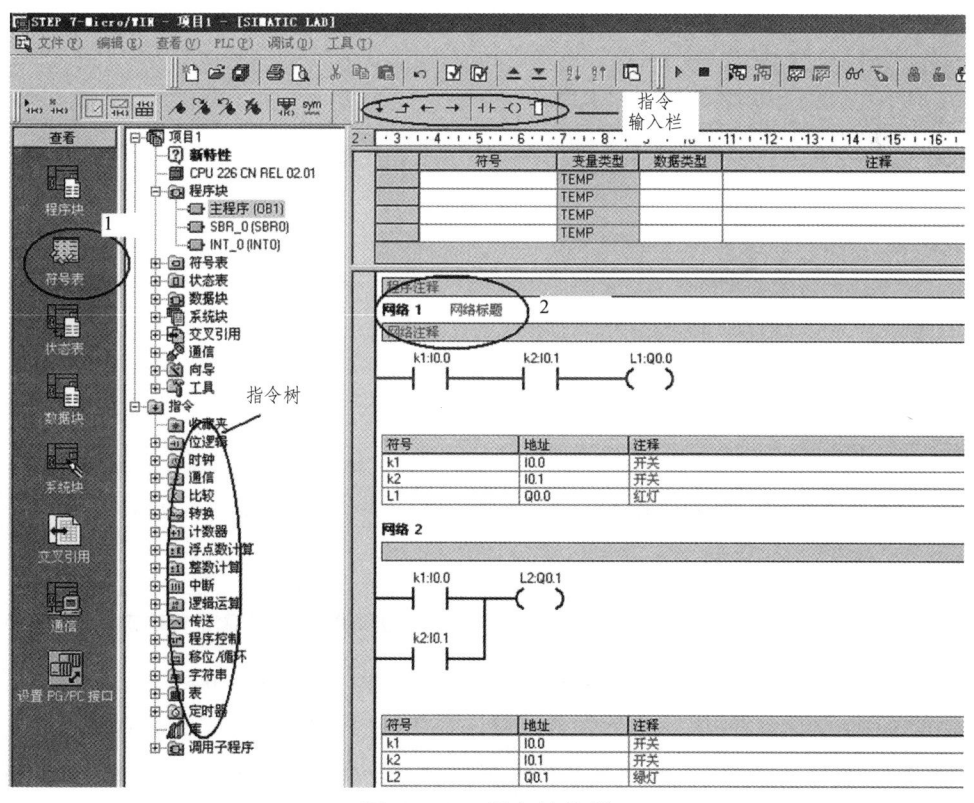

图 10-53　程序的编制

注意：为了使程序的可读性增强，可以在符号表中定义和编辑符号名，使用户能在程序中用符号地址访问变量。单击图 10-53 中的符号表（标注圈 1）即出现图 10-54 的内容，在此可以编辑所用的变量。同时，还可以在标注圈 2 的部分为你的程序和网络添加注释，使程序更有可读性。

	符号	地址	注释
1	k1	I0.0	开关
2	k2	I0.1	开关
3	L1	Q0.0	红灯
4	L2	Q0.1	绿灯

图 10-54　符号表的编辑框

② 程序编译。单击工具栏上方的编译图标 ，进行全部编译。如果程序在编辑层面上没有语法错误，将会在输出窗口显示"已编译的块有 0 个错误，0 个警告，总错误数目：0"，这样接下来就可以进行程序的下载了。如果出现错误的话，输出窗口也会有出错提示，此时要修改完错误后才能下载。

③ 下载程序。单击工具栏上方的下载图标 ，进行下载。如果通信正常，则弹出图 10-55，单击下载；在弹出的对话框中单击确定，将 PLC 设为 STOP 模式，如图 10-56 所示；如果通信错误，则可根据通信连接部分重新调整设置。

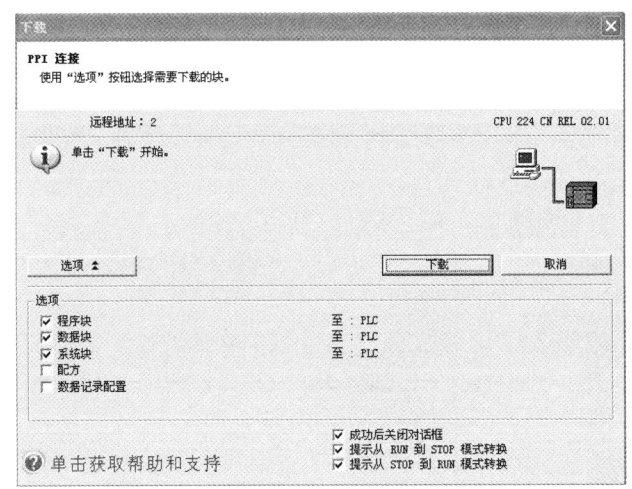

图 10-55　下载窗口

图 10-56　PLC 停止窗口

图 10-57　PLC 运行确定窗口

④ 程序运行。待下载完成后将 PLC 设为 run 模式即可，如图 10-57 所示单击确定。至此 PLC 的编译下载已经完成，接下来就可以进入 PLC 程序的调试监控等操作。单击程序状态监控图标 ，进入程序调试状态，可观察触点及线圈等实时状态，便于程序的纠错和完善。

7. 技能训练：十字路口交通灯控制

本节主要讨论用 PLC 来实现对城市十字路口交通灯的控制。主要目的在于掌握西门子 PLC 基本指令的使用方法，以及熟悉控制系统的设计步骤。

1）十字路口交通灯控制要求

图 10-58 所示是城市十字路口交通灯示意图，在十字路口的东南西北方向装设有红灯、绿灯、黄灯，它们按照一定时序轮流发亮。信号灯受一个起动开关控制，当起动开关接通时，信号灯系统开始工作，具体的控制要求如图 10-59 所示。当起动开关断开时，所有信号灯熄灭。其中闪烁控制，按亮灭各占一半时间计算，如闪烁 3 s，则亮 1.5 s，灭 1.5 s。

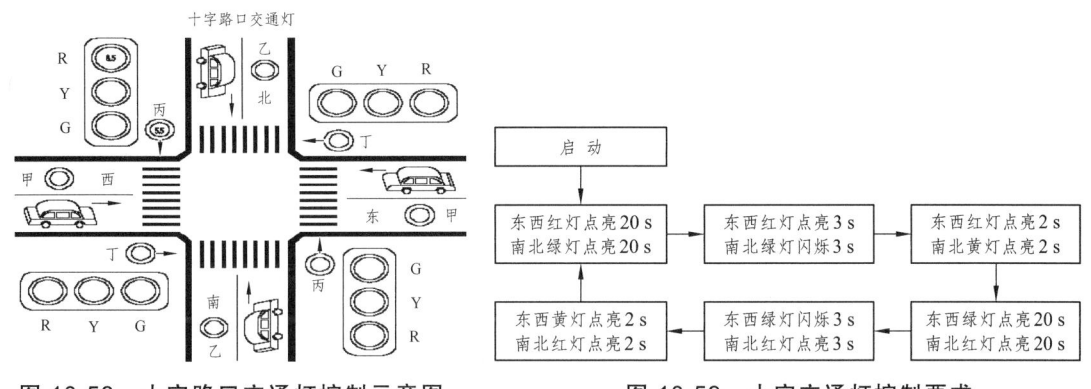

图 10-58 十字路口交通灯控制示意图　　　图 10-59 十字交通灯控制要求

2）系统的硬件设计

（1）确定系统的输入/输出及 PLC 端口分配。

根据十字交通灯的控制要求，该系统应有 1 个起动开关，共 1 个输入点；12 盏灯，东西方向、南北方向的同一类灯可以共用 1 个输出点，故只需 6 个输出点。具体的 I/O 地址编号如表 10-9 所示。

表 10-9　端口分配功能表

序号	PLC 地址	电气符号	功能说明
1	I0.0	SD	起动
2	Q0.0	EW_G	东西绿灯
3	Q0.1	EW_Y	东西黄灯
4	Q0.2	EW_R	东西红灯
5	Q0.3	NS_G	南北绿灯
6	Q0.4	NS_Y	南北黄灯
7	Q0.5	NS_R	南北红灯

(2)控制系统接线。

按照控制接线图连接控制回路,如图10-60所示。

(3)系统的软件设计。

① 程序设计流程图。在编写程序之前可以按图10-61来设计程序编制流程。

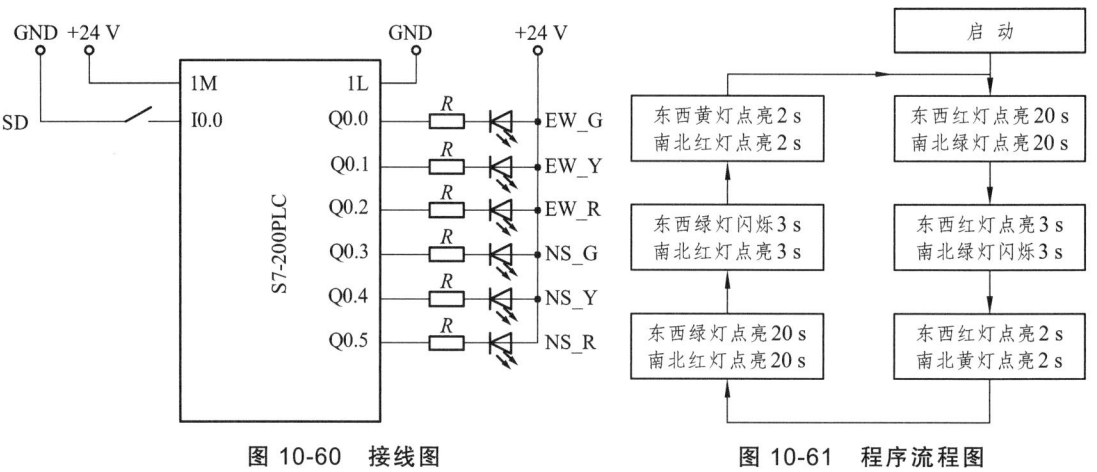

图 10-60　接线图　　　　　　　图 10-61　程序流程图

② 编制程序。根据交通灯控制要求,采用基本指令编写的控制程序如图10-62所示。

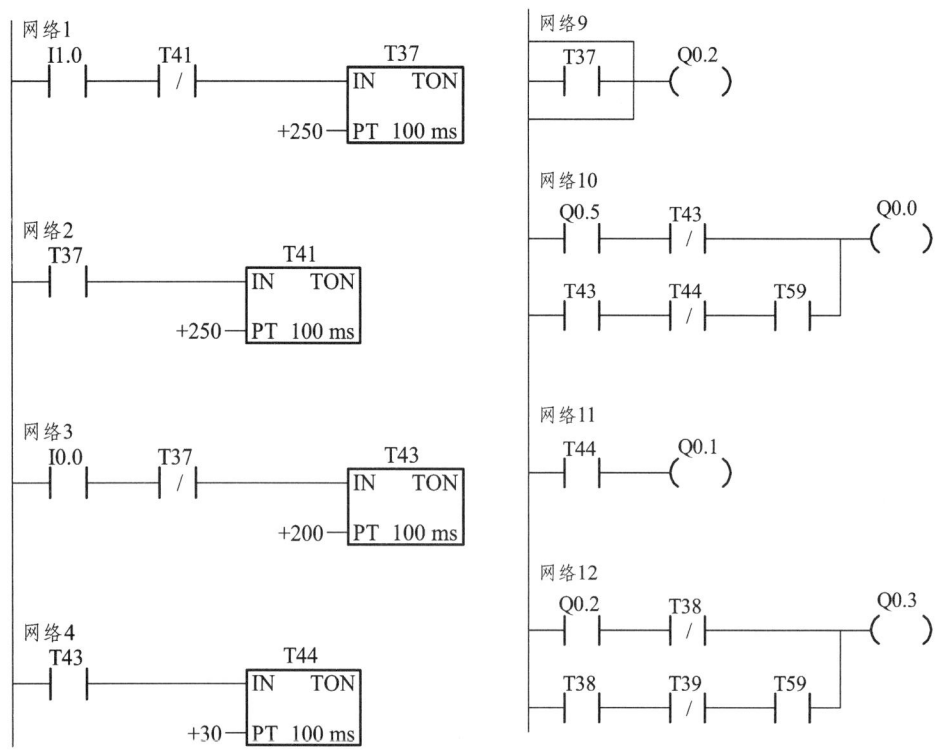

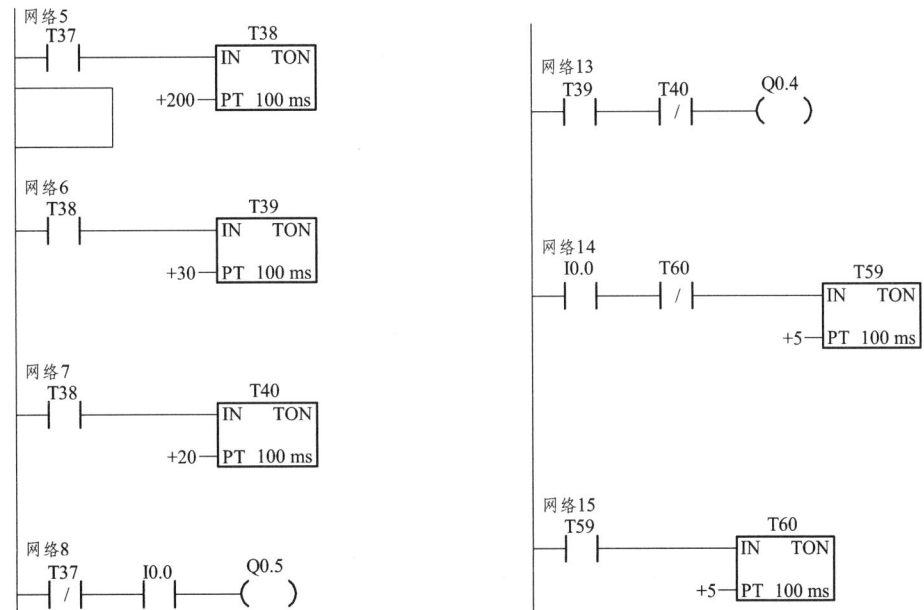

图 10-62 十字交通灯控制程序

（4）系统调试运行。

① 将编译无误的控制程序下载至 PLC 中，并将 PLC 模式选择开关拨至 RUN 状态。

② 合上起动开关 SD 为 ON 状态，观察并记录东西、南北方向交通灯的点亮状态看是否满足交通灯的控制要求。并将其作为依据，来分析程序可能存在的问题。如果程序能够实现控制要求，则应该多运行几次，以便检查其运行的稳定性，然后进行程序优化。

③ 总结经验，把调试过程中遇到的问题、解决方法记录下来。

思考题与习题

1. PLC 的主要特点是什么？
2. PLC 主要应用在哪些领域？
3. PLC 的硬件由哪几部分组成？各有什么用途？
4. PLC 的工作原理是什么？
5. 简述 S7-200 PLC 的硬件系统组成。
6. S7-200 PLC 包括哪些编程软元件？其主要作用是什么？
7. PLC 输入/输出端子与外部设备（如开关、负载）连接时，应注意哪些问题？
8. S7-200 PLC 有哪些寻址方式？举例说明。
9. 试用 PLC 实现异步电动机的正反转星三角形减压起动控制。
10. 设计一个周期为 10 s，占空比为 50%的方波输出信号。
11. 为了扩大延时范围，试用定时器和计数器来设计一个定时电路，要求在 I0.0 接通以后延时 14 000 s，再将 Q0.0 接通。
12. 试用 PLC 设计一个控制系统，控制要求如下。
（1）开机时，先起动 M1 电动机，5 s 后才能起动 M2 电动机。
（2）停止时，先停止 M2 电动机，2 s 后才能停止 M1 电动机。

任务十一 PLC 功能指令及应用

子任务一 S7-200 PLC 的功能指令

PLC 为了实现比较复杂的控制功能，除前面介绍过的基本指令外，还具有功能指令。功能指令也叫应用指令，合理、正确地使用功能指令，对优化程序结构，提高应用系统的功能，简化对一些复杂问题的处理有着重要的作用。

本任务介绍传送指令、算术和逻辑运算指令、移位指令及高速计数器等特殊功能指令的格式和梯形图编程方法。

1. 传送指令

1）数据传送指令

数据传送指令包括：字节传送（MOVB）、字传送（MOVW）、双字传送（MOVD）和实数传送（MOVR）指令。不同的数据类型应采用不同的传送指令，其 LAD 格式如图 11-1 所示。

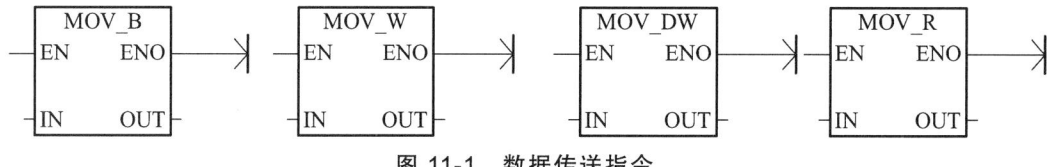

图 11-1 数据传送指令

（1）字节传送指令 MOVB。字节传送指令中，EN 为使能控制输入端，IN 为传送数据输入端，OUT 为数据输出端，ENO 为指令和能流输出端。本节中的 EN、ENO、IN、OUT 功能同上，只是 IN 和 OUT 的数据类型不同。

MOVB 指令的功能是在使能输入端 EN 有效时，在不改变原值的情况下将由 IN 指定的一个八位字节数据传送到 OUT 指定的字节单元中。如图 11-2 为 MOVB 指令的应用示例，当 I0.0 闭合，将 16#07 传送到 VB0 中。

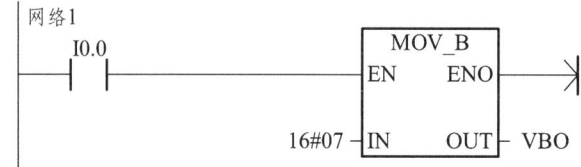

图 11-2 MOVB 指令的应用示例

（2）字/双字传送指令 MOVW/MOVD。应用示例如图 11-3 所示。在本例中，当 I0.0 闭合时，将 VW100 中的字数据传送到 VW200 中；当 I0.1 闭合时，将 VD100 中的双字数据传送到 VD200 中。

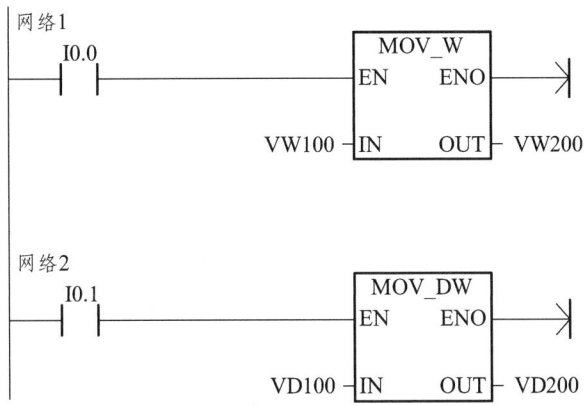

图 11-3 MOVW/MOVD 指令的应用示例

（3）实数传送指令 MOVR。实数传送指令以 32 位实数双字作为数据传送单元，应用示例如图 11-4 所示。在图中，当 I0.0 有效时，将常数 2.23 传送到双字单元 VD200 中。

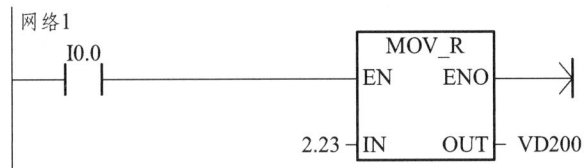

图 11-4 MOVR 指令应用示例

2）数据块传送指令

数据块传送指令包括：字节块传送（BMB）、字块传送（BMW）和双字块传送（BMD）指令，其 LAD 格式如图 11-5 所示。

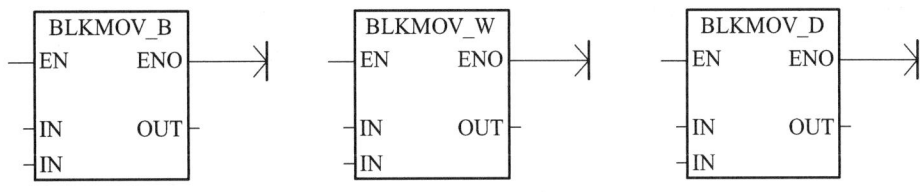

图 11-5 数据块传送指令

字节块传送指令 BMB 功能，当使能端 EN 有效时，把以 IN 为字节起始地址的 N 个字节型数据传送到以 OUT 为起始地址的 N 个字节存储单元。N 的范围为 1～255。如图 11-6 所示，当 I0.0 闭合，将以 VB10 为首地址的四个单元（即 VB10、VB11、VB12、VB13）中的字节型数据依次传送到 VB100、VB101、VB102、VB103 中。

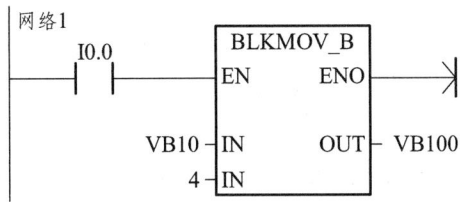

图 11-6 字节块传送指令举例

2. 算术和逻辑运算指令

1）算术运算指令

（1）加法和减法指令。

当使能端 EN 有效时，将输入 IN1、IN2 中的数据有进行加法（减法）运算，结果存储在 OUT 指定的存储单元中。加法指令包括：整数加法指令（ADD_I），双整数加法指令（ADD_DI），实数加法指令（ADD_R）。减法指令包括整数减法指令（SUB_I）、双整数减法指令（SUB_DI）、实数减法指令（SUB_R），其 LAD 指令格式如图 11-7 和图 11-8 所示。

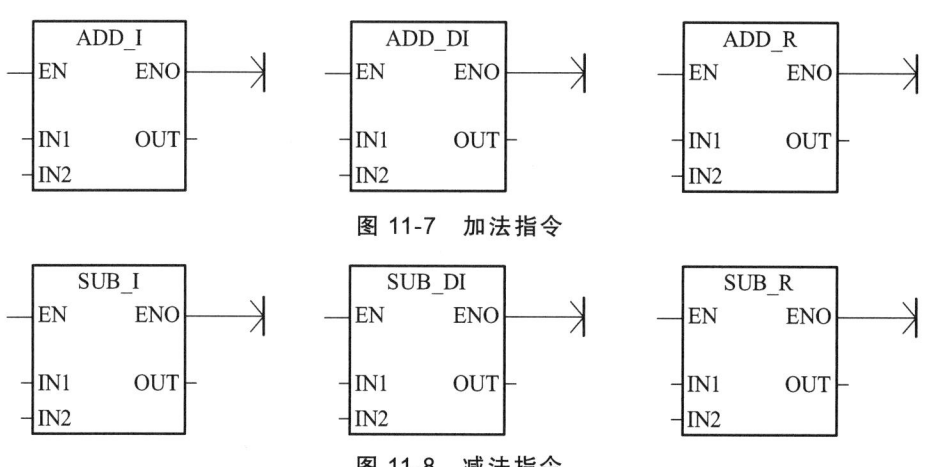

图 11-7　加法指令

图 11-8　减法指令

① 整数加法指令。当 EN 有效时，将两个 16 位的有符号整数 IN1 和 IN2 相加，产生的结果送到单字存储单元 OUT 中，应用示例如图 11-9 所示。

当 I0.0 有效时，将 VW100 和 VW120 中的整数相加，结果送到 VW120（OUT）中。

② 双整数加法指令（ADD_DI）。如图 11-10 所示，当 I0.0 有效时，将 VD110 的双字数据与 VD200 的双字数据相加，结果送到 VD320 中。

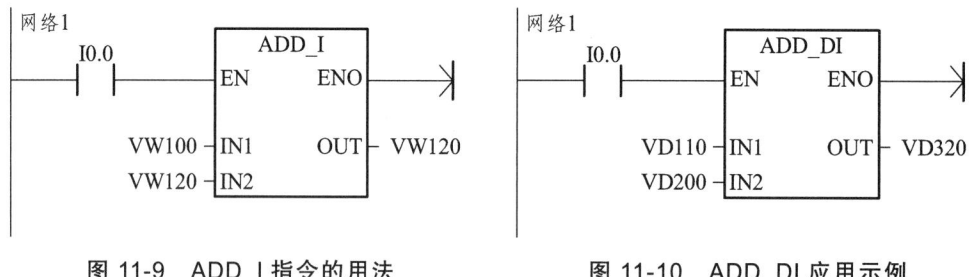

图 11-9　ADD_I 指令的用法　　　　图 11-10　ADD_DI 应用示例

③ 减法指令 SUB_I。减法指令用于对两个有符号数进行减操作，与加法指令类似。如图 11-11 所示，当 I0.0 有效时，将 VW100（IN1）与 VW110（IN2）相减，其差值送到 VW110（OUT）中。

④ 双整数减法指令（SUB_DI）。如图 11-12 所示，当 I0.1 有效时，将 VD100（32 位整数）与 VD110（32 位整数）相减，其差值送到 VD200（OUT）中。

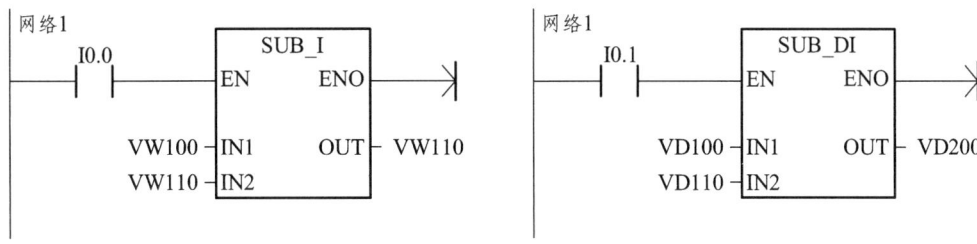

图 11-11 SUB_I 的应用示例　　　　图 11-12 SUB_DI 的应用示例

（2）乘法指令。

当使能端 EN 有效时，将输入 IN1、IN2 中的数据进行乘法运算，结果存储在 OUT 指定的数据中。其 LAD 指令格式如表 11-1 所示。

① 整数乘法指令 MUL-I。如图 11-13 所示，当 I0.1 有效时，将 VW100（16 位单字长整数）与 VW110（16 位单字长整数）相乘，结果仍为 16 位单字长整数，送到 VW200（OUT）中。如果运算结果超过 16 位二进制数表示的有符号数的范围，则产生溢出。

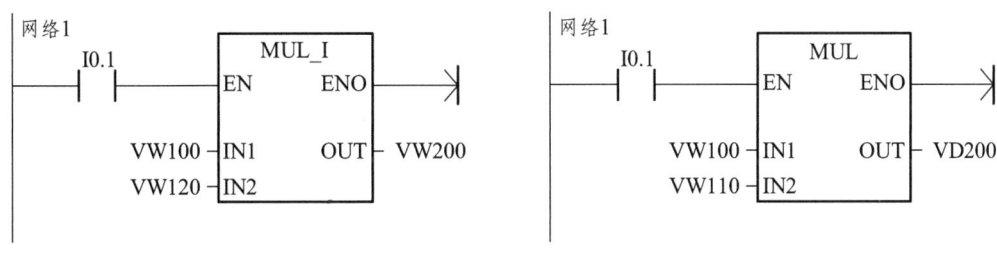

图 11-13 MUL-I 的应用示例　　　　图 11-14 MUL 的应用示例

② 相乘指令 MUL。相乘指令将两个 16 为单字长的有符号数 IN1 与 IN2 相乘，运算结果为 32 位的整数，保存在 OUT 中。应用示例如图 11-14 所示，当 I0.1 有效时，将 VW100 与 VW110 相乘，结果为 32 位数据，送到 VD200 中。

（3）除法指令。

当使能端 EN 有效时，将输入 IN1、IN2 中的数据有进行除法运算，结果存储在 OUT 指定的数据中。其 LAD 指令格式如表 11-2 所示。

① 整数除法指令。如图 11-15 所示，在 I0.1 有效时，将 VW120（IN1，16 位整数）除以 10（IN2，16 位整数），结果为 16 位数据，送到 VW200（OUT）中。

② 相除指令。如图 11-16 所示，当 I0.1 有效时，将 VW110（16 位整数）除以 VW120（16 位整数），结果为 32 位数据，送到 VD200 中。

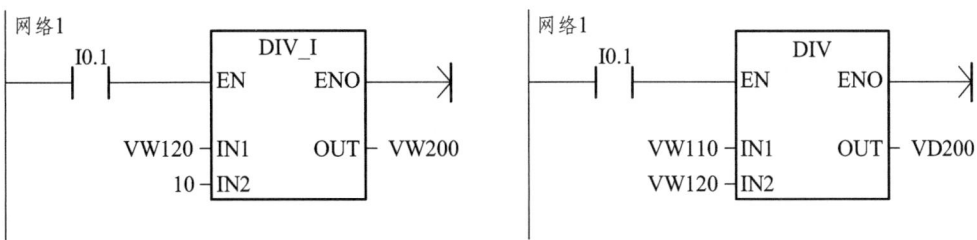

图 11-15 整数除法指令的应用示例　　　　图 11-16 相除指令的应用示例

表 11-1 乘法指令

指令格式	整数乘法	双整数乘法	实数乘法	相乘指令	执行结果
LAD 格式	MUL_I EN ENO IN1 OUT IN2	MUL_DI EN ENO IN1 OUT IN2	MUL_R EN ENO IN1 OUT IN2	MUL EN ENO IN1 OUT IN2	IN1*IN2 = OUT
指令功能	2个16位整数相乘，结果为16位整数	2个32位整数相乘，结果为32位整数	2个32位实数相乘，结果为32位实数	2个16位整数相乘，结果为32为整数	

表 11-2 除法指令

指令格式	整数除法指令	双整数除法指令	实数除法指令	相除指令	执行结果
LAD 格式	DIV_I EN ENO IN1 OUT IN2	DIV_DI EN ENO IN1 OUT IN2	DIV_R EN ENO IN1 OUT IN2	DIV EN ENO IN1 OUT IN2	IN1/IN2 = OUT
指令功能	2个16位整数相除，结果为16位整数（商），不保留余数	2个32位整数相除，结果为32位整数（商），不保留余数	2个32位实数相除，结果为32位实数（商），不保留余数	2个16位整数相除，结果为16位余数（高位）和16位商（低位）	

（4）增、减指令。

增、减指令是在输入数据 IN 上加 1 或减 1，结果输出到 OUT。其 LAD 格式如图 11-17 和图 11-18 所示。增指令包括：字节递增（INC_B）和字节递减（DEC_B）操作是无符号的。字递增（INC_W）和字递减（DEC_W），双字递增（INC_DW）和双字递减（DEC_DW）操作是有符号的。

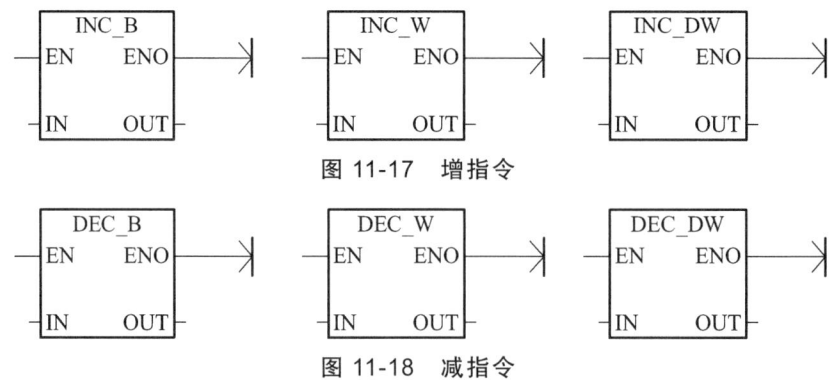

图 11-17 增指令

图 11-18 减指令

2）逻辑运算指令

将输入数据 IN1、IN2 对应位进行与（或、异或、取反）运算，结果输出到 OUT 中去，指令格式说明见表 11-3。

表 11-3 逻辑运算指令

LAD 格式	与运算	或运算	异或运算	取反运算
字节运算	WAND_B	WOR_B	WXOR_B	INV_B
字运算	WAND_W	WOR_W	WXOR_W	INV_W
双字运算	WAND_DW	WOR_DW	WXOR_DW	INV_DW
指令功能	IN1 和 IN2 按位与	IN1 和 IN2 按位或	IN1 和 IN2 按位异或	IN 按位取反

逻辑运算应用举例（图 11-19）：

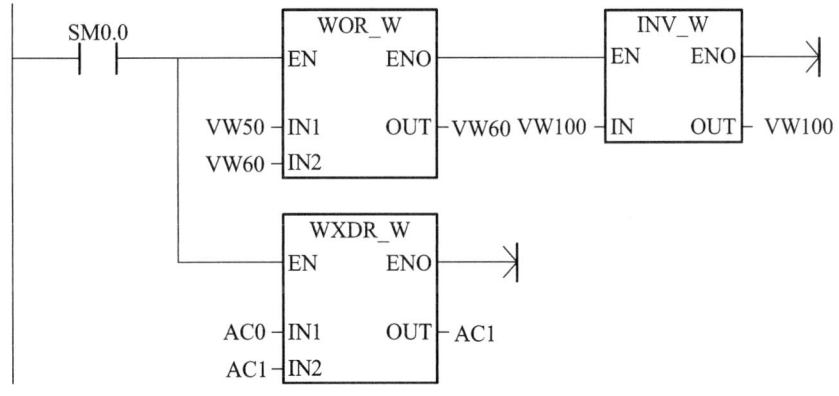

图 11-19 逻辑指令应用举例

如图 11-19 所示，程序运行后，各存储单元的值如下。

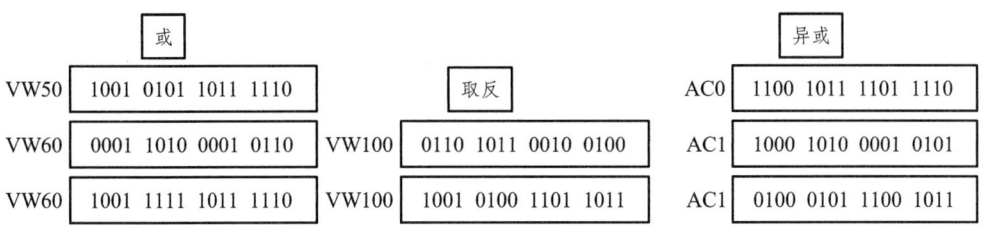

3．移位指令

1）右移位和左移位指令

（1）右移位指令。当使能端 EN 有效时，把输入端（IN）指定的数据右移 N 位，结果存入 OUT。

右移位指令分为字节右移位指令（SHR_B）、字右移位指令（SHR_W）和双字右移位指令（SHR_DW），其 LAD 格式如图 11-20 所示。

图 11-20　右移位指令

（2）左移位指令。当使能端 EN 有效时，把输入端（IN）指定的数据左移 N 位，结果存入 OUT。

左移位指令分为字节左移位指令（SHL_B）、字左移位指令（SHL_W）和双字左移位指令（SHL_DW），其 LAD 格式如图 11-21 所示。

图 11-21　左移位指令

移位指令注意事项：

① 特殊继电器 SM1.1 与溢出端相连，最后一次被移出的位进入 SM1.1，另一端自动补 0，允许移位的位数由移位类型决定，即字节型为 8 位，字型为 16 位，双字为 32 位，如果移位的位数超过允许的位数，则实际移位为最大允许值。

② 如果移位后结果为 0，特殊继电器 SM1.0（零标志位）自动置位。

移位指令应用举例如图 11-22 所示。

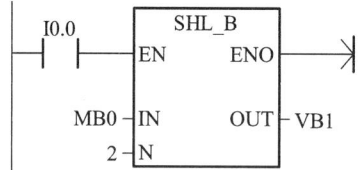

移位次数	地址	单元内容	位SM1.1	说明
0	MB0	10110101	x	移位前
1	MB0	01101010	1	数左移，移出位1进入SM1.1，右端补0
2	MB0	11010100	0	数左移，移出位0进入SM1.1，右端补0

图 11-22　移位指令应用

2）循环移位指令

（1）循环左移指令。循环左移指令是将输入端 IN 指定的数据循环左移 N 位，结果存入输出 OUT 中。循环左移分为字节循环左移指令（ROL_B），字循环左移指令（ROL_W），双字循环左移指令（ROL_DW）。其 LAD 格式如图 11-23 所示。

图 11-23　循环左移指令

（2）循环右移指令。循环右移指令是将输入端 IN 指定的数据循环右移 N 位，结果存入输出 OUT 中。循环右移分为字节循环右移指令（ROR_B）、字循环右移指令（ROR_W）、双字循环右移指令（ROR_DW）。其 LAD 格式如图 11-24 所示。

图 11-24　循环右移指令

循环移位应用举例如图 11-25 所示。

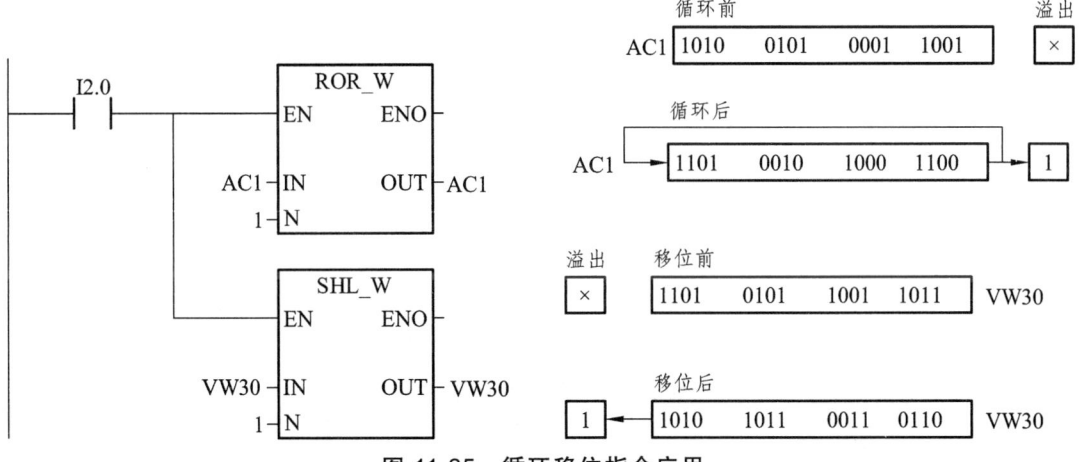

图 11-25　循环移位指令应用

3）寄存器移位指令

寄存器移位指令 SHRB 的格式为：

移位寄存器指令把输入的 DATA 数值移入移位寄存器。其中，S_BIT 指定移位寄存器的最低位，N 指定移位寄存器的长度和移位方向（N 为正时是正向移位，N 为负时是反向移位）。每次使能输入（采用边沿）有效时，整个移位寄存器移动 1 位。SHRB 指令移出的每一位都被放入溢出标志位（SM1.1）。这条指令的执行取决于最低有效位（S_BIT）和由长度（N）指定的位数。

（1）位移位寄存器的最高位（MSB.b）。

可通过下面公式计算求得：

MSB.b = [(S_BIT 的字节号) + ([N] – 1 + (S_BIT 的位号))/8].[除 8 的余数]

例如，如果 S_BIT 是 V33.4，N 是 14，那么 MSB.b 是 V35.1，或

MSB.b = V33 + ([14] – 1 + 4)/8 = V33 + 17/8 = V33 + 2(余数为 1) = V35.1

当反向移动时，N 为负值，输入数据从最高位移入，最低位（S_BIT）移出。移出的数据放在溢出标志位（SM1.1）中。

当正向移动时，N 为正值，输入数据从最低位（S_BIT）移入，最高位移出。移出的数据放在溢出标志位（SM1.1）中。

移位寄存器长度在指令中指定，没有字节型、字型、双字型之分。可指定的最大长度为 64 位，可正也可负。

（2）移位寄存器应用举例（图 11-26）。

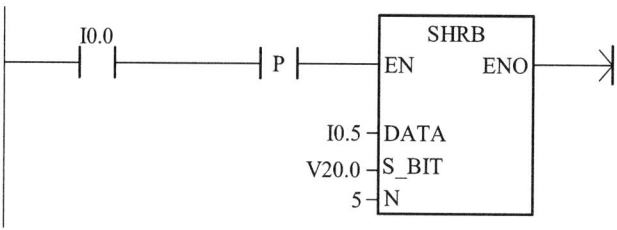

I0.0的脉冲数	I0.5值	VB20内容	位SM1.1	说明
0	x	10110101	x	移位前，移位时，从VB20.4移出
1	1	10101011	1	1移入SM1.1，I0.5的脉冲前值进入右端
2	1	10110111	0	0移入SM1.1，I0.5的脉冲前值进入右端
3	0	10101110	1	1移入SM1.1，I0.5的脉冲前值进入右端

图 11-26　移位寄存器应用

4. 高速计数器指令

PLC 的普通计数器的计数过程与扫描工作方式有关，CPU 通过每一扫描周期读取一次被测信号的方法来捕捉被测信号的上升沿，被测信号的频率较高时，会丢失计数脉冲，因为普通计数器的工作频率很低，一般仅有几十赫兹。高速计数器可以对普通计数器无能为力的事件进行计数，S7-200 有 6 个高速计数器 HSC0～HSC5，可以设置多达 12 种不同的操作模式。

一般来说，高速计数器被用作驱动鼓式计时器，该设备有一个安装了增量轴式编码器

的轴，以恒定的速度转动。轴式编码器每圈提供一个确定的计数值和一个复位脉冲。来自轴式编码器的时钟和复位脉冲作为高速计数器的输入。

高速计数器装入一组预置值中的第一个值，当前计数值小于当前预置值时，希望的输出有效。计数器设置成在当前值等于预置值和有复位时产生中断。随着每次当前计数值等于预置值的中断事件的出现，一个新的预置值被装入，并重新设置下一个输出状态。当出现复位中断事件时，设置第一个预置值和第一个输出状态，这个循环又重新开始。

对于操作模式相同的计数器，其计数功能是相同的。计数器共有四种基本类型：带有内部方向控制的单相计数器（模式0~2），带有外部方向控制的单相计数器（模式3~5），带有两个时钟输入的双相计数器（模式6~8）和A/B相正交计数器（模式9~11）。高速计数器可以被配置为12种模式中的任意一种，参见表11-4。

表 11-4 高速计数器的输入点

模式	中断描述	输入点			
	HSC0	I0.0	I0.1	I0.2	
	HSC1	I0.6	I0.7	I1.0	I1.1
	HSC2	I1.2	I1.3	I1.4	I1.5
	HSC3	I0.1			
	HSC4	I0.3	I0.4	I0.5	
	HSC5	I0.4			
0	带有内部方向控制的单相计数器	时钟			
1		时钟		复位	
2		时钟		复位	起动
3	带有外部方向控制的单相计数器	时钟	方向		
4		时钟	方向	复位	
5		时钟	方向	复位	起动
6	带有增减计数时钟的双相计数器	增时钟	减时钟		
7		增时钟	减时钟	复位	
8		增时钟	减时钟	复位	起动
9	A/B相正交计数器	时钟A	时钟B		
10		时钟A	时钟B	复位	
11		时钟A	时钟B	复位	起动

每一个计数器都有时钟、方向控制、复位、起动的特定输入。对于双相计数器，两个时钟都可以运行在最高频率。在正交模式下，可以选择一倍速（1x）或者四倍速（4x）计数速率。所有计数器都可以运行在最高频率下而互不影响。表11-4中给出了与高速计数器相关的时钟、方向控制、复位和起动输入点。同一个输入点不能用于两个不同的功能，但是任何一个没有被高速计数器的当前模式使用的输入点，都可以被用作其他用途。

提示：

CPU221 和 CPU222 支持 HSC0、HSC3、HSC4 和 HSC5，不支持 HSC1 和 HSC2。

CPU224、CPU224XP 和 CPU 226 全部支持六个高速计数器：HSC0 到 HSC5。

1）高速计数器相关的寄存器

与高速计数器相关的寄存器是高速计数器控制字寄存器、初始值寄存器、预置值寄存器、状态字寄存器。

（1）高速计数器的控制字寄存器。只有定义了计数器和计数器模式，才能对计数器的动态参数进行编程。每个高速计数器都有一个控制字寄存器，这些字节的各个位的意义见表 11-5。在执行 HDEF 指令前，必须把这些控制位设定到希望的状态。否则，计数器对计数模式的选择取缺省设置。一旦 HDEF 指令被执行，就不能再更改计数器的设置，除非先进入 STOP 模式。

表 11-5　高速计数器的控制字寄存器

HSC0	HSC1	HSC2	HSC3	HSC4	HSC5	描　　述
SM37.0	SM47.0	SM57.0	SM137.0	SM147.0	SM157.0	0＝复位信号高电平有效，1＝低电平有效
SM37.1	SM47.1	SM57.1	SM137.1	SM147.1	SM157.1	0＝起动信号高电平有效，1＝低电平有效
SM37.2	SM47.2	SM57.2	SM137.2	SM147.2	SM157.2	0＝4 倍频模式，1＝1 倍频模式
SM37.3	SM47.3	SM57.3	SM137.3	SM147.3	SM157.3	0＝减计数，1＝加计数
SM37.4	SM47.4	SM57.4	SM137.4	SM147.4	SM157.4	写入计数方向：0＝不更新，1＝更新
SM37.5	SM47.5	SM57.5	SM137.5	SM147.5	SM157.5	写入预置值：0＝不更新，1＝更新
SM37.6	SM47.6	SM57.6	SM137.6	SM147.6	SM157.6	写入当前值：0＝不更新，1＝更新
SM37.7	SM47.7	SM57.7	SM137.7	SM147.7	SM157.7	HSC 允许：0＝禁止，1＝允许

（2）高速计数器的预置值和当前值寄存器。每个高速计数器都有一个 32 位的初始值和一个 32 位的预置值。初始值和预置值都是符号整数。为了向高速计数器装入新的初始值和预置值，必须先设置控制字节，并且把初始值和预置值存入特殊存储器中，然后执行 HSC 指令，从而将新的值传送到高速计数器。表 11-6 中对保存新的初始值和预置值的特殊存储器作了说明。

除去控制字节和新的初始值与预置值保存字节外，每个高速计数器的当前值只能使用表 6-7 中新的当前值数据类型格式进行读取。可用读操作直接访问 HSC 的当前值，但是写操作只能用 HSC 指令来实现。

所有计数器模式都支持在 HSC 的当前值等于预设值时产生一个中断事件。使用外部复位端的计数模式支持外部复位中断。除去模式 0、1 和 2 之外，所有计数器模式支持计数方向改变中断。每种中断条件都可以分别使能或者禁止。

表 11-6　高速计数器的预置值和当前值寄存器

高速计数器	HSC0	HSC1	HSC2	HSC3	HSC4	HSC5
新的当前值	SMD38	SMD48	SMD58	SMD138	SMD148	SMD158
新的预置值	SMD42	SMD52	SMD62	SMD142	SMD152	SMD162

（3）状态字寄存器。每个高速计数器都有一个状态字寄存器，其中的状态存储位指出了当前计数方向，当前值是否大于或者等于预置值。表 11-7 给出了每个高速计数器状态位的定义。只有在执行中断服务程序时，状态位才有效。监视高速计数器状态的目的是使其他事件能够产生中断以完成更重要的操作。

表 11-7 高速计数器的状态字寄存器

HSC0	HSC1	HSC2	HSC3	HSC4	HSC5	描 述
SM36.5	SM46.5	SM56.5	SM136.5	SM146.5	SM156.5	计数方向：0 = 减计数；1 = 加计数
SM36.6	SM46.6	SM56.6	SM136.6	SM146.6	SM156.6	0 = 当前值不等于预置值；1 = 等于
SM36.7	SM46.7	SM56.7	SM136.7	SM146.7	SM156.7	0 = 当前值小于预置值；1 = 大于

2）高速计数器指令

其 LAD 的指令格式如图 11-27 所示。

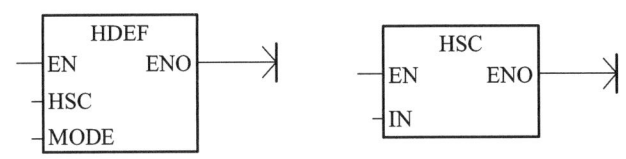

图 11-27 高速计数器指令的 LAD 格式

（1）高速计数器选择指令 HDEF，其为指定的高速计数器（HSCx）选择操作模式。对于每一个高速计数器使用一条定义高速计数器指令。

（2）高速计数器起动指令 HSC，用于起动标号为 N 的高速计数器。

（3）高速计数器编程，可以使用指令向导来配置计数器。向导程序使用下列信息：计数器的类型和模式、计数器的预置值、计数器的初始值和计数的初始方向。要启动 HSC 指令向导，可以在命令菜单窗口中选择 Tools>Instruction Wizard，然后在向导窗口中选择 HSC 指令。

使用高速计数器进行编程，必须完成下列基本操作：

① 定义计数器和模式。

② 设置控制字寄存器。

③ 设置初始值。

④ 设置预置值。

⑤ 指定并使能中断服务程序。

⑥ 激活高速计数器。

由于中断事件产生的速率远低于高速计数器的计数速率，用高速计数器可实现精确控制，而与 PLC 整个扫描周期的关系不大。采用中断的方法允许在简单的状态控制中用独立的中断程序装入一个新的预置值。

在使用高速计数器之前，应该用 HDEF（高速计数器定义）指令为计数器选择一种计数模式。使用初次扫描存储器位 SM0.1（该位仅在第一次扫描周期接通，之后断开）来调用一个包含 HDEF 指令的子程序。

3）高速计数器应用举例：包装生产线产品累计和包装的 PLC 控制

控制要求：某产品包装生产线应用高速计数器对产品进行累计和包装，要求每检测到 1 000 个产品时，自动起动包装机进行包装，计数方向外部信号控制。

（1）方案设计。选择高速计数器 HC0，因为计数方向可由外部信号控制，并且不要求复位信号输入，确定工作模式为 3。采用当前值等于设定值时执行中断事件，中断事件号为 12，当 12 号事件发生时，起动包装机工作子程序 SBR_2。高速计数器的初始化采用子程序 SBR_1。

调用高速计数器初始化子程序的条件采用 SM0.1 初始脉冲信号。

HC0 的当前值存入 SMD38，设定值 1000 写入 SMD42。

（2）程序编写。自动包装机计数程序如图 11-28 所示。

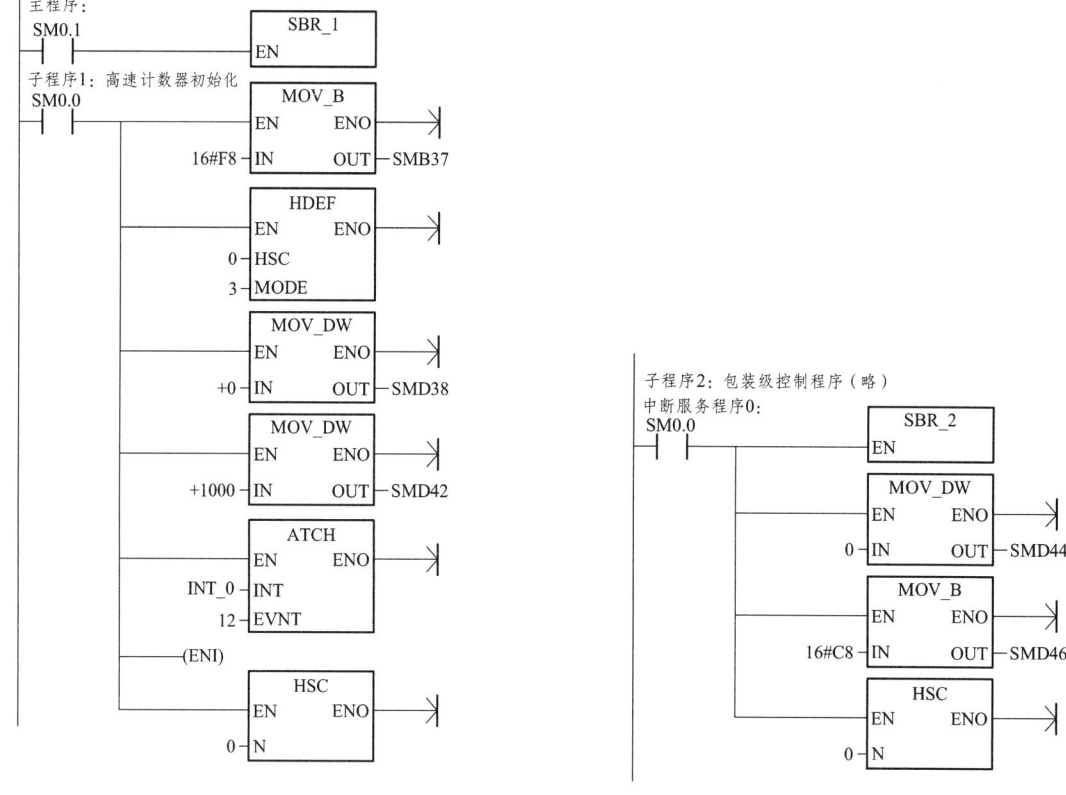

图 11-28　自动包装机计数程序

5. 技能训练：广告牌彩灯的 PLC 控制

本节主要讨论用 PLC 来实现对广告牌彩灯的控制。主要目的在于熟悉 PLC 功能指令的用法，重点掌握西门子 PLC 数据传送及移位指令的使用方法。

1）广告牌彩灯的 PLC 控制要求

图 11-29 所示是广告牌彩灯示意图。该广告牌共有 8 个彩灯，彩灯受一个起动开关控制。当起动开关接通时，广告牌彩灯系统开始工作，具体的控制要求：第 1 号灯亮→第 2 号灯亮→第 3 号灯亮……第 8 号灯亮，即每隔 1 s 依次点亮，全亮后，闪烁 1 次（灭 1 s 亮

1 s），再反过来按 8→7→6→5→4→3→2→1 反序熄灭，时间间隔仍为 1 s。全灭后，停 1 s，再从第 1 号灯点亮，开始循环；当起动开关断开时，所有彩灯熄灭。其中闪烁控制，按亮灭各占一半时间计算，如闪烁 1 s，为亮 0.5 s，灭 0.5 s。

2）系统的硬件设计

（1）确定系统的输入/输出及 PLC 端口分配。

根据广告牌彩灯的控制要求，该系统应有 1 个起动开关，共 1 个输入点；8 个彩灯，共有 8 个输出点。具体的 I/O 端口与 PLC 地址编号如表 11-8 所示。

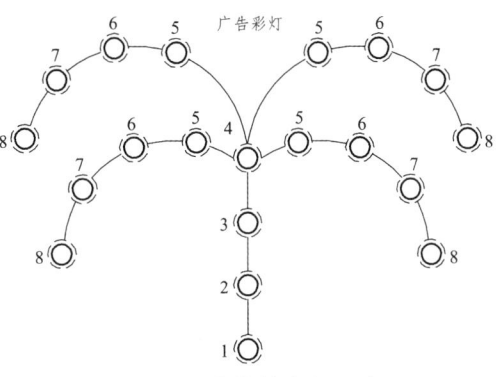

图 11-29 广告牌彩灯示意图

表 11-8 端口分配功能表

序号	PLC 地址	电气符号	功能说明
1	I0.0	SD	起动开关
2	Q0.0	1	彩灯 1
3	Q0.1	2	彩灯 2
4	Q0.2	3	彩灯 3
5	Q0.3	4	彩灯 4
6	Q0.4	5	彩灯 5
7	Q0.5	6	彩灯 6
8	Q0.6	7	彩灯 7
9	Q0.7	8	彩灯 8

（2）控制系统接线。

按照控制接线图连接控制回路，如图 11-30 所示。

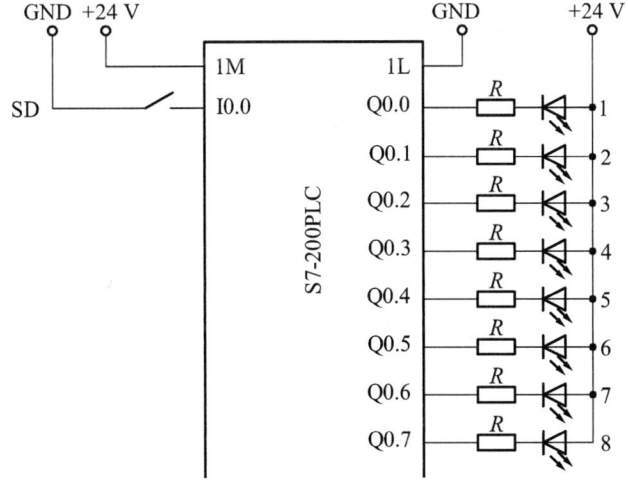

图 11-30 广告彩灯接线图

3）系统的软件设计

按照广告彩灯控制要求，采用数据传送及移位指令设计的控制程序如图11-31所示。

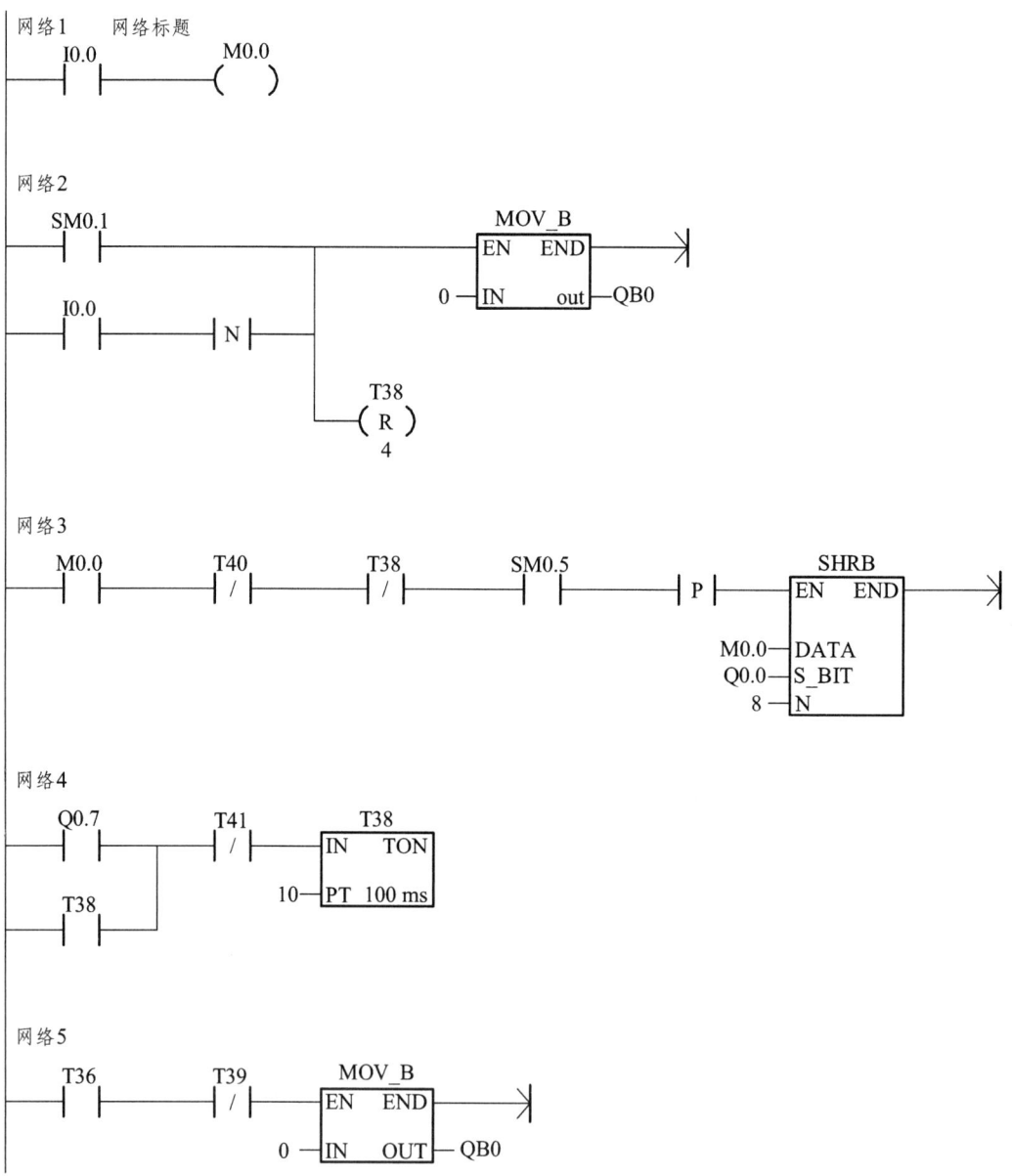

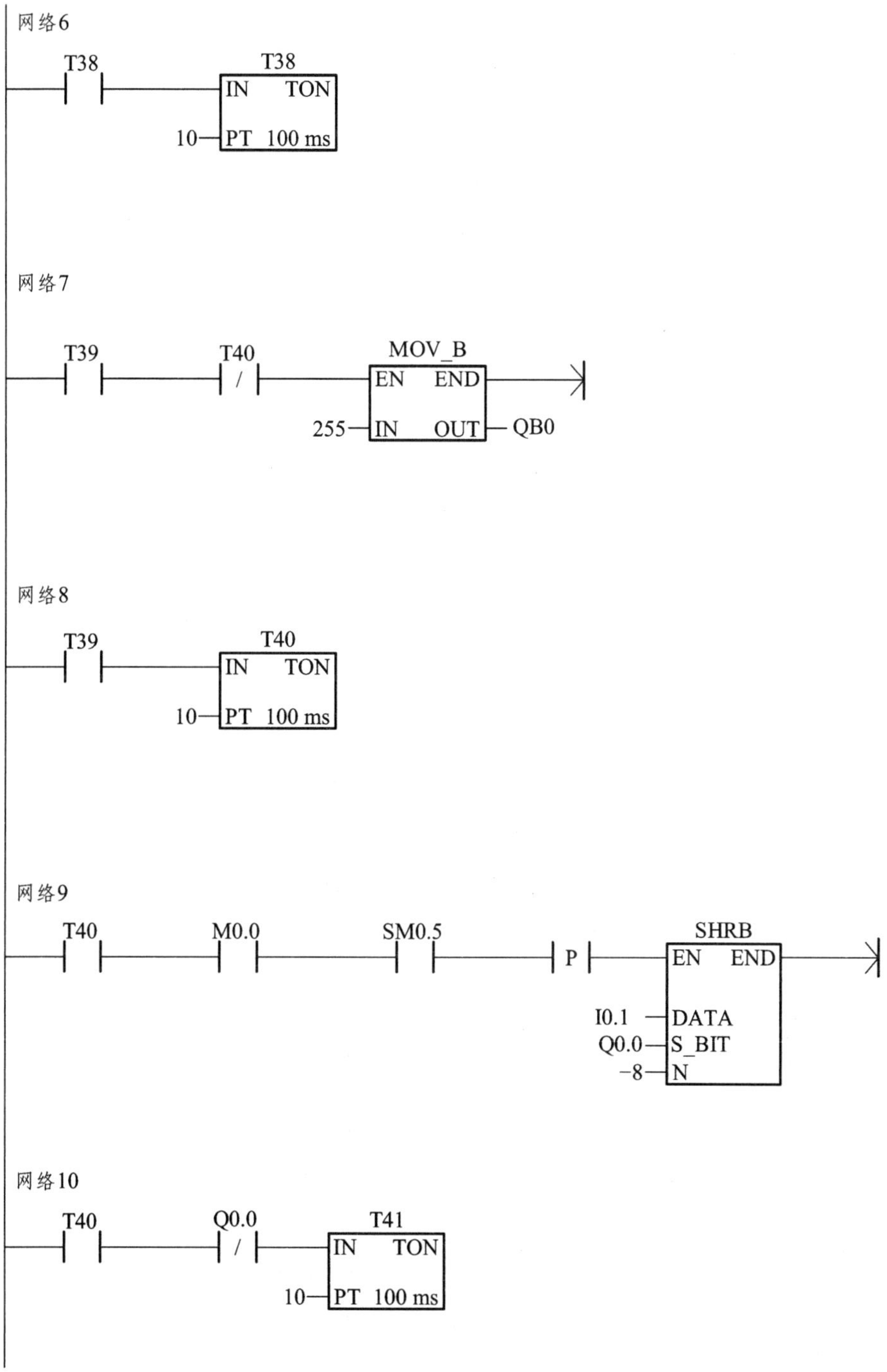

图 11-31 广告彩灯控制程序

4）调试运行

（1）将编译无误的控制程序下载至 PLC 中，并将 PLC 模式选择开关拨至 RUN 状态。

（2）合上起动开关 SD 为 ON 状态，观察并记录广告牌彩灯的点亮状态，并依此来分析程序可能存在的问题。如果程序能够实现控制要求，则应该多运行几次，以便检查其运行的稳定性，然后进行程序优化。

（3）总结经验，把调试过程中遇到的问题、解决方法记录下来。

子任务二　S7-200 PLC 的编程及应用

本任务中主要介绍了 PLC 梯形图编程的基本原则，给出了 PLC 编程中的的典型控制程序，并且给出了一些 PLC 应用设计的实例。

1. 梯形图编程的基本规则

PLC 编程应该遵循以下基本原则：

（1）梯形图所使用的元件编号应在所选用的 PLC 机规定范围内，不能随意选用。

（2）外部输入/输出继电器、内部继电器、定时器、计数器等器件的触点可多次重复使用，无需用复杂的程序结构来减少接点的使用次数。但触点的编号应与控制信号的输入/输出端号一致。

（3）触点应接在线圈的左边，触点不能放在线圈的右边，否则，编程时会报错。

（4）线圈不能直接与左母线相连。如果需要，可以通过一个没有使用的内部继电器的常闭接点或者特殊内部继电器 SM0.0 的常开接点来连接，如图 11-32 所示。

图 11-32　规则（4）说明

（5）多上串左。有串联线路相并联时，应把串联触点较多的电路放在梯形图上方，如图 11-33a 所示。有并联电路相串联时应把并联触点较多的电路放尽量靠近母线，如图 11-33（b）所示。

（a）串联触点较多的电路放在梯形图上方

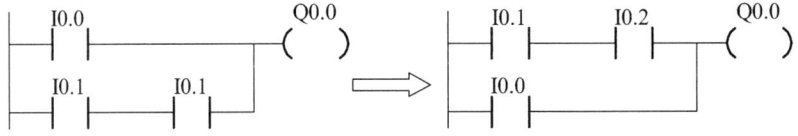

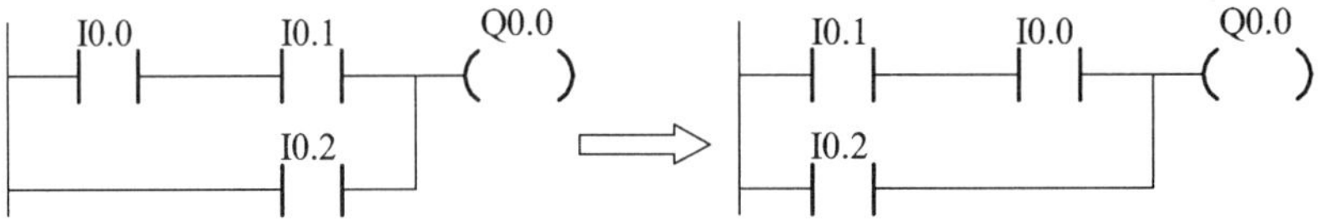

（b）并联触点较多的电路放尽量靠近母线

图 11-33　规则（5）说明

（6）应使梯形图的逻辑关系尽量清楚，便于阅读检查和输入程序。图 11-34（a）中的逻辑关系就不够清楚，给编程带来不便。

改画为图 11-34（b）后的程序虽然指令条数增多，但逻辑关系清楚，便于阅读和编程。

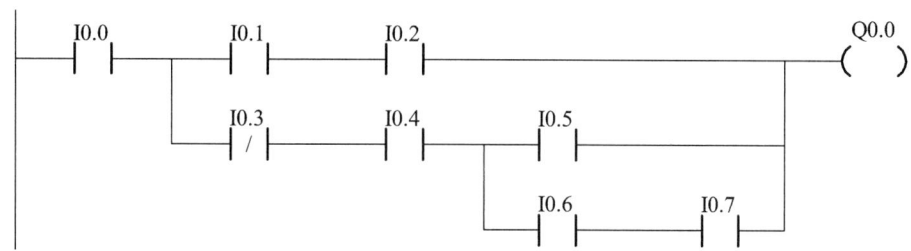

（a）逻辑关系不够清楚的梯形图

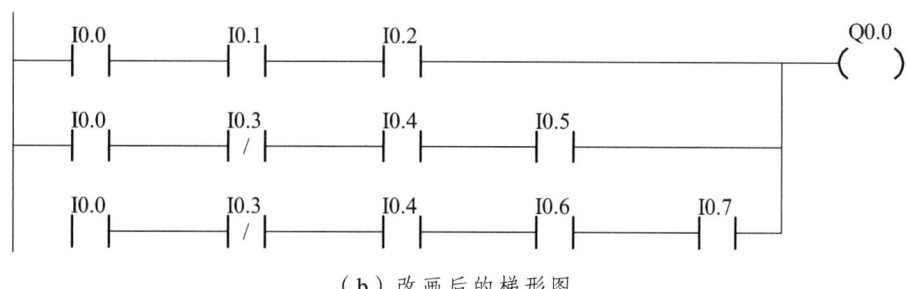

（b）改画后的梯形图

图 11-34　规则（6）说明

（7）梯形图程序必须符合顺序执行的原则，即从左到右，从上到下地执行，如不符合执行顺序的电路不能直接编程，图 11-35（a）所示的桥式电路就不能直接编程。这样的电路必须按逻辑功能进行等效变换才能编程图，如图 11-35（b）所示。

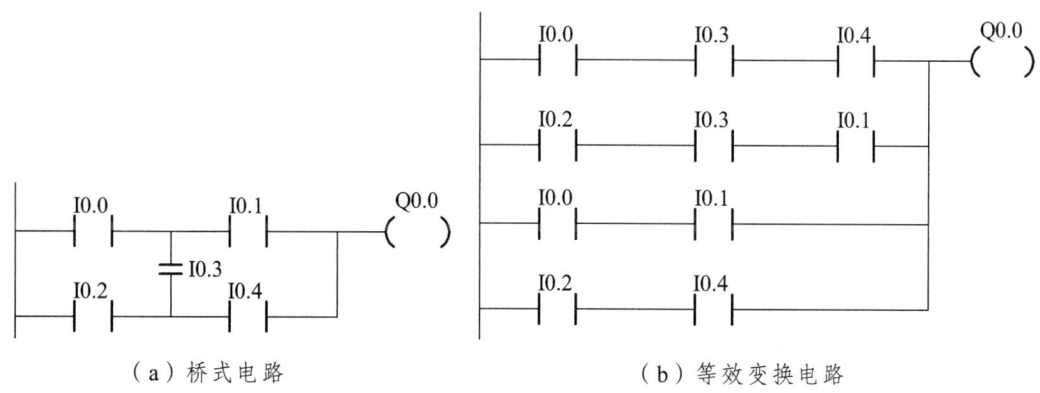

（a）桥式电路　　　　　　　　　　（b）等效变换电路

图 11-35　规则（7）说明

2. PLC 典型控制程序

在实际工作中，许多工程控制程序都是由一些典型、简单的基本程序段组成。如果能掌握一些常用的基本程序段的设计和编程技巧，就相当于建立了编程的基本"程序库"，在编制大型和复杂的程序时，可以随意调用，从而大大缩短编程的时间。下面介绍一些典型程序段。

1）自锁、互锁控制

（1）自锁控制。

自锁控制是控制电路中最基本的环节，常用于对输入开关和输出继电器的控制电路。在图 11-36 所示的程序中，I0.0 闭合使线圈通电，随之 Q0.0 触点闭合，此后即使 I0.0 触点断开，Q0.0 线圈仍然保持通电，只有当常闭触点 I0.1 断开时，Q0.0 才断电，Q0.0 触点断开。若想再起动继电器 Q0.0，只有重新闭合 I0.0。这种自锁控制常用于以无锁定开关作起动开关，或用于只接通一个扫描周期的触点去起动一个持续动作的控制电路。

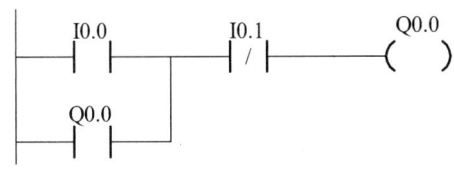

图 11-36　自锁控制程程序

（2）互锁控制（联锁控制）。

在图 11-37 的互锁程序段中，Q0.0 和 Q0.1 只要有一个继电器线圈先接通，另一个继电器就不能再接通，而保证任何时候两者都不能同时起动。这种互锁控制常用于：被控的是一组不允许同时动作的对象，如电动机正、反转控制等。

图 11-38 是另一种联锁控制程序段例子。它实现的功能是：只有当 Q0.0 接通时，Q0.1 才有可能接通，只要 Q0.0 断开，Q0.1 就不可能接通。也就是说一方的动作是以另一方的动作为前提的。

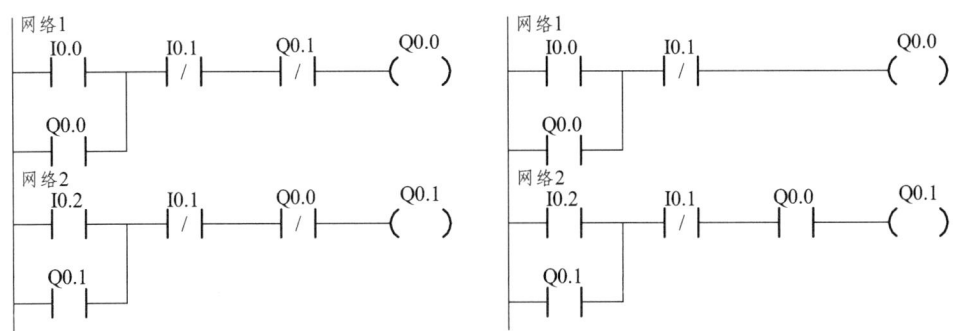

图 11-37　互锁控制程序之一　　　　　　图 11-38　互锁控制程序之二

2）时间控制

在 PLC 控制系统中，时间控制用的非常多，其中大部分用于延时、定时和脉冲控制。在 S7-200 型可编程控制器内部有多达 256 个定时器，时基有 1 ms、10 ms、100 ms 三种，用户可以方便用于时间控制。

（1）延时控制。

在图 11-39 所示的电路中，利用两个时间继电器组合以实现 6 000 s 的延时，即 Q0.0 在 I0.0 闭合 6 000 s 后得电。

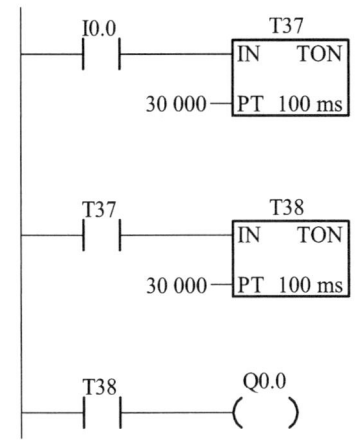
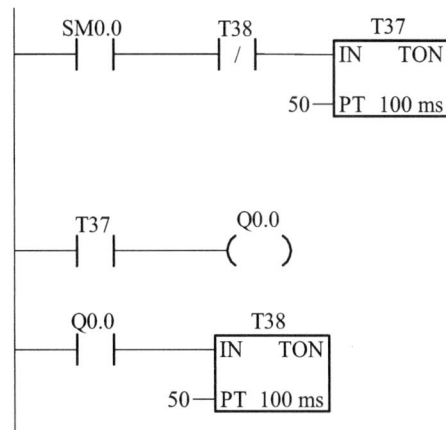

图 11-39 两个定时器组成的延时电路图　　图 11-40 脉冲发生器

（2）脉冲电路。

利用定时器可以方便地产生脉冲序列，而且可根据需要通过改变定时器的时间常数灵活调节方波脉冲的周期和占空比。图 11-40 所示电路为用 2 个定时器产生方波的电路，周期为 10 s。

3）顺序控制

顺序控制在继电接触控制中应用十分广泛。但用传统控制器件只能进行一些简单控制，且整个系统十分笨重复杂，接线复杂，故障率高，有些更复杂的控制可能根本实现不了。而用 PLC 进行顺序控制则变得轻松，可以使用定时器、计数器及移位指令等指令，编写出形式多样，简洁清晰的控制程序。图 11-41 即是用定时器实现顺序控制的例子。

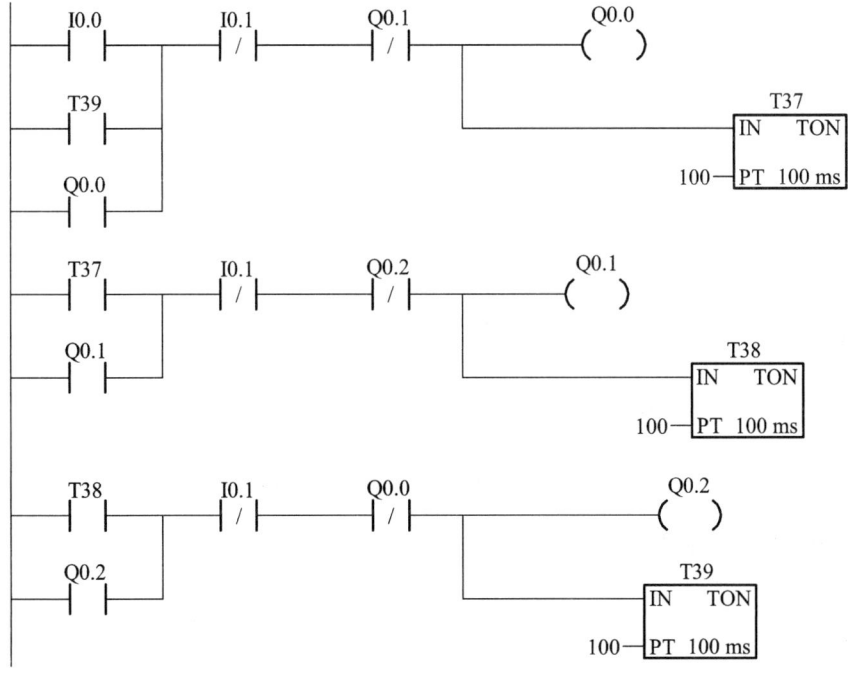

图 11-41 用定时器实现顺序控制的程序

4）多地点控制

在实际中常需要在不同地点实现对同一的对象的控制，即多地点控制问题。这也是继电控制中常见的问题。对这一问题 PLC 可以有许多种解决方法。下面的各种小程序可以给大家一些启发。

如要求在三个不同的地方独立控制一盏灯，任何一地的开关动作都可以使灯的状态发生改变。即不管开关是开还是关，只要有开关动作则灯的状态就发生改变。按此要求可分配 I/O 如下：

输入点：I0.0　　A 地开关 S1
　　　　I0.1　　B 地开关 S2
　　　　I0.2　　C 地开关 S3
输出点：Q0.0　　灯

根据控制要求可设计梯形图程序如图 11-42 所示。

这里举的例子是三地控制一盏灯，读者从这个程序中可以发现其编程规律，并很容易的把它扩展到四地、五地甚至更多地点的控制。

由上面介绍的例子可以看出，由于 PLC 具有丰富的指令集，所以其编程十分灵活。这是以往的继电控制无法比拟的。而且因为 PLC 融入许多计算机的特点，所以其编程的思路也与继电控制图的设计思想有许多不同之处，如果只拘泥于继电控制图的思路，则不可能编出好的程序，特别是功能指令和诸如移位、码变换及各种运算指令，其功能十分强大，在编程中应注意和善于使用。

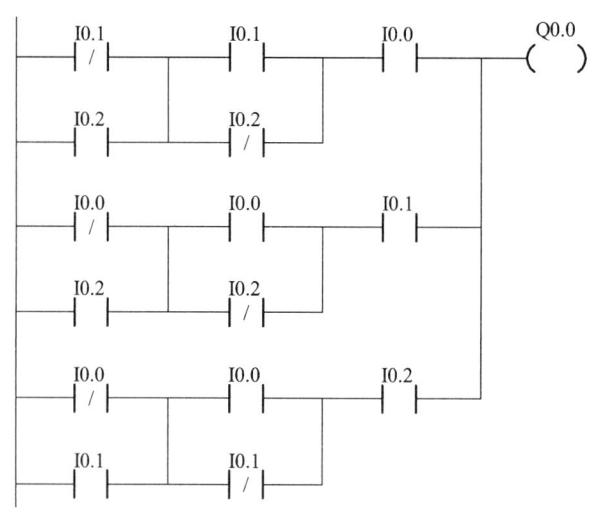

图 11-42　三地控制一盏灯的梯形图

3．PLC 应用设计举例

1）送料车控制

（1）送料小车的控制要求。

如图 11-43 所示，当小车处于后端时，按下起动按钮，小车向前运行，行至前端压下前限位开关，翻斗门打开装货，7 s 后，关闭翻斗门，小车向后运行，行至后端，压下后限位开关，打开小车底门卸货，5 s 后底门关闭，完成一次动作。

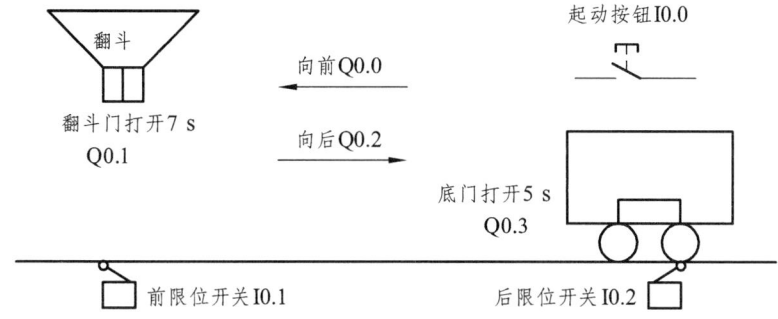

图 11-43 送料小车控制示意图

要求控制送料小车的运行，并具有以下几种运行方式：
① 手动操作：用各自的控制按钮，一一对应地接通或断开各负载的工作方式。
② 单周期操作：按下起动按钮，小车往复运行一次后，停在后端等待下次起动。
③ 连续操作：按下起动按钮，小车自动连续往复运动。

（2）PLC 选型及 I/O 分配。

根据送料小车的控制要求，经过分析，共需输入点 10 个，输出点 4 个，故决定选用 SIEMENS S7-200 的 CPU224 型 PLC 作为控制系统的核心。该型 PLC 本机共有 14 个输入点，10 输出点。PLC 的各点功能分配见表 11-9。

表 11-9 PLC 的各点功能分配表

输入	功能	输出	功能
I0.0	自动起动按钮	Q0.0	小车向前运行
I0.1	前限位开关	Q0.1	翻斗门打开
I0.2	后限位开关	Q0.2	小车向后运行
I0.3	手动	Q0.3	底门打开
I0.4	自动单周期		
I0.5	自动连续操作		
I0.6	手动小车向前		
I0.7	手动小车向后		
I1.0	翻斗门打开		
I1.1	底门打开		

PLC 的接线图如图 11-44 所示。

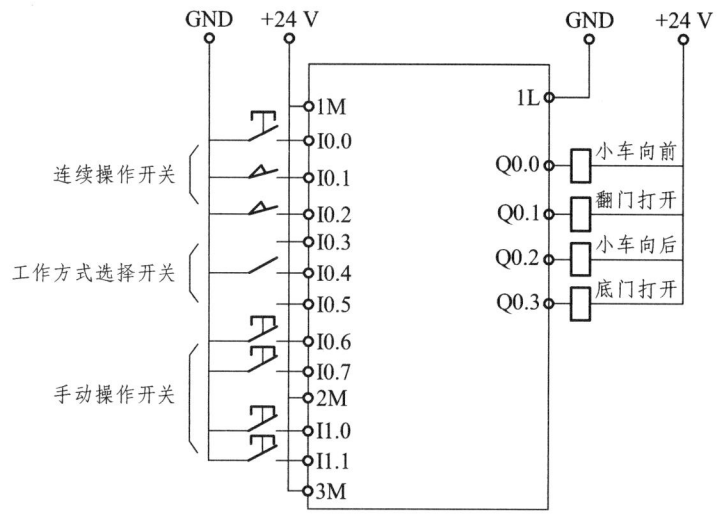

图 11-44　I/O 分配及外部接线图

（3）程序结构。

总的程序结构如图 11-45 所示，其中包括手动程序和自动程序两个程序块，由跳转指令选择执行。当方式选择开关接通手动操作方式时（图 7-13），I0.3 输入映像寄存器置位为 1，I0.4，I0.5 输入映像寄存器置位为 0。在图 11-45 中，I0.3 常闭触点断开，执行手动程序；I0.4，I0.5 常闭触点均为闭合状态，跳过自动程序不执行。若方式选择开关接通单周期或连续操作方式时，图 11-45 中的 I0.3 触点闭合，I0.4，I0.5 触点断开，使程序跳过手动程序而选择执行自动程序。

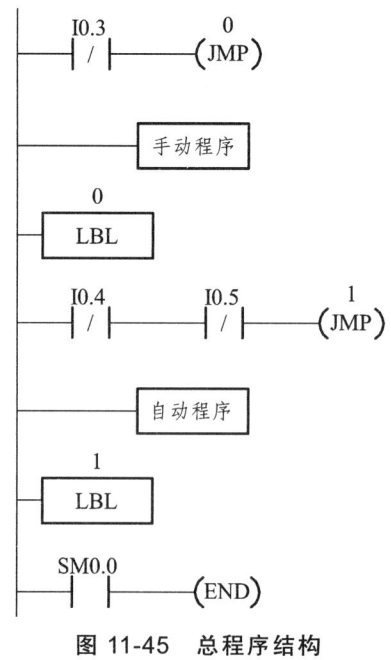

图 11-45　总程序结构

手动操作方式的梯形图程序如图 11-46 所示。

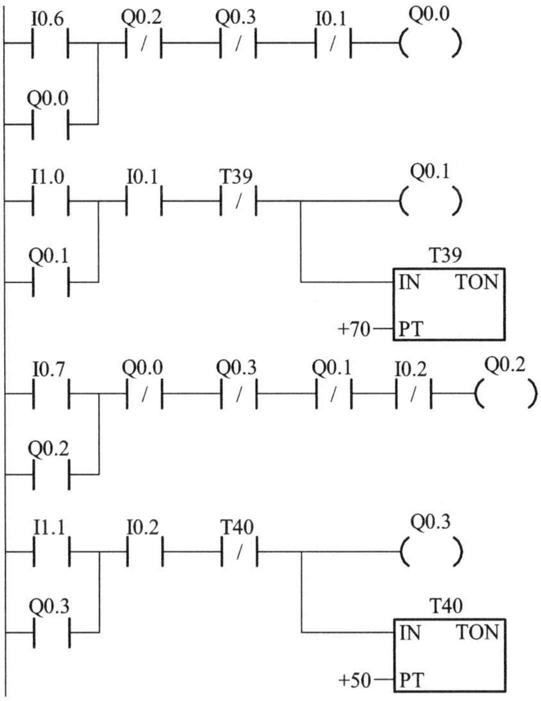

图 11-46 手动操作梯形图

自动运行方式的功能流程图如图 11-47 所示。当在 PLC 进入 RUN 状态前就选择了单周期或连续操作方式时,程序一开始运行初始化脉冲 SM0.1,使 S0.0 置位为 1,此时若小车在后限位开关处,且底门关闭,I0.2 常开触点闭合,Q0.3 常闭触点闭合,按下起动按钮,I0.0 触点闭合,则进入 S0.1,关断 S0.0,Q0.0 线圈得电,小车向前运行;小车行至前限位开关处,I0.1 触点闭合,进入 S0.2,关断 S0.1,Q0.1 线圈得电,翻斗门打开装料,7 s 后,T37 触点闭合进入 S0.3,关断 S0.2(关闭翻斗门),Q0.2 线圈得电,小车向后行进,小车行至后限位开关处,I0.2 触点闭合,关断 S0.3(小车停止),进入 S0.4,Q0.3 线圈得电,底门打开卸料,5 s 后 T38 触点闭合。若为单周期运行方式,I0.4 触点接通,再次进入 S0.0,此时如果按下起动按钮,I0.0 触点闭合,则开始下一周期的运行;若为连续运行方式,I0.5 触点接通,进入 S0.1,Q0.0 线圈得电,小车再次向前行进,实现连续运行。将该功能流程图转换为梯形图如图 11-47 所示。

2)PLC 在恒压供水中的应用

随着城市高层建筑供水问题的日益突出,保持供水压力的恒定、提高供水质量是相当重要的;同时要求保证供水的可靠性和安全性。供水系统针对上述问题设计

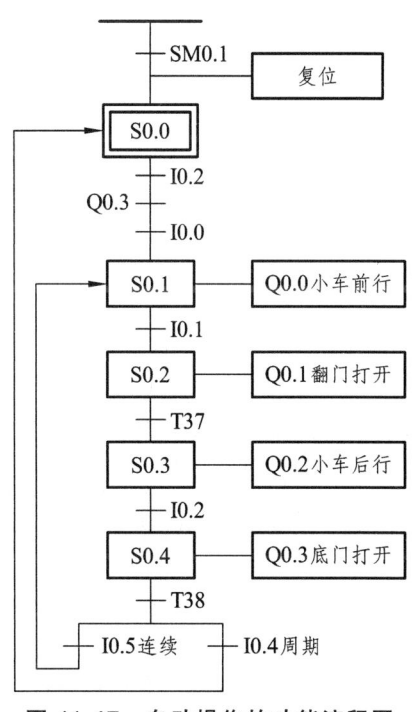

图 11-47 自动操作的功能流程图

的供水方式和控制系统，应由主供水回路、备用回路、一个设在负一层的清水池及泵房组成。其控制的工艺要求如下：

① 供水压力要求恒定，波动一定要小，尤其在换泵时，泵的供水功率 7 kW 左右。

② 使用三台水泵进行供水，三台泵根据压力的设定，采用"先开先停"的原则。

③ 为了防止一台泵长时间运行，需设定运行时间。当时间到时，自动切换到下一台泵，以防止泵长时间不用而锈死。

④ 要有完善的保护和报警功能。

⑤ 为了检修和应急要设有手动功能。

⑥ 需具有水池防抽空功能。

⑦ 系统要求尽量采用节能设计（图 11-48）。

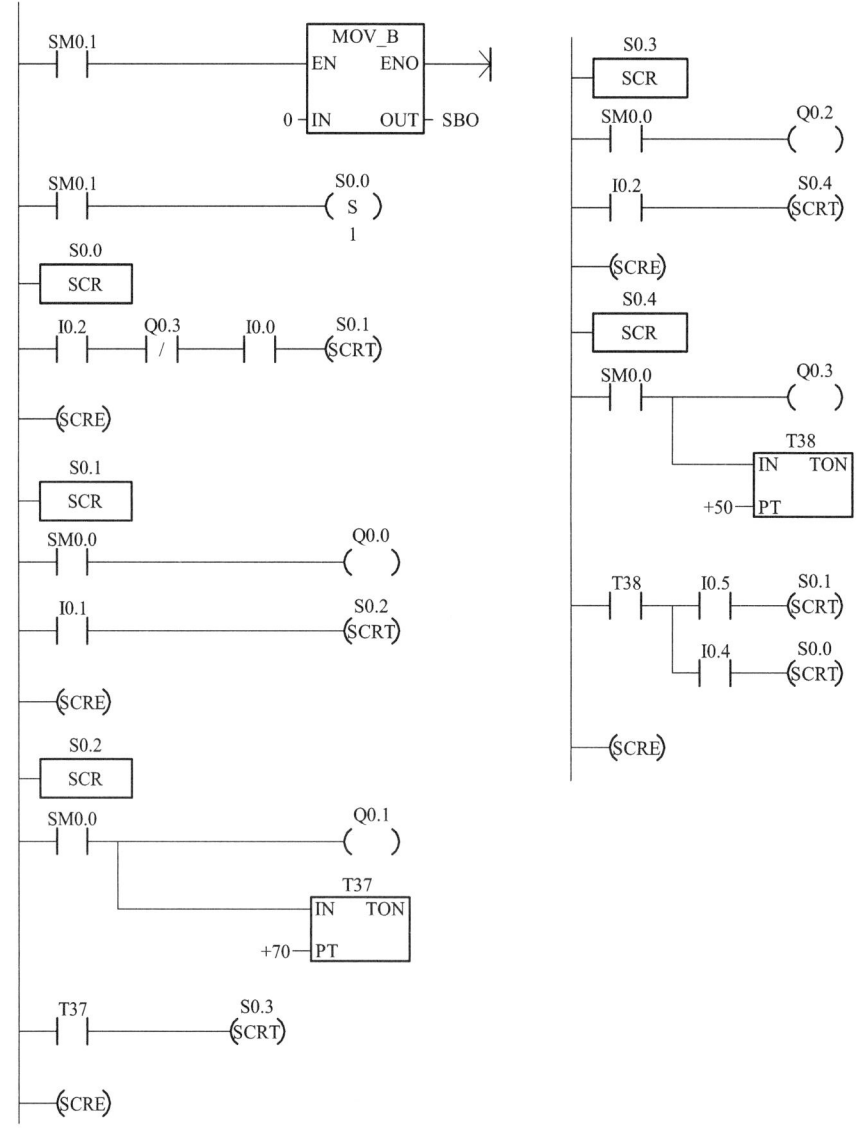

图 11-48　自动操作步进梯形图

（1）系统控制方案设计。

根据系统在提高供水质量和节能方面的要求和功能，本例采用以 PLC 和变频器为中心组成的恒压供水控制系统。在恒压供水中，泵的流量要根据压力能够进行调节，如果水泵的效率一定，当要求调节流量下降时，转速 n 可成比例的下降，而此时轴输出功率 P 成立方关系下降。即水泵电动机的耗电功率与转速近似成立方比的关系，使用变频器控制可以满足以上要求，从而达到节能要求。采用 PLC 则可以很好地满足恒压供水系统的控制要求。系统控制框图如图 11-49 所示。在该控制系统中，为了节省成本，没有采用 PLC 的模拟量输入扩展模块，模拟量输出给变频器进行频率调节而采用具有压力显示的 PID 调节器，将压力传感器的信号（4～20 mA 或 0～5 V）送给调节器，调节器再将模拟量输出给变频器进行频率调节。

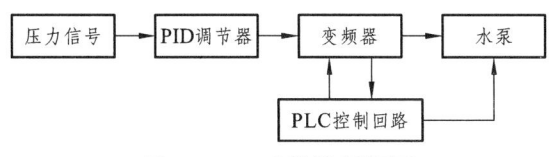

图 11-49　系统控制框图

根据系统控制框图，进行如图 11-50 的所示的供水系统原理图设计，在图中，泵房装有 1#～3#共 3 台泵机，用于主供水回路、备用回路。还有多个电动闸阀或电动蝶阀控制各供水回路和水流量。接触器 KM2、KM4、KM6 可用于手动控制，接触器 KM1、KM3、KM5 的主触点用于同变频器的 U、V、W 相连。为防止系统给变频器反送电，造成变频器损坏，KM1 和 KM2、KM3 和 KM4、KM5 和 KM6 必须进行机械互锁。

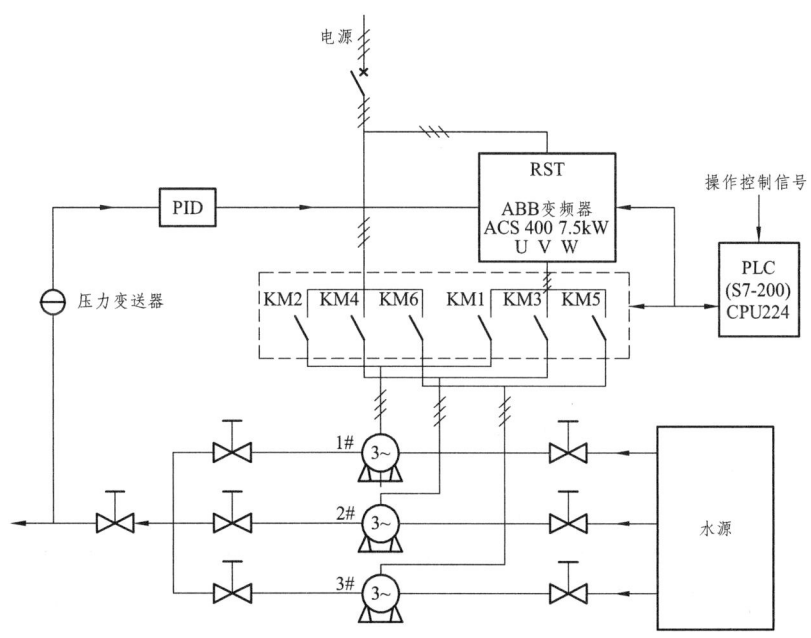

图 11-50　供水系统原理图

（2）变频器简介及其选型。

① 变频器简介。由电动机学基本原理可知，改变频率即可改变转速 n，而变频器就是

用于改变电源频率的装置。通过使用变频器，使得交流电动机的调速变得简单方便。

随着技术的发展和价格的降低，变频器在工业控制中的应用越来越广泛。变频器在控制系统中主要作为执行机构来使用，有的变频器还有闭环 PID 控制和时间顺序控制的功能。PLC 和变频器都是以计算机技术为基础的现代工业控制产品，将二者有机地结合起来，用 PLC 来控制变频器，是当代工业控制中经常遇到的问题。常见的控制要求包括：

a. 用 PLC 控制变频电动机的旋转方向、转速和加速、减速时间。

b. 实现电动机的工频电源和变频电源之间的切换。

c. 实现变频器与多台电动机之间的切换控制。

d. 通过通信实现 PLC 对变频器的控制，将变频器纳入工厂自动化通信网络。

常见的 PLC 控制变频器输出频率的方法包括：

a. 用 PLC 的模拟量输出模块提供变频器的频率给定信号。PLC 的模拟量输出模块输出的直流电压或直流电流信号送给变频器的模拟量转速给定输入端，用模拟量输出信号控制变频器的输出频率。这种控制方式的硬件接线简单，但是 PLC 的模拟量输出模块价格较高，模拟量信号可能会受到干扰信号的影响。

b. 用 PLC 的数字量输出信号有级调节变频器的输出频率。PLC 的数字量输出/输入点一般可以与变频器的数字量输入/输出点直接相连，这种控制方式的接线简单，抗干扰能力强。用 PLC 的数字量输出模块可以控制变频器的正/反转，有级调节转速和加/减速时间。虽然只能有级调节，但是对于大多数系统，这也足够了。

c. 用串行通信提供频率给定信号。PLC 和变频器之间的串行通信除了可以提供频率给定信号外，还可以传送大量的参数设置信息和状态信息。

d. 用 PLC 的高速脉冲输出信号作为频率给定信号。某些变频器有高速脉冲输入功能，可以用 PLC 输出的高速脉冲的频率作为变频器的频率给定信号。

② 变频器选型。根据控制要求，已知最大输入功率 7 kW 左右，并且对速度精度要求不高，单体传动，对加减速时间没有要求，属于要求相对宽松的场合，并考虑到变频器输出功率和额定电流稍大于电动机的功率和额定电流，故选用 ABB ACS400 系列 7.5 kW 变频器。ACS400 系列变频器的外部接口示意图如图 11-51 所示。

该变频器的主要功能包括：

a. 变频器可选为外部控制方式（REM 远程控制，信号来自端子 X1）或内部控制时（LOC 本地控制，由操作面板控制）。

b. 有 AI1、AI2 两个模拟量输入端，这两个端子可以连接 PLC 的模拟输出模块的输出端子或连接 PID 的模拟量输出端子，用来控制变频器的输出频率。输入的模拟信号为 0～10 V 的模拟电压或 4～20 mA 的模拟电流。

c. 多段速选择功能。DI1、DI2、DI3 三个端子可以用来进行最多 7 种恒速有级调速。另外，DI4、DI5 也可以进行有级调速控制。这些控制端子都可以与 PLC 相连接。不使用多段速选择功能时，DI1、DI2、DI3 三个端子可以用于电动机的正反转控制。

d. 具有可编程继电器输出接口，可用于限幅、故障报警等控制。

e. 应用宏（FACTORY）。应用宏是预先编好的参数集。应用宏将使用过程中所需设定的参数数量减少到最小。

f. 串行通信。ACS400 有两个串行通道：通道 0 和通道 1。其中通道 1 是标准的 RS485 接口，出厂设定的通信协议是 MODBUS。

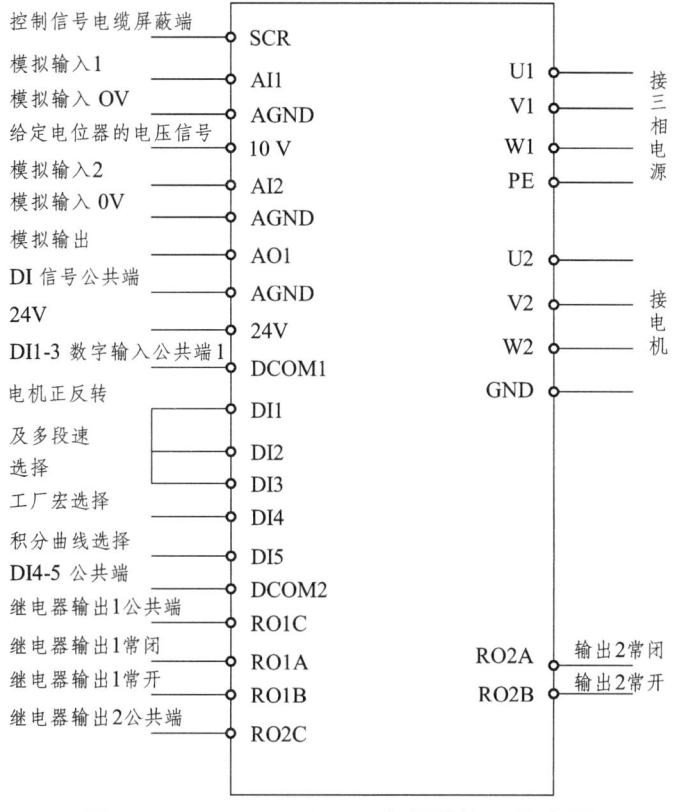

图 11-51 ABB ACS400 变频器接口示意图

③ 变频器的技术参数。ABB ACS400 是具有多种功能的变频器,在本例中由于已选 PID 调节器,因此就不用变频器的内部 PID 调节,而只用变频器的工厂宏 FACTORY（0）（具体参照《ABB ACS400 变频器用户手册》）就可以了。压力传感器将压力信号传给 PID 调节器,PID 调节器根据压力设定,输出 4～20 mA 给变频器以调节电动机的速度,变频器的运行要根据可编程序控制器输出 Q1.0（DCOM1-DI2）是否闭合来确定,变频器的停止要根据可编程序控制器输出 Q0.7（DCOM1-DI1）是否闭合来确定。

利用变频器的两个可编程继电器输出端口 RO1 和 RO2 进行功能设定。将变频器的内部可编程继电器 RO1,RO2 设定成频率到达。当变频器达到最高频率时,RO1 的常开触点 RO1B-RO1C 闭合；当变频器达到最低频率时,RO2 的常开触点 RO2B-RO2C 闭合。可以此作为 PLC 的输入信号,判断是否进行加泵和切泵。相关参数设定见表 11-10。

表 11-10 相关参数设定表

代码	功能	设定值	代码	功能	设定值
9902	应用宏选择	0（工厂宏）	2102	停车方式	1（惯性）
1001	外控 1 连接方式	3	3201	第一监控参数	0103
1003	旋转方向	1（正向）	3202	监控 1 下限	15 Hz
1102	外控 1/外控 2 选择	6	3203	监控 1 上限	50 Hz
1103	外部给定 1 选择	0	3204	第二监控参数	0103

(3) PLC 的选型。

根据图 11-52 分析，系统共计 4 个输入点，8 个输出点，考虑到系统将来应具有一定的扩展性，故本例采用以 SIEMENS S7-200 的 CPU224 型 PLC。该型 PLC 本机共有 14 个输入点，10 个输出点。CPU 224 PLC 具体的 I/O 分配见表 11-11。

表 11-11 I/O 分配

输 入	功 能	输 出	功 能
I0.0	变频器高频到达 RO1	Q0.0	KM1（1#电动机接变频器）
I0.1	变频器低频到达 RO2	Q0.1	KM2（1#电动机接工频电源）
I0.3	起动	Q0.2	KM3（2#电动机接变频器）
		Q0.3	KM4（2#电动机接工频电源）
		Q0.4	KM5（3#电动机接变频器）
		Q0.5	KM6（3#电动机接工频电源）
I0.7	水池水位下限信号	Q0.7	DCOM1-DI1
		Q1.0	DCOM1-DI2

(4) 电气控制系统原理图。

① 主电路图。电气控制系统主回路如图 11-53 所示。图中，M_1、M_2、M_3 为三台电动机，交流接触器 $KM_1 \sim KM_6$ 控制三台电动机的运行，KH_1、KH_2、KH_3 为电动机 M_1、M_2、M_3 过载保护用的热继电器，QF_1、QF_2、QF_3、QF_4、QF_5 分别为主电路、变频器和三台泵的工频运行空气开关。其他电动阀在这里就不画出了。

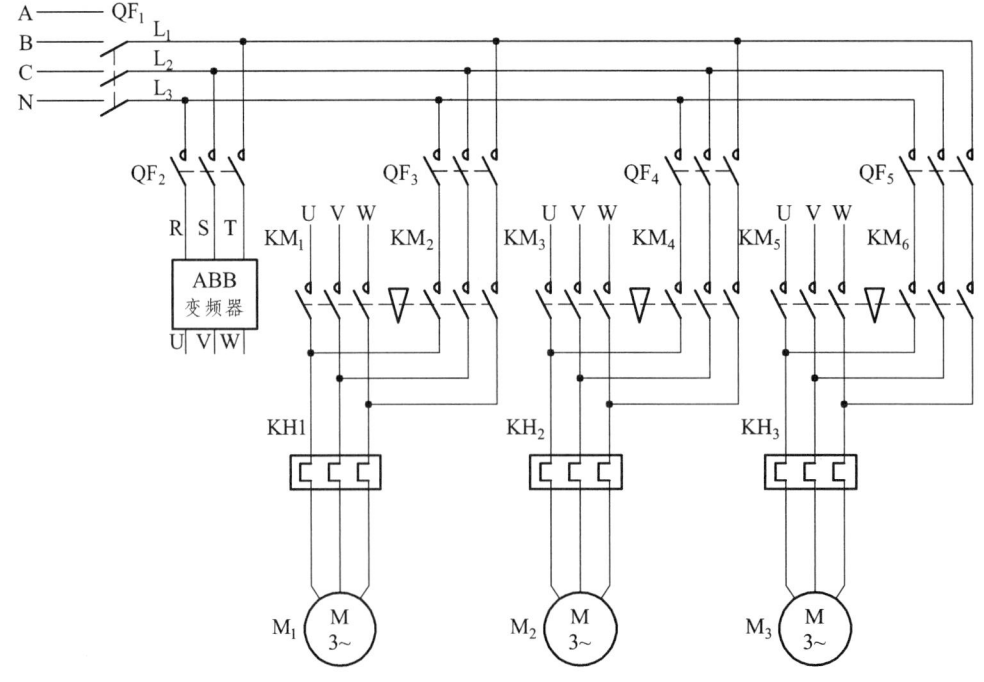

图 11-53 电气控制系统主回路

② PLC 的接线图。本例的接线图如图 11-54 所示。CPU224 的传感器电源 DC 24 V 可以输出 600 mA 电流,通过核算在本例中容量满足要求,CPU224 的输出继电器触点容量为 2 A,电压范围为 DC 5~30 V 或 AC 5~250 V,如果用在较大容量的系统中,一定要注意 PLC 的输出保护。101~106 接控制电路图中虚线框内相对应的控制线,201 接变频器的 DCOM1,202~203 接变频器的 DI1~DI2,变频器的 RO1 的常开点接到 PLC 的 I0.0,RO2 的常开触点接到 PLC 的 I0.1。

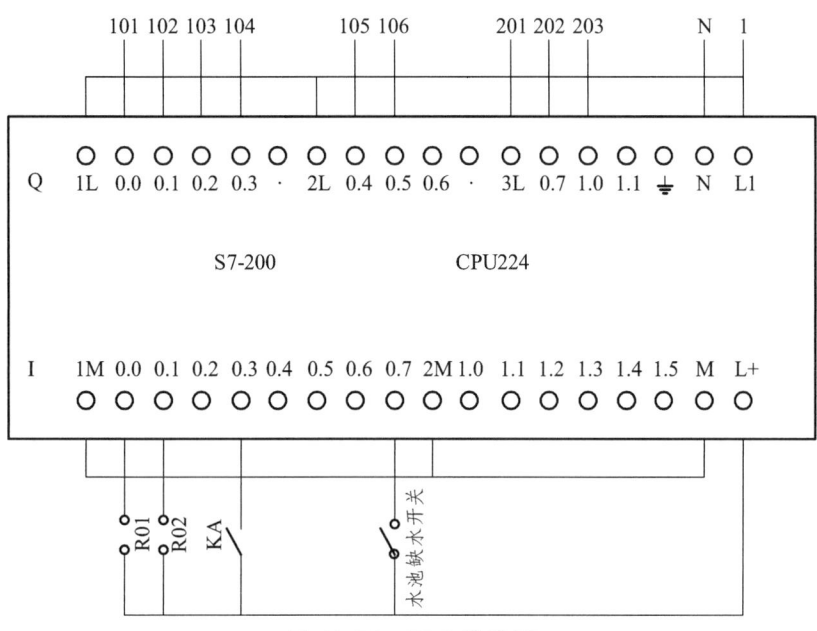

图 11-54 PLC 接线图

③ 控制电路图。本系统的电气控制线路如图 11-55 所示。图中,SA 为手动/自动转换开关,KA 为手动/自动中间继电器,打在 1 位置为手动状态,打在 2 位置为自动状态,同时 KA 吸合。在手动状态,可以按动 SB_1~SB_6 控制三台泵的起停。在自动状态时,系统根据 PLC 的程序运行,自动控制泵的起停。HL_1~HL_8 为各种运行指示灯。中间继电器 KA 的常开触点接 I0.3,控制自动状态时的起动。中间继电器 KA 的三个常闭触点接在三台泵的手动控制电路上,控制三台泵的手动运行。在自动状态时,三台泵在 PLC 的控制下能够有序而平稳地切换、运行。KH_1、KH_2、KH_3 为三台泵的热继电器的常闭触点,可对电动机进行过电流保护。

(5)系统程序设计。

本系统运行的关键是 PLC 程序的合理性、可行性问题。本系统控制梯形图程序如图 11-56(a)、(b)所示,其中图 11-56(a)为主程序,图 11-56(b)为子程序,现说明如下:

系统程序包括主程序和起动子程序,主程序内包括参与调节程序和电动机切换程序;电动机切换程序又包括加电动机程序和减电动机程序。起动子程序实际上是清零程序,在 PLC 上电时,先将 VD200、VD201、VD260 赋值为零,作为中继的 M 复位。在主程序中,T56、T57 为变频器频率上、下限到达滤波时间继电器,主要用于稳定系统。

在主程序中,T56、T57 为变频器上、下限到达滤波时间继电器,主要用于稳定系统。VB200 为变频泵的泵号,VB201 为工频运行泵的总台数,VD260 为倒泵时间存储器。

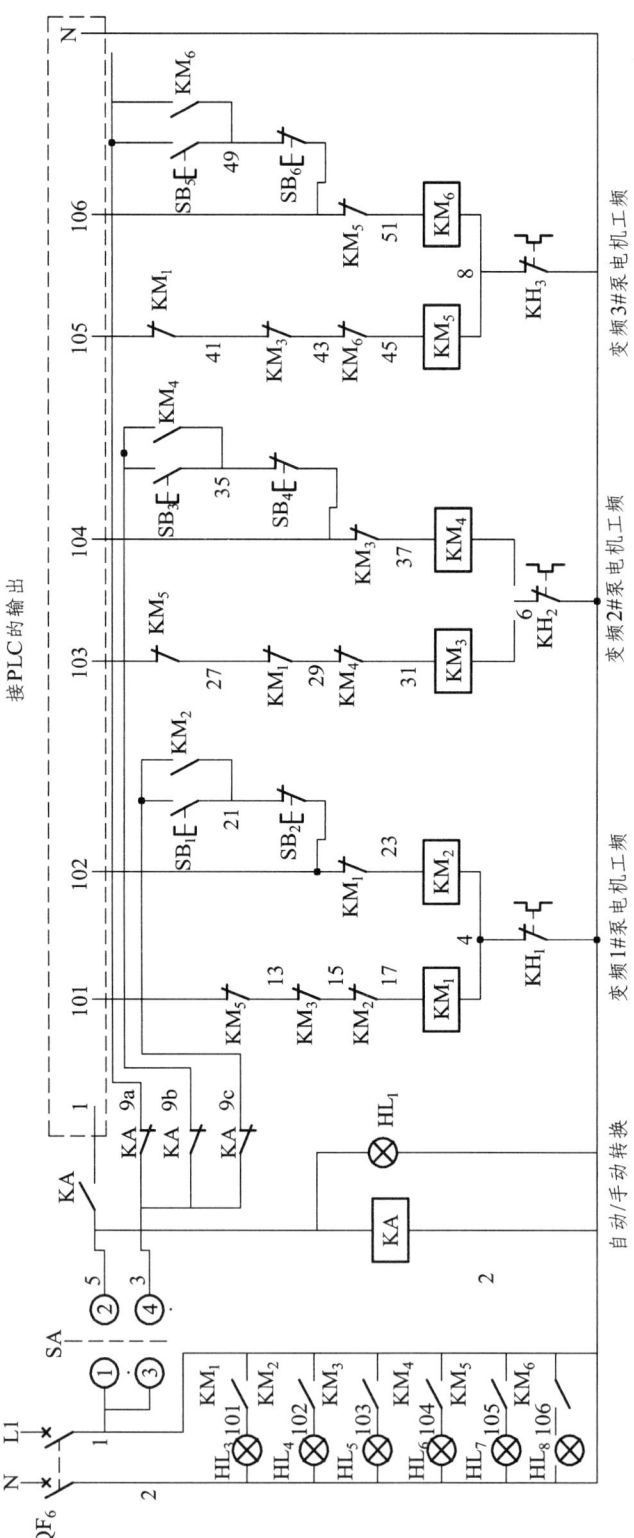

图 11-55 电气控制线路图

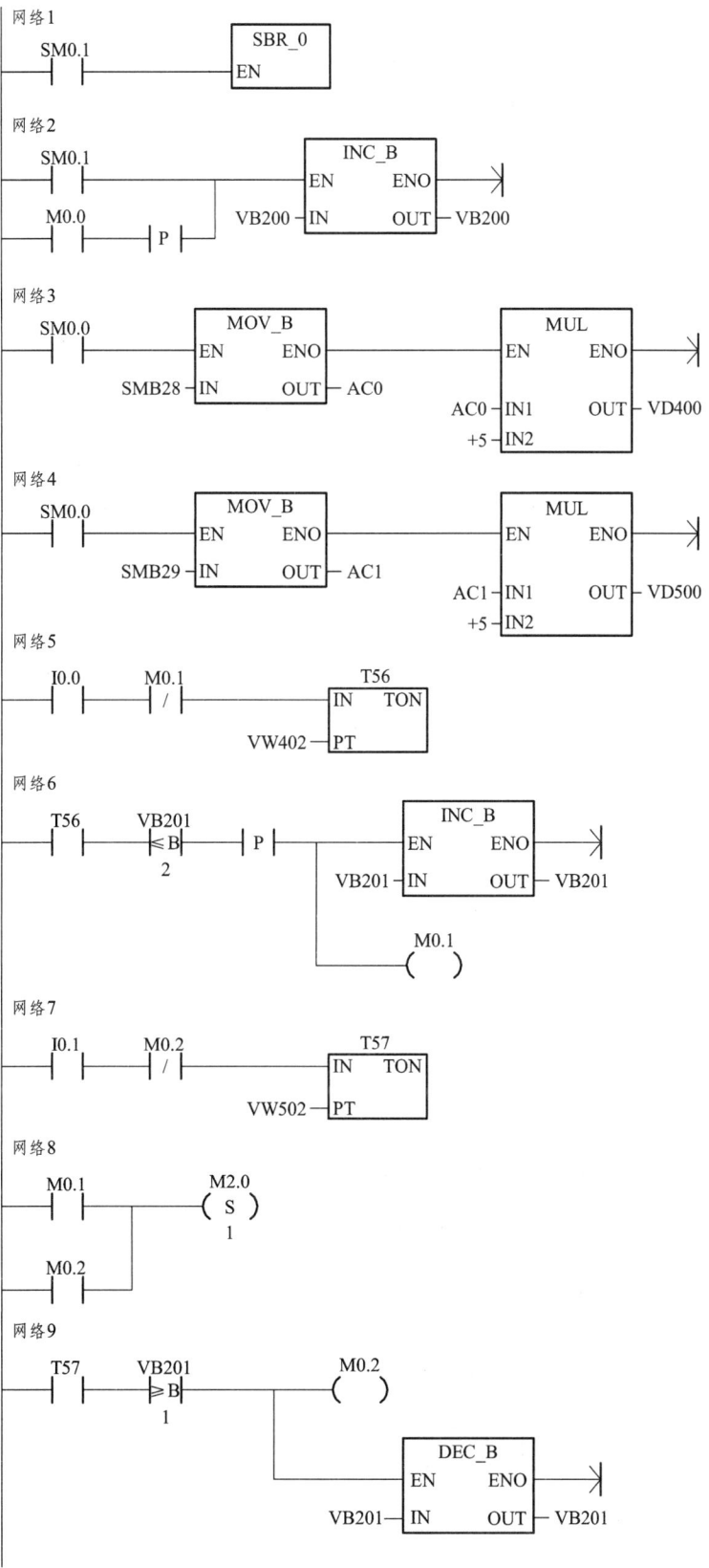

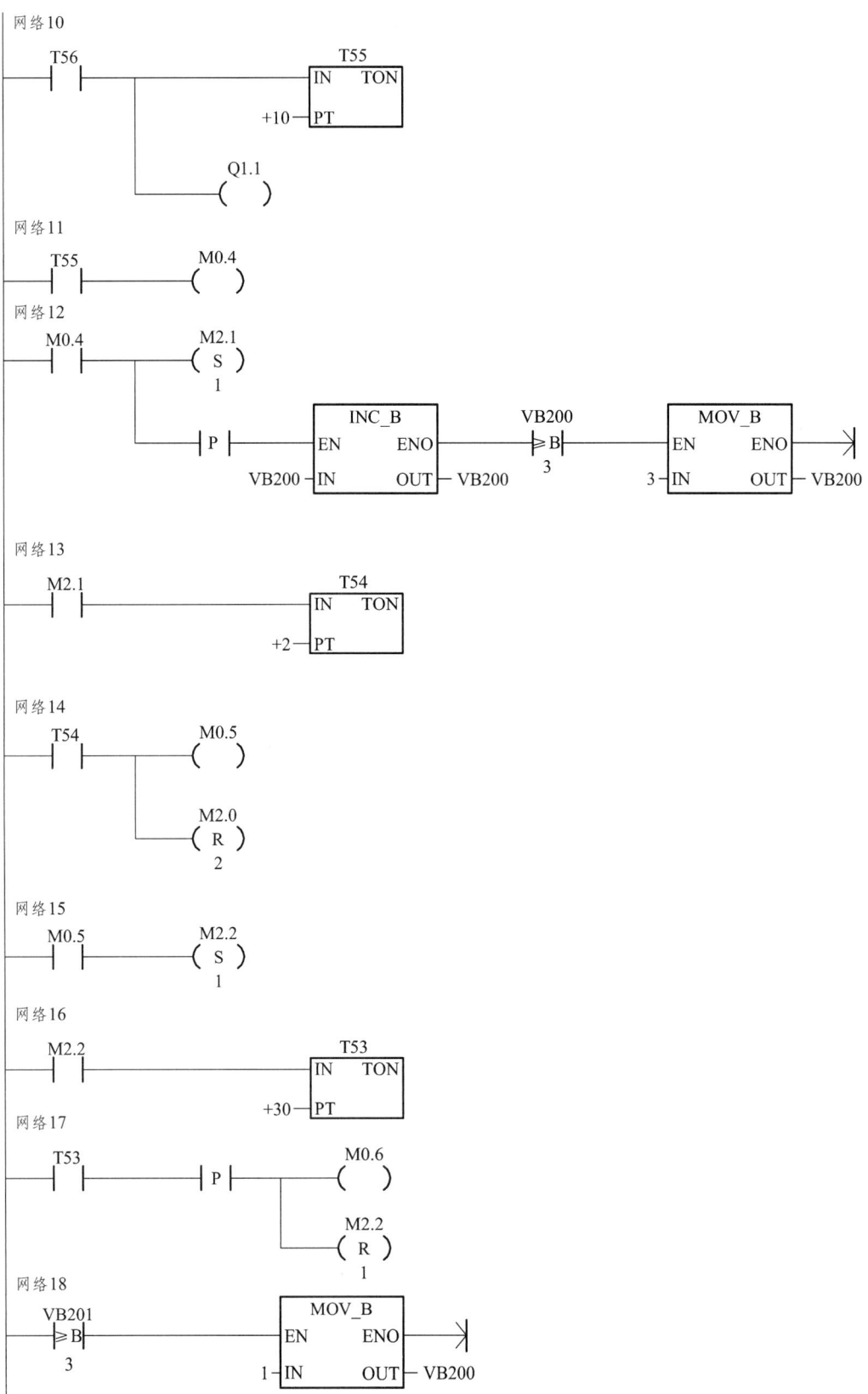

网络19

```
   VB201      SM0.4              INC_DW
───┤==B├─────┤ ├─────┤ P ├─────EN   ENO──┤
     0                      VD260─IN   OUT─VD260
```

网络20

```
   VD260                   M0.3
───┤==D├─────┤ P ├─────────(   )
   +43100              │        MOV_DW
                       └──────EN    ENO──┤
                          +0─IN    OUT─VD260
```

网络21

```
   VB201           MOV_DW
───┤>=B├─────────EN    ENO──┤
     1        +0─IN    OUT─VD260
```

网络22

```
    I0.3        M3.0
───┤ / ├───┬───(   )
           │
    I0.7   │        MOV_B
───┤ ├─────┼─────EN    ENO──┤
           │    1─IN    OUT─VB200
           │
           │        MOV_B
           ├─────EN    ENO──┤
           │    0─IN    OUT─VB201
           │
           │         T36
           ├─────IN    TON
           │   +50─PT
           │
           │   T36               M0.3
           └──┤ ├─────┤ P ├─────(   )
```

网络23

```
   SM0.1     VB200     M4.0    M3.0    Q0.1    Q0.0
───┤ ├────┬──┤=B├─────┤ / ├───┤ / ├───┤ / ├───(   )
          │    1
   M0.0   │
───┤ ├────┤
          │
   M0.6   │
───┤ ├────┤
          │
   Q0.0   │
───┤ ├────┘
```

网络24

```
   M0.6      VB200     M0.4    M3.0    Q0.3    Q0.2
───┤ ├────┬──┤=B├─────┤ / ├───┤ / ├───┤ / ├───(   )
          │    2
   Q0.2   │
───┤ ├────┘
```

275

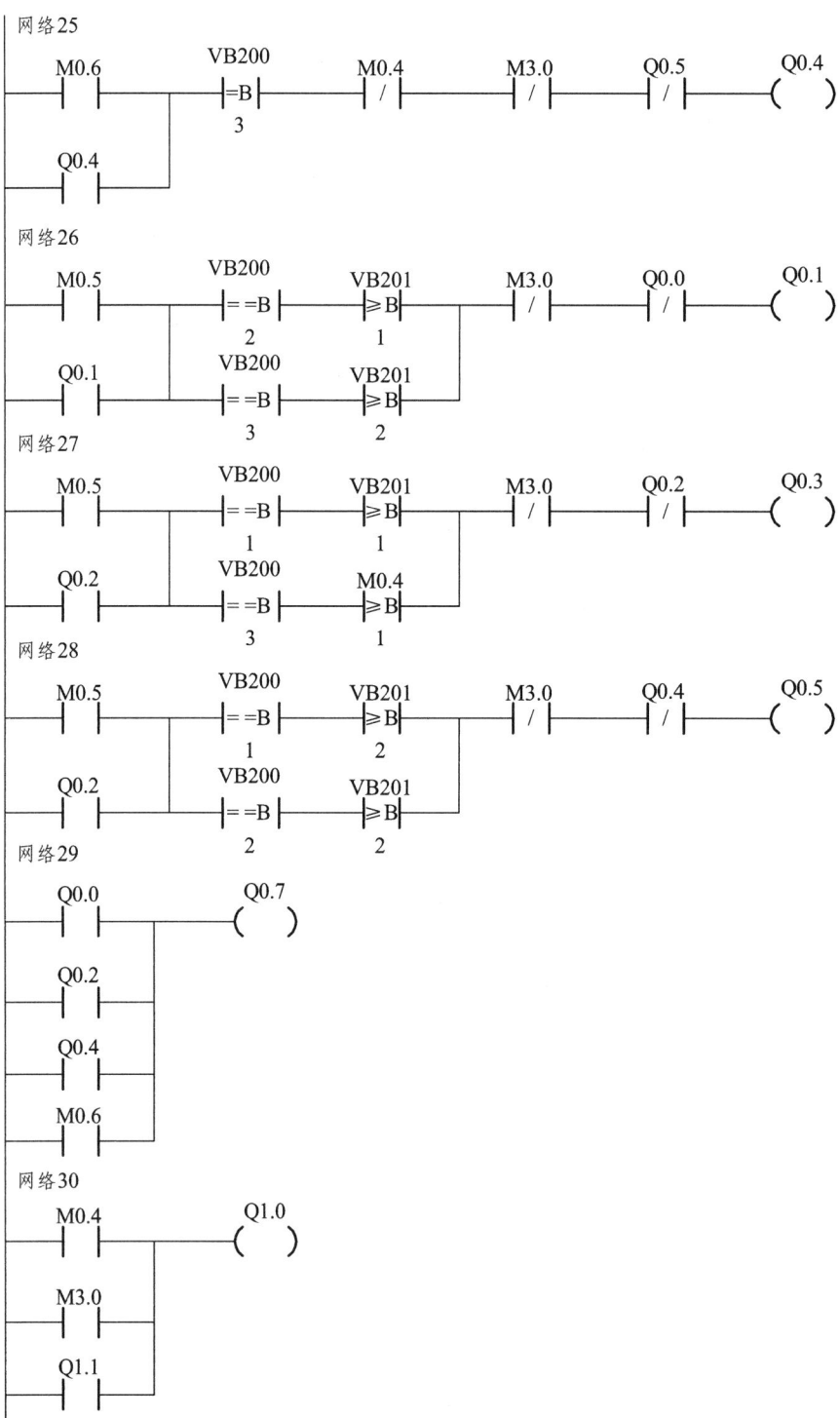

（a）主程序

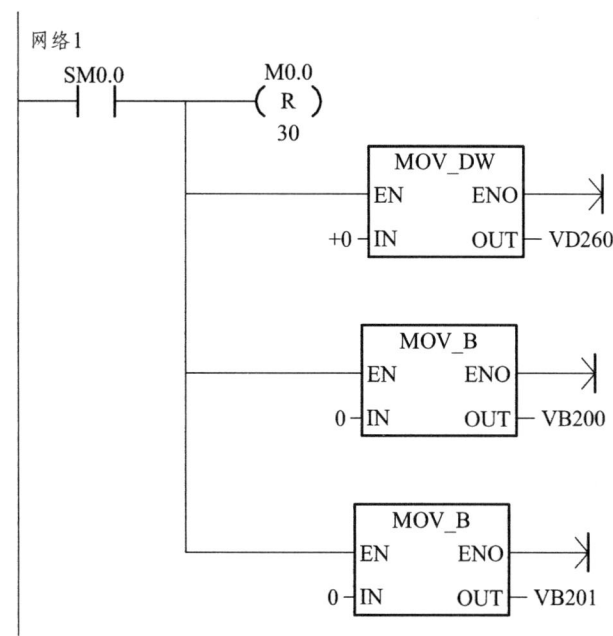

(b）子程序

图 11-56　控制梯形图

1. 试用传送指令设计：当 I0.0 动作时，Q0.0～Q0.7 全部输出为 1。

2. 编写一段程序，检测传输带上通过的产品数量，当产品数达到 100 时，停止传输带进行包装。

3. 试设计程序：当 I0.1 动作时，使用 0 号中断，在中断程序中将 0 送入 VB0。

4. 用定时器 T32 进行中断定时，控制接在 Q0.0～Q0.7 上的 8 个彩灯循环左移，每秒移动一次，设计程序。

5. 编写一段程序，用定时中断 0 实现每隔 4 s 时间 VB0 加 1。

6. 列举常见的 PLC 基本控制程序。

7. 设计实现三台电动机的顺序起停电路，要求如下：

（1）按起动按钮后，三台电动机依次按顺序起动，时间间隔为 1 min。

（2）按停止按钮后，三台电动机按相反顺序依次停止，时间间隔为 2 min。

（3）画出主电路和控制电路，设计 PLC 控制程序。

8. 在制药厂生产车间，人或物进入这些场合前首先需要进行除尘处理，为了保证除尘操作的严格进行，避免人为因素对除尘要求的影响，必须 PLC 对除尘室的门进行有效控制。控制要求如下：

（1）除尘室有两道门，两道门之间有两台风机，用来对人或物除尘。第二道门上有磁锁，该锁在系统控制下自动锁上或打开。

（2）人进入车间时必须先打开第一道门进入除尘室，除尘后方可进入室内。当第一道门打开时，开门传感器动作，第一道关上时关门传感器动作，第二道门打开时相应的开门传感器动作。

（3）第一道门关上后，风机开始吹风，电磁锁把第二道门锁上并延时 20 s 后风机自动停止，电磁锁自动打开，此时可打开第二道门进入室内。

（4）人从室内出来时，第二道门的开门传感器先动作，第一道门开门传感器才动作。

关门传感器与进入时动作相同，但由于此时不需除尘，所以风机、电磁铁均不动作。试设计其控制程序。

9. 怎样控制变频器的输出频率？

第二篇　清筛机电气系统

任务十二　清筛机电气系统及电路基础知识

子任务一　了解清筛机电气系统组成

电气系统是清筛机运行及作业的控制中心，它既要保证清筛机在区间的正常运行，又要保证在作业时对工作装置和作业走行装置的控制。QS-650 型清筛机电气系统按控制功能不同分为以下七个部分：

（1）电源。
（2）柴油机启动和运转电路。
（3）空气制动电路。
（4）液压作业操作控制电路。
（5）照明电路。
（6）监视、仪表显示和讯号、灯光报警电路。
（7）辅助控制电路。

1. 电气系统方框图

QS-650 型清筛机全车供电方式有两种。如图 12-1 所示，一部分电路是由蓄电池直接供电，这一部分电路的接通，是为柴油机启动做准备的，在图上注明为 2#线；另一部分电路是由柴油机启动控制电路来控制的，主要是走行和作业系统的电路，在图上标注为 5#线。

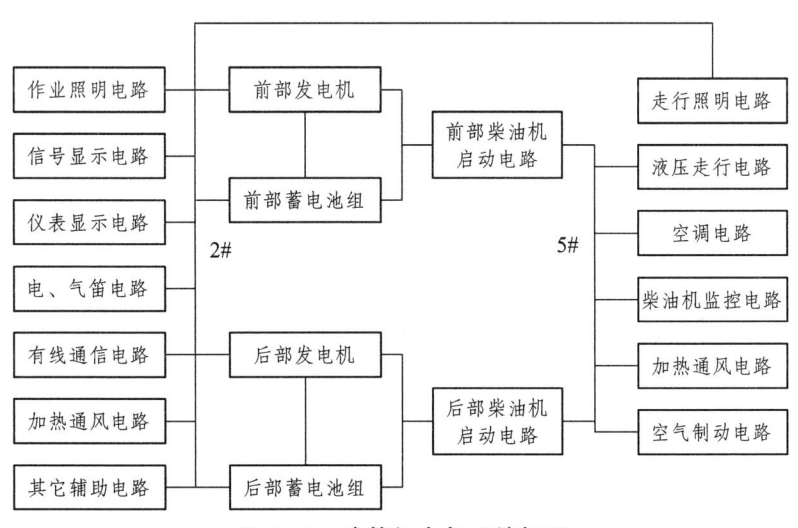

图 12-1　清筛机电气系统框图

2. 电气系统主要部件的布置

由于 QS-650 型清筛机体积大，为了便于操作，设置各类配电箱（柜）36 个，分布在整机的各个位置上。现将配电箱（柜）所在的位置画出示意图，如图 12-2 所示，供维修时参考。

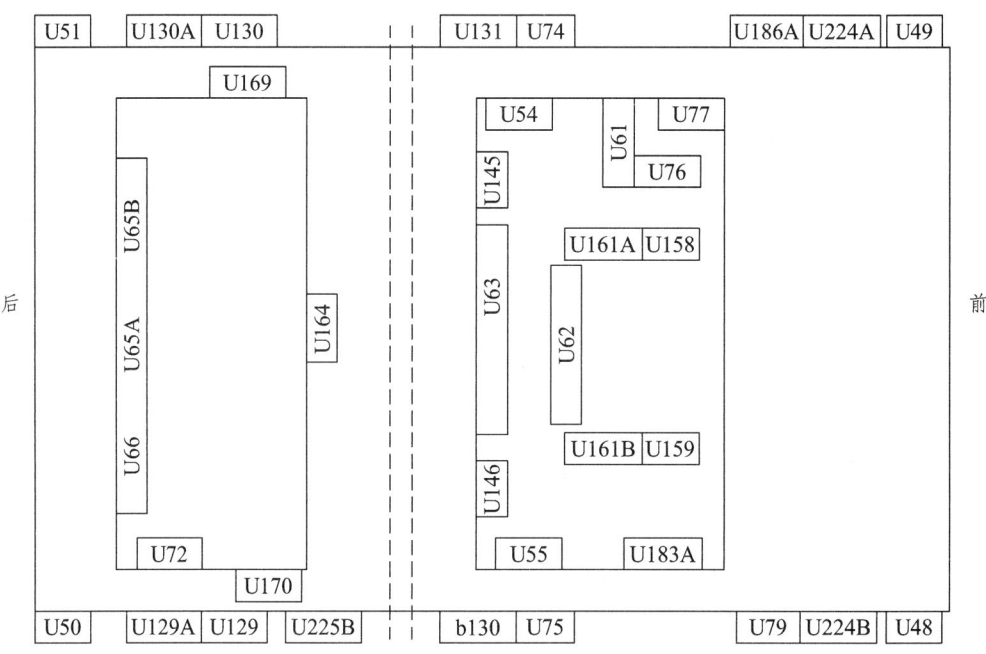

图 12-2 配电箱（柜）位置图

U48—前右侧开关箱；U49—前左侧开关箱；U50—后右外侧开关箱；U51—后左外侧开关箱；U54—左道砟回填输送带自动位开关；U55—右道砟回填输送带自动位开关；U61—前驾驶和仪表盘；U62—作业驾驶室熔断箱；U63—作业驾驶室操作配电箱；U64—紧急停车按钮箱；U65A—后驾驶室显示面板；U65B—后驾驶室熔断器板；U66—后驾驶和仪表盘；U69—后柴油机控制箱；U72—后仪表箱；U74—左外控制箱；U75—右外控制箱；U76—通话装置箱；U77—前仪表箱；U79—前柴油机控制箱；U129A—右布砟控制盒；U129—外侧右开关箱；U130—外侧左开关箱；U130A—左布砟控制盒；U145—作业驾驶室左开关箱；U146—作业驾驶室右开关箱；U158—回转污土输送带作业驾驶室左开关板；U159—回转污土输送带作业驾驶室右开关板；QS161A—左加热装置配电箱；U161B—右加热装置配电箱；U169—后左上侧开关箱；U170—后右上侧开关箱；U183A—汽笛按钮箱；U186A—接线配电箱；U224A—插座箱；U224B—插座箱；U225B—电笛按钮箱

子任务二 清筛机电器元件及识图方法的认知

1. 清筛机电器元件符号介绍

QS-650 型清筛机是引进国外技术生产的，电气系统所采用的电器符号，与我国目前采用的电器图形符号新标准基本相同，也有部分与我国的标准不同，如表 12-1 所示。

表 12-1 常用电器图形符号

符号	名称	符号	名称
	常开触点		常闭触点
	继电器线圈		插座
	时间继电器线圈		带灯开关
	蜂鸣器		熔断体
	三档旋钮开关		限位开关
	四档旋转开关		可调电阻
	蘑菇开关		带灯显示仪表
	三档板钮开关		继电器线圈
	日光灯		仪表指示灯
	钥匙开关		转换开关
	警示灯		双列两档旋钮开关

以时间继电器为例分析其动作原理：

1）工作原理

如图 12-3 所示，当时间继电器 2 脚正电位，10 脚 0 电位时，表示时间继电器触点保持在原始位置。2 脚 5 脚同为正电位，10 脚 0 电位时，表示时间继电器得电动作。这说明只有当 2、5 脚都呈高电位时，时间继电器才动作。这一点与国产时间继电器通、断电情况不同。

2）各时间继电器动作情况

清筛机电气系统中，各时间继电器及动作情况说明如下：

d264、d265 时间继电器通电，触点断开；断电延时 2 s，触点返回原始闭合位置。

d279 时间继电器通电，触点闭合；断电延时 30 s，触点返回原始断开位置。

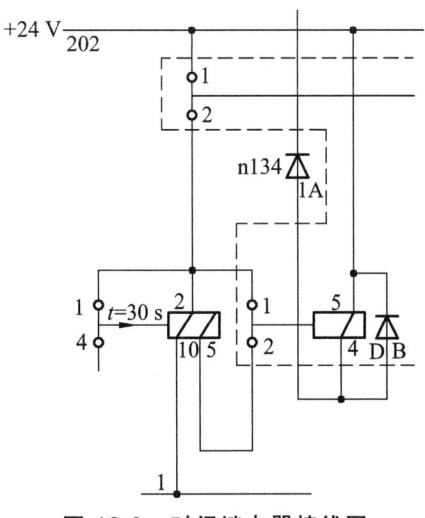

图 12-3 时间继电器接线图

d6、d52 时间继电器通电，触点断开；断电延时 30 s，触点返回原始闭合位置。
d8、d55 时间继电器通电，触点断开；断电延时 20 s，触点返回原始闭合位置。
d10、d56 时间继电器通电，触点断开；断电延时 4 min，触点返回原始闭合位置。

2. 识图方法

QS-650 型清筛机电路图的识图方法同其他大型养路机械一样。在初步熟悉我国的机床电器识图方法之后，可用其基本原理来分析 QS-650 型清筛机的电气原理图。

（1）电路图中各种开关和继电器的触点在图上标示的位置表示这些电器元件的原始状态。当通电（断电）或者在外力作用下，这些原始位置将发生变化，例如在图上继电器的触点处于断开（闭合）时，就是指继电器触点的原始状态为断开（闭合），通电以后，它们就闭合（断开）。油压开关在无油压或油压未达到规定值时触点断开（闭合），达到压力值后触点闭合（断开）。温度开关在温度未达到时触点断开（闭合），温度达到时触点闭合（断开）。

（2）要认真阅读《操作说明》中机械、液压动作说明，再根据电气元件通电动作的顺序，逐步弄清各电气元件的功能和控制方法。由于图中电器元件较多，建议在阅图中用这种方法来逐一标明电器元件动作状态，凡通电电气元件用"＋"号，断电电气元件用"－"号，触点闭合使所连接的线路接通用"＋"，例如 1#、2#线接通，写为"1＋2"；触点断开使所连接的线路断开用"－"，例如 1#、2#线断开，写为"1－2"。电气元件动作一次，"＋""－"符号变化一次。此方法在第十二章介绍。在工作实践中使用这种方法会很快提高对电气线路图的阅图能力。

（3）在电气操作前，必须与机械、液压有关操作人员密切配合，在机械和液压等方面做好准备后，方可启动按钮和各种开关。不可盲目开机，以免造成设备损坏。

思考题与习题

1. QS-650 型清筛机的电气系统按控制功能分为哪几部分？
2. 简述 QS-650 型清筛机的全车供电方式。
3. 试比较 QS-650 型清筛机所用时间继电器与我国通用的时间继电器再电气动作上有何不同？

任务十三　柴油机控制与监控

子任务一　了解柴油机控制系统的组成

柴油机也称柴油发动机，是一种将燃料化学能转化为热能，再经气体膨胀过程把热能转化为机械能的动力装置。大型养路机械普遍采用的是高速、V 形多缸、四冲程风冷柴油机。QS-650 型清筛机选用的是两台德国道依茨（DEUTZ）公司制造的 BF12L513C 型风冷柴油发动机。随着电子技术在柴油机上的应用日益增多，电气系统在柴油机中的地位日益重要，故障发生率也日渐增多。因此，掌握柴油机电气系统的工作原理，熟悉电气元件的构造，学会判断其故障是每一个工程机械服务工程师必须具备的本领。

清筛机有两台柴油机分别安装在前、后驾驶室外侧，其控制电路基本相同。柴油机的启动控制是通过启动开关、继电器、启动电机动作，带动柴油机曲轴转动，从而发动柴油机。

柴油机控制电路共有十个停机按钮，分别安装在前、后驾驶室、平台、清筛机左、右两侧各控制电器盒。这十个停机按钮串联连接，当按下其中任何一个停机按钮时，停机电磁阀失电，柴油机油门关闭，进入停机状态。

现代柴油机电气系统往往包括蓄电池、交流发电机、起动机、辅助电气元件和控制装置等。

1. 电　源

QS-650 型清筛机的电气系统供电电压为 DC24 V，负极接在清筛机机车架上，电路上标为接地，其电位为 0 V，正极为 +24 V 电位。为了保证整车电气系统工作正常，尽量减少负极与车架上的接触电阻，因此在试车之前必须认真检查负极固定螺钉是否有松动和氧化生锈现象。柴油机"1"和柴油机"2"起动用的起动机分别由 2 台 12 V，200 A·h 的蓄电池串联供电。停车时，部分照明和仪表指示也由蓄电池供电。整车运行和作业时的电气系统是由柴油机运转后带动两台发电机供电。

前、后部电源电路完全一样，以后部柴油机"2"的电源为例说明。

1）蓄电池

蓄电池是一种利用化学能变化而产生电能的装置，为启动电机提供能源。在柴油机起动时，蓄电池必须在 5～10 s 的延续时间内供给起动电机 200～600 A 的大电流，而不致有大的电压降落。

蓄电池由极板、隔板、容器及电解液等部分组成。容器分为六格，每格内装有电解液，正负极板组浸入电解液中成为单格电池，每个单格电池的标称电压为 2 V。

蓄电池是可逆式直流电源，它与发电机并联后组成工程机械电源。在柴油机正常工作时，工程机械用电设备主要由发电机供电，而蓄电池作用是：

（1）发动机启动时，向起动机等用电设备供电。

（2）发电机不发电或电压较低情况下向用电设备供电。

（3）当用电设备开启较多，发电机负荷较大时协助发电机供电。

（4）当蓄电池电量不足且发电机负荷较小时，可将发电机的电能转换为化学能储存起来。

此外，蓄电池还相当于大电容，可吸收电路中的瞬时过电压，起到稳定电网电压的作用，以保护用电设备及电路中的电子元件不被损坏。

蓄电池种类较多，但用于工程机械的蓄电池必须能满足发动机起动的需要，即在短时间内能想起动机提供大电流（大型柴油机可达 1 000 A），这种蓄电池通常又称为起动型蓄电池。由于铅酸蓄电池具有内阻小，电压稳定的特点，并且结构简单、成本低，并能迅速提供大电流，起动性能好，所以在工程机械上得到了广泛的应用。

2）发电机

QS-650 型清筛机所用的发电机为三相硅整流发电机。最大输出电压为 DC28 V，最大工作电流为 105 A。在发动机接线盒内有三个接线端"B＋""D＋""W""B＋"接线端驱动输出端向蓄电池组充电和向用电设备提供 24 V 直流电压；"D＋"接线端外接起动保护继电器，充电指示灯 h1、h2、h3 和其他用电设备；"W"输出端向 g4、g5 转速表提供转速变化直流电压信号。发电机与蓄电池共同配合工作，发电机随时向蓄电池充电，保证蓄电池电压在要求的范围内，使起动电机能正常工作。

（1）硅整流发电机的构造。

硅整流发电机是由三相交流发电机产生三相交流电，经硅二极管整流后输出直流电。硅整流发电机的构造如图 13-1 所示，它由定子、转子、端盖和整流器等组成。

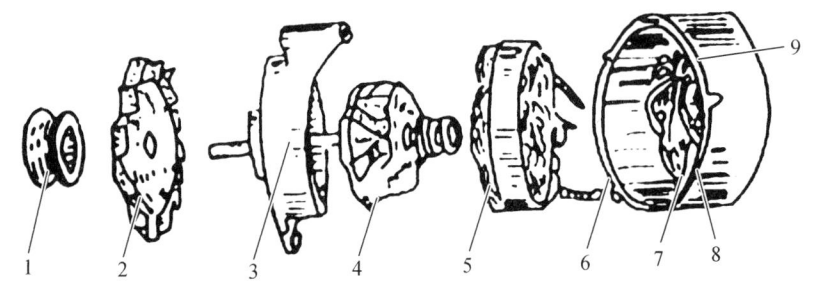

图 13-1　硅整流发电机组件图

1—皮带轮；2—风扇；3—驱动端盖；4—转子总成；5—定子总成；
6—整流器端盖；7—碳刷架；8—元件板；9—硅二极管

定子：包括铁心和电枢绕组。铁心内有 24 个槽。电枢绕组由 12 个线圈组成，线圈嵌在铁心槽内，每个线圈占两槽，每 4 个线圈串联成为一相而形成三相绕组，每相的尾端连接在一起（即中性点），首端分别与整流器相连。

转子：磁场线圈包在两个爪极之间，每个爪极有四个爪指相互嵌合之后留有空隙，磁场线圈的两个端头分别焊接在集电环上。爪极、线圈、集电环都固装在转子轴上，但线圈、集电环与转子轴和爪极是绝缘的。当经电刷、集电环向磁场线圈通入直流电时，一个爪极成为 S 极，另一个爪极成为 N 极，故八个爪指沿圆周方向成为南北极相间排列组成四对磁极。

整流器：由整流板和硅二极管组成。六只硅二极管分成两组，分别焊装在两块整流板上。正极组压装在与后端盖绝缘的整流板上，从整流板引一螺柱到后端盖外（与端盖绝缘），即"+"接线柱；负极组压装在后端盖内。正极组管子的导通方向是由引线到管壳，负极组管子的导通方向是由管壳到引线。如图2-2所示，管1和管2、管3和管4、管5和管6的引线分别与A、B、C三相电枢绕组的首端相接，组成三相桥式全波整流电路。

（2）硅整流发电机的工作原理。

三相交流电动势的产生：硅整流发电机的保磁力很差，在停止工作后基本上没有剩磁，因此在工作之初必须由蓄电池和充电指示灯h1、h2、h3提供励磁电流，这时为他励发电机；在建立起正常电压之后，励磁电流由发电机本身供给，这时为自励式发电机。当转子场线圈通入直流电之后，两个爪极的八个爪指便成为南北极相间的四对磁极，磁力线由N极出发穿过定子铁心回到S极。当转子转动时，铁心上线圈中的磁场大小和方向交替变化，因而电枢线圈产生出交变电动势。由于A、B、C三相线圈的磁场相位角相互为120°，因此它们的电动势相位差为120°，这样便形成三相交流电动势，如图13-2所示。

整流过程：如图13-3所示，在一个周期的六个时间阶段中（每个阶段为60°转角），正、负极组各有一个管子的正向电压最大，因而导通；而其余的管子由于反向电压而截至。即在$t_0 \sim t_1$时间段，管1和管6导通；在$t_1 \sim t_2$时间段，管3和管6导通；以此类推，在$t_5 \sim t_6$时间段，管1和管4导通。以后不断重复这一过程，A、B、C三相绕组所产生的交流电动势，经过整流后，发电机的"+""-"两端便得到比较平直的直流电压。

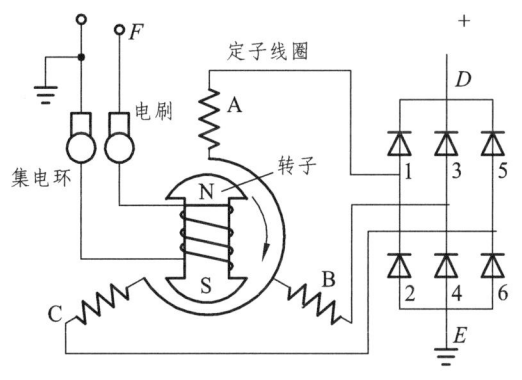

图13-2 硅整流发电机原理图

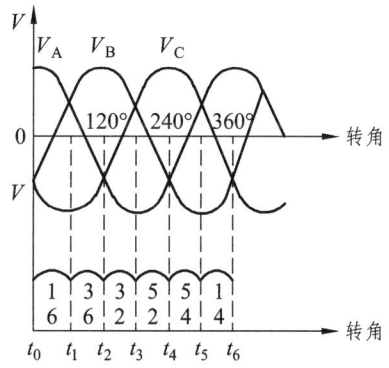

图13-3 整流波形图

3）充电指示灯

QS-650型清筛机内共有6个充电指示灯，分别为h1、h2、h3、h120、h121、h122。当起动开关从"0"挡顺时针转到"1"挡或"2"挡时，6个充电指示灯会发光。这表明，蓄电池正电荷通过充电指示灯、三相发电机的D+输入端、三相发电机的励磁绕组流向负极。对发电机预充磁，建立磁场，在柴油机起动后，带动发电机转子切割磁力线而发电，在发动机起动期间，发电机电压U_{D+} < 蓄电池电压U_B时，整流二极管截止，发电机不能对外输出，由蓄电池供给磁场电流。路径为：蓄电池+→点火开关→充电指示灯→调节器→磁场绕组→搭铁→蓄电池-，充电指示灯亮。随着发电机的输出电压增加，当发动机转速升高到怠速及其以上时，发电机应能正常发电并对外输出，此时，U_{D+} > U_B，发电机自励。$U_B = U_{D+}$时，充电指示灯两端压降为零，这些指示灯熄灭，表示发电机正向蓄电池充电和向机内各用电设备供电。一旦发电机出现故障，发电机输出电压下降到 22 V 以下时，这些指示灯会发光，发电机输出电压下降的幅度越大，这些指示灯就会越亮。充电指示灯不仅可指示发电机的工作情况，而且可在发动机停车后发亮（因发电机不再发电，$U_B > U_{D+}$），操作者可以根据这一现象，停机检查故障。

2. 启动电动机

要使柴油机启动，即曲轴由静止状态过渡到自动怠速运转状态，必须借助外力，克服启动阻力，转动柴油机的曲轴，使活塞作往复运动，当气缸中空气与喷油泵喷出的雾状柴油混合，经过压缩点火，燃烧做功，带动曲轴转动，柴油机才能自行运转，工作循环才能自动进行。曲轴在外力作用下开始转动到发动机开始自动地怠速运转。

QS-650 型清筛机柴油机采用电动机起动方式，配有电阻丝预热塞、喷油泵、喷油电磁铁等完整的起动系统，可确保柴油机在 −25 ℃ 以上环境温度下直接顺利起动。

起动电动机是把蓄电池的电能转变成机械能的一种动力机，是柴油机的起动动力。清筛机的起动机采用低压 25 V 双线制封闭式直流复励电动机，由蓄电池提供直流电源，输出功率为 4.5 kW。

起动电动机主要由直流电动机、驱动小齿轮、啮合传动装置和超速离合装置组成，如图 13-4 所示。

起动电动机共有三个绕组：串励绕组、并励绕组和辅助起动绕组，如图 13-5 所示。

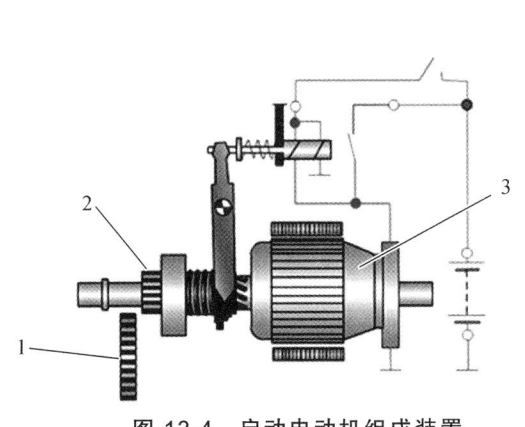

图 13-4 启动电动机组成装置

1—啮合传动装置；2—驱动小齿轮；3—直流电动机

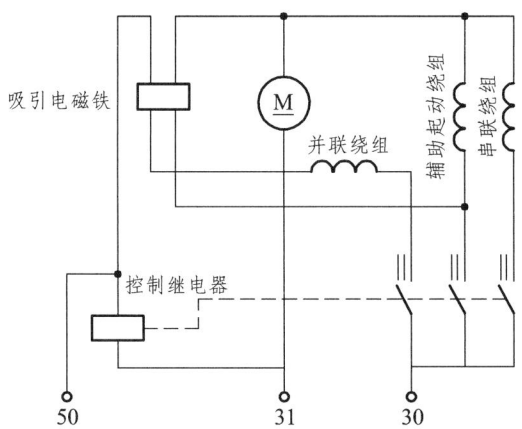

图 13-5 起动电动机动作原理图

起动时，控制继电器接通并联绕组和辅助起动绕组回路使电枢和小齿轮缓慢旋转。与此同时，控制继电器也接通了吸引电磁铁的线圈回路，吸引电磁铁将小齿轮推向齿轮圈。这样，小齿轮在向前移动时慢慢转动，柔和地和齿轮圈啮合。小齿轮进入全啮合位置，控制继电器在吸引电磁铁的配合下，接通起动电机串联绕组，此时起动电机获得最大电流，发出足够的扭矩，带动柴油机曲轴转动。

柴油机起动后，控制继电器和吸引电磁铁均释放复位，传动轴和小齿轮回到初始静止位置，完成起动过程。

子任务二　柴油机控制电路

1. 柴油机启动控制电路

QS-650型清筛机有两台柴油机分别安装在前、后驾驶室外侧,其控制电路基本相同。后部柴油机起动控制电路中多了二个继电器D279、V110-C和离合器指示灯h393,以后部柴油机"2"为例说明。

1)准备工作

(1)合上蓄电池总开关a1和分路开关e182、e250、e1、e3。

(2)将起动钥匙(E30)插入柴油机"2"起动开关b1或b2并置位于中间"0"挡,顺时针旋转到"1"挡204a#、272a#线通电,如图13-6所示。

在通电的一瞬间,继电器U110-C与时间继电器d279同时通电,在继电器U110-C的触点未断开前,时间继电器d279的2、5脚同时呈正电位,d279先通电动作,其触点1和3闭合,指示灯h393发光,表示离合器未接合。继电器U110-C通电动作,其触点1和2断开,时间继电器d279因5脚不是正电位,而断电,在延时30 s后其触点1-3断开,指示灯h393熄灭。

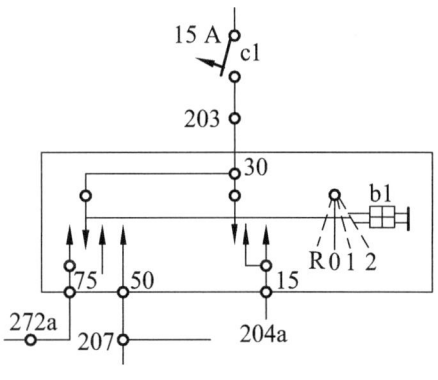

图13-6　起动开关b1示意图

2)柴油机起动过程中,电气元件动作过程

(1)柴油机起动前(长期间停机后起动)。

① 合上开关e163、e164。

② 合上开关e162,204#线通电。

③ 充电红色指示灯h1、h2、h3,补油压力红色指示灯h9、h10、h11,主齿轮箱机油压力红色指示灯h12、h13、h14会发光,并听到脉冲蜂鸣声。

④ 柴油机在起动前无油压,油压开关b12触点闭合,继电器U107-A通电动作,其触点1和2断开,柴油机油压红色指示灯h7、h8、h16发光。在加满液压油后,油位开关b11的触点断开,继电器U107-C不动作,其触点1和2闭合。继电器U107-B因紧急停机开关b3~b9、b226、b225未被按下而通电动作,其触点1和2断开。

⑤ 5#线有+24 V电压,燃油泵m23通电运转。

⑥ 继电器d9未动作,其触点5和6闭合,时间继电器d264的2、5脚呈正电位通电动作,触点1、4断开。

⑦ 长时间的停机使制动气缸内无气压,柴油机离合器处于闭合位置。这时为了起动柴油机,必须用脚踏下离合器踏板。离合器踏板下面连着一个制动油缸,当踏下离合器踏板时,油缸内的活塞杆被推向前,油缸内压力达到0.2 bar以上时,压力开关b10压合,其触点1和3闭合。黄色指示灯h4、h5、h6会发光,表示柴油机离合器已松开,可以起动柴油机(当柴油机停机时间不长时,制动气缸内有6.6 bar气压,通过传动机构可以使离合器松开。操作者看到离合器踏板会自动缩下去)。

（2）柴油机起动。

① 将钥匙开关 E30 从"1"挡顺时针旋转到"2"挡，通过保险 e271，起动保护继电器 d3 的 50e 脚接通电源，50f 脚输出 +24 V 直流电压。继电器 d9 通电。

② 继电器 d9 通电动作，其触点 1 和 3、9 和 11 闭合。时间继电器 d8 和 d10 由于 2、5 脚是正电位通电动作，其触点 1 和 4 脚断开。继电器 U107-A 断电其触点 1 和 2 闭合。时间继电器 d6 在只有 2 脚是正电位时不动作，其触点 1 和 4 闭合，继电器 d5 通电动作，其触点 1 和 3、9 和 11 闭合，离合器电磁铁 s73 通电。这时可以慢慢松开离合器踏板，柴油机离合器会接合，离合器下面连接的制动缸内活塞杠退回原位，缸内压力减小，压力开关 b10 不压合，其触点 1 和 3 断开，指示灯 h4、h5、h6 会熄灭。

继电器 d276 通电动作，其触点 1 和 6 闭合。停机电磁阀 s1 通电，为柴油机运转做好准备。

③ 继电器 U107-D 动作后，其触点 1 和 3 闭合，206#线通电，制动器电磁阀 s4 通电动作。

④ 继电器 d1 通电动作，其触点 1 和 6 闭合。起动机 m1 的电磁线圈通电，其三对触点闭合。起动机通电运转，柴油机被起动。

（3）柴油机起动后。

① 一旦柴油机起动，将钥匙开关 E30 松开，钥匙开关从"2"挡退到"1"挡上，起动保护继电器 d3 的 50e 端断电，50f 无电压输出。d9 断电，其触点 1 和 3、9 和 11 断开，时间继电器 d10 断电延时 4 min 后，触点 1 和 4 闭合，时间继电器 d8 断电延时 20 s 后，触点 1 和 4 闭合，在机油油压和气压都达到规定要求后，机油压力开关 b12 触点断开，气压压力开关 b16 触点断开，继电器 U107-A 仍然保持断电状态，不动作。

② 因起动保护调节器 d3 的 50f 接线端无电压输出，继电器、d1 断电，触点 1 和 6 断开，起动机电磁线圈断电，起动机停止运转，整个柴油机起动过程结束。

当柴油机转速达到 1 400 r/min 后，柴油机油压指示灯 h7、h8、h16，补油压力指示灯 h9、h10、h11，主齿轮箱压力指示灯 h12、h13、h14，充电指示灯 h1、h2、h3 都会熄灭。

2. 柴油机启动保护电路

起动电动机 M 外部有三个接线柱。31#接线柱接电源负极 1#线；30#接线柱外接电源正极 200#线，内接电磁继电器 J 的三对常开触点；50#接线柱内接电磁继电器线圈，外接继电器 d1 的常开触点。继电器 d1 线圈电压由起动保护继电器 d3 的 50f 接线端提供。起动机是属于短时间工作的电机，长时间带电运转会将起动机线圈烧毁，电磁继电器 J、继电器 d1 和起动保护继电器 d3 组成保护电路，保证柴油机在运转期间起动电机不能再次起动，如图 13-7 所示。

（1）起动钥匙开关 E30 在起动中是顶压着弹簧从"1"挡旋转到"2"挡，当柴油机起动后，松开钥匙，靠弹簧的反作用力，钥匙开关从"2"挡退到"1"挡，使 207#线断电。起动保护继电器 d3 的接线端 50f 无电压输出，继电器 d1 断电，使起动机脱离电源。

（2）当柴油机离合器电磁阀 s73 通电动作后，松开离合器踏板，压力开关 b10 断开，切断继电器 U107-D 的通电回路。

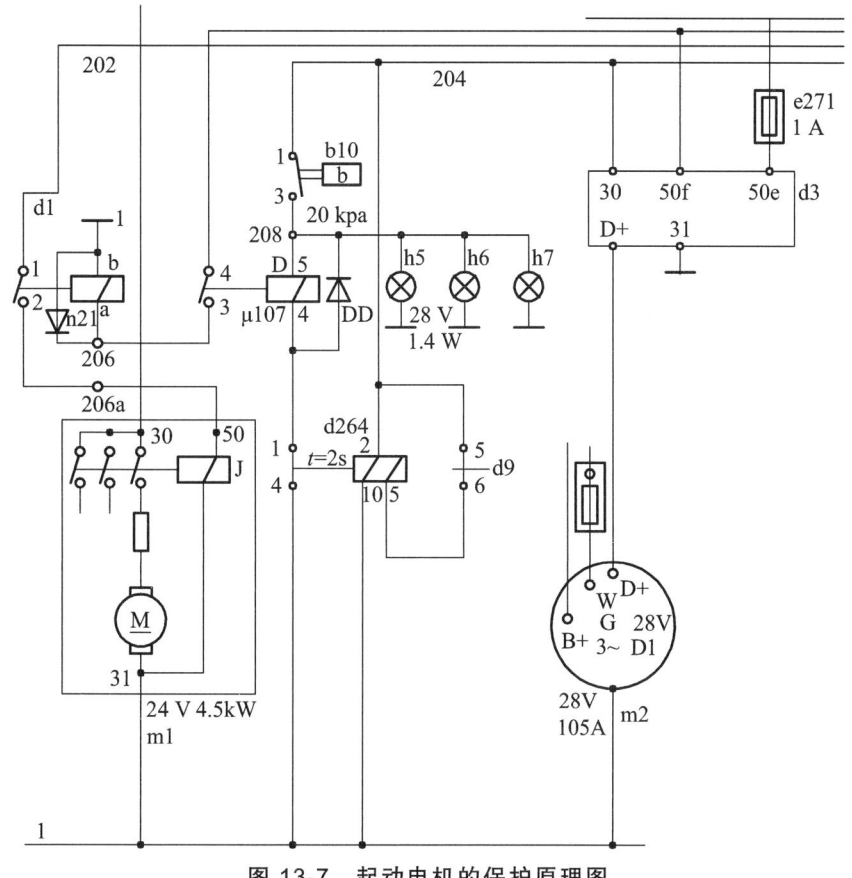

图 13-7 起动电机的保护原理图

（3）在继电器 d1 断电的同时，继电器 d9 失电，触点 5 和 6 闭合。时间继电器 d264 的 2 和 5 呈正电位，d264 动作，延时 2s 后，触点 1 和 4 断开，同样可以使 U107-D 断电，起动机也可以脱离电源（在上述两种保护措施失效时）。

（4）当起动钥匙开关从"1"挡转到"2"挡时，通过熔断体 e271、d3 的 50e、50f 接线端为 +24 V。D+ 接线端因发电机 m2 未发电，其电位为 0，当 m2 发电后，D+ 接线端电位上升到 +24 V 后，d3 内部继电器动作，使 50f 电位降到 0，这时即使继电器 U107-D 的触点不断开，继电器 d1 线圈无电压，不会动作，其触点不闭合。电磁继电器 J 也不会得电，因此，起动机 m1 不会再次起动。

3. 柴油机运转控制电路

柴油机起动后转入运转，电气的主要任务是保证柴油机正常工作，并为紧急情况下制动作准备，这些电气工作情况如下：

（1）起动钥匙始终保持在"1"位置。
（2）三相发电机 m2 一直在运转发电。
（3）制动电磁阀 s4 断电，操作者可以通过机械装置，进行刹车制动。
（4）燃油泵 m23 通电运转。
（5）马达离合器电磁阀 s73 通电，操作者可以通过离合器操纵杆进行变速操作。

（6）停机电磁阀 s1 通电，当有故障时，随时可以停机。

（7）各种红色信号灯不发光。

4. 冬季启动辅助电路

柴油机在寒冷低温条件起动显得很困难，为了改善柴油机的起动性能，常常装设一些辅助装置，以改善起动条件，使起动可靠和轻便。冬季起动辅助装置的作用是使柴油机在低的温度下也能够顺利起动，它主要由火焰加热塞、加热电阻、喷油电磁铁等组成，其工作原理如图 2-8 所示。

1）火焰加热塞"r41""r42"

火焰加热塞安装在风冷柴油机进气管上。它的作用是点燃经由它的进油口喷入柴油机进气管内的燃油混合气体，在起动柴油机之前预热柴油机和在起动时加热进气空气，使柴油机在冬季能顺利地起动。

2）加热电阻"r43"

加热电阻丝的作用是根据低温程度不同，显示出火焰加热塞不同的预热时间。加热电阻丝内有一双金属片活动触点，在加热电阻丝通电加热一定时间后，动触点与静触点接触，开关 b348 所带指示灯会发光，显示加热过程已完成。

3）喷油电磁阀"s74"

喷油电磁阀的作用是在冬季起动柴油机时，电磁阀通电开启，燃油经由电磁阀进入火焰加热塞进油口。

冬季起动辅助电路动作过程：如图 13-8 所示，合上自动开关 e174、e176，按下开关 b438 或 b439，停留 15~20 s，290#线通电继电器 d266 通电动作，其触点 1、3、5 和 2、4、6 闭合，火焰加热塞 r41、r42 和加热电阻丝，r43 通电发热。松开开关 b438 或 b439，继电器 d266 断电，停止预热。当柴油机起动时，206#线通电，继电器 d267 通电动作，其触点 1、3、5 和 2、4、6 闭合，喷油电磁阀 s74 通电，阀门打开，火焰加热塞 r41、r42 再次通电加热。起动结束后，206#线断电，继电器 d267 断电，电磁阀 s74 和火焰加热塞 r41、r42 断电，阀门关闭，柴油不能进入火焰加热塞。

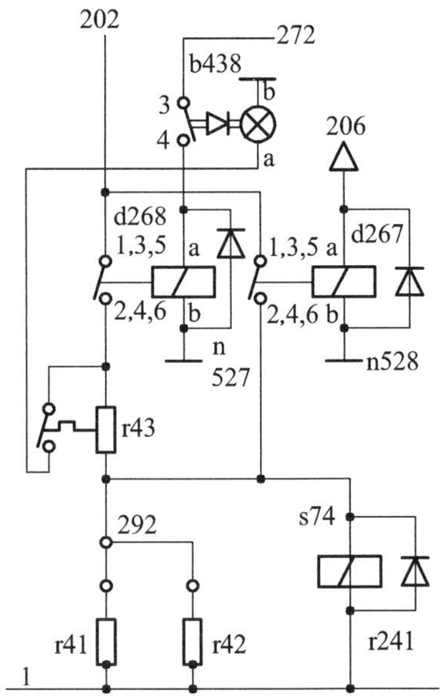

图 13-8 冬季起动辅助电路工作原理图

子任务三 柴油机运转监测

1. 调速器的工作过程

柴油机调速系统是指能根据负荷变化情况自动调节喷油泵循环供油量，协助操作人员稳定柴油机转速的装置。柴油机上均要用到调速装置，这是柴油机自身的特点——由扭矩速度特性及喷油泵速度特性所决定的。

柴油机转速变化时，可燃混合气的数量、成分变化不大。因此，通过燃烧产生的扭矩变化也不大。柴油机扭矩速度特性的这一特点，使柴油机在负荷（阻力矩）略有变化时会引起其转速很大的变化。在操作人员不能及时操纵加速踏板改变喷油泵循环供油量的情况下，柴油机或因负荷增大而转速迅速下降，以至熄火；或因负荷减少而转速立即升高，甚至出现超速运转及"飞车"现象。另一方面，从喷油泵的速度特性对柴油机转速的影响来看：当柴油机负荷减少而转速立即升高时，需要减少循环供油量，而喷油泵却相反的增大循环供油量（原因是随着柴油机转速升高，喷油泵柱塞套油孔的节流作用加大，使油泵供油始点提前，供油终点延迟，柱塞副泄漏时间减少）。可燃混合气成分由稀趋向合适，质量得到改善，燃烧速度加快，促使柴油机转速越来越高。反之，当柴油机负荷增大转速降低时，需要循环供油量相应增加，而喷油泵却又减少了供油量，使可燃混合气成分变稀，质量变差，燃烧速度变慢，促使柴油机转速降低。可见，喷油泵的这一特性进一步降低了柴油机转速的稳定性。因此，为了使柴油机在负荷变化的情况下，在需要的某一转速下运转，防止意外熄火和超速运行，柴油机上必须安装调速装置，以保证柴油机的稳定运行。

为了使操作者对柴油机运转中的情况随时观察，便于及时发现故障，进行处理和停机，除了在机械、液压、气动各方面做了考虑安排外，在电气方面也采用了一些监测和保护电路。

U3 是专门为调整柴油机速度而设置的。柴油机在起动后要求在低速下进行热转，使润滑油能输入到柴油机各个转动环节中去。一般转速控制在 1 400 ~ 1 500 r/min，时间在 10 ~ 15 min，然后逐步将柴油机速度调到 2 300 r/min。QS-650 型清筛机使用调速开关 U3 来满足这一要求的，如图 13-9 所示。

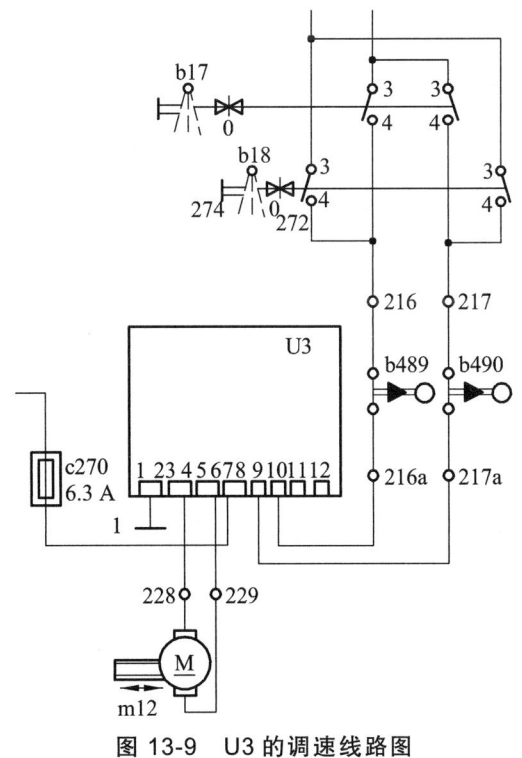

图 13-9　U3 的调速线路图

U3 的 1、2 接线端接负极；7、8 接线端接正极，3、4 和 5、6 接线端接转速调整直流电动机这台 m12 电动机与油门调节杆联接在一起。电机的正、反转可以使油门开大或关小，控制进油量的大小，从而达到控制柴油机转速的目的。9 接线端接行程开关 b490、选择开关 b17 和 b18，10 接线端接行程开关 b489、选择开关 b17 和 b18。b17 和 b18 这两个开关的作用完全一样，分别安装在前、后驾驶室内，操作者可以在两个驾驶室内分别进行操作。以 b17 为例来说，当开关置于中位挡时，转速调整电机保持原来已选定的转速位置上；开关 b17 打向左侧时，右边触点 3 和 4 闭合，左边的触点 3 和 4 断开（按视图方向），272#和 217#线接通 U3 的 9 接线端为 +24 V，转速调整电机按逆时针方向旋转，油门开大，进油量加大，柴油机转速增加；当开关 b17 打向右侧时，左边的触点 3 和 4 闭合，右边的触点 3 和 4 断开，272#线和 216#线接通 U3 的 10 接线端为 +24 V。转速调整电机按顺时针方向旋转，油门关小进油量减少，柴油机转速减小。行程开关 b489、b490 为转速调整电机正、反转限位开关，防止调速电机旋转过度而损坏油门连接杆。

2. 柴油机速度监测装置及显示装置

1）速度监控装置

清筛机上有四台转速表 g4、g5、g12、g13，分别装在前、后驾驶室内，用以显示柴油机转速值。仪表最大示值为 3 000 r/min，仪表工作电压 24 V。三相发电机将速度变化直流电压信号，通过"w"输出端输入到转速计内。操作者可以根据转速值来选择合适的转速。

柴油机上有各种机械稳速装置，在选择一种转速后，柴油机转速能稳定在某一数值。这样就可以使三相发电机有一个稳定的输出电压，保证蓄电池和机内各用电设备不会因过电压而烧毁。

柴油机转速测量装置由转速表 g10、g11 和转速传感器 f3、f4 组成。转速传感器是一个小型交流发电机，主要技术参数为：最大转速为 3 000 r/min，空转电压 19.3 V（在 2 000 r/min 时），最高电压为 28 V（在 3 000 r/min 时），最大驱动力矩 1 900 N·m。转速表的指示范围是 200~3 000 r/min，显示机车前进的速度，操作者可以通过调速手柄，调整机车前进速度。

2）测量装置

（1）电流测试装置：电流表 g6 为双向数字式直流电流表，"0"位在是中间位置，最大指示范围为 ±120 A。起动时，指针偏向 " – "方，显示起动机电流的大小；发电机发电向蓄电池充电时，指针偏向 " + "方，显示充电电流的大小；指针在"0"位时表示充电已结束，由发电机向全车供电。

（2）缸盖温度测量装置：由缸盖温度表 g7 和缸盖温度传感器组成。缸盖温度传感器一般安装在第二气缸的缸盖上，通过导线与温度表连接。绿区指示的是缸盖正常温度，一般为 +30~+170 ℃，红区指示的危险高温区为 +170~+200 ℃。

（3）柴油机机油压力测量装置：由机油压力表 g8 和机油压力传感器组成。机油压力传感器安装在柴油机左侧主油道管路上，它有 6.3×0.8 和 4.8×0.8 两个扁插片，通过导线与机油压力表连接。机油压力表指示范围为 0~10 bar。工作电压为 24 V。

3）清筛机上常见故障显示情况

（1）有故障自动停机时。

① 液压油油面低于规定时：

液压油油面由油位开关 b11 控制，油面达到规定高度时，b11 触点断开，油面太低时，b11 触点闭合，218a#线和 1#线接通。继电器 U107-C 通电，其触点 1 和 2 断开，继电器 U107-B 断电，其触点 1 和 2 闭合。时间继电器 d6 由于 2、5 脚都呈正电位，通电动作，其触点 1 和 4 断开，继电器 d5 失电，其触点 1 和 3、9 和 11 断开，柴油机离合器电磁阀 s73 和停车电磁阀 s1 断电，切断供油油路，柴油机停机。因时间继电器 d6 在断电后，要延时 30 s，触点 1 和 4 才能闭合，因此重新起动柴油机也需要 30 s 以后。

② 机油油压低于规定值时：

压力开关 b12 在油压小于 2 bar 时，b12 的触点闭合。因柴油机起动后时间继电器 d8 断电，1 和 4 触点已回到原始位置，使继电器 U107-A 通电动作，其触点 1 和 2 断开，继电器 d5 断电，触点 1 和 3、9 和 11 断开，柴油机离合器电磁阀 s73 和停机电磁阀 s1 断电，停机。

③ 总风缸压力低于规定值时：

压力开关 b16 在气压小于 5 bar 时触点闭合。因在柴油机起动后时间继电器 d10、d8 断电，被点均已回到原始位置，使继电器 U107-A 通电动作，同上述过程一样停机。

压力开关 b12、b16 触点闭合时，红色指示灯 h7、h8、h16 会发光，提示操作者在气压、油压回路中有故障。

（2）灯光显示故障情况。

① 当补油压力小于 10 bar 时，压力开关 b13 触点闭合，红色指示灯 h9、h10、h11 发光，蜂鸣器发出响声。

② 当液压油油温超过 82 ℃ 时，柴油机油温或主齿轮箱油温超过标准值时，温度开关 b15、b14、b35 的触点会闭合，闪光器 d12 通电动作，红色指示灯 h12、h13、h14 会闪亮，蜂鸣器发出响声。

③ 空气滤清器需要更换时，传感开关 b22、b23 的触点会闭合，红色指示灯 h82、h83 会发光。

④ 油压开关 b39 和 b125 分别设置在前、后主变速齿轮润滑油箱上。当润滑油压力不正常，小于 0.6 bar 后，触点闭合，红色指示灯 h93、h94、h95、h134、h135、h136 发光。

⑤ 滑油滤清器开关 b453、b464 装在前、后主齿轮润滑油箱内。当滤清器芯被脏物堵塞时，润滑油压力减少，开关动作，红色信号灯 h362、h378 发光，同时滤清器内的指示灯也会发光。

⑥ 补油滤清器开关 h373、h372 装在前、后补油油箱上。当补油滤清器芯被脏物堵塞时，补油压力降低，开关动作，其触点 1 和 2 闭合，红色指示灯 h80、h137 会发光。

⑦ 回油滤清开关 b370、b371、b375、b374 分别装在前、后补油回油箱和液压回油箱内。当滤清器芯被脏物堵塞时，上述开关动作，红色指示灯 h81、h138、h276、h275 会发光。滤清开关 b85 安装在后部液压油箱上，当滤清器芯被脏物堵塞时，开关动作，红色指示灯 b79 会发光。

4）手动停机时，电路动作过程

在需要手动停机时，按下紧急停车开关 b3~b9、b156、b226、b225 中的任何一个，继电器 U107-B、U110-C 同时断电。

U107-B 的触点 1、和 2 闭合，时间继电器 d6 通电动作使柴油机停机。

U110-C 的触点 1 和 2 断开，时间继电器 d279 的 2 和 5 脚呈正电位通电动作，黄色信号灯 h393 发光。

思考题与习题

1. 在柴油机发动机起动后，为了防止起动机不能停止转动而烧毁，在 QS-650 型清筛机上采用了哪种保护措施？试述电气动作过程。

2. 充电指示灯的作用有哪些？

3. 简述前部柴油发动机"1"的起动过程。

4. 为保证柴油发动机正常运转，QS-650 型清筛机采取了哪些监视仪表？

任务十四 气压制动系统的控制

子任务一 气压制动控制系统中相关元器件的认知

压力开关是一种借助弹性元件受压后产生位移以驱使微动开关的压力控制装置,当被测压力达到额定值时,压力开关可发出警报或控制信号,通常使用在报警或联锁保护系统中。

1. 电气符号

在清筛机电气系统中,压力开关一般用符号 b 来表示,如 b219,表示编号为 219 的压力开关。压力开关又分为气压开关和油压开关。油压开关一般用于油压指示、报警;气压开关的闭合与断开是按预先设定的空气压力而动作,一般用在空气压缩机上。

当空气压缩机工作时,压缩空气从储气罐进入气压自动开关。空气压缩机正常运转时,开关处于闭合状态,当储气罐存气压力达到预定压力的上限时,压缩空气经橡皮顶动顶针,通过跳桥使跳簧带动跳板,从而使胶木座内动触头分离开,达到切断控制电路,使电动机停止转动。当储气罐气压降至所标压力的下限时,重新起跳,使电路接通周而复始工作,气压自动开关上设有放空阀,当跳板跳动时,压下顶杆,使放空阀打开达到排气目的,为第二次工作时减轻电动机起动负荷。

气压开关和油压开关电气符号如图 14-1 所示。

(a)气压开关　　　　(b)油压开关

图 14-1　压力开关电气符号

在电路图中压力开关上应注明压力值,来表示压力开关动作的一个临界点。如图 14-2 所示,当制动缸内的气压大于 0.06 MPa 时,常开型的气压开关 b219 发生动作,其触点 1 和 3 闭合。

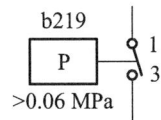

图 14-2　气压开关 b219 电气符号

2. 分　类

压力开关主要分为常开和常闭两种形式,输出信号为一个开关通断量,主要用于压力报警。即开关设置一个报警压力值,当气压降低或上升达到某一值时,开关状态切换,从而实现对外接的信号装置或执行机构进行显示状态和动作切换的控制。常闭式和常开式压力开关如图 14-3 所示。

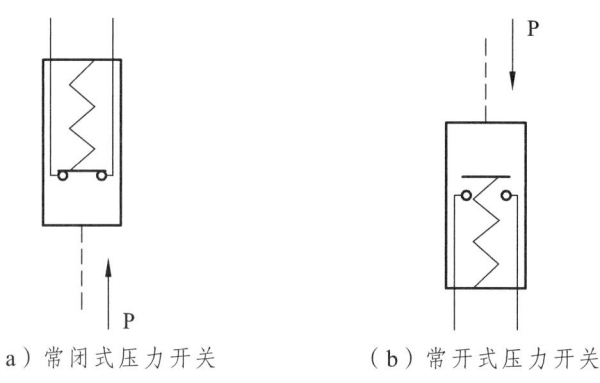

(a) 常闭式压力开关　　　　　(b) 常开式压力开关

图 14-3　压力开关示意图

子任务二　空气制动电路

QS-650 型清筛机有独立的动力系统，控制电路分为向前走行、向后走行和作业走行三部分，走行速度由液压压力进行调节。从电路图上分析，液压走行控制电路包括在气压制动电路之中。下面以介绍气压制动电路为主，涉及液压走行控制电路时一并介绍。

QS-650 型清筛机采用空气制动。当柴油机发动机启动后，空气压缩机开始运转，由压力调节器调节空气压力的大小，主风缸中最大压力为 270 kPa，最小工作压力为 660 kPa，列车管中的工作压力为 550 kPa。制动缸中的压力在制动时可达到 450 kPa 和 350 kPa。制动缓解后，制动缸的压力降为 0。

另外，在 QS-650 型清筛机的整体设计中，还考虑到，在制动缸内压力超过 150 kPa 时，液压驱动会进入"卸荷"状态；在空气制动缓解后，制动缸内的气压降为 0，这时，液压驱动会自动接通，气缸制动和液压走行控制电路就是根据这一要求设计的。

1. 空气制动电路工作过程

图 14-4 为气压制动和液压走行控制电路图。气压开关 b19 接在 ST# 和 116# 线路中，有常闭触点 1 和 2、常开触点 1 和 3。在气压低于 60 kPa 时，触点 1 和 2 闭合，这个气压值是指制动缸内的压力。当实施气压制动时，制动缸内静压力会超过 60 kPa。而当缓解制动时，制动缸压力会降到 0 kPa。下面分析气压开关 b19 这条线路中各个电气元件动作情况。

1）未施气压制动

未施气压制动时，气压制动缸内压力为 0 kPa，气压开关 b19 不动作，其触点 1 和 2 闭合。四个车轴齿轮箱油压力达到 12 bar 以上时，四个压力开关 b20、b21、b128、b129 都动作，其触点全部闭合。

继电器 U111-A 和 U111-D 的电源进线分别接在 401# 和 201# 线，这两条线由三相发电机 m2、m8 的"D+"接线端供给正电压。在发电机工作后，继电器 U111-A 和 U111-D 通电动作，其两对触点 1 和 2 断开。当某一车轴齿轮箱油压出现故障后，这两个继电器可以延时一段时间使机车运行一段距离。电气动作过程如下：116# 线到 105# 线由压力开关 b128、b129、b21、b20 的触点闭合而接通。当某个车轴齿轮箱油压小于 12 bar 时，这个车轴的压力开关触点断开，使 116# 线到 105# 线断开，作业系统或走行系统停止工作。将前、后发动

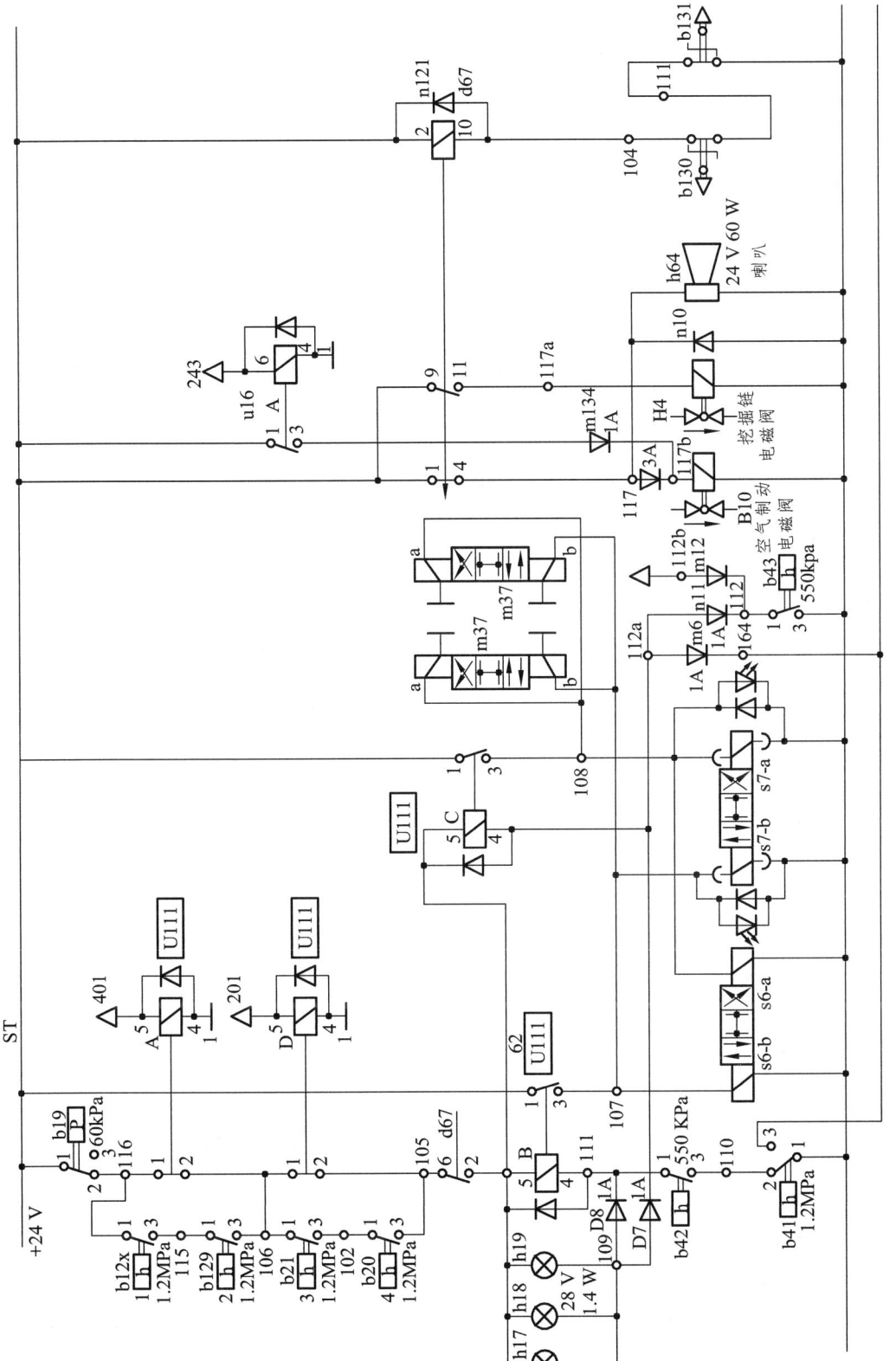

图 14-4 气压制动和液压走行控制电路图

机关闭，401#、201#无电压，继电器U111-A、U111-D断电，其触点1和2都闭合，使116#和105#重新接通。继电器U111-B、U111-C通电动作，在液压系统无故障的情况下，走行电磁阀均可通电动作。这时，可用机车牵引QS-650型清筛机移动。

62d67是挖掘链紧急停挖限位继电器，在紧急停挖限位开关b130和b131处于闭合状态时，保持通电其之对触点6和7、9和11触点闭合，1和4触点断开。挖掘链电磁阀B6通电动作，直接制动气压阀117b失电关闭。

在101#线处有向下和向右（按视图方向）的二条支路，先介绍向下支路电气动作过程。b42是QS-650型清筛机向前走行的压力开关，这个压力开关由变量泵的压力控制。当液压驱动走行时，液压油压大于5.5 bar，压力开关b42动作，其触点1和3闭合。压力开关b41有两对触点：1和2常闭触点，1和3常开触点。开关b41由液压操纵手柄"作业运行挡"来控制。液压操作手柄置于"运行"挡时，手柄所控制的三通阀将液压油的压力控制在12 bar以内，b41不动作，触点1和2闭合；液压操作手柄置于"作业"挡时，手柄所控制的三通阀将液压油的压力调到12 bar以上时，b41动作，其触点1和3闭合。

这样从ST#→压力开关b19→压力开关b128、b129、b21、b20→105#→继电器d67的触点9和11→继电器U111-B→压力开关b42→压力开关b41→1#线构成通电回路。

继电器U111-B通电动作，其触点1和3闭合，向前走行电磁阀s6-b、s7-b和向前走行速度控制电磁阀s97-b、s98-b都通电动作。QS-650型清筛机向前走行。绿色旁路信号灯h17、h18、h19会发光，这些信号灯显示走行系统工作情况。

再介绍101#线向右一条支路的电气动作过程。

b43是QS-650型清筛机机中后行走的压力开关。这个压力开关由变量泵的压力控制，当液压驱动走行时，液压油压大于5.5 bar，压力开关b43动作，其触点1和3闭合。

这样从101#→继电器U111-C→112a#→二极管n11→压力开关b43→1#线构成通电回路。

继电器U111-C通电动作，其触点1和3闭合，向后走行电磁阀s6-a、s7-a和向后走行速度控制电磁阀s97-a、s98-a都通电动作，QS-650型清筛机向后走行。操作者只要操纵调速换挡手柄便可使QS-650型清筛机按照选定的运行方向和速度走行。

2）实施气压制动后

当需要进行气压制动时，制动缸内的气压会超过0.6 bar。压力开关b19动作，其触点1和2断开，所控制的那条线路断电。QS-650型清筛机将停止行走，绿色旁路信号灯会熄灭。气压制动缓解后，制动缸内气压降为0.6 bar以下，压力开关b19的触点1和2再次闭合。这时，液压驱动重新起作用，QS-650型清筛机开始运行。

2. 气压制动电气动作过程

1）手动制动

按下紧急制动限位开关b130和b131，继电器d67断电，其触点6和7、9和11断开；继电器U111-B断电，清筛机停止走行，电磁阀B6断电，气压制动阀打开；继电器d67的触点1和4闭合，电磁阀B10通电动作，对清筛机实行直接气压制动。

2）停机制动

当按下任意一个停机按钮，继电器 U107-B 和继电器 U110-C 同时断电。U107-B 的触点 1 和 2 闭合，时间继电器 d6 的 2、5 脚是正电位通电动作，其触点 1 和 4 断开，继电器 d5 断电。马达离合器 s73 和停机阀 s1 断电，柴油机发动机停止运转。U110-C 断电后，其触点 1 和 2 闭合，时间继电器 d279 的 2、5 脚呈正电位通电动作，其触点 1 和 3 闭合，信号灯 h393 发光。继电器 U108-A 也同时通电，其触点 1 和 3 闭合。制动电磁阀 B10 通电动作，对清筛机实施间接制动。

3. 作业走行电气动作过程

QS-650 型清筛机的挖掘链位于前面，在作业时，操作人员位于中部的作业驾驶室内。机械的走行方向是向后走行的，电路是根据这一要求设计的。将作业运行挡手柄置于"作业"挡，在作业时，油压高于 12 bar，压力开关 b41 的触点 1 和 2 断开，1 和 3 闭合，使控制向前走行继电器 U111-B 所在线路断电。保证在作业时，QS-650 型清筛机不会向前走行，如图 14-4 所示。

作业时，走行液压压力使向后走行压力开关 b43 动作，其触点 1 和 3 闭合。继电器 U111-C 通电动作，其触点 1 和 3 闭合。后退走行电磁阀 s6-a、s7-a 和后退走行调速电磁阀 s97-a、s98-a 均通电动作，通电回路为：ST→b19→b128→b129→b21→b20→d67 的触点→101→U111-C 线圈→112a→n11→b43→1。

　　　　　↳n6→b41→1。

旁路指示灯 h17、h18、h19 通电发光，其通电回路为：ST→b19→b128→b129→b21→b20→d67 的触点→h17、h18、h19→n7→112a→n11→b43→1。

　　　　　　　↳n6→b41→1。

操作者可以手动调节作业运行速度。

4. 气压制动显示电路

在实施气压制动时，除了开关继电器和电磁阀动作外，还必须通过灯光将有关动作显示给操作者和机组人员，使他们能明白清筛机的工作状况，为此设计了气压制动显示电路，如图 14-5 所示。

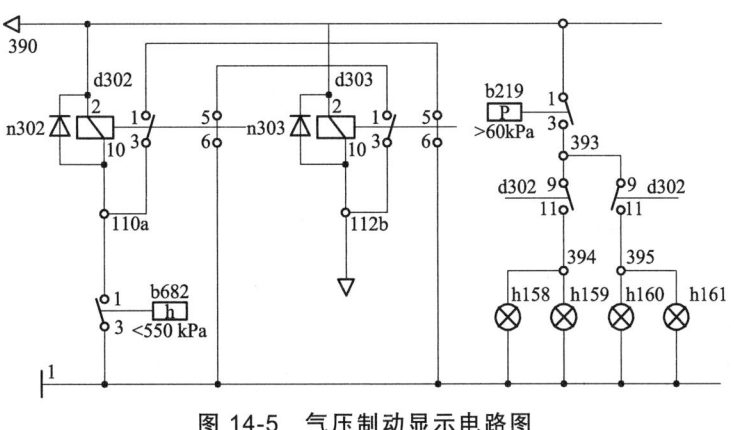

图 14-5 气压制动显示电路图

1）制动信号电路

红色制动信号灯 h158、h159、h160、h161 的安装位置：

h158　　安装在车尾、左标记灯 h25 中。

h159　　安装在车尾、右标记灯 h26 中。

h160　　安装在车头、左标记灯 h23 中。

h161　　安装在车头、右标记灯 h24 中。

其控制电路由继电器 d302、d303 和气压开关 b219、油压开关 b682 组成。

气压开关 b219，在实施气压制动中，制动缸内的气压大于 0.6 bar 时动作，其触点 1 和 3 闭合。

油压开关 b682 由变量泵控制，油压超过 5.5 bar 后，其触点 1 和 3 闭合。

继电器 d302 和 d303 组成电气互锁电路，分为向前走行和向后走行两个动作过程，如图 14-5 所示。

2）向前走行制动信号电气动作过程

将调速换挡手柄置于机车向前走行挡时，向前走行压力开关 b42 在正常工作油压下（5.5 bar 以上）触点 1 和 3 闭合。电磁阀 s6-b、s7-b、s97-b、s98-b 都通电动作，机车向前走行。

油压开关 b682 动作，触点 1 和 3 闭合，继电器 d302 通电动作，其触点 1 和 3、9 和 11 闭合，5 和 6 断开，因继电器 d303 未动作，其触点 5 和 6 闭合。继电器 d302 有两条通电回路：

① 390#→d302 线圈→b682 触点 1 和 3→1。

② 390#→d302 线圈→d302 触点 1 和 3→d303 触点 5 和 6→1。

在气压制动后，制动缸内的气压超过 0.6 bar 后，压力开关 b219 的触点 1 和 3 闭合，设在车尾部的信号灯 h158、h159 发光。气压制动时，液压驱动自动停止工作，变量泵的电磁阀断电，使液压压力减小。在小于 5.5 bar 后，压力开关 b682 断开，继电器 d302 由上述第二条回路保持通电。气压制动缓解后，制动缸压力下降到 0.6 bar 后，压力开关 b219 的触点断开，h158、h159 停止发光，表示制动过程结束。

3）后退走行制动信号电气动作过程

当调速换挡手柄置于机车向后走行挡时，压力开关 b43 在油压正常时（5.5 bar 以上），触点 1 和 3 闭合，使后退走行电磁阀 s6-a、s7-a、s97-a、s98-a 都通电动作。继电器 d303 通电动作其触点 1 和 3、9 和 11 闭合，触点 5 和 6 断开，继电器 d302 因继电器 d303 的 5 和 6 触点断开失去通电回路而断电（压力开关 b682 接在向前走行油路中，在后退走行时不动作），其触点 5 和 6 闭合，构成继电器 d303 的两条通电回路：① 390#→d303 线圈→n12→b43 触点 1 和 3→② 390#→d303 线圈→d303 触点 1 和 3→d302 触点 1 和 3→1。

装在车头部分红色信号灯 h160、h161 因 d303 触点闭合和压力开关 b219 在实施气压制动时，触点 1 和 3 闭合而发光。气压制动时，液压驱动自动转到"卸荷"状态。压力开关

b43 因压力减小到 5 bar 以下，其触点 1 和 3 断开，液压走行电磁阀均断电，不动作，机车停止走行。气压制动缓解后，气压降为 0 bar，信号灯 h160、h161 因压力开关 b219 触点断开而熄灭，继电器 d303 由第二条回路保持通电。

由上述可知，清筛机向前走行，在气压制动后，继电器 d302 通电动作，而在向后走行时，在气压制动后，断电器 d303 通电动作，继电器 d302、d303 一旦通电动作，通过自锁点保持通电状态，只有在换向走行时，才会断电。

思考题与习题

1. 在实施气压制动时，液压系统为什么会"卸荷"？
2. 简述气压开关 b19 在实施气压制动前后的动作情况。
3. 实施气压制动时，要了解机车的工作状况，可看哪些指示灯？

任务十五 液压作业控制系统

子任务一 液压作业控制系统中相关元器件的认知

电感式接近开关又称为电涡流接近开关，属于一种开关量输出的位置传感器。它由 LC 高频振荡器和放大处理电路组成，利用金属物体在接近这个能产生交变电磁场的振荡器感应磁铁时，使物体内部产生涡流。这个涡流反作用于接近开关，使接近开关振荡能力衰减，内部电路的参数发生变化，由此识别出有无金属物体接近，进而控制开关的通或断。这种接近开关所能检测的物体必须是导电性能良好的金属物体。

1. 结构组成

如图 15-1 所示，电感式接近开关由三大部分组成：LC 振荡电路、开关电路及信号处理电路。目标金属物体接近时，LC 振荡器产生一个变交磁场，当达到感应距离时，在目标金属物体内产生涡流，从而导致振荡衰减，以至停振。振荡器振荡及停振的变化被后级放大电路处理并转换成开关信号，触发驱动控制器件，从而达到非接触式之检测目的。目标离传感器越近，线圈内的阻尼就越大，阻尼越大，传感器振荡器的电流越小。

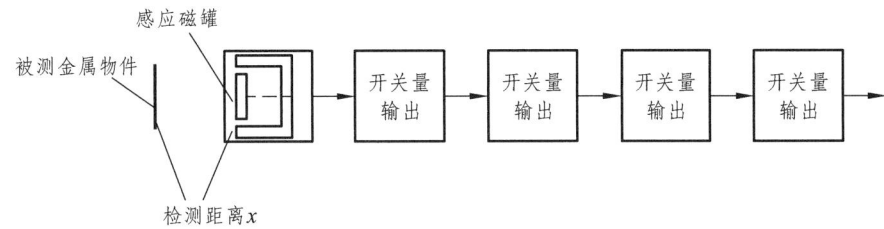

图 15-1 感应式接近开关工作原理图

2. 常用术语解释

检测距离：指检测体按一定方式移动时，从基准位置（接近开关的感应表面）到开关动作时测得的基准位置到检测面的空间距离。额定动作距离是指接近开关动作距离的标称值。

设定距离：指接近开关在实际工作中的整定距离，一般为额定动作距离的 0.8 倍。被测物与接近开关之间的安装距离一般等于额定动作距离，以保证工作可靠。安装后还须通过调试，然后紧固。

复位距离：接近开关动作后，又再次复位时的与被测物的距离，它略大于动作距离。

回差值：动作距离与复位距离之间的绝对值。回差值越大，对外界的干扰以及被测物的抖动等的抗干扰能力就越强（图 15-2）。

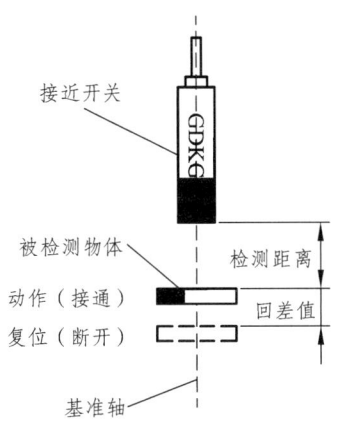

图 15-2 电感式接近开关动作过程

3. 清筛机中用到的电感式接近开关

道砟回填装置中用到的自动摆动开关，由电感式接近开关和连接杆上的叉形螺丝组成，U5 为电感式接近开关，其电气符号如图 15-3 所示，由感应部分和开关部分（执行部分）组成。

感应部分由电子元件和线圈 L、电容器 C 组成的 LC 振荡电路。当连接杆上的叉形螺丝靠近时，振荡停止，开关部分的继电器断电不动作，外接电器元件的通电回路断开。

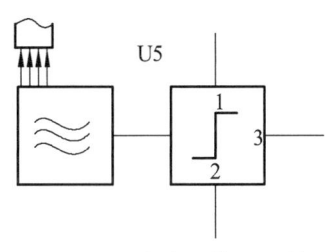

图 15-3 感应式接近开关电气符号

QS-650 全断面道砟清筛机上所用的电感式接近开关和连接杆上的叉形螺丝的最大感应距离为 8.1～10 mm，应根据《操作说明》进行调整。

子任务二　了解液压作业控制系统组成

液压作业控制电路由起拨道装置电路、起道夹钳装置电路、道砟回填装置电路、回转污土输送带装置电路、振动筛装置电路、辅助装置电路组成。其中，起拨道装置的功用是减少挖掘阻力和避开障碍物；起道夹钳装置用于夹持钢轨进行作业。液压作业控制电路中共有 36 个电磁阀，其编号和作用明细表如下：

① s41——前部起道下降调整电磁阀。
② s42——前部起道提升调整电磁阀。
③ s43——前部拨道向左调整电磁阀。
④ s44——前部拨道向右调整电磁阀。
⑤ s49——左前起道夹钳夹紧调整电磁阀。
⑥ s50——左后起道夹钳夹紧调整电磁阀。
⑦ s51——右前起道夹钳夹紧调整电磁阀。
⑧ s52——右后起道夹钳夹紧调整电磁阀。
⑨ s64——左道砟回填输送带往内调整电磁阀。

⑩ s65——左道砟回填输送带往外调整电磁阀。
⑪ s66——左侧道砟分配板向前调整电磁阀。
⑫ s67——左侧道砟分配板向后调整电磁阀。
⑬ s68——右道砟回填输送带往内调整电磁阀。
⑭ s69——右道砟回填输送带往外调整电磁阀。
⑮ s70——右侧道砟分配板向前调整电磁阀。
⑯ s71——右侧道砟分配板向后调整电磁阀。
⑰ s99——后拨道向左侧调整电磁阀。
⑱ s100——后拨道向右侧调整电磁阀。
⑲ s124——变量泵控制电磁阀。
⑳ s139——起道夹钳夹持控制电磁阀。
㉑ s140——起道夹钳调整油缸压力控制电磁阀。
㉒ s161——回油分配控制电磁阀。
㉓ s141——回转污土输送带提升调整电磁阀。
㉔ s142——回转污土输送带下降调整电磁阀。
㉕ s143——回转污土输送带控制电磁阀。
㉖ s144——回转污土输送带左旋调整电磁阀。
㉗ s145——回转污土输送带右旋调整电磁阀。
㉘ s150——振动筛水平向上调整电磁阀。
㉙ s151——振动筛水平向下调整电磁阀。
㉚ s154——振动筛道砟导向板左旋调整电磁阀。
㉛ s155——振动筛道砟导向板右旋调整电磁阀。
㉜ s158——道砟导流闸板打开调整电磁阀。
㉝ s159——道砟导流闸板关闭调整电磁阀。
㉞ s160——道砟控制电磁阀。
㉟ s170——道砟护罩升控制电磁阀。
㊱ s171——右侧道砟护罩降控制电磁阀。

以上电磁阀分为单电控电磁阀和双电控电磁阀。单电控电磁阀通电后，电磁铁将阀杆推向前，断电后靠阀内弹簧使阀杆回位，如电磁阀 s49。双电控电磁阀，左边电磁铁通电，右边电磁铁必须断电，这样阀杆才能向右移动；左边电磁铁断电后，阀杆仍留在右边；只有当右边电磁铁通电后，阀杆才能移到左边，如电磁阀 s64。在液压系统中，所有电磁阀都并接发光二极管，显示电磁阀动作情况，便于维修。

继电器 d286 是液压作业系统的总开关。作业运行挡手柄置于"作业"挡，液压压力高于 12 bar，压力开关 b41 的触点 1 和 3 闭合。继电器 d286 通电闭合，其触点 4 和 7、5 和 8、6 和 9 闭合，接通液压作业系统的电源。

子任务三 起拨道装置电路分析

起拨道装置电路由前起道、后拨道电磁阀和开关组成。

1. 前起道电磁阀动作过程

前起道调整油缸的作用是将钢轨提升并作上下左右调整。调整控制由二个三位四通电磁阀 s41、s42 和 s43、s44 来完成。开关 b567、b568、b569/578 是三挡位双列开关，分别安装在开关箱 U74、U75、U145、U146 中，其控制过程完全一样。下面以开关 b578 为例说明动作过程。

如图 15-4 所示，当开关 b578 置于中间"0"挡时，电磁阀 s41、s42、s43、s44 均不动作。

当开关 b578 置于左边"←、↓"挡（按视图方向）其右中间位的两对触点 3 和 4（在 166#和 167#线上）闭合，电磁阀 s41、s43 通电动作，通过二极管 n442、n443，电磁阀 s143 通电动作，使起拨道装置向左和向下调整钢轨。s143 是安装在液压油路上的控制电磁阀。

当开关 b578 置于右边"→、↑"挡时，其两侧边的两对触点 3 和 4（在 165#和 168#线上）闭合，而右中间位的两对触点 3 和 4 断开，电磁阀 s42、s44 通电动作，通过二极管 n441、n444，电磁阀 s143 通电动作，电磁阀 s41、s43 断电，这样起拨道装置向右向上调整钢轨。

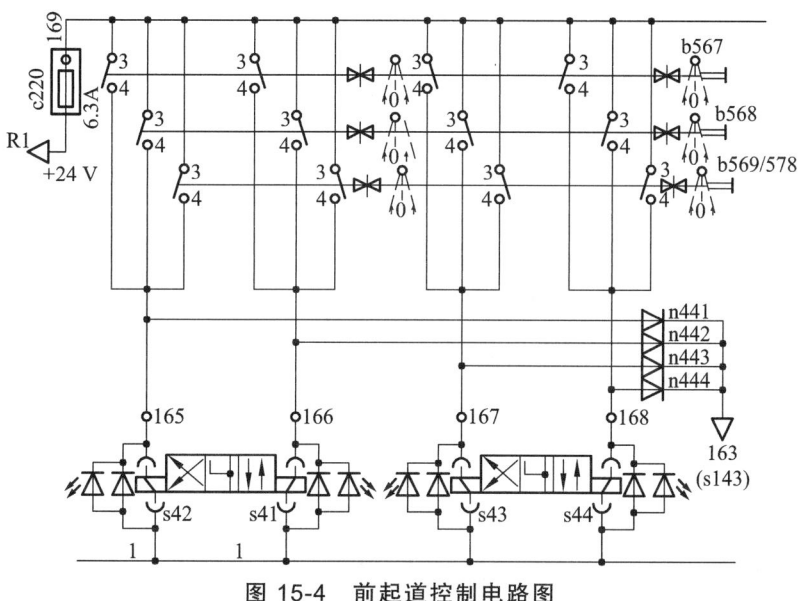

图 15-4 前起道控制电路图

2. 后拨道电磁阀动作过程

后拨道油缸的作用是对提升起的钢轨进行左、右方向的调整，调整控制由三位四通电磁阀 s99、s100 来完成，其动作过程如图 15-5 所示。

开关 b515、b516 是三挡扳钮开关，当开关 b515、b516 置于中间"0"挡位时，电磁阀 s99 和 s100 均不通电。

当置于左边"←"挡（按视图方向），左边的触点 3 和 4 断开，右边的触点 3 和 4 闭合，电磁阀 s100 通电动作，通过二极管 n532，电磁阀 s160 通电动作，s160 是接在液压油路上的控制电磁阀。这时后起拨道装置将钢轨向左调整。

当置于右边"→"挡时，左边的触点 3 和 4 闭合，右边的触点 3 和 4 断开，电磁阀 s100 断电，s99 通电动作。通过二极管 n531，电磁阀 s160 通电动作，使后拨道装置将钢轨向右调整。

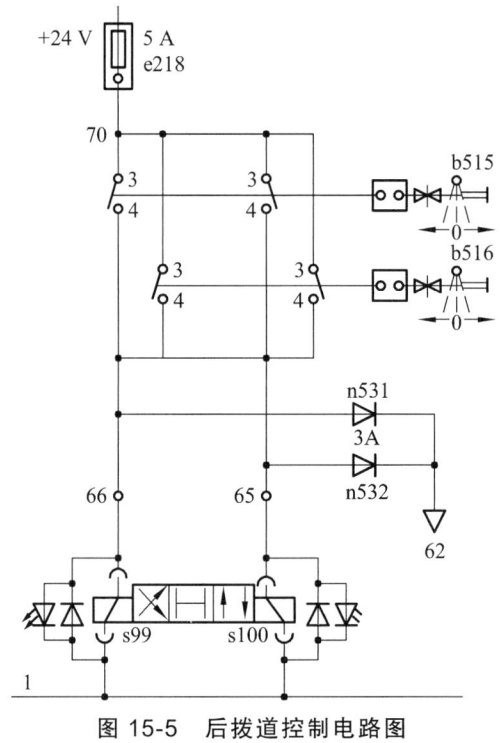

图 15-5 后拨道控制电路图

子任务四 起道夹钳装置电路分析

起道夹钳装置电路由前部左、右侧和后部左、右侧起道夹钳夹紧、松开、调整电磁阀和开关组成。

1. 起道夹钳夹紧、松开电磁阀动作过程

起道夹钳夹紧、松开油缸的作用是夹紧、松开钢轨，调整控制由电磁阀 s49、s50、s51、s52 来完成。继电器 U115-Re1、U115-Re2、U115-Re3、U115-Re4 是一种特殊动作的继电器，动作过程为：第一次继电器通电动作，触点闭合，断电后，触点仍闭合；第二次通电，继电器动作，触点断开，断电后，触点仍断开。继电器 U115-Re1 由开关 b410、b411、b412 并联控制，这些开关分别安装在开关箱 U145、U74、U75 上；继电器 U115-Re2 由开关 b413、b414、b506 并联控制，这些开关分别安装在开关箱 U145、U74、U75 上；继电器 U115-Re3 由开关 b507、b508、b509 并联控制，这些开关分别安装在开关箱 U146、U74、U75 上；继电器 U115-Re4 由开关 b510、b511、b512 并联控制，这些开关分别安装在开关箱 U146、U74、U75 上，如图 15-6 所示。

开关箱 U145、U146 在作业驾驶室内，其余两个开关箱分别安装在作业驾驶室外的左右两侧，可方便操作者下车在轨道旁进行操作。其运作过程如下：

按下开关 b410，继电器 U115-Re1 通电动作，触点闭合，电磁阀 s49 通电动作，前右起道夹钳夹紧，松开开关 b410，继电器 U115-Re1 触点仍闭合，再次按下开关 b410，继电器 U115-Re1 通电，其触点断开，电磁阀 s49 断电，起道夹钳松开。继电器 U115-Re2、U115-Re3、U115-Re4 和电磁阀 s50、s51、s52 动作与此相同。

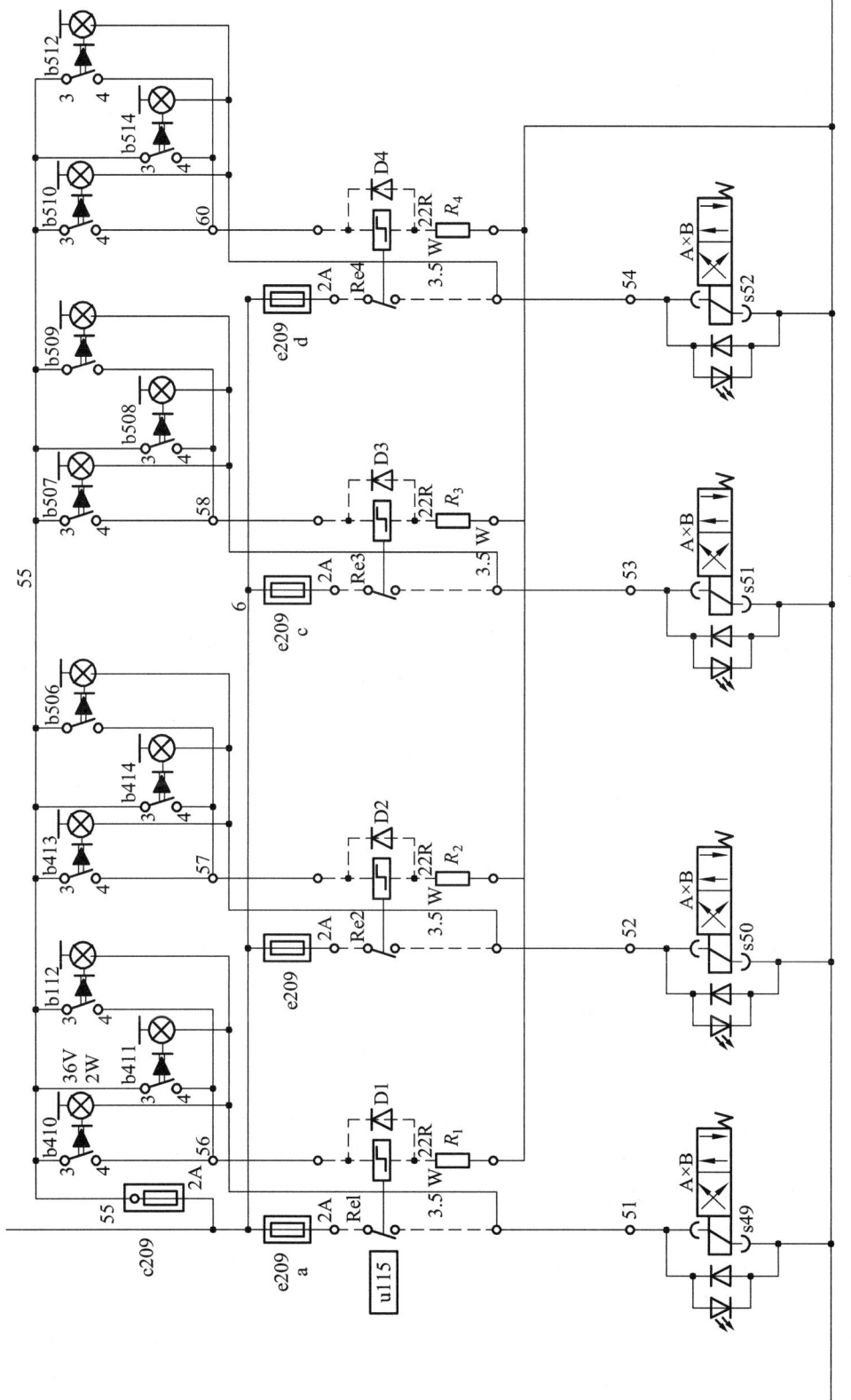

图 15-6 起道夹钳控制电路图

307

2. 起道夹钳调整电磁阀动作过程

起道夹钳调整油缸的作用是控制夹钳夹持压力，调整控制由电磁阀 s139、s140 来完成。旋钮开关 b594、b595 安装在开关箱 U146 上，如图 15-7 所示。

旋钮开关 b594 闭合后，电磁阀 s139 通电动作，调整（起拨道装置）的夹持压力。

旋钮开关 b595 闭合后，电磁阀 s140 通电动作，控制夹钳压力。

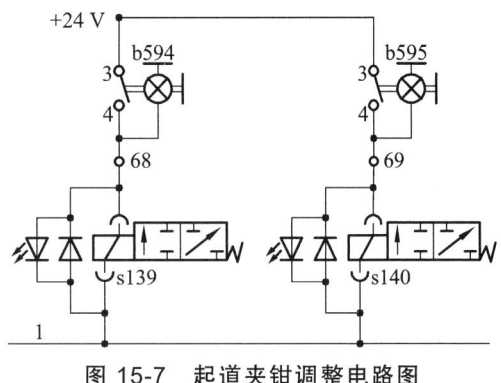

图 15-7 起道夹钳调整电路图

子任务五 道砟回填装置电路分析

道砟回填装置电路由左、右道砟回填输送带调整油缸电磁阀，左、右道砟分配板调整油缸电磁阀和自动摆动开关组成。

左、右道砟回填输送带调整油缸和左、右道砟分配板调整油缸的作用是控制道砟回填位置、方向、数量。

左道砟回填输送带调整油缸和左道砟分配板调整油缸分别由电磁阀 s64、s65、s66、s67 组成，开关 b434、b435、b487、b513、b570、b680 分别安装在开关配电箱 U74、U75、U145、U169、U130、U129A 上。右道砟回填输送带调整油缸和各道砟分配板调整油缸分别由电磁阀 s70、s71、s68、s69 组成，开关 b436、b437、b488、b514、b572、b681 分别安装在开关配电箱 U74、U75、U146、U170、U129、U130a 上，如图 15-8 所示。

左、右道砟回填输送带和左、右道砟分配板的控制电路完全一样。现以左道砟回填输送带和左道砟分配板的控制电路为例说明动作过程。

开关 b434、b435、b487、b513、b570 是三挡位双列扳钮开关，动作情况相同。以 b434 为例说明动作情况。

开关 b434 置于中间"0"挡时，电磁铁均不通电动作。当开关置于左边"↑、←"挡时，开关中部两对触点 3 和 4 闭合（在 32#和 35#线上），电磁阀 s65、s66 通电动作，左道砟回填输送带向外摆动，使左道砟分配板向前伸出。通过二极管 n408 使继电器 U120-A、U120-B 通电动作，其两对触点 1 和 2 断开，切断道砟回填输送带自动摆动开关电路。通过液压操作手柄可调整摆动范围。

当开关置于右边"↓、→"挡时，开关两侧两对触点 3 和 4 闭合（在 31b#和 36#线上）电磁阀 s64、s67 通电动作，使左道砟回填输送带向内摆动，而左道砟分配板向后返回。通过二极管 n409 使继电器 U120-A、U120-B 通电动作，其两对触点 1 和 2 断开，切断道砟回填输送带自动摆动开关电路。通过液压操作手柄可调整摆动范围。

开关 b680 的作用是在左道砟输送带不摆动的情况下，调整左道砟分配板伸出和返回的位置。当开关置于中间"0"挡时，电磁阀均不通电，不动作。当开关置于左边"←"挡时，左边的触点 3 和 4 闭合（在 35#线上）电磁阀 s66 通电动作，左道砟分配板向前伸出。当开关置于右边"→"挡时，右边的触点 3 和 4 闭合（在 36#线上），电磁阀 s67 通电动作，左道砟分配板向后返回。

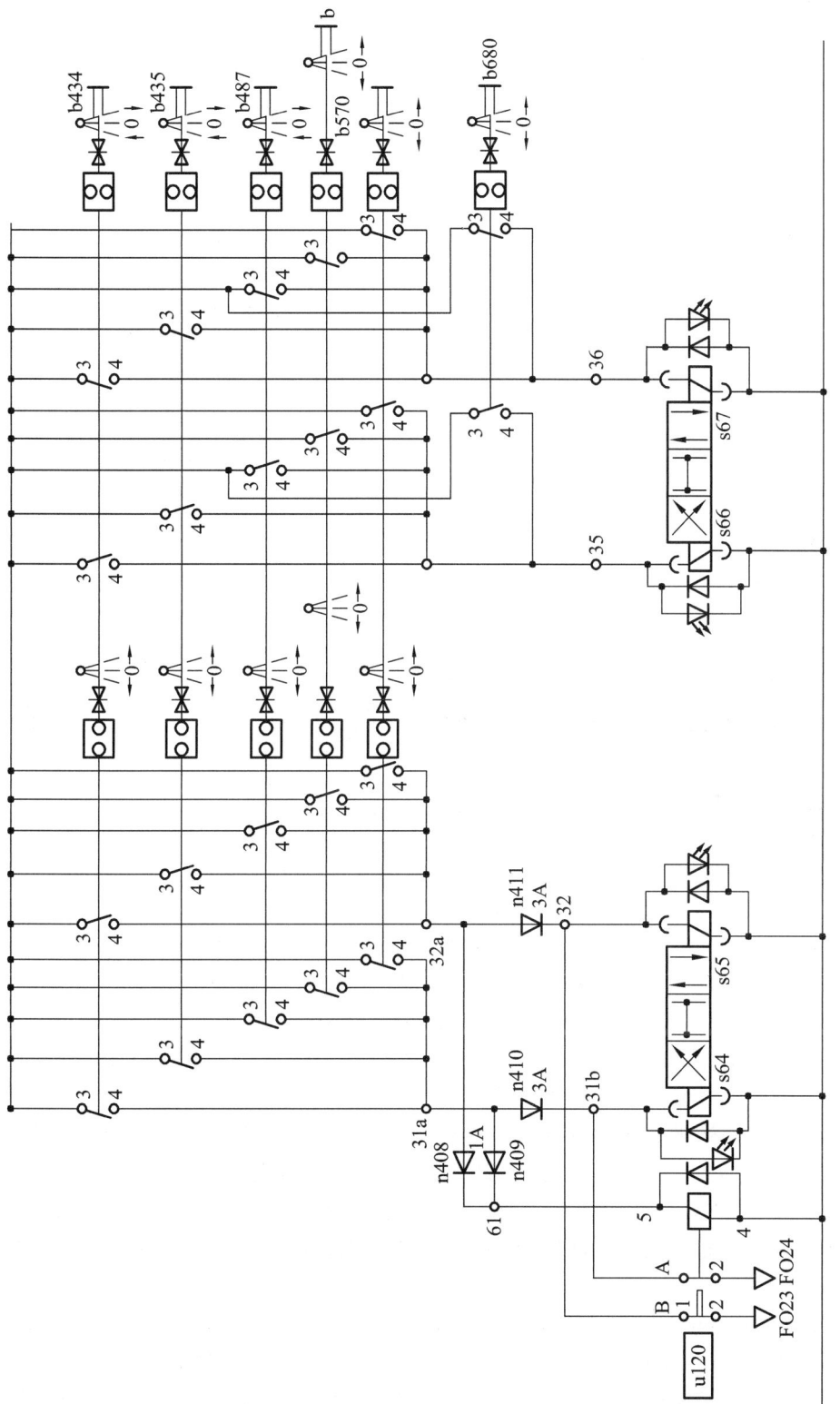

图 15-8 左道砟回填输送带和分配板控制电路图

子任务六 回转污土输送带装置电路分析

回转污土输送带装置电路由回转污土输送带水平调整电磁阀、回转污土输送带垂直调整电磁阀和开关组成，如图 15-9 所示。

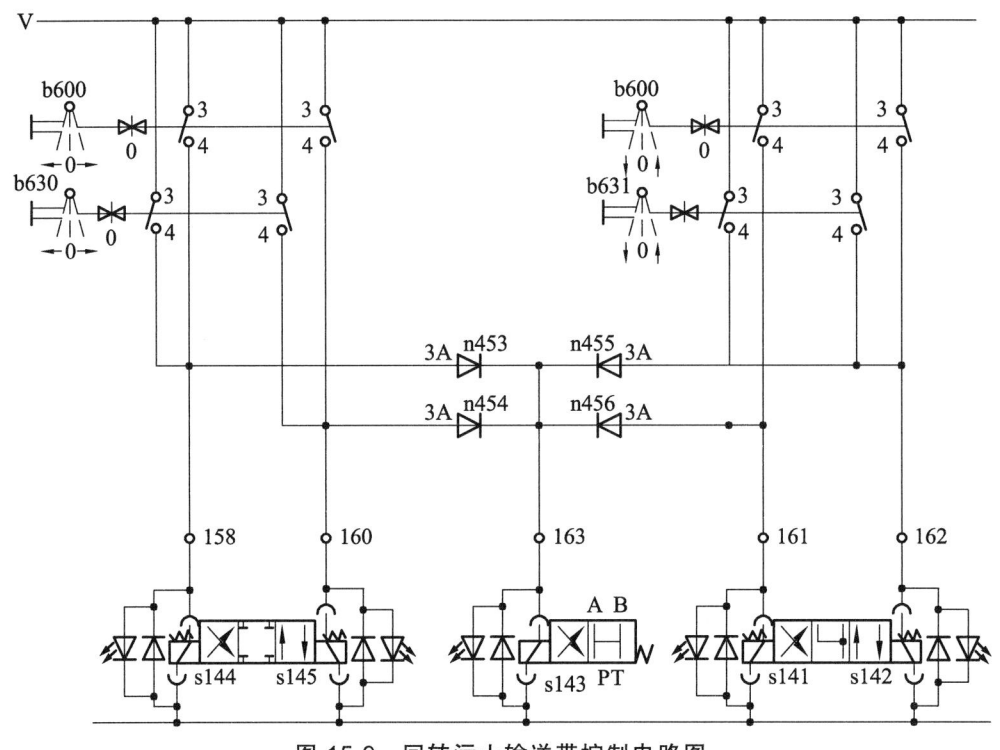

图 15-9 回转污土输送带控制电路图

回转污土输送带调整油缸由五个电磁阀控制，s144、s145、s141、s142 是三位四通电磁阀，s143 是二位三通电磁阀。这些电磁阀的作用是：s144 和 s145 是回转污土输送带水平调整电磁阀，s144 向左调整，s145 向右调整；s141 和 s142 是回转污土输送带垂直调整电磁阀，s141 是向上调整，s142 是向下调整；s143 是液压油箱油路上控制电磁阀。

开关 b600、b601 在配电箱 U158 上，开关 b630、b631 在配电箱 U159 上。

开关 b600、b630 控制作用相同。b600 是三挡扳钮开关，当开关置于中间 "0" 挡时，其触点均不闭合，电磁阀 s144、s145 均不通电。在左边 "←" 挡时（按视图方向）其右边触点 3 和 4 闭合，左边触点 3 和 4 断开，电磁阀 s145 通电动作，经由二极管 n454，电磁阀 s143 通电动作。这时，回转污土输送带沿水平方向向右调整。

在右边 "→" 挡时，其左边触点 3 和 4 闭合，右边触点 3 和 4 断开。电磁阀 s144 通电动作，s145 断电。经过二极管 n453，电磁阀 s143 得电，这时回转污土输送带沿水平方向向左调整。

扳钮开关 b601、b631 控制作用相同。当开关 b601 置于中间 "0" 挡时，电磁阀 s141、s142 均不通电，电磁阀不动作。当开关置于左边 "↓" 挡时（按视图方向），右边的触点 3 和 4 闭合，左边的触点 3 和 4 断开，电磁阀 s142 通电动作，通过二极管 n455 电磁阀 s143 通电动作，回转污土输送带沿垂直方向向下调整。当开关置于右边 "↑" 时，左边的触点

3 和 4 闭合，右边的触点 3 和 4 断开，电磁阀 s142 断电，电磁阀 s141 通电动作，通过二极管 n456，电磁阀 s143 通电动作。回转污土输送带沿垂直方向向上调整。

子任务七　振动筛装置电路分析

振动筛装置电路由振动筛水平调整电磁阀、振动筛道砟导向板调整电磁阀和开关组成。

1. 振动筛水平调整电磁阀动作过程

电磁阀 s150 和 s151 是三位四通阀，是调整振动筛水平位置的。开关 b613、b614、b615、b619、b620 分别安装在开关配电箱 U74、U75、U169、U130、U129 内，如图 15-10 所示。

以 b613 为例说明其控制作用（其余开关作用相同）。

开关 b613 为三挡位的旋钮开关。当开关置于中间"0"挡时，电磁阀 s150、s151 都不动作。开关置于左边"↑"挡时（按视图方向），右边的触点 3 和 4 闭合（在 48#线上）。电磁阀 s151 通电动作，通过二极管 n461，使电磁阀 s160 通电动作，振动筛向上调整水平位置。当开关置于右边"↓"挡时，左边触点 3 和 4 闭合（在 47#线上），电磁阀 s150 通电动作，通过二极管 n460，使电磁阀 s160 得电动作，振动筛向下调整水平位置。

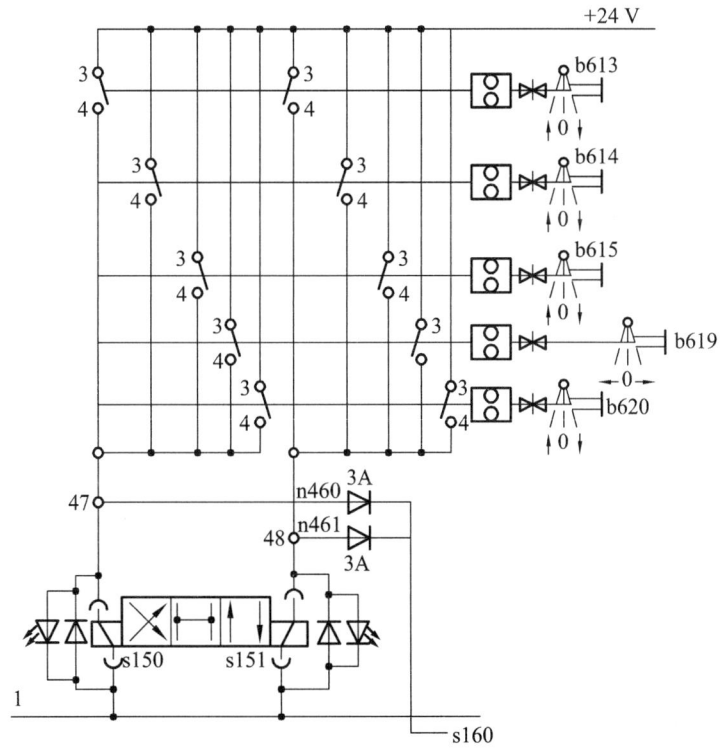

图 15-10　振动筛水平调整电路图

2. 振动筛道砟导向板电磁阀动作过程

电磁阀 s154、s155 是三位四通阀，是使振动筛在回填道砟时，导向板向左右调整位置的。开关 b616 安装在开关配电箱 U169 内，如图 15-11 所示。

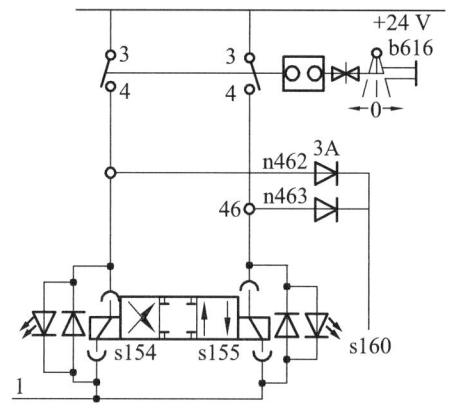

图 15-11 振动筛道砟导向板控制电路图

当开关 b616 置于中间"0"挡时,其触点均不闭合,电磁阀 s154、s155 不通电。当开关置于左边"←"挡时,右边的触点 3 和 4 闭合(在 46#线上),电磁阀 s155 通电动作,通过二极 n463,电磁阀 s160 通电动作,使导向板向左调整。当开关置于右边"→"挡时,左边的触点 3 和 4 闭合(在 45#线上)。电磁阀 s154 通电动作,通过二极管 n462,电磁阀 s160 通电动作,使导向板向左调整。

子任务八 辅助装置电路分析

辅助装置电路由道砟导流闸板调整电磁阀、护罩控制电磁阀、变量泵控制电磁阀、回油分配控制电磁阀和开关组成。

1. 道砟导流闸板电磁阀动作过程

电磁阀 s158、s159 是二位四通阀,是调整道砟导流闸板向上打开和向下关闭位置用的。开关 b617、b621、b622、b632、b633 分别安装在配电箱 U169、U130、U129、U74、U75 中,如图 15-12 所示。

b617 是三挡位旋钮开关,当开关置于中间"0"挡时,其触点都不闭合,电磁阀 s158、s159 不动作。当开关置于左边"↓"挡时,右边的触点 3 和 4 闭合(即 50#线上),电磁阀 s159 通电动作。通过二极管 n467,电磁阀 s160 通电动作,道砟导流闸板向下调整动作。当开关置于右边"↑"挡时,其左边的触点 3 和 4 闭合,电磁阀 s158 通电动作,通过二极管 n466,使电磁阀 s160 通电动作,道砟导流闸板向上调整。其余开关的作用与 b617 相同。

2. 护罩控制电磁阀动作过程

s170、s171 是三位四通电磁阀,是调整护罩位置用的。

开关 b635、b636 分别安装在配电箱 U169 和 U170 上,b635 和 b636 是三挡位旋钮开关,如图 15-12 所示。

当开关 b635 置于中间"0"挡时,其触点均不闭合,电磁阀 s170、s171 不通电。当开关置于左边"←"挡时,右边的触点 3 和 4 闭合(在 44#线上),电磁阀 s171 通电,通过二极管 n465,电磁阀 s160 通电动作,使护罩向下调整。当开关置于右边"→"挡时,左边的触点 3 和 4 闭合(在 43#线上),电磁阀 s170 通电动作,通过二极管 n464,电磁阀 s160 通电动作,使护罩翻转挡板向上调整。

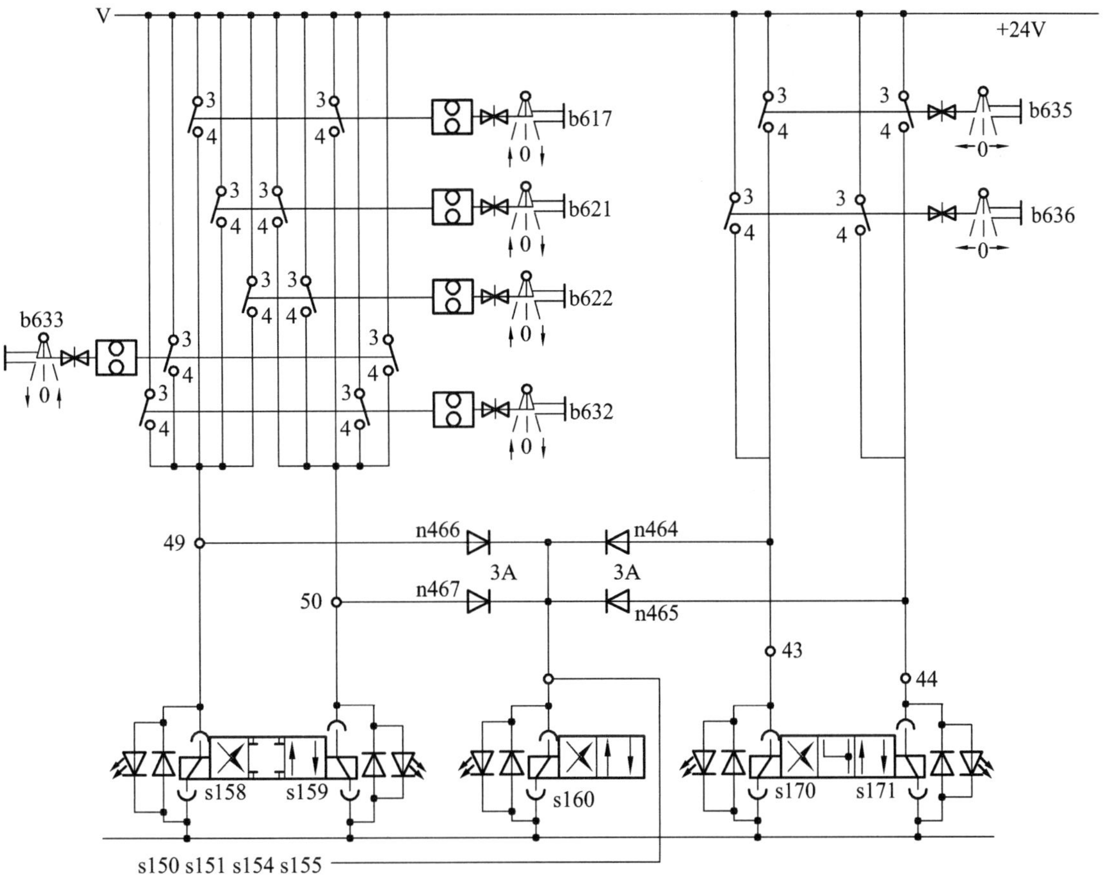

图 15-12 道砟导流闸板和护罩控制电路图

3. 回油电磁阀和变量泵电磁阀动作过程

QS-650 型清筛机有前、后两个液压油油箱，回油电磁阀 s161 控制液压油回到那个油箱去。回油电磁阀 s161 由继电器 U108-C 和 U108-D 来控制，它们的电源接在 201#、401#线上，由柴油机发电供电。图 15-13 为回油和变量泵控制电路图。下面按前、后柴油机工作的三种情况给予介绍。

（1）后柴油机运转，前柴油机停机：

201#线有电，U108-D 通电动作，其触点 1 和 2 断开，U108-C 不动作，电磁阀 s161 不动作，同时向前、后液压油油箱回油。

（2）前柴油机运转，后柴油机停机：

401#线有电，U108-D 不动作，其触点 1 和 2 闭合，U108-C 通电动作，其触点 1 和 3 闭合，电磁阀 s161 通电动作，向前液庄油油箱回油。

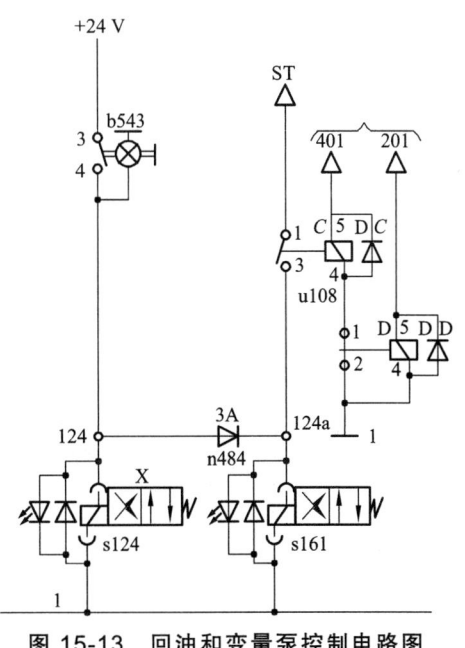

图 15-13 回油和变量泵控制电路图

（3）前、后柴油机同时运转：

201#和401#同时有电，U108-D通电动作，其触点1和3断开，U108-C不动作，电磁阀s161不动作，同时向前、后液压油油箱回油。由于二极管n484的单向导电性，电磁阀s124在上述三种情况下不动作。

s124是变量泵供油控制电磁阀，供油量的大小由操作手柄控制，动作过程如下：

按下开关b543，电磁阀s124通电动作，操作者通过手动控制供油量。由于二极管n484的单向导电性，电磁阀s161通电动作，回油电磁阀s161打开，向前液压油油箱回油。

思考题与习题

1. 简述液压作业控制系统中所用电磁阀的种类及其工作原理。
2. 简述前起道电磁阀动作过程。
3. 简述起道夹钳电磁阀动作过程。
4. 道砟回填装置电路中，开关b434是如何动作的？
5. 回转污土输送带装置电路中，开关b601是如何动作的？
6. 简述振动筛水平调整电磁阀动作过程。

任务十六 照明系统

子任务一 照明系统中相关元器件的认知

1. 二极管

1) 结构与符号

半导体二极管是由一个 PN 结加上电极引线和外壳封装而成。P 区引出的电极称为阳极，或叫正极，用 A 表示；N 区引出的电极称为阴极，或叫负极，用 K 表示。半导体二极管在电路中的符号如图 16-1 所示，箭头指向表示二极管正向导通时电流的方向。

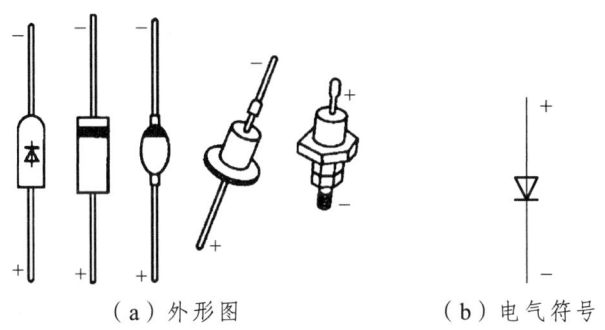

（a）外形图　　　　（b）电气符号

图 16-1　半导体二极管的外形与符号

2) 分　类

按结构的不同来分，可分为点接触型和面接触型；按应用场合的不同来分，可分为整流二极管、稳压二极管、检波二极管、限幅二极管、开关二极管、发光二极管等；按功率的不同可分为小功率、中功率和大功率；按制作材料的不同，可分为锗二极管和硅二极管等。

3) 二极管的伏安特性

二极管的伏安特性就是二极管两端的电压 U 与流过二极管的电流 I 的关系，可用平面直角坐标系中的一条曲线来表示，这条曲线叫二极管的伏安特性曲线，如图 16-2 所示。

（1）正向特性。

① 死区。

当二极管所加的正向电压（又称正向偏置）较小时，正向电流 I_F 很小，二极管呈现较大的电阻，称这个区域为死区。通常硅二极管的死区电压 U_T（又叫门限电压）约为 0.5 V，锗二极管的死区电压约为 0.2 V。

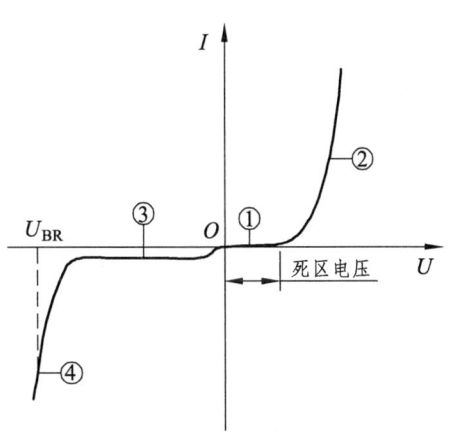

图 16-2　半导体二极管伏安特性

② 正向导通区。

当正向电压超过死区电压后，正向电流显著增加，并且随着正向电压加大，电流迅速增长，二极管的正向电阻变得很小，当二极管充分导通后，二极管的正向压降基本维持不变，称为正向导通压降，硅二极管约为 0.6~0.8 V，锗二极管约 0.2~0.3 V。这一区段，称为正向导通区。

（2）反向特性。

① 反向截止区。

当二极管加反向电压（又称反向偏置）时，形成的电流称反向漏电流 I_R，其值很小，这一区段，称为反向截止区。正常情况下，硅二极管的反向漏电流 I_R 一般在几微安以下，锗二极管的 I_R 较大，一般在几十微安至几百微安。

② 反向击穿区。

当反向电压增加到一定大小的 U_{BR} 时，反向电流突然急剧增加，这种现象称为二极管反向击穿。使二极管发生反向击穿时的反向电压 U_{BR} 称为反向击穿电压。产生反向击穿的原因是在强电场作用下，使少数载流子急剧增加，引起反向电流急剧增大。这种现象的产生分为两种类型：一种是当反向电压高到一定数值时，因外加电场过强，而把共价键中的价电子强拉出来，造成电子—空穴对，从而使少数载流子数量急剧增加。另一种是强电场可引起自由电子加速后与原子碰撞，将价电子轰出共价键，产生新的电子—空穴对，使少数载流子数量剧增。这两种因素产生的击穿现象均称为电击穿。

发生电击穿后，如果反向电压很高，反向电流又很大，则消耗在二极管 PN 结上的功率就会很大，将超过 PN 结容许的耗散功率，产生过多的热量散发不出去，使 PN 结温度升高，结温升高又使反向电流增大，而电流增大又使结温进一步升高，结果使 PN 结因过热而烧毁。这种现象称为热击穿。二极管热击穿后，便失去单向导电性。因此应避免二极管发生热击穿。

从二极管的特性曲线可看出，二极管的电压与电流的变化关系不是线性关系，其内阻不是常数，所以二极管属于非线性器件。

4）二极管的应用

（1）二极管的开关作用。

二极管在正向电压作用下电阻很小，处于导通状态，相当于一只接通的开关；在反向电压作用下，电阻很大，处于截止状态，如同一只断开的开关。利用二极管的开关特性，可以组成各种逻辑电路。

（2）二极管的整流作用。

整流（Rectifier）电路是电源设备的重要组成部分。利用二极管单向导电性，可以把方向交替变化的交流电变换成单一方向的脉动直流电。

（3）二极管的限幅作用。

限幅电路又称削波电路，是用来限制输出电压范围的电路。

二极管正向导通后，它的正向压降基本保持不变（硅管为 0.7 V，锗管为 0.3 V）。利用这一特性，在电路中作为限幅元件，可以把信号幅度限制在一定范围内。通常将具有上、下门限的限幅电路称为双向限幅电路。仅有一个门限的称为单向限幅电路，其中，仅有上门限的称为上限幅电路，仅有下门限的称为下限幅电路。

2. 二极管 n100、n101 的工作方式

停车时照明系统由前、后蓄电池组并联供电，通过二极管 n100、n101 将两个蓄电池正极连在一起向 2#线供电。两个蓄电池的负极通过接地极连在一起。二极管 n100、n101 最大工作电流为 450 A。

二极管 n100、n101 的工作方式有三种，如图 16-3 所示。

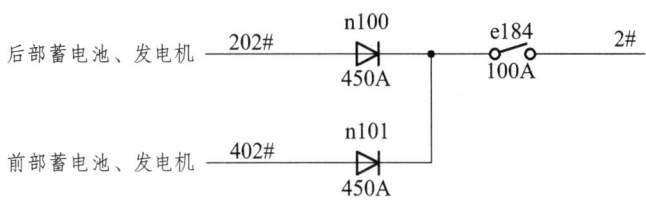

图 16-3　二极管 n100、n101 工作原理图

（1）当前、后蓄电池电压一样时，如图 16-3 所示，202#、402#线接在蓄电池的正极上，电位高于 2#线的用电设备，二极管导通，二个蓄电池同时向 2#线供电，相当于开关闭。

（2）当蓄电池组的电压不一样时，例如，202#线所接后部蓄电池组的电压低于 24 V，二极管 n100、n101 的工作情况如下：

前部蓄电池组的电压为 24 V，二极管 n101 导通后，在 2#线上呈 24 V 正电位。这样对二极管 n100 来说，右边电位为 24 V（按视图方向）左边电位低于 24 V。二极管 n100 失去导通条件，变为截止（相当于开关断开）。整车的电气系统由后部蓄电池通过二极管 n101 来供电只有当前部蓄电池的电压下降到与后部蓄电池的电压一样。二极管 n100 才会导通。前后蓄电池才会同时向供电系统供电。

（3）柴油机起动后，由前、后三相发电机 m2、m8 供电，当二台三相发电机发出的电压不一样时，电压高的线路上的二极管导通，由这台发电机向全车供电。而电压低的线路上的二极管被截止，这台发电机只向蓄电池充电。当蓄电池电压上升后，该发电机发出的电压也会上升，与另一台发电机发出的电压相同时，两个二极管才会同时导通。

这两个二极管可以保证不会出现，由于电压不一样，一台发电机向另一发电机，一组蓄电池向另一组蓄电池反供电的现象，同时也可以在某一蓄电池电压过低的情况下，用发电机尽快地充电，恢复到正常电压。

子任务二　了解照明系统的组成

QS-650 型清筛机电气照明系统分为走行照明、作业照明、工作照明、仪表显示和指示灯等电路。

1. 前、后驾驶室照明

前驾驶室由自动开关 e8 控制，下分三个支路：由旋钮开关 b51 控制两条支路，h355、h444 两个日光灯管（规格为 24 V、18 W）和三个照明灯 h35、h36、h36a（规格为 24 V，20 W）；由开关 b64 控制仪表指示灯。

后驾驶室由自动开关 e7 控制，下分两个支路：蘑菇开关 b36 控制两个照明灯 h37、h38；蘑菇开关 b66 控制仪表指示灯 h442。

2. 前后发动机室照明

为了检修发动机,在发动机室内安装了照明灯。后发动机室由自动开关 e11 和蘑菇开关 b57 控制三个照明灯 h46、h47、h48,规格为 24 V,21 W;前发动机室由自动开关 e23 和蘑菇开关 b69 控制两个照明灯 h61、h62,规格为 24 V,21 W。

3. 平台照明灯

在行走通道和检修操作用的平台上装有照明灯。前部平台由自动开关 e20 和蘑菇开关 b63 控制两个照明灯 h75、h76、h367,规格为 24 V,21 W;后部平台由自动开关 e12 和蘑菇开关 b54 控制两个照明灯 h44、h45,规格为 24 V,21 W。

4. 前、后扶梯照明工作灯

前、后驾驶室外上部装有照明工作灯,由自动开关 e134 和钥匙开关 b376、b377 控制前部扶梯照明工作灯 h71、h72,后部扶梯照明工作灯 h73、h74 和指示灯 h114、h115。

5. 前、后转向架工作灯

在前驾驶室上方装有用于检修和作业时的工作灯,由自动开关 e21 和蘑菇开关 b67 控制的前转向架工作灯 h60、h64(规格为 24 V,70 W)。

由自动开关 e24 和蘑菇开关控制的后转向架工作灯 h141、h43,规格为 24 V,70 W。

6. 作业工作灯

为了保证晚间清理作业现场照明的不间断,将这些作业工作灯接在 2#线上。这样,不管柴油机是否运转,都能使清理作业工作顺利进行。由于这些工作灯用电负荷大,均采用继电器触点作为开关的。总开关 b55 是用于接通继电器线圈电路的,动作过程如下:

按下开关 b55,其触点 3 和 4 闭合,继电器 U173、U174、U175 同时通电动作。继电器 U173 的触点 A(1 和 3)、B(1 和 3)、C(1 和 3)、D(1 和 3)闭合,下列工作灯开始照明:

中后部道砟回填输送带工作灯 h40、h41;

中部振动筛工作灯 h364、h42. h139、h140;

中前部道砟回填输送带工作灯 h49、h50。

继电器 U174 的触点 A(1 和 3)、B(1 和 3)、C(1 和 3)、D(1 和 3)闭合,下列工作灯开始照明:

中部工作灯 h51、h52;

前上部工作灯 h53、h54;

前下部工作灯 h55、h56、h365、h366。

继电器 U175 的触点 A(1 和 3)、B(1 和 3)、c(1 和 3)闭合,下列工作灯开始照明:

前顶部工作灯 h58、h59;

车前部工作灯 h57、h142;

后拨道工作灯 h436、h437。

以上工作灯的规格均为 24 V,70 W。

子任务三 停车时供电范围及三相发电机供电范围

1. 停车时供电范围

在柴油机不工作时，整车的一些必须要的照明灯、指示灯，由蓄电池供电，但蓄电池的容量有限，因此在停车期间应尽量减少照明灯的开灯盏数。供电范围为检修、清理作业环境、照明、仪表显示所必须的灯光。

2. 三相发电机供电的范围

在柴油机起动运转后，三相发电机在向蓄电池充电和通过 2#线向全车供电的同时，通过起动开关"1"挡来控制一部分工作灯、照明灯、仪表显示和指示灯，动作过程如下：

将起动开关 b1、b2、b110、b111 置于"1"挡，因 4 个起动开关动作过程一样，以 b1 为例说明供电回路。

从 202#线→开关 e250→开关 e1→起动开关 b1 的"1"分为二条支路，一条支路为 204a#线→n102→5#线供给柴油机起动电路；另一条支路为开关 e163→272#→n76→e234→369#线。在 369#线后，又分为二个分支路：一条分支路接在开关 b26～b32、b134、b135、b369；另一条分支路从 369#线经过二极管 n94 到 387#线。在 387#线后再分成 4 条分支路。下面以继电器通电动作后供电范围来分析电路。

1）继电器 d30 供电回路

387#线经由继电器 d30 的线圈到 1#线构成通电回路。继电器 d30 通电动作，其两对触点 3 和 9、5 和 8、4 和 7 闭合，合上自动开关 e6，使 2#与 376#线接通，为工作灯 h25～h29 提供电源通路。这些工作灯由继电器 U9 来控制，继电器 U9 由五个分继电器组成。这些分继电器与前面所介绍过的 U175 继电器是同样型号的，动作过程也是一样的。

按下开关 b30，其触点 3 和 4 闭合，分继电器 U9-Re1 通电动作，其触点闭合，后左大灯 h27 发光；松开开关 b30，分继电器 U9-Re1 仍然保持在通电位置，触点闭合，h27 发光。当再按下开关 b30 后，U9-Re1 通电，其触点断开，h27 不发光。按下开关 b31 后，分继电器 U9-Re2 通电动作，其触点闭合，后中大灯 h29 的近光灯发光，h27、h29 的规格为 24 V，70 W。远光灯由继电器 U208-C 控制。

开关 b32 控制分继电器 U9-Re3，使后中大灯 h28 发光，其规格为 24 V，70 W。

开关 b134 控制分继电器 U9-Re4，使后左标志灯 h25 发光，其规格为 24 V，21 W。

开关 b135 控制分继电器 U9-Ke5，使后右标志灯 h26 发光，其规格为 24 V，21 W。

2）继电器 d263 供电回路

从 387#线经由继电器 d263 线圈到 1#线构成通电回路。继电器 d263 通电动作，其触点闭合。通过自动开关 e171，使 2#线与 376a#线接通，为工作灯 h20～h24 提供电源通路。这些灯由继电器 U10 来控制，继电器 U10 由五个分继电器组成，规格与 U9 相同。

开关 b25 控制分继电器 U10-Re1，使前左大灯 h20 发光。

开关 b26 控制分继电器 U10-Re2，使前中大灯 h22 的近光灯发光。远光灯由继电器 U195-D 控制。

开关 b27 控制分继电器 U10-Re3，使前右大灯 h21 发光。以上工作灯的规格为 24 V，70 W。

开关 b28 控制分继电器 U10-Re4，使前左标志灯 h23 发光。

开关 b29 控制分继电器 U10-Re5，使前右标志灯 h24 发光。以上工作灯的规格为 24 V，21 W。

3）分继电器 U9-Re6 供电回路

开关 b216 一端接电源 369#线，一端接分继电器 U9-Re6 的线圈上，通过电阻 r6 到 1#线构成通电回路。按下开关 b216，分继电器 U9-Re6 通电动作，其触点闭合，两个继电器 U195-D 和 U208-C 同时通电动作。U195-D 的一对触点 1 和 3 闭合，另一对触点 1 和 4 断开，使前中大灯 h22 的远光灯发光，近光灯不发光，U208-D 的一对触点 1 和 3 闭合，1 和 4 断开，使后中大灯 h29 的远光灯发光，近光灯不发光。

4）继电器 U195-C 和 U10-Re6 的供电回路

开关 b369 一端接 369#线，一端接分继电器 U10-Re6 的线圈，通过电阻 r6 与 1#线相联构成通电回路。按下开关 b369，分继电器 U10-Re6 通电动作，其触点闭合，接通 387#电源继电器 U195-C 通电动作，其触点 1 和 3 闭合，前、后黄色警示灯 h118、h119 发光。

思考题与习题

1. QS-650 型清筛机的照明系统分为哪几部分？
2. 简述二极管 n100、n101 的工作原理。
3. 简述柴油发动机起动运转后，三相发电机的供电回路。

任务十七　辅助控制电路分析

子任务一　辅助电路中的常用元器件

为了保证清筛机作业和运转的顺利进行，除上述电路外，还设置了各种辅助电路，如闸瓦磨损、清洗设备、换气设备、温度调节装置和警笛提示装置等电路。在这些辅助电路中常用的元器件有直流永磁电动机和喇叭。

1. 直流永磁电动机

清筛机清洗设备中雨刮器电动机采用直流永磁电动机。其符号如图 17-1 所示。

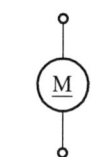

图 17-1　雨刮器及电动机符号

直流永磁电动机是由一块或多块永磁体建立磁场的直流电动机，其性能与恒定励磁电流的他励直流电动机相似，可以由改变电枢电压来方便地调速。与他励式直流电动机相比，具有体积小、效率高、结构简单、用铜量少等优点，是小功率直流电动机的主要类型。

直流永磁电机的工作原理图如图 17-2 所示。在直流电机的固定部分装设了一对直流励磁的静止的主磁极 N 和 S，在旋转部分（转子）上装设电枢铁心。定子与转子之间有一气隙。在电枢铁心上放置了由 A 和 X 两根导体连成的电枢线圈，线圈的首端和末端分别连到两个圆弧形的铜片上，此铜片称为换向片。换向片之间互相绝缘，由换向片构成的整体称为换向器。换向器固定在转轴上，换向片与转轴之间亦互相绝缘。在换向片上放置着一对固定不动的电刷 B1 和 B2，当电枢旋转时，电枢线圈通过换向片和电刷与外电路接通。直流电源的电能通过电刷和换向器进入电枢绕组，产生电枢电流，电枢电流产生的磁场与主磁场相互作用产生电磁转矩，使电机旋转带动负载。

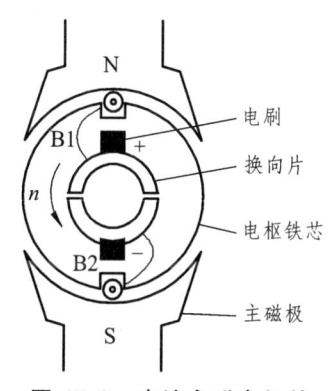

图 17-2　直流永磁电机的工作原理图

2. 喇　叭

在 QS-650 型清筛机上，采用的警笛提示装置有两类喇叭：电喇叭和气喇叭，如图 17-3 所示。

图 17-3　喇叭符号

提示喇叭分有电喇叭和气喇叭两种，电喇叭通过电磁线圈不断的通电和断电，使金属膜片产生振动而产生音响，声音悦耳。电喇叭外形多是螺旋形和盆型，广泛应用在各种汽车上。轻型乘用车都用电喇叭。气喇叭利用压缩空气的气流使金属膜片产生振动，外形多是长喇叭形（筒形），声音大且声调高，传播距离远，多用在跑长途的大、中型汽车和大型工程机械上，城市内是禁用的。喇叭原理图如 17-4 所示。

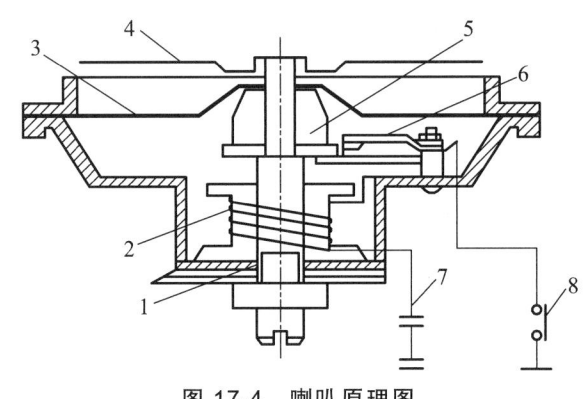

图 17-4　喇叭原理图

1—静铁心；2—磁性线圈；3—膜片；4—助音腔；5—动铁心；
6—触点；7—电源；8—按钮

当司机按下按钮 8 时，电流经触点通过线圈，线圈产生磁力吸下动铁心 5 强制膜片移动，衔铁移动使触点断开，电流中断磁力消失，膜片在本身的弹性和弹簧片作用下又同动铁心一起恢复原位，触点闭合电路接通，电流再通过触点流经线圈产生磁力，重复上述动作。如此反复循环膜片不断振动，从而出音响。助音腔 4 与膜片刚性连接，可使振动平顺发出声音更加悦耳。其中触点臂与触点的间隙小激励频率就高；间隙大激励频率就低，也就是调整不同的间隙，喇叭将受到不同的受迫振动频率激励而产生不同的声响。

子任务二　部分辅助电路

1. 清洗设备及换气设备

1）清洗设备

在前、后驾驶室和作业司机中部装有挡风玻璃，当下雨和清洗挡风玻璃时，可将雨刮器和冲水电机打开进行清扫工作。

雨刮器是由电机带动，通过连杆机构将电机的旋转运动转变为刮臂（即挡风玻璃上面除了刮片之外的那部分）的往复运动，从而实现刮雨动作。一般按一下雨刮器工作开关，即可让雨刮器工作。通过选拔高速低速挡，可以使电机的电流发生大小变化，从而控制电机转速，从而控制雨刮器的工作快慢。

当司机按下雨刮器的开关时，电动机启动，电动机的转速经过蜗轮蜗杆的减速增扭作用驱动摆臂，摆臂带动四连杆机构，四连杆机构带动安装在前围板上的转轴左右摆动，最后由转轴带动雨刮片刮扫挡风玻璃。雨刮器的动力源来自电动机，它是整个雨刮器系统的核心。雨刮器电动机的质量要求是相当高的。它采用直流永磁电动机，安装在前挡风玻璃上的雨刮器电动机一般与蜗轮蜗杆机械部分做成一体。蜗轮蜗杆机构的作用是减速增扭，其输出轴带动四连杆机构，通过四连杆机构把连续的旋转运动改变为左右摆动的运动。

清筛车上配有洗涤器，按下开关有洗涤水喷出，配合雨刮器洗涤挡风玻璃。洗涤器系统由储水箱、水泵、输水管、喷水嘴组成。其中，水泵是一种微型电动离心泵，通过它将储水箱的洗涤水输向喷水嘴，经 2~4 个喷水嘴的挤压作用将洗涤水分成细小的射流喷向挡风玻璃，配合雨刮器起到清洁挡风玻璃的作用。

前驾驶室清洗设备：m24 冲水电机，m17、m18 左右雨刮器电机。
后驾驶室清洗设备：m19 冲水电机，m20、m21 左右雨刮器电机。
作业驾驶室清洗设备：m77 冲水电机，m75、m76 左右雨刮器电机。

2）换气设备

为了保证驾驶室内空气的清洁，在前、后驾驶室内都安装了换气扇。m3 为前驾驶室换气扇，m5 为后驾驶室换气扇。

图 17-5 为 m3 换气扇控制电路图。合上自动开关 e9，开关 b52 为三挡旋钮开关，当处于"0"挡时，m3 不动作。当开关 b52 打到左边挡"BEL"其左边两对触点 3 和 4 闭合，397#线为正极，396#线为负极。当开关 b52 打到右边挡"ENTL"时，其右边两对触点 3 和 4 闭合，396#线为正极，397#线为负极。在左边挡时，电流从 397#线流入电机，从 396#线回到负极，而在右边挡时，电流从 396#线流入电机，从 397#线回到负极，使直流电机电枢和励磁线圈中的电流方向变化，电机旋转方向改变，这样换气扇有进风和排风两种作用。

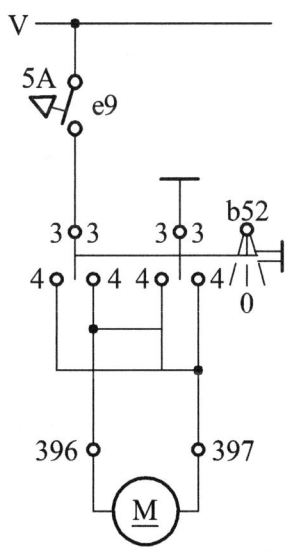

图 17-5 m3 换气扇控制电路图

2. 撒砂装置及温度调节装置

1）撒砂装置

为了防止机车在坡道上打滑，RM80 清筛机设置了撒砂装置。撒砂装置由开关 b160、b161 和电磁阀 s13、s14 组成，其中开关 b160 安装在前驾驶室内，开关 b161 安装在后驾驶室内。

2）温度调节装置

（1）加热、通风装置。

在冬季，为了使驾驶室内保持一定的温度，RM80清筛机采用燃油加热，用鼓风机将热量送到驾驶室内。加热装置由自由开关 e30、e31，温控开关 f26，温控装置 U24，燃油泵 m11 及加热器组成。

先介绍各电器元件的作用：

b88 是旋钮开关，分为"加热""0""风扇"三个挡位。

f26 是温控器开关，当驾驶室内温度达到要求时，停止加热。

m11 是柴油泵，M 是风扇电机。

U24 是控制装置，内有四个继电器 k1、k2、k3、k4，分别控制火焰加热器、风扇电机和柴油泵 m11。

合上开关 e30、e31，将开关 b88 向右打到"加热"挡，其触点闭合，f26 通电，因温度未达到设定值，其触点 1 和 3 闭合，U24 通电动作，继电器 k1~k4 动作，柴油泵 m11 供油，火焰加热器开始预热。待柴油机燃烧后，由光敏三极管组成的火焰监控器将火焰加热器断电，鼓风机将热量吹送到驾驶室内，当温度达到要求后，控制装置 U24 的继电器 k1~k4 断电，温控器 f26 断电，加热过程停止。

将开关向左打到"风扇"挡，其触点闭合，H1#和 H4#线接通，风扇电机启动，将外界空气送到驾驶室内。

（2）空调装置。

在前、后驾驶室内各设一台空调机，控制电路为：继电器 d295 由 401#线通过二极管 n250 提供电源，继电器 d296 由 201#线通过二极管 n251 提供电源。在电路设计中规定了只有当前、后发电机发电时，才能使用空调机。继电器 d295、d296 通电动作后，其三对触点 1、3、5 和 2、4、6 闭合。这时，只要合上自动开关 e132、e133，前、后驾驶室内空调机便可以使用。

3. 警笛提示装置

在 QS-650 型清筛机上设有三种警笛提示装置，如图 17-6 所示。

（1）蜂鸣器：可以提示驾驶室内的有关人员注意，表示操作即将开始。

（2）电喇叭：提示在 QS-650 型清筛机周围的行人和作业者注意开始作业。

（3）气喇叭：由于功率较大，可以提醒较远距离的人员注意清筛机行驶方向。

蜂鸣器 h30、h32，电喇叭 h144、h145，由开关 b150、b152、b153、b151 来控制。这些开关分别安装在开关箱 U225A、U225B、U63 中。高频气喇叭（660 Hz）和低频气喇叭（220 Hz）由气压电磁阀 ls215、ls220、ls214、ls219 控制。在电路中装有二极管 n119、n120、n432、n433，二极的单向导电性，使 4 个气喇叭和 1 个大功率电喇叭 h69 在发音的安排上有所不同。开关 b75、b76、b155、b70、b544、b545 是并联开关，按合其中一个开关，使上述五个喇叭同时发音。b679、b124、b666、b71、b72、b73、b74 为一组并联开关，按合其中一个开关，使二个高频气喇叭发音。按合开关 b154 可以使二个高频气喇叭和一个大功率电喇叭发音。

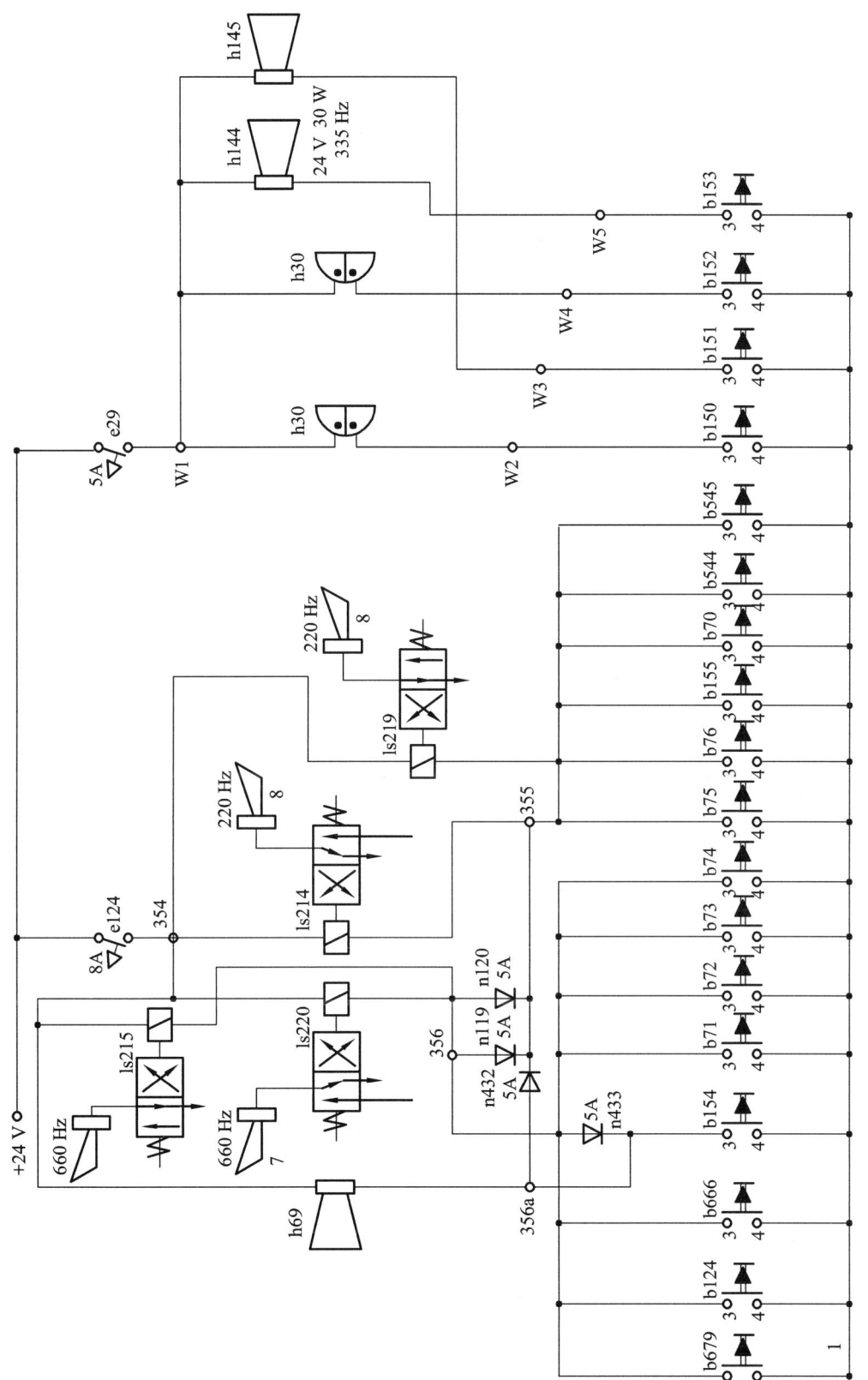

图 17-6 警笛提示电路图

思考题与习题

1. 为保证清筛机作业和运转的顺利进行，设置了哪些辅助电路？
2. 在 QS-650 型清筛机上，设置了哪些警笛提示装置？各有什么作用？
3. 简述 QS-650 型清筛机上换气扇的工作过程。

第三篇　实验实训项目

实验项目一　基本指令实验

1. **实验目的**

（1）熟悉西门子 S7-200 系列 PLC，了解各硬件部件的结构及作用。

（2）掌握常用基本指令的使用方法。

（3）熟悉西门子 STEP 7-Micro/WIN 编程软件的使用方法。

2. **实验设备**

（1）PLC 实验装置一套。

（2）编程计算机一台。

（3）PC/PPI 通信电缆一条。

（4）连接导线若干。

3. **实验内容及步骤**

（1）复习常用基本指令的功能及用法。

① 常用位逻辑指令。

② 置位、复位指令。

③ 正、负跳变指令。

（2）分析并下载运行练习程序。

① 练习程序 1，如图 18-1 所示。

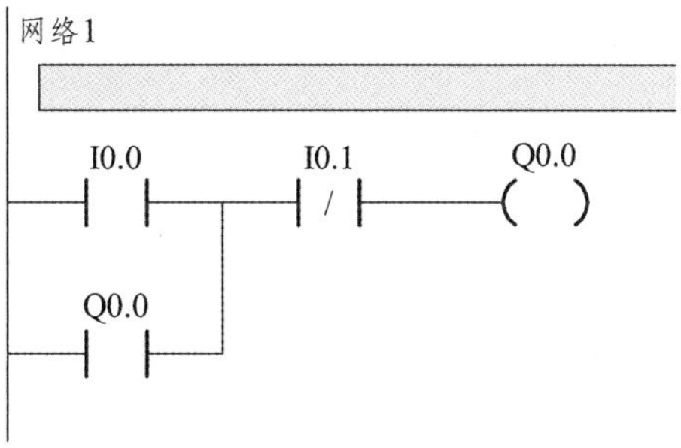

图 18-1　基本指令练习程序 1

② 练习程序 2，如图 18-2 所示。

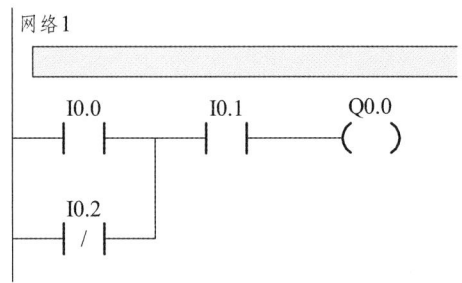

图 18-2　基本指令练习程序 2

③ 练习程序 3，如图 18-3、图 18-4 所示。

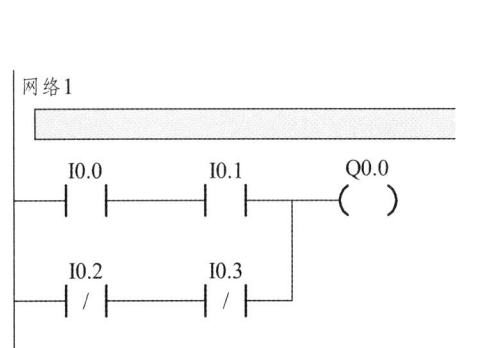

图 18-3　基本指令练习程序 3　　　　图 18-4　基本指令练习程序 4

④ 置位、复位指令练习程序，如图 18-5 所示。
⑤ 正负跳变指令练习程序，如图 18-6 所示。

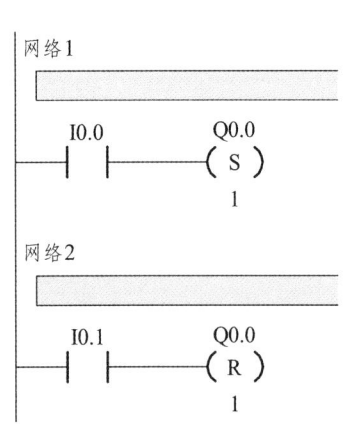 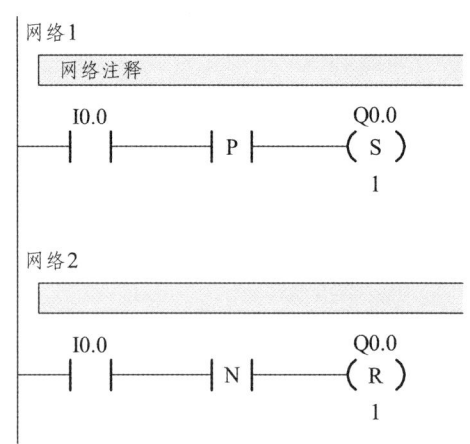

图 18-5　置位、复位指令练习程序　　　图 18-6　正负跳变指令练习程序

（3）上位计算机与 PLC 的连接。

① 运行 STEP 7-Micro/WIN 编程软件，单击 ![icon]，在弹出的对话框中选择"PC/PPI 通信方式"，单击 ![属性(R)...]，设置 PC/PPI 属性，如图 18-7 所示。

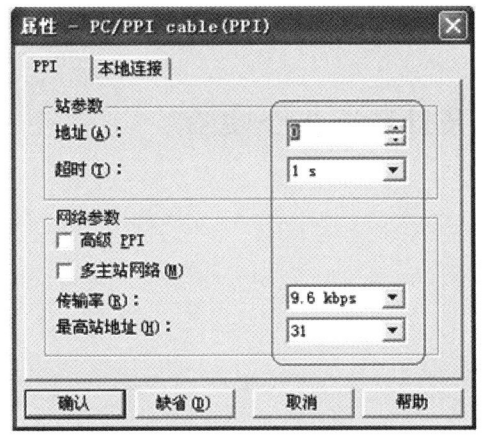 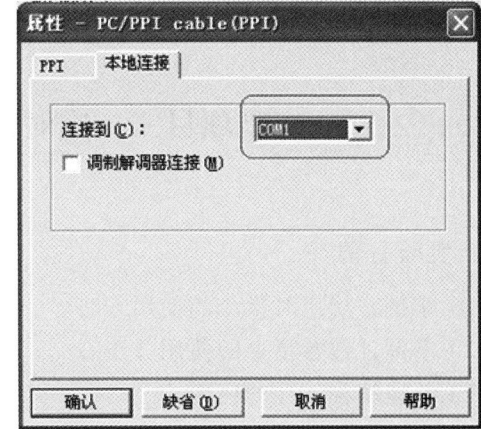

图 18-7 "属性"设置对话框

② 单击 ▦，在弹出的对话框中，双击 ⇄ 双击刷新，搜寻 PLC，寻找到 PLC 后，选择该 PLC。至此，PLC 与上位计算机通信参数设置完成。

（4）I/O 分配。

输入 K0~K5：I0.0~I0.5　　　　输出 L0~L2：Q0.0~Q0.2

（5）程序下载及调试。

① 连接 PLC 与上位计算机及外围设备。

② 使用 STEP 7-Micro/WIN 编程软件，编译实训程序，确认无误后，将程序下载至 PLC。

③ 拨动开关 K0~K5，观察开关处于不同逻辑状态下 L0、L1、L2 指示灯的状态并记录。

4．注意事项

（1）进入编程软件时，PLC 机型应选择正确，否则无法正常下载程序。

（2）下载程序前，应确认 PLC 供电正常。

（3）实验过程中，认真观察 PLC 的输入/输出状态，以验证分析结果是否正确。

5．思考与讨论

（1）在 I/O 接线不变的情况下，能更改控制逻辑吗？

（2）程序下载后，PLC 能脱离上位机正常运行吗？

（3）当程序不能运行时，如何判断是编程错误、PLC 故障，还是外部 I/O 点连接线错误？

实验项目二 定时器及计数器指令实验

1. 实验目的

（1）掌握常用定时指令的使用方法。
（2）掌握计数器指令的使用方法。
（3）掌握编程软件的使用。

2. 实验设备

（1）PLC 实验装置一套。
（2）编程计算机一台。
（3）PC/PPI 通信电缆一条。
（4）连接导线若干。

3. 实验内容及步骤

（1）复习定时器、计数器指令的功能及用法。
① TON、TONR 指令。
② CTU、CTD、CTUD 指令。
（2）分析并运行练习程序。
① 延时程序，如图 18-8 所示。
② 秒脉冲发生器，如图 18-9 所示。

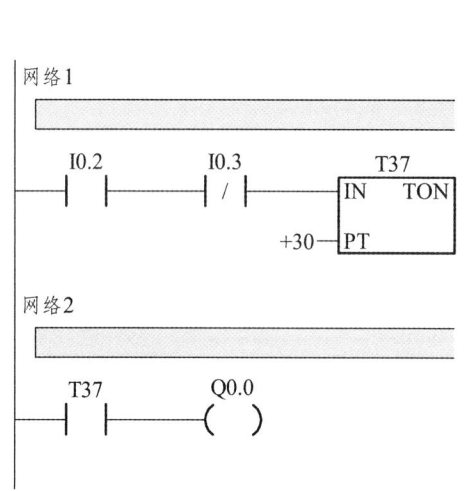

图 18-8 延时程序

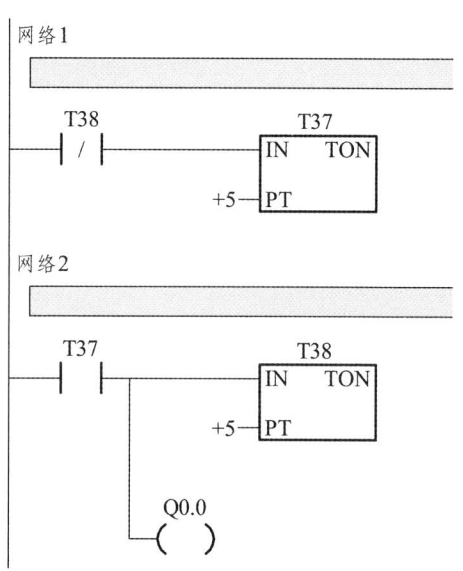

图 18-9 秒脉冲发生器

③ 增计数器，如图 18-10 所示。

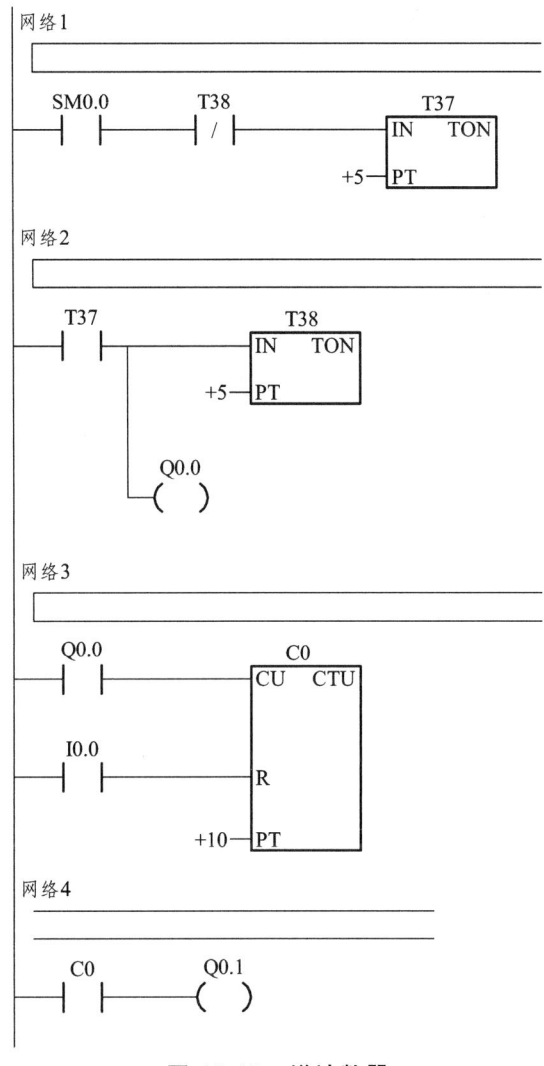

图 18-10 增计数器

④ 自行设计减计数器（参照增计数器）。
（3）I/O 分配。
输入 K0～K3：I0.0～I0.3　　　输出 L0～L1：Q0.0～Q0.1
（4）程序下载及调试。
① 连接 PLC 与上位计算机及外围设备。
② 使用 STEP 7-Micro/WIN 编程软件，编译实训程序，确认无误后，将程序下载至 PLC。
③ 拨动开关 K0～K3，观察开关处于不同逻辑状态下 L0、L1 指示灯的状态并记录。

4．注意事项

（1）S7-200 PLC 有三类定时器：延时接通定时器（TON）、有记忆的延时接通定时器（TONR）、延时断开定时器（TOF），注意各类型定时器的特点。

（2）定时器的分辨率有三种：1 ms、10 ms、100 ms。在选用定时器时其编号决定了定时器的分辨率，定时器总的定时时间 = 预设值(PT)×时基。

（3）S7-200 系列 PLC 提供了 256 个内部计数器（C0 ~ C255），共分为三种类型：增计数器 CTU、减计数器 CTD 和增减计数器 CTUD，可根据控制任务自行选用。

5. 思考与讨论

如何用定时器和计数器指令实现长延时控制任务？

实验项目三 抢答器控制

1．实验目的
（1）掌握用 PLC 实现抢答器控制的方法。
（2）通过抢答器程序设计，掌握八段码显示器的工作原理。
（3）掌握抢答器控制系统的接线、调试、操作方法。

2．实验设备
（1）PLC 实验装置一套。
（2）编程计算机一台。
（3）PC/PPI 通信电缆一条。
（4）连接导线若干。
（5）八段码显示装置，如图 18-11 所示。

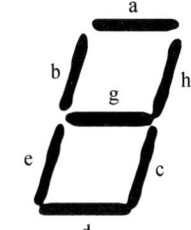

图 18-11 八段码显示装置

3．实验内容及步骤
（1）控制要求。

① 系统初始上电后，主控人员在总控制台上单击"开始"按键后，允许各队人员开始抢答，即各队抢答按键有效。

② 抢答过程中，1~4 队中的任何一队抢先按下各自的抢答按键（S1、S2、S3、S4）后，LED 数码显示系统显示当前的队号并使蜂鸣器发出响声，其他队的人员继续抢答无效。

③ 主控人员对抢答状态确认后，单击"复位"按键，系统又继续允许各队人员开始抢答；直至又有一队抢先按下各自的抢答按键。

（2）I/O 分配表，见表 18-1。

表 18-1 抢答器控制 I/O 分配表

输	入	输	出
I0.0	开始	Q0.0	蜂鸣器
I0.1	复位	Q0.1	a
I0.2	1 队抢答按键 SB1	Q0.2	b
I0.3	2 队抢答按键 SB2	Q0.3	c
I0.4	3 队抢答按键 SB3	Q0.4	d
I0.5	4 队抢答按键 SB4	Q0.5	e
		Q0.6	f
		Q0.7	g

(3) 程序下载及调试。

① 连接 PLC 与上位计算机及外围设备。

② 根据控制任务编制控制程序，确认无误后，将程序下载至 PLC。

③ 分别点动 SB1～SB4 按钮，模拟四个队进行抢答，观察并记录系统响应情况。

4. 注意事项

（1）各抢答按键 SB1～SB4 应选用自复式按键。

（2）程序中的各输入/输出应与外部实际 I/O 正确连接，特别是输出口的连接，否则会显示乱码。

5. 思考与讨论

根据四组抢答器，怎样设计五组抢答器程序？

实验项目四 天塔之光控制

1. 实验目的
(1) 掌握移位指令的使用及编程方法。
(2) 用 PLC 构成各种灯光控制系统。

2. 实验设备
(1) PLC 实验装置一套。
(2) 编程计算机一台。
(3) PC/PPI 通信电缆一条。
(4) 连接导线若干。
(5) 天塔之光显示实验装置。

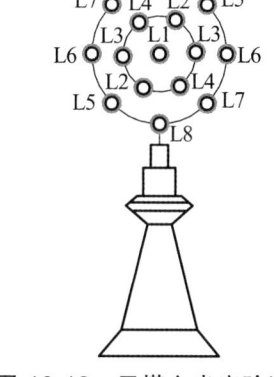

图 18-12　天塔之光实验装置

3. 实验内容及步骤
(1) 控制要求。

① 依据实际生活中对天塔之光的运行控制要求,实现模拟控制。

② 闭合"起动"开关:

指示灯按以下规律动作:L1 点亮,2 s 后熄灭;而后 L2、L3、L4 同时点亮,4 s 后熄灭;而后 L5、L6、L7、L8 同时点亮,持续 5 s 后熄灭,接下来 L1 点亮……按以上步骤循环动作。

③ 关闭"起动"开关,天塔之光控制系统停止运行。

(2) I/O 分配表,见表 18-2。

表 18-2　天塔之光控制 I/O 分配表

输　　入		输　　出	
I0.0	起动开关	Q0.0～Q0.7	指示灯 L1～L8

(3) 程序下载及调试。

① 连接 PLC 与上位计算机及外围设备。
② 使用 STEP 7-Micro/WIN 编程软件,编制实训程序,确认无误后,将程序下载至 PLC。
③ 合上"开始"开关,观察并记录系统响应情况。

4. 注意事项
(1) 起动开关选用自保持式开关。
(2) 各程序中的各输入/输出应与外部实际 I/O 正确连接。

5. 思考与讨论
(1) 试编制发射型闪烁控制程序,并上机调试运行。控制要求为:L1 持续点亮 2 s,接着 L2～L4 持续点亮 2 s,接着 L5～L8 亮 2 s,接着 L5～L8 熄灭,2 s 后 L2～L4 熄灭;2 s 后 L1 熄灭……如此循环。

(2) 使用顺序控制指令能否实现天塔之光控制?

实训项目一　CA6140型车床电气故障检修

本节以 CA6140 型车床和 XW62 型万能铣床维修电工实训考核项目为例，通过电气故障检修实训，了解车床、铣床的主要运动形式，熟悉电路工作原理，掌握电阻法和电压法排查故障方法，培养电气设备维修技能，达到维修电工基本操作技能标准。

维修电工实训考核柜采用双面布置，每面各设有一台 XW62 型万能铣床和一台 CA6140 型车床。其中每个机床电路均为独立电路，每面配电柜配置两套电机。可以通过开关切换，人为设置故障点，每种机床电路能设置二十个以上故障。故障类型包括断路故障和短路故障，包括线路故障和电机故障。柜体屏面元件布置如图 18-13 所示，柜内及屏面所装大部分元器件与机床实际使用元器件保持一致。元件布置如图 18-14 所示。

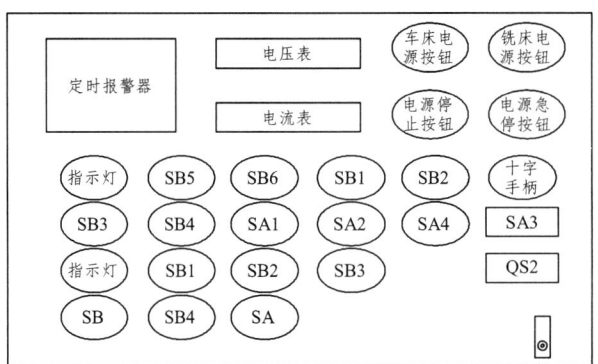

图 18-13　柜体屏面元件布置图

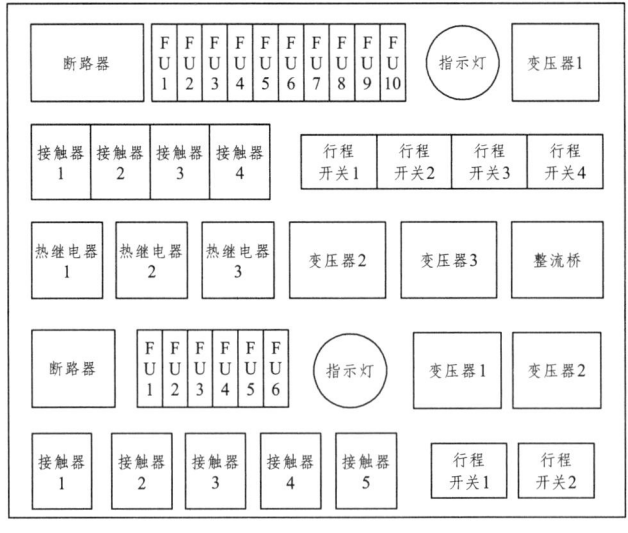

图 18-14　柜内元件布置图

1. 任务目的

（1）掌握 CA6140 型车床电气控制线路的原理，线路图如图 18-15 所示。
（2）掌握 CA6140 型车床电气控制线路的故障分析及检修方法。

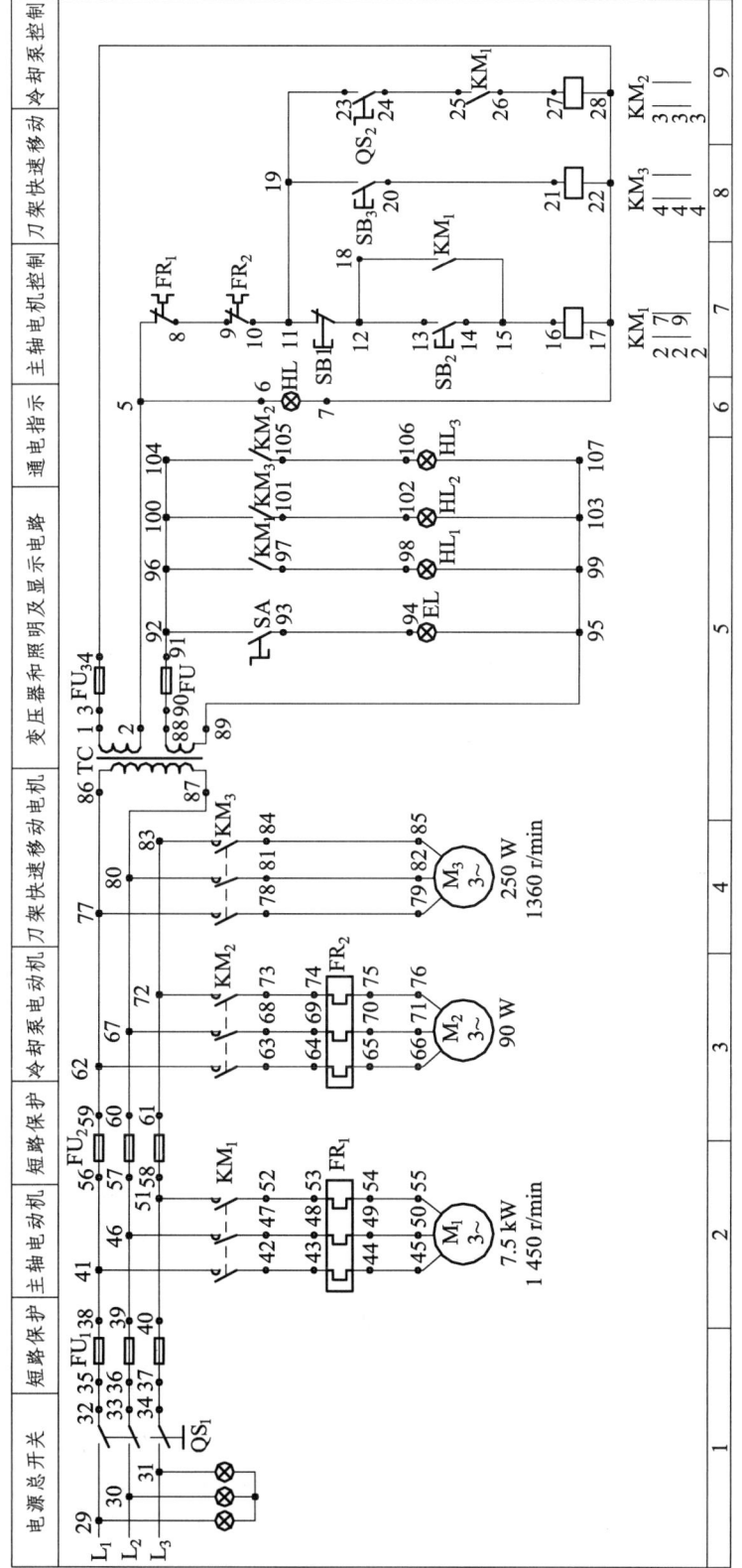

图 18-15 CA6140型普通车床电气原理图

2. 任务内容

（1）主轴电动机 M_1 不能启动。
（2）主轴电动机 M_1 启动后不能自锁。
（3）主轴电动机 M_1 不能停车。
（4）主轴电动机在运行中突然停车。

3. 设备、仪表、材料和电器元件

（1）CA6140 型车床 1 台。
（2）工具：测电笔、螺钉旋具、尖嘴钳、斜口钳、剥线钳、电工刀等。
（3）仪表：MF47 型万用表、5050 型兆欧表、T301-A 型钳形电流表。
（4）导线若干。

4. 故障检修分析

（1）主轴电动机 M_1 不能启动：主轴电动机 M_1 不能启动，可按下列步骤检修。

检查接触器 KM_1 是否吸和，如果接触器 KM_1 吸和，则故障必然发生在电源电路和主电路上。可按下列步骤检修：

① 合上断路器 QS_1 用万用表测接触器受电端 U_1、V_1、W_1 点之间的电压，如果电压是 380 V，则电源电路正常。当测量 U_1 与 W_1 之间无电压时，再测量 U_1 与 W_1 之间有无电压，如果无电压，则 FU（L_3）熔断或连接断路；否则，故障是断路器 FU（L_3）接触不良或连接断路。

修复措施：查明损坏原因，更换相同规格和型号的熔体、断路器或连接导线。

② 断开断路器 QS_1，用万用表电阻 RX_1 挡测量接触器输出端之间的电阻值，如果阻值较小且相等，说明所测电路正常；否则，依次检查 FR_1、电动机 M_1 以及它们之间的连线。

修复措施：查明损坏原因，修复或更换同规格、同型号的热继电器 FR_1 电动机 M_1 或其之间的导线。

③ 检查接触器 KM_1 的触头是否良好，如果接触不良或烧毛，则更换动、静触头或相同规格的接触器。

④ 检查电动机机械部分是否良好，如果电动机内部轴承等损坏，应更换轴承；如果外部机械有问题，则配合机修钳工进行维修。

（2）主轴电动机 M_1 启动后不能自锁：当按下启动按钮 SB_2 时，主轴电动机能启动运转，但松开 SB_2 后，M_1 也随之停止。造成这种故障的原因是接触器 KM 的自锁触头接触不良或连接导线松脱。

（3）主轴电动机 M_1 不能停车：造成这种故障的原因多是接触器 KM_1 主触头熔焊；停止按钮 SB_1 击穿或线路中连接导线短路；接触器铁心表面黏牢污垢。可采用下列方法判明是哪种原因造成电动机 M_1 不能停车：若断开 QS_1，接触器 KM 释放，则说明故障为 SB_1 击穿或导线短接；若接触器过一段时间释放，则故障为铁心表面黏牢污垢；若断开 QS_1，接触器 KM_1 释放，则故障为主触头熔焊。根据具体故障采取相应的措施修复。

（4）主轴电动机在运行过程中突然停车：这种故障的主要原因是由于热继电器 FR_1 的动作。发生这种故障后，一定要找出热继电器 FR_1 的原因，排除后才能使其复位。引起热

继电器 FR_1 动作的原因可能是：三相电源电压不平衡；电源电压较长时间过低；负载过重以及 M_1 的连接导线接触不良等。

4. 注意事项

（1）熟悉 CA6140 型车床电气控制线路的基本环节及控制要求。
（2）检修所用工具、仪表，应符合使用要求。
（3）排除故障时，必须修复故障点，但不得采用元件代换法。
（4）检修时，研究扩大故障范围或产生新的故障。
（5）带电检修时，确保人身安全。

实训项目二 X62W 型万能铣床电气故障检修

1. 任务目的
（1）掌握 X62W 型万能铣床电气控制线路的原理，线路图如图 18-16 所示。
（2）掌握 X62W 型万能铣床电气控制线路的故障分析及检修方法。

2. 任务内容
（1）主轴电动机 M_1 不能启动。
（2）工作台各个方向都不能进给。
（3）工作台能向左、右进给，不能向前、后、上、下进给。
（4）工作台能向前、后、上、下进给，不能向左、右进给。
（5）工作台不能快速移动，主轴制动失灵。
（6）变速时不能冲动控制。

3. 设备、仪表、材料和电器元件
（1）X62W 型万能铣床 1 台。
（2）工具：测电笔、螺钉旋具、尖嘴钳、斜口钳、剥线钳、电工刀等。
（3）仪表：MF47 型万用表、5050 型兆欧表、T301-A 型钳形电流表。
（4）导线若干、绝缘胶布。

4. 故障检修分析
（1）主轴电动机 M_1 不能启动：这种故障分析和前面有关的机床故障分析类似，首先检查各开关是否处于正常工作位置。然后检查三相电源、熔断器、热继电器的常闭触头、两地启停按钮以及接触器 KM_1 的情况，看有无电器损坏、接线脱落、接触不良、线圈断路等现象。另外，还应检查主轴变速冲动开关 SQ_1，因为由于开关位置移动甚至撞坏，或常闭触头 SQ_{1-2} 接触不良而引起线路的故障也不少见。

（2）工作台各个方向都不能进给：铣床工作台的进给运动是通过进给电动机 M_2 的正常反转配合机械传动来实现的。若各个方向都不能进给，多是因为进给电动机 M_2 不能启动所引起的。检修故障时，首先检查圆工作台的控制开关 SA_2 是否在"断开"位置。若没问题，接着检查控制主轴电动机的接触器 KM_1 是否已吸合。因为只有接触器 KM_1 吸合后，控制进给电动机 M_2 的接触器 KM_3、KM_4 才能得电。如果接触器 KM_1 不能得电，则表明控制回路电源有故障，可检测控制变压器 TC 一次侧、二次侧线圈和电源电压是否正常，熔断器是否熔断。待电压正常，接触器 KM_1 吸合，主轴旋转后，若各个方向仍无进给运动，可扳动进给手柄至各个运动方向，观察其相关的接触器是否吸合，若吸合则表明故障发生在主回路和进给电动机上，常见的故障有接触器主轴头接触不良、主轴头脱落、机械卡死、

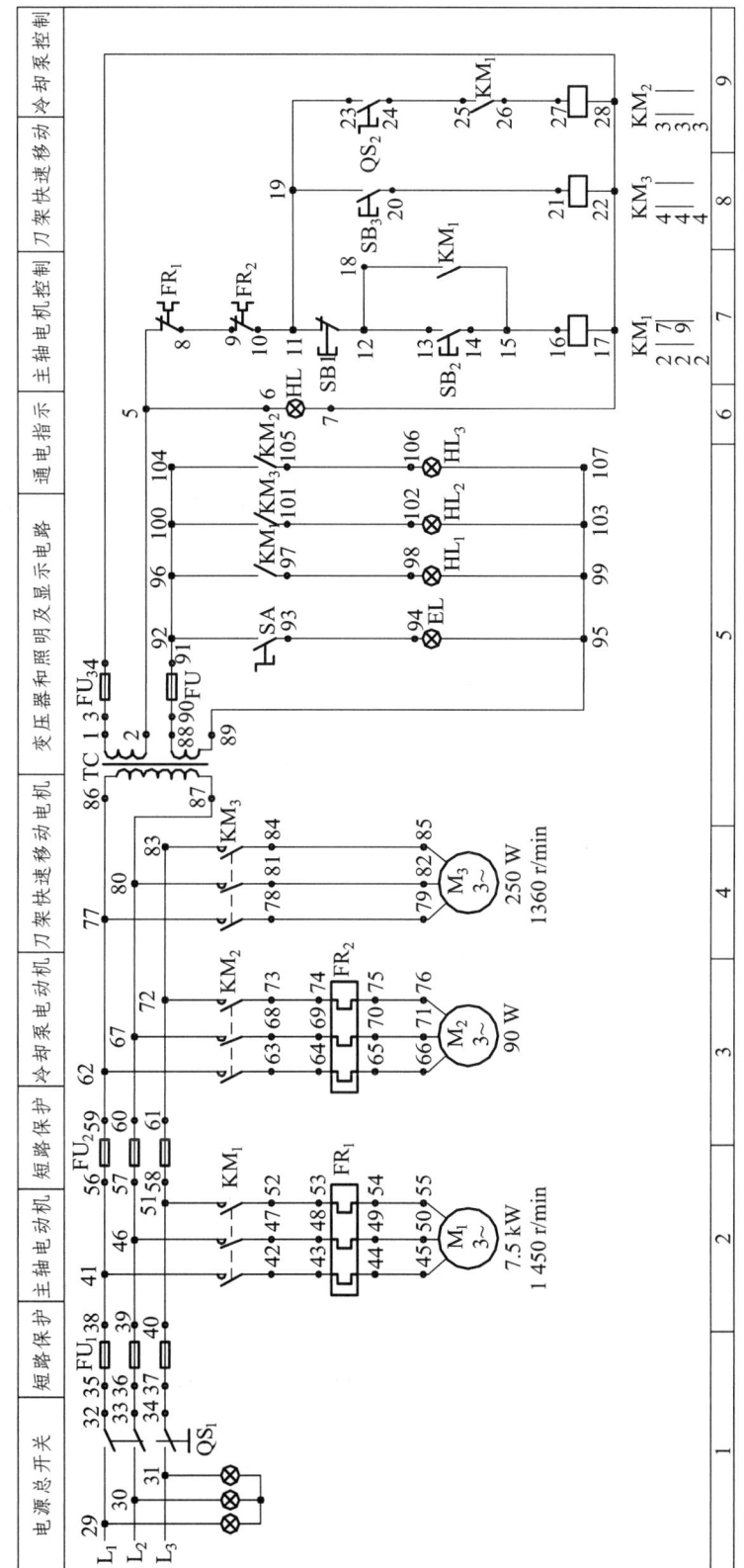

图 18-16 X62W 型万能铣床电气原理图

电动机接线脱落和电动机绕组断路等。除此以外，由于经常扳动操作手柄，开关受到冲击，使位置开关 SQ_3、SQ_4、SQ_5、SQ_6 的位置发生变动或被撞坏，使线路处于断开状态。变速冲动开关 SQ_{2-2} 在复位时不能闭合接通，或接触不良，也会使工作台没有进给。

（3）工作台能向左、右进给，不能向前、后、上、下进给：铣床控制工作台各个方向的开关是互相连锁的，使之只有一个方向的运动。因此这种故障的原因可能是控制左右进给的位置开关 SQ_5 或 SQ_6 由于经常被压合，使螺钉松动、开关移位、触头接触不良、开关机构卡住等，使线路断开或开关不能复合闭合，电路 19～20 或 15～20 断开。这种当操作工作台向前、后、上、下运动时，位置开关 SQ_{3-2} 或 SQ_{4-2} 也被压开，切断了进给接触器 KM_3、KM_3 的通路，造成工作台只能左、右运动，而不能前、后、上、下运动。

检查故障时，用万用表欧姆挡测量 SQ_{5-2} 或 SQ_{6-2} 的接触导通情况，查找故障部位，修理或更换元件，就可排除故障。注意在测量 SQ_{5-2} 或 SQ_{6-2} 的接通情况时，应操纵前后上下进给手柄，使 SQ_{3-2} 或 SQ_{4-2} 断开，否则通过 11-10-13-14-15-20-19 的导通，会误认为 SQ_{5-2} 或 SQ_{6-2} 接触良好。

（4）工作台能向前、后、上、下进给，不能向左、右进给：出现这种故障的原因及排除方法可参照上例说明进行分析，不过故障元件可能是位置开关的常闭触头 SQ_{3-2} 或 SQ_{4-2}。

（5）工作台不能快速移动，主轴制动失灵：这种故障往往是电磁离合器工作不正常所致。首先应检查接线有无松脱，整流变压器 T_2、熔断器 FU_3、FU_6 的工作是否正常，整流器中的 4 个整流二极管是否损坏。若有二极管损坏，将导致输出直流电压偏低，吸力不够。其次，电磁离合器线圈是用环氧树脂黏合在电磁离合器的套筒内，散热条件差，易发热而烧毁。另外，由于离合器的动摩擦片和静摩擦片经常摩擦，因此它们是易损件，检修时也不可忽视这些问题。

（6）变速时不能冲动控制：这种故障多数是由于冲动位置开关 SQ_1 或 SQ_2 经常受到频繁冲击，使开关位置改变（压不上开关），甚至开关底座被撞坏或接触不良，使线路断开从而造成主轴电动机 M_1 或进给电动机 M_2 不能瞬时电动。出现这种故障时，修理或更换开关，并调整好开关的动作距离，即可恢复冲动控制。

5．注意事项

（1）检修前要认真阅读电路图，熟练掌握各个控制环节的原理及作用。并认真仔细地观察教师的示范维修。

（2）由于该类铣床的电气控制与机械结构的配合十分密切，因此，在判断故障时，应首先判明是机械故障还是电气故障。

（3）修复故障使铣床恢复正常时，要注意消除产生故障的根本原因，以避免频繁发生相同的故障。

（4）停电要验电。带电检修时，必须有指导教师在现场监护，以确保用电安全。工具和仪表使用要正确。

故障排查情况记录于表 18-3。

表 18-3 _____电路故障排查训练记录卡

检修方法			
故障序号	故障现象	测量点	故障点
1			
...			
收获			

6. 评分标准

评分标准如表 18-4 所示。

表 18-4　故障检修评分标准明细表

项目内容	配分	评分标准	扣分
故障分析	30	（1）不能根据试车的状况说出故障现象　　　　　扣 5~10 分 （2）不能标出最小故障范围　　　　　　　　　　每个故障扣 5 分 （3）标不出故障线段或错标在故障回路以外　　　每个故障扣 5 分	
排除故障	70	（1）停电不验电　　　　　　　　　　　　　　　扣 5 分 （2）测量仪表使用不正确　　　　　　　　　　　每次扣 5 分 （3）排除故障方法、步骤不正确　　　　　　　　扣 5 分 （4）损坏元器件　　　　　　　　　　　　　　　扣 5 分 （5）查出，不能排除故障　　　　　　　　　　　每个故障扣 20 分 （6）不能查出故障　　　　　　　　　　　　　　每个故障扣 35 分 （7）扩大故障范围或产生新的故障　　　　　　　每个故障扣 40 分	
安全说明生产		违反安全文明生产规程，未清理场地等酌情扣 10~70 分	
开始时间		结束时间　　　　　　　　　总操作时间	
定额工时 30 min		不允许超时检查故障，但在修复故障时每超 1 min 扣 1 分	
备注		除定额工时外，各项内容的最高扣分不得超过配分数	
总成绩			

参考文献

[1] 铁路职工岗位培训教材编审委员会. 大型线路机械司机（捣固车基本知识部分）铁路职工岗位培训教材[M]. 北京：中国铁道出版社，2011.

[2] 铁路职工岗位培训教材编审委员会. 大型线路机械司机（清筛机）、铁路职工岗位培训教材[M]. 北京：中国铁道出版社，2011.

[3] 张坤. 捣固车电气系统常见故障排查实用手册[M]. 北京：中国铁道出版社，2011.

[4] 钟声标. 全断面道砟清筛机[M]. 北京：中国铁道出版社，2011.

[5] 张永革. 电气控制与PLC[M]. 天津：天津大学出版社，2013.

[6] 张君霞，戴明宏等. 电气控制与PLC（s7-200）[M]. 北京. 机械工业出版社，2014.

[7] 华满香，等. 电气控制与PLC应用[M]. 北京：人民邮电出版社，2009.

[8] 田淑珍. S7-200 PLC原理及应用[M]. 北京：机械工业出版社，2011.

[9] 任宇杰，宋磊，赵金龙，刘凯. DCL-32型连续走行捣固车[M]. 成都：西南交通大学出版社，2016.